우리는 어떻게
주식으로 18,000%
수익을 얻었나

Trade Like an O' Neil Disciple
：How We Made 18,000% in the Stock Market

위대한 투자자 윌리엄 오닐의 제자들처럼 투자하라

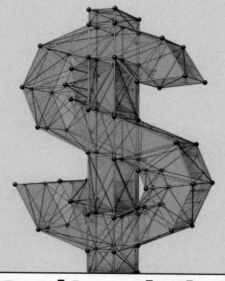

우리는 어떻게

주식으로 18,000%

수익을 얻었나

길 모랄레스, 크리스 케쳐 지음 | 박준형 옮김

이레미디어

사랑하는 사람에게 할 수 있는 가장 아름다운 일 중 하나가 책을 바치는 것이라고 한다.
나는 삶 속에서나 정신적으로 열정을 추구하는 모든 사람들을 사랑한다.
내게 가까운 사람들을 포함해서. 굳이 이름을 나열하지 않아도 그들은 알 것이다.
—크리스 케쳐

내 인생의 범퍼 카에 함께 타고 있는 린다, 클레어, 알렉스.
그리고 나를 인생의 범퍼 카에 태우신 부모님들께 이 책을 바친다.
—길 모랄레스

서문

월가 최고의 투자전략가로 손꼽히는 윌리엄 오닐William J. O'Neil은 언제나 열정적으로 시장을 공부해왔다. 나와 함께 서던메소디스트 대학교Southern Methodist University에 재학중일 때도, 알래스카에서 공군으로 복무하던 시절에도, 그는 차트를 연구하고 시장에 대한 이해를 넓혀갔다. 또 19세기에 이르기까지 과거의 주식시장에 대한 방대한 연구를 바탕으로 다른 투자자들에게 도움을 주곤 했다.

오닐은 투자전문 일간지인 《인베스터즈 비즈니스 데일리Investors Business Daily》를 창간하여 전문투자자들뿐 아니라 일반투자자들에게까지 소중한 정보를 제공해왔고, 그 외에도 다양한 프로젝트를 진행했다. 이런 정보들을 공개하지 않고 혼자만 알고 있었다면 족히 수백만 달러는 더 벌었을 것이다.

운 좋게도 나는 지난 60년간 오닐과 친분을 쌓아올 수 있었다. 겉보기에 우리 두 사람의 투자방식은 서로 다른 듯하지만, 사실 기본철학만큼은 동일하다. 내가 월스트리트에 처음 발을 들인 것은 오닐을 만난 지 꼭 10년만인 1962년 6월이었다. 당시 미국증권거래소 회원이던 코넬린더컴퍼니Cornell, Linder & Co.,의 뉴욕

파트너 윌리엄 골든William T. Golden은 내게 "우리는 매출과 수익이 증가하는 기업의 주식과 파생상품에 투자를 집중하고 있다네. 이런 종목을 찾아내는 한편 손실을 통제해낸다면 모든 게 잘 될 걸세"라고 조언했다. 나는 지난 50년간 골든의 간략한 말에 담긴 지혜를 투자의 기본명제로 삼아왔다. 그런데 이 명제의 핵심 가치가 바로 오닐이 개발한 'CAN SLIM *' 투자방식의 기본이다.

오닐은 종종 기술적 분석가로 오해받곤 한다. 하지만 실제 그의 투자방식은 기업의 펀더멘털과 차트 패턴, 시장의 추세, 섹터순환sector rotation**, 경제적인 조건 모두에 기반을 두고 있다. 다만 현대 포트폴리오 이론의 신봉자는 아니어서 몇 개 종목만을 선별해 투자를 집중한다. 오닐이 오랫동안 성공을 거둘 수 있었던 비밀은 분산투자를 했기 때문이 아니라 투자 성과가 뛰어났기 때문이다. 그래서 오닐의 투자 포트폴리오는 모두 현금화되거나, 한두 개 포지션에 집중될 때도 있다.

길 모랄레스와 크리스 케쳐는 윌리엄오닐컴퍼니William J. O'Neil+Co., Inc.에서 포트폴리오 매니저로 일하면서 오닐에게 직접 주식매매를 배운 오닐의 제자들로, 역시 성공한 트레이더들이다. 『우리는 어떻게 주식으로 18,000% 수익을 얻었나』는 이들이 오닐의 CAN SLIM 투자에 대한 독자들의 이해를 돕고 또, 자신들만의 비법을 소개하기 위해 저술한 책이다.

● 윌리엄 오닐이 개발한 'CAN SLIM' 투자방식은 높은 수익률을 내는 종목들로부터 찾아낸 7가지 특징의 앞 글자를 의미하는데, C는 현재 순이익(Current Earnings), A는 연간 순이익(Annual Earnings), N은 새로움(New)을 뜻한다. S는 수요와 공급(Supply and Demand), L은 해당 종목이 시장에서 주도주인지 조연인지(Leader or Laggard) 파악하라는 뜻이며, I는 기관투자가의 지원(Institutional Sponsorship)이다. 기관이 선호하는 주도주에 대한 관심을 기울이라는 조언이다. 끝으로 M은 시장의 방향(Market Direction)에 순응해 매매해야 한다는 뜻이다. ─편집자주
●● 경제예측을 바탕으로 주식시장에 투자하는 방법 중 하나로, 호경기(boom)와 불경기(bust)가 교대로, 반복적으로 공존한다는 경제 사이클 논리에 바탕을 둔 투자전략이다. 예를 들면 경제가 바닥을 치며 회복기로 들어설 무렵에는 테크놀로지 섹터의 주식이 수익률이 좋으며, 회복기를 거쳐가는 동안에는 주식시장의 강세가 산업주에서 기본적인 물자주로, 그리고 에너지주로 옮겨가는 경향이 있으며 이러한 경향이 반복된다는 이론이다. ─편집자주

모랄레스와 케쳐가 오닐의 철학과 매매원칙의 덕을 본 것은 사실이다. 하지만 트레이더들이 흔히들 그렇듯 이들 또한 자신들만의 지표와 규칙을 개발해냈고, 그 결과가 이 책에 소개되어 있다.

이 책에는 이들의 이야기가 모두 담겨 있다. 이 두 사람이 윌리엄오닐컴퍼니에서, 그리고 이후 독립해 주식투자로 어떻게 돈을 벌고 잃었는지, 그리고 시장의 조건에 따라 오닐의 투자기법을 어떻게 변형하여 적용했는지에 대해 상세하게 설명되어 있다. 월스트리트 주식시장은 거대한 카지노 도박판과 같아서 아무리 철저하게 계획을 세워도 예상치 못한 '검은 백조black swan'가 계획을 망쳐놓는 곳이기 때문이다.

모랄레스와 케쳐는 오닐과 CAN SLIM 투자기법을 통해 많은 것을 배웠으며, 덕분에 여타 수많은 오닐 추종자들처럼 투자성공률을 크게 개선할 수 있었다고 밝혔다. 그러면서도 오닐처럼 투자할 수는 없다고 토로한다. 시장에서 발휘되는 오닐만의 투자감각은 흉내낼 수 없기 때문이라고 한다. 중요한 것은 오닐만큼은 아닐지라도, 오닐의 원칙을 이해하면 누구나 성공하는 투자자가 될 수 있다는 사실이다.

나는 『우리는 어떻게 주식으로 18,000% 수익을 얻었나』에 완전히 매료되었다. 투자수익률을 높이기 위해 반복하고 또 반복해서 읽을 생각이다!

프레드 리처드Fred Richards
www.adrich.com
www.stratinv.net

CONTENTS

서문 · **005**
프롤로그 · **012**

CHAPTER 1	오닐식 투자기법

뛰어난 투자기법은 세대를 거듭하면서 발전된다 · **019**

준비하라, 연구하라, 그리고 연습하라 · **020**

싼 주식을 사지말고, 비싼 주식을 사라 · **022**

물타기는 이제 그만! · **023**

손절매는 가능한 한 빨리 하라 · **024**

상승장에서 매도는 천천히: 주가가 충분히 상승할 때까지 기다려라 · **026**

집중투자 · **027**

최고의 주식과 기관투자가들의 지원 · **028**

차트 패턴 · **030**

리버모어의 피보탈포인트 vs. 오닐의 피봇포인트 · **032**

시장의 타이밍을 잡아라: 들어갈 때와 나올 때를 알아야 한다 · **034**

감정과 예측 · **035**

전문가의 의견, 뉴스, 정보 · **037**

오버트레이딩 · **038**

오닐의 투자방식: 기본적 분석 + 기술적 분석 · **039**

결론 · **040**

CHAPTER 2	크리스 케쳐는 어떻게 수익률 18,000%를 올렸을까

투자시장에 발을 들여놓다 · **045**
1996년: Y2K 종목으로 돈을 벌다 · **049**
1997년: 아시아 금융위기 속에서도 돈을 벌다 · **055**
1998년: 투자자들의 낙담 · **057**
1999년: 주식시장의 거품은 커져가고 · **060**
2000년: 드디어 시장의 거품이 꺼지다 · **065**
2001년: 공매도의 교훈 · **068**
2002년부터 지금까지: 들쭉날쭉한 횡보장과 포켓피봇의 탄생 · **070**

CHAPTER 3	길 모랄레스는 어떻게 수익률 11,000%를 올렸을까

초반의 실패가 전화위복이 되다 · **079**
로켓같은 주가상승 · **083**
수익률 1,000%대에 입성하다 · **086**
오라클 버블 · **088**
인내심과 조심스러운 시각 · **092**
모든 장애물은 사라지고 · **093**
수프에 든 양념 같던 베리사인 · **096**
생각하지 않으면서 버티기 · **100**
고점에서 매도하다 · **102**
성공스토리에 담긴 주제 · **104**
성공을 만들어내는 비밀의 재료 · **107**

CHAPTER 4	실패는 성공의 어머니

우리에게 필요한 것은 용기와 끈기, 인내심 · **111**
성공하기 위해서는 자존심을 버려라 · **112**
필자들의 실수에서 교훈을 찾아라 · **117**
문제, 상황, 해결책 · **162**
결론 · **186**

CHAPTER 5	매매의 비법

Dr. K의 실험실: 포켓피봇의 우수성 · **191**
포켓피봇의 특성 · **195**
포켓피봇 매수시점의 정의 · **196**
포켓피봇과 전통적인 브레이크아웃 매수시점 · **198**
포켓에서 매수하기 · **201**
포켓피봇으로 바닥에서 사냥하기 · **216**
지속형 포켓피봇: 10일 이동평균선 활용 · **220**
불완전하거나 매수를 자제해야 할 포켓피봇 · **225**
이동평균선을 매도기준으로 활용 · **233**
Dr. K의 실험실: 주도주가 갭상승할 때 매수하기 · **234**
10일 이동평균선과 50일 이동평균선을 활용한 매도기술 · **243**
투자에는 모든 기술을 총동원해야 한다 · **247**
결론 · **257**

CHAPTER 6	약세장의 물결을 타는 방법

공매도 타이밍 기술 · **261**
공매도 황금률 · **262**
공매도 패턴 · **267**
로켓종목 공매도 · **302**
결론 · **307**

CHAPTER 7	Dr. K의 시장방향모델

시장의 타이밍 · **311**
차트 실례 · **320**
시장방향모델의 비결 훔치기 · **332**
타이밍모델 FAQ · **333**
결론 · **352**

CHAPTER 8	오닐 십계명

오해 · **357**
자존심을 버리고 살아남기 · **360**
1. 절대 휘둘리지 마라 · **363**
2. 공포에 질려서 매매하지 말라 · **365**
3. 친구보다 적을 더 가까이하라 · **365**
4. 배우고 개선하기를 멈추지 말라 · **366**
5. 절대 자신의 주식에 대해 이야기하지 말라 · **367**
6. 최고의 위치에서 너무 좋아하지 말라 · **367**
7. 먼저 주간차트를 보라. 그 다음 일간차트를 보라. 장중차트는 무시하라 · **368**
8. 최고의 주식을 찾아라. 그 다음에는 크게 매수할 수 있는 방법을 찾아라 · **368**
9. 누군가와 동침할 때는 항상 주의하라 · **369**
10. 항상 미친 듯이 집중하라 · **369**
결론 · **371**

CHAPTER 9	오닐의 참호 속에서

1997~1998년 · **375**
1999~2000년 · **392**
2001~2002년, 최악의 약세장 · **420**
2003~2005년, 강세장 · **433**
결론 · **447**

CHAPTER 10	투자는 인생, 인생은 투자

에드 세이코타: 세상의 모든 트레이더들을 위한 기술 · **453**
에크하르트 톨레: 지금 이 순간을 살아라 · **456**
에스더 힉스: 끌어당김의 법칙 · **465**
잭 캔필드: 개인을 최적화하기 위한 노력 · **467**
심리적 체크리스트: 스스로에게 하는 질문 · **469**
공통점 · **471**
결론 · **472**

부록: Dr. K 추천 투자서 50선 · **476**

성공한 주식투자자로서 윌리엄 오닐은 전 세계의 개인투자자 및 기관투자가들에게 주식으로 돈을 버는 방법을 설파해, 수많은 사람들의 인생을 변화시켰다. 정확한 통계가 나와 있는 것은 아니지만, 오닐의 영향을 받은 투자자들은 아마 수십만 명이 족히 넘을 것이다. 그 중에는 오닐과 윌리엄오닐컴퍼니가 개발한 투자기법과 도구 덕분에 돈에 구애받지 않고 살게 된 사람들도 있다. 오닐 덕에 백만장자가 된 사람들이 세계 곳곳에 무수히 많다는 사실은 이 책의 필자인 우리가 보증할 수 있을 정도로 확실하다. 윌리엄오닐컴퍼니에서 포트폴리오 매니저로 일하면서 오닐의 전략과 전문성의 도움을 받은 개인 및 기관투자가들을 수도 없이 만나고 목격했으며, 우리 자신도 많은 돈을 벌었기 때문이다.

　　이 책을 쓴 이유도 우리가 실시간으로 오닐과 함께 주식투자를 하면서 배운 것들을 공유하기 위해서다. 하지만 먼저 이 책은 오닐 및 윌리엄오닐컴퍼니의 허가나 승인을 받지는 않았다는 사실을 명확히 밝힌다. 책에 담긴 내용은 철저하게 필자들의 해석과 견해일 뿐이며, 오닐이나 윌리엄오닐컴퍼니의 의견과 다를 수 있다. 정확하게 말해 이 책은 필자들이 윌리엄오닐컴퍼니에서 트레이더로 일하면서 쌓은 경험을 바탕으로 어떻게 주식매매를 해왔는지에 관한 이야기를 담고 있다. 따라서 오닐의 CAN SLIM 투자기법에 관한 책은 아니다. 대신, 독자들에게 『최고의 주식 최적의 타이밍How to Make Money in Stocks』을 비롯해 오닐이 직접 저술한 책들과, 그가 발행하는 《인베스터즈 비즈니스 데일리》, 오닐의 웹사이트인 investors.com을 참고해볼 것을 추천한다. 여기에는 오닐의 투자기법을 상세하게 소개한 교육적인 자료들이 무수히 많다. 투자자라면 꼭 챙겨봐야 할 자료들이다.

『우리는 어떻게 주식으로 18,000% 수익을 얻었나』는 필자들이 세계에서 가장 위대한 투자자라고 생각하는 오닐과 함께했던 특별한 경험담을 담고 있다. 책을 읽다보면 우리가 목격한 오닐의 통찰력을 독자 여러분도 직접 느낄 수 있을 것이다. 또, 1990년대 말부터 2000년대 초반까지의 주식시장 상황과 필자들의 투자 다이어리에 적힌 실시간 기록이 발췌되어 있는데, 여기에서도 오닐의 천재적인 투자감각을 엿볼 수 있다. 실제 시장에서 오닐은 아주 작은 변화도 놓치지 않고 삼투압처럼 빨아들여, 마치 '면밀히 조사하고 관찰한다'는 뜻의 라틴어 'speculari'의 의미가 무엇인지를 몸소 보여주는 것 같다. 책에 소개된 실제 사례를 통해 독자들도 오닐의 사고체계를 어느 정도 짐작할 수 있기를 바란다.

오닐의 투자기법은 역동적이다. 주식시장의 역동성을 감안하면 올바르고 또 적절한 투자방식이다. 2000년부터 2002년까지, 그리고 2008년까지 지속된 끔찍한 약세장은 만기보유전략buy and hold strategy이 돈을 잃는 지름길이라는 사실을 증명해주기도 했다. 시장의 변화 흐름에 맞게 역동적으로 매매해야 한다는 것 외에 또 명심할 것이 있다. 인간은 습관의 동물이라는 사실이다. 그래서 오닐은 투자자들에게 자신만의 투자습관을 인식하고, 그에 맞게 '세부적인 규칙'을 세워야 한다고 조언한다. 여기에서 세부적인 규칙이란 스스로의 약점을 제한하고, 강점은 십분 활용하기 위한 기준이다. 오랫동안 오닐의 투자기법을 활용해온 필자들 또한 몇 년에 걸쳐 다양한 규칙을 만들어냈다. 그렇다고 오닐의 기법 전체를 뒤집어 엎었다거나, 그 중 일부만을 차용했다는 뜻이 아니다. 그보다는 시장을 효율적인 피드백으로 활용하면서 오닐의 투자기법에 대한 우리만의 작은 규칙과 하부체계를 만들어냈다고 할 수 있다. 필자들의 투자습관 중 하나는 주가가 저점을 돌파해 상승할 때가 아니라, 저점 초기에 매수하는 것이다. 또 다른 하나는 갭상승gap up하는 종목, 그 중에서도 최소저항선line of least resistance을 돌파해 주가 상승 준비를 마친 주도주를 매수하는 것이다. 그래서 이 책에는 필자들이 유용하게 사용했던 '세부적인 규칙'들도 소개되어 있다. 필자들이 통계적으로나 실제적으로 유용성을 입증한 규칙들이 주식 매수 및 매도에 어떻게 활용되었는지, 얼마나 필자들의 투자수익률을 효율적으로 개선시켰는지에 대해서 설명하게 될 것이다.

물론 시행착오도 많았다. 책에는 우리가 저질렀던 많은 실수에 대해서도 분석되어 있다. 독자들이 같은 실수로 시간과 돈을 낭비하거나, 심리적인 충격을 받지 않길 바라는 마음에서다. 본문에 들어가기에 앞서, 2장과 3장의 내용은 필자들의 개인적인 기록이며 월리엄오닐컴퍼니에서 포트폴리오 매니저로 일하면서 관리했던 주식계좌와는 관련이 없음을 밝혀둔다.

주식매매는 투자 과정인 동시에 정신적 수련의 과정이기도 하다. 주식투자를 하다보면 인생의 소우주를 겪게 된다. 우리는 1996년 1월부터 2002년 12월까지 7년간 18,241.2%나 되는 엄청난 수익을 올렸다. 연평균 110.5%의 수익을 달성한 셈이다. 하지만 그 과정에서 크게 손실을 본 적도 있어서, 1999년 2분기와 3분기에는 50%의 손실을 기록하기도 했다.

주식 거래계좌에 들어있는 돈과 투자수익률은 투자자의 실적과 성공을 가늠하는 잣대이기는 하지만 주식투자는 단순히 돈을 버는 과정이 아니다. 그보다는 에크하르트 톨레Eckhart tolle가 말했듯이 '현재의 힘'을 이해하는 것이다. 익스트림 스포츠 선수와 탐험가들이 보통사람들은 이해할 수 없는 위험천만한 모험을 좇듯이 트레이더들은 시장의 스릴을 좇는다. 주식으로 돈을 벌면서 느끼는 성취감 때문이 아니라, 순간순간 시장에 완전히 몸을 맡길 때 느낄 수 있는 스릴과 압도적인 유동성 및 고요함 때문이다. 이런 기분은 서퍼들이 거대한 파도를 타면서 생존의 문제에만 온 정신을 집중할 때 느끼는 긴장감과 비슷하다. 트레이더들은 눈앞에 닥친 문제에만 집중하면서 현재의 순간에 몸을 맡긴다. 어제의 실수나 내일의 시련 따위는 생각하지 않는다. 다만 '현재'만이 있을 뿐이다. 파도타기를 한 번도 해본 적이 없는 사람은 50피트(약 15.2미터)나 되는 집채만한 파도를 타는 이유를 절대 이해하지 못할 것이다. 목숨을 걸고 파도를 탈 때의 기분은 트레이더들이 '시장에 몸을 맡기면서in the zone' 느끼는 스릴과 비슷하다. 불을 향해 날아드는 불나방처럼 행글라이딩, 암벽타기 같은 위험천만한 운동에 매료되는 사람들처럼 말이다. 필자들도 마찬가지다. 주식투자는 '현재'의 순간과 하나가 되는 것이고, 그 이상도, 그 이하도 아니다. 그리고 이것이 바로 성공적인 주식매매의 기본이다.

길 모랄레스 & 크리스 케쳐
2010년 6월 2일

CHAPTER 1

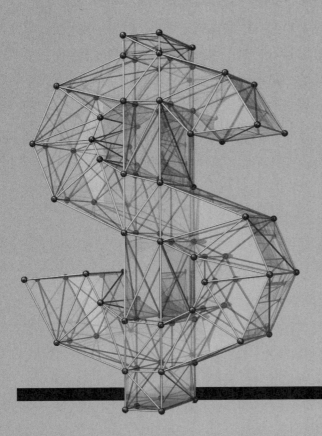

오닐식
투자기법

윌리엄오닐컴퍼니에서 트레이더로 일하면서 우리는 오닐의 '사고체계' 중 상당 부분이 선배투자자들의 철학에 기인하고 있다는 사실을 알게 되었다. 그중에서도 리처드 와이코프와 제시 리버모어의 영향이 가장 컸다. 주식시장에 대한 오닐의 사고방식을 이해하려면, 먼저 이들에 대해 읽고 이해해야 한다.

오닐과 선배투자자들이 함께 만들어낸 거대한 테두리는 주식시장의 전반적인 철학 혹은 아이디어를 아우르는 배경이며, 따라서 리버모어나 와이코프, 또는 오닐의 것이 아니다. 그래서 오닐은 "내가 만든 체계가 아니다. 시장의 것이다. 시장의 실제 활동에 기반을 두고 만들어졌기 때문이다"라고 말하곤 했다.

오닐은 자신이 시장을 주의 깊게 관찰하여 얻은 상식으로 일반적인 투자방식을 조금 개선했을 뿐이라고 생각한다. 독자들도 오닐이 선배투자자들의 이론을 어떻게 활용하고 발전시켰는지를 이해하기 바란다. 그것이 필자들이 오닐, 리버모어, 와이코프의 시장 접근방식을 활용하기 위해 연구를 시작한 배경이고, 이 책의 주요 내용이기 때문이다.

뛰어난 투자기법은 세대를 거듭하면서 발전된다

    에드윈 르페브르Edwin Lefèvre가 월스트리트 역사상 가장 위대한 개인투자자로 알려진 제시 리버모어Jesse Livermore를 모델로 집필하여 투자의 고전이 된 『어느 주식투자자의 회상Reminiscences of a Stock Operator』이나 리버모어가 직접 저술한 『주식 매매하는 법How to Trade in Stocks』에서 설명된 투자기술과 철학은 오닐과 그 휘하에 있는 수많은 포트폴리오 매니저들의 매매방식을 상당부분 좌우하고 있다. 리처드 와이코프Richard Wyckoff는 책에서 처음으로 리버모어를 언급한 사람 중 한 명이다. 그가 『제시 리버모어의 주식 매매하는 법Jesse Livermore's Methods of Trading in Stocks』에서 소개한 합리적인 투자철학과 격언은 오늘날 오닐의 글이나 사고방식에 고스란히 묻어나고 있다. 오닐에게 영향을 준 또 다른 선배투자자로 니콜라스 다바스Nicolas Darvas를 들 수 있다. 『나는 어떻게 주식투자로 2백만 달러를 벌었나?How I Made $2 Million in the Stock Market』에서 다바스가 주장한 박스이론은 오닐이 개발한 '차트상 저점'의 기초가 되었다. 하지만 다바스는 박스권을 단순한 보합세로 묘사하고, 박스권 내에서 주가의 변동이 정상인지 혹은 비정상인지 여부를 판단할 수 있다고 설명했다.

와이코프, 리버모어, 다바스 등 뛰어난 선배투자자들 사이에서 메아리처럼 회자되던 개념들이 '오닐식 투자기법'의 기본 바탕이 되었다. 필자들도 일부 참여했던 오닐의 '모델북 연구Model Book Studies'는 오랜 시간 노력하며 최고의 주식만을 선별하고 분석하여 목록으로 만든 것인데, 이들이 갖는 불변의 특성을 파악하는 데에도 선배투자자들의 이론이 활용되었다. 오닐은 각 시장 사이클에서 주가가 가장 많이 상승했고 또 기관투자가들의 관심을 끌었던 주도주들을 두루 연구하면서 이들의 공통적인 특성을 파악하고, 'CAN SLIM'이라는 독특한 종목 선별방법을 개발해냈다. 이처럼 오닐은 리버모어, 와이코프 같은 선배투자자들에게 큰 빚을 졌고, 이들이 오닐식 투자기법의 뿌리라고 할 수 있다. 하지만 윌리엄오닐컴퍼니의 포트폴리오 매니저였던 필자들이 보증하는데, 오닐이 선배투자자들의 이론을 그대로 답습했다고 생각하면 큰 오산이다. 구체적이고 간략하며 실용적인 오닐의 투자방식은 뛰어난 선배투자자들의 생각을 한층 더 명료하게 발전시켰다.

준비하라, 연구하라, 그리고 연습하라

'오닐식 투자'의 기본명제는 '주식시장에는 어떤 만병통치약도 없다'는 것이다. 인간은 복잡한 유기체다. 오닐 추종자건 그렇지 않건 투자기법을 적용할 때는 수많은 변수가 존재한다. 오닐은 "인간의 본성이 그럼에도 불구하고, 투자자들 중 90%가 충분한 노력을 하지 않는다. 전문가나 아마추어나 모두 마찬가지다"라면서 주식투자로 성공하려면 오랜 시간과 많은 노력을 들여야 한다고 강조했다.

오닐은 대다수의 투자자들이 노력은 하지 않으면서 최적의 투자성과를 내줄

'마술공식'을 찾는다고 걱정한다. 자신의 저서 『The Successful INVESTOR』에서는 1999년 닷컴열풍으로 생겨난 '개인투자자들의 부상'을 안타까워하면서 "2000년부터 2002년까지의 하락장에서 일반투자자뿐만 아니라 전문투자자문들까지 큰 손실을 본 이유는 시간을 들여 투자의 규칙과 원칙을 공부하지 않았기 때문이다. 1990년대, 사람들은 노력하지 않고 돈을 버는 방법을 찾았다고 생각했다. 그리고는 단순히 돈을 내고 투자정보나 펀드매니저, 이야깃거리를 샀다"라고 적고 있다.

아무런 준비도 없이 당장 내일부터 의사나 변호사, 프로야구 선수를 하겠다며 나서는 사람은 없다. 하지만 전혀 준비가 되어 있지 않은 상태에서 주식투자에 손을 대는 사람은 너무도 많다. 오닐은 자신의 저서 『최고의 주식 최적의 타이밍』에서 "주식투자는 그냥 한번 해보는 게 아니다. 고심하고 연구해야 한다"라며, "훌륭한 의사나 변호사, 야구선수가 드문 것처럼 뛰어난 주식중개인이나 투자자문은 많지 않다"고 일깨운다. 와이코프의 생각도 크게 다르지 않아서, 《더 매거진 오브 월스트리트The Magazine of Wall Street》에 기고한 글 「내가 주식과 채권에 투자하는 방법How I Trade and Invest in Stocks & Bonds」에서 "한 분야에서 전문가가 되려면 오랜 준비와 경험이 필요하다. 예를 들어, 외과의사가 되려면 의과대학을 나와야 하고, 실습을 하고, 구급차에서 응급환자를 치료하는 법을 배우고, 인턴과 레지던트 생활을 해야 한다. 그리고 나서야 전문의가 된다. 그런데 월스트리트에서는 일단 병원부터 내고 훈련하는 식이다"라고 설명하고 있다.

투자는 어려운 것이다. 변호사나 의사, IT전문가, 영화감독이 되려면 오랜 준비기간과 전문지식이 필요하듯이 주식투자도 마찬가지다. 리버모어는 친구나 지인들이 주식으로 돈을 버는 방법을 물을 때마다 화를 억누르면서 "나도 잘몰라요"라고 무뚝뚝하게 대꾸하곤 했다고 한다. 그는 『주식 매매하는 법』에서 "이런 질문은 참을 수가 없다. 투자와 투기를 과학적으로 연구하는 나에게 이런 질문은 전혀 칭찬으로 받아들여지지 않는다. 평범한 사람이 아무런 준비 없이 내일부터 당장 변호사나 의사로 개업을 하겠다며 조언을 구하는 것과 매한가지다"라고 썼다.

오닐은 노력과 끈기를 강조한다. 그는 노력만 한다면 누구든지 성공할 수 있다고 말하는 낙관론자이기도 하다. 『최고의 주식 최적의 타이밍』에서는 "의지와 열정이 있고, 절대 포기하지 않겠다는 마음가짐이 있다면 아메리칸 드림은 당신의 것이다"라면서 모든 투자자들에게 꿈을 가지라고 격려했다. 다만 "지름길을 알고 있어서 노력할 필요가 없다고 생각한다면 큰 오산이다"라고 한 와이코프의 의견에 동의할 뿐이다.

싼 주식을 사지 말고, 비싼 주식을 사라

리버모어가 그랬듯이, 오닐도 게으른 시장접근방식을 경멸한다. 주식으로 쉽게 돈을 벌 수 있을 것 같은 길을 선택하게 만들기 때문이다. 가장 전형적인 형태는 이른바 '싼' 종목을 매수하는 것이다. 초보투자자들은 주가가 어제보다 떨어지면 무조건 '할인중'이라고 생각하기 때문에, 이 낡은 덫에 빠지기 쉽다. 개인투자자들이 스스로를 최종소비자라고 인식해서 벌어지는 일이다. 투자자는 사실 원재료나 상품을 구매해 높은 가격에 되파는 사업가에 가깝다. 오닐의 '빨간 드레스, 노란 드레스' 비유를 들어보자.

판매가 부진한 노란 드레스와 날개 돋친 듯이 팔리는 빨간 드레스가 있다. 그렇다면, 노란 드레스의 재고는 빨리 처분해버리고, 대신 잘 팔리는 빨간 드레스를 더욱 많이 확보해 더 높은 가격에 팔아야 한다. 여기에서 상점 재고는 곧 투자 포트폴리오다.

오닐은 최고가에 팔리는 빨간 드레스 같은 종목을 매수하라고 조언한다. "주도주는 신고가를 경신하고, 그 후에도 랠리를 이어간다. 주가가 신저가를 기록했다거나, 고점에서 크게 하락한 후 반등하는 경우는 드물다"라고 하면서 그는 신고가를 경신한 종목을 매수하는 것이 오히려 효율적이라고 말한다. 대다수의 일반투자자들은 이 개념을 이해하지 못하기 때문에 비싼 주식을 매수하려 하지 않는다. 오닐은 "대다수의 투자자들이 너무 비싸서 위험하다고 생각하는 종목들의 주가는 더욱 상승하고, 반대로 가격이 싸고 리스크가 낮다고 생각하는 종목의 주가는 더욱 하락하곤 한다"고 지적했다. 주식시장은 언제나 투자자를 골탕먹인다. 특정 종목의 주가가 너무 상승해 상당수의 사람들이 투자를 꺼릴 때가 오히려 절호의 기회일 수도 있다.

오닐처럼 리버모어도 가격이 싼 주식보다는 비싼 주식을 선호했는데, 자신의 책 『주식 매매하는 법』에서는 "주가가 너무 상승했다고 매도해서는 안 되고, 전보다 하락했다고 매수해서도 안 된다. 주가가 하락하는 데는 대부분 합리적인 이유가 있다. 주가가 아무리 낮아도, 실제 가치에 비하면 오히려 비싼 주식일 수도 있다"라고 지적했다.

물타기는 이제 그만!

초보투자자나 게으른 투자자들은 그 외에도 많은 잘못을 저지르곤 한다. 오닐과 선배투자자들이 기피했던 또 다른 투자방식으로 소위 '물타기'라고 부르는 '하향 에버리징averaging down'을 빼놓을 수 없다. 와이코프는 "물타기를 하는 투자자는 막대한 손실을 입거나, 돈이 묶이곤 한다. 물타기의 논리는 매입단가를 100에서 90으로 낮추면 그만큼 주식을 싸게 샀다는 식이다. 즉 매입단가를 낮출수록 주식을 싸게 매수했다는 것이다"라고 지적했다.

주식중개인들은 잘못된 투자결정으로 너무 비싸게 주식을 매수했을 때, 스스로를 정당화하고 책임을 회피하기 위한 방편으로 '하향 에버리징'이라는 허울 좋은 구실을 둘러대곤 한다. 하향 에버리징은 적립식펀드 투자의 '코스트 에버리징dollar-cost averaging●' 개념에서 파생되었다. 많은 독자 여러분이 코스트 에버리징에 대해서 잘 알고 있을 것이다. 오닐은 『최고의 주식 최적의 타이밍』에서 "면피를 위해 투자자들에게 하향 에버리징을 조언하는 주식중개인만큼 나쁜 사람도 없다. 내가 고객이라면, 당장 계좌를 없애버리고 다른 중개인을 찾겠다"라면서 부끄러워했다.

리버모어도 하향 에버리징을 혹독하게 비난했다. 그는 "처음부터 손실이 난 종목을 추가로 매수하는 것은 바보짓이다. 절대 손실을 에버리징해서는 안 된다. 꼭 명심하자(『주식 매매하는 법』)"라고 말했다. 와이코프는 한술 더 떠서 "하향 에버리징보다는 상향 에버리징average up을 하라(『주식투자기술 제1번Stock Market Technique Number 1』)"고 주문했다.

손절매는 가능한 한 빨리 하라

리버모어는 『주식 매매하는 법』에서 "시장이 자신의 생각과 다르게 움직일

●코스트 에버리징은 구매비용을 평균화하는 투자법으로, '정액분할 투자법'이라고도 한다. 주가가 높을 때는 주식을 적게 매입하고 주가가 낮을 때는 주식을 많이 구매하면 한 주당 평균 매입단가가 낮아지게 된다. 증권가에서는 '물타기'라고도 한다. 통상 적립식펀드의 장점을 나열할 때 사용한다. 적립식펀드는 매달 일정액을 투자(구매비용)하게 되는데 주가가 높은 달에는 주식을 적게, 주가가 낮은 달에는 주식을 많이 구매하면서 평균 매입단가를 낮춘다. 장기적으로 투자하면 적립식펀드는 코스트 에버리징 효과에 의해 주식 시세에 비교적 영향을 받지 않고 안정적으로 운용된다. ―편집자주

때를 대비해 미리 매도시점을 정해놓고 반드시 지키도록 한다! 손실이 자본의 10%를 넘어서는 안 된다. 손실을 메우기는 두 배나 어렵기 때문이다. 나는 매매를 시작하기 전 꼭 매도시점을 정해놓는다"라며, "처음 손실이 났을 때 포기하는 것이 현명하다. 수익은 그냥 방치해도 스스로를 돌보지만 손실은 반드시 관리가 필요하다"고 말했다.

오닐은 투자위험을 줄이기 위해서 어느 종목이건 손실이 7~8%가 되면 무조건 매도하라고 권고한다. 손실이 커지면 투자자는 마음이 약해진다. 그래서 시장에서 살아남으려면 리버모어처럼 자본의 10%건, 자신처럼 6~7%건 간에 손절매 시점을 미리 정해놓아야 한다는 것이 오닐의 생각이다.

한편, 와이코프는 『주식투자기술 제1번』에서 "투자자를 지켜주는 첫 번째 방어선은 투자를 시작할 때, 혹은 시작한 직후의 손절주문 stop order이다. 처음부터 리스크 관리에 실패했다면, 매일 혹은 1주일에 몇 번씩 자신의 다짐을 되새겨서 손실이 나는 종목은 모두 매도하도록 한다. 그래야 포트폴리오를 깨끗하게 유지할 수 있으며, 수익종목은 제때 매도할 수 있다"고 조언했다. 손절매를 방패막이로 활용하라는 와이코프의 조언은 "투자자들이 저지르는 가장 심각한 실수는 손실이 계속 나도록 방치하는 것이다(『최고의 주식 최적의 타이밍』)"라는 오닐의 생각과 비슷하다. 오닐은 같은 책에서 "손실이 났을 때 손절매에 실패하면 향후 매도나 매수 결정을 내릴 때 자신감을 잃게 된다"라고 그 이유를 설명했다. 투자손실이 발생하면 투자자의 투자자본, 즉 잠재적인 투자기회가 줄어들 뿐만 아니라, 이후에도 소신 있게 투자하지 못하게 된다.

오닐과 리버모어, 와이코프는 손실도 투자의 과정 중 하나라고 생각했다. 그래서 손실이 커지기 전에 손절매하는 쪽을 선호했다. 오닐의 설명처럼 "주식시장에서 성공하는 비밀은 언제나 옳은 선택을 내리는 것이 아니라, 잘못된 선택을 했을 때 손실을 최소화하는 것"이기 때문이다.

상승장에서 매도는 천천히: 주가가 충분히 상승할 때까지 기다려라

오닐식 투자기법의 기본은 시장의 추세를 따르는 것이다. 만약 시장의 추세가 유리하게 작용하고 있다면, 가능한 한 시장에 오래 머무르면서 추세를 최대한 활용해야 한다. 오닐의 관점에서 최고의 주식을 선별해 매수하는 것까지는 전체 투자과정의 절반에 불과하다. 잠재적 주도주의 어마어마한 주가상승을 십분 활용하기 위해서는 매수 후의 관리가 관건이다. 리버모어는 인내심을 가지고 기다리면서 옳은 결정을 내리는 투자자가 드물다고 평가했는데, 오닐이야말로 주가가 상승 곡선을 그리는 동안 적절한 포지션을 유지한 덕분에 크게 성공할 수 있었다. 이를 위해서는 리버모어가 『주식 매매하는 법』에서 설명한 "주식과 시장이 유리하게 작용할 때, 서둘러 이익을 실현해서는 안 된다"는 기본규칙을 지켜야만 한다. 그렇지 않으면, 주식으로 돈을 벌 수 있는 기회를 스스로 박탈하는 셈이 된다.

오닐은 손절매는 빠를수록 좋지만, 수익종목은 천천히 매도하라고 조언하면서 "투자의 목적은 옳은 투자결정을 내리는 데서 끝나지 않고, 올바른 결정을 내렸을 때 돈을 버는 것"이기 때문이라고 설명했다. 단기 수익을 노리는 투자자는 쉴 새 없이 매매하면서, 동시에 앞으로의 매매에 대해서도 끊임없이 걱정해야 한다. 너무 분주한 시장접근 방법이기도 하고, 오닐의 투자기법과도 상반된다. 필자들의 경험에 비춰보아도 주식투자로 큰돈을 버는 가장 쉬운 방법은 주가가 상승하는 종목을 매수하고 진득하게 기다리는 것이었다. 이때 생각은 될 수 있는 한 적게 하면서 버텨야 한다. 상승세인 종목에 전액투자를 한 상황이라면 투자자는 더 이상 할 일이 없다. 주가가 상승하는 동안 기다리기만 하면 된다. '생각이 아니라 인내심이 돈을 벌어준다'는 르페브르의 원칙에서 착안해 필자들은 이때는 '시장에 몸을 맡겨야 할 때in the zone'라고 부른다.

와이코프도 『주식투자기술 제1번』에서 "지금까지와 반대로 하면 부자가 될 수 있지 않을까? 지금까지는 매수 후 수익이 2포인트가 되면 매도를 하고, 반대로 손실을 그냥 방치했다. 반대로, 손실을 1포인트, 2포인트, 3포인트로 제한하고, 수익은 그냥 놔둬보자"라면서 손절매는 될 수 있는 한 빨리 하고, 수익종목은 그대로 놔두라고 조언했다.

집중투자

상승종목을 관리하는 과정에서 투자 포지션 조절은 빼놓을 수 없는 부분이다. 만약 시장평균 정도의 수익을 올리는 정도로 만족한다면 분산투자도 나쁘지 않다. 분산투자를 하면 투자 포트폴리오는 시장의 인덱스 수준과 비슷해지는데, 이것이 바로 클로짓인덱싱closet indexing 기법*이다. 대부분의 펀드매니저들은 전체 투자자산을 1~2%로 잘게 쪼개어 100~200개 종목에 투자한다. 하지만 오닐은 분산투자에 반대한다. 돈을 벌려면 투자자산을 강세종목에 집중해야 하며, 투자 포지션을 1~2%로 잘게 쪼개는 방법은 좀 심하게 표현하자면 찌질하다는 것이 오닐의 생각이다. 상승세를 타는 종목은 투자를 늘리고, 손실이 나는 종목은 정리하는 오닐식 투자기법을 활용하면 강세장에서 돈이 되는 종목에만 투자를 집중할 수 있다. 필자들 또한 소수의 종목, 가장 적게는 두 가지 종목에 집중투자하여 200% 이상의 수익을 올린 적이 있다. 각 종목에서 100%가 넘는 수익을 올린 것이다. 이것이 바로 주식으로 돈을 많이 버는 방법이며, 투자종목 관리로 최대

---

*시장평균 수준에 준하는 수익률 획득을 목적으로 하여 매우 다양한 종목을 대상으로 포트폴리오를 구성하는 투자기법이다. 투자자들은 단순히 인덱스 펀드를 선택해서 더 싼 비용을 지불할 수도 있기 때문에 클로짓 인덱싱은 종종 부정적으로 비춰지기도 한다. −편집자주

의 효과를 내기 위한 핵심이다.

그래서 오닐은 분산투자를 기피하고, '분산투자는 무지를 헤지hedge하는 것'이라는 제럴드 로브Gerald Loeb의 표현을 즐겨 인용하곤 한다. 『최고의 주식 최적의 타이밍』에서는 "분산투자를 하면 할수록, 자신이 투자한 분야에 대한 지식은 오히려 줄어든다. 많은 투자자들이 너무나 과도하게 분산투자를 한다. 최적의 결과는 집중투자로 얻을 수 있다. 계란을 단 몇 개의 바구니에만 나누어 담아라. 그러면 자신의 바구니에 대해 더 많이 알게 되고, 주의 깊게 관찰하게 될 것이다"라고 설명하면서, 강세장에서 어떤 종목을 매수해야 하는지에 대해 명확한 해결책을 제시하고 있다.

오닐의 관점에서 집중투자의 목적은 두 가지다. 하나는 주도주가 크게 상승할 때 돈을 많이 벌 수 있기 때문이고, 또 다른 하나는 소수의 투자종목에 집중할 수 있기 때문이다. 오닐은 너무 많은 종목을 동시에 관리하기보다는 집중투자가 더 안전하다고 생각한다. 그래서 "시장 전체에 투자자산을 분산시키면 오히려 위험하다. 한꺼번에 너무 많은 종목에 관심을 두지 말라. 몇 개 종목만을 집중 관리하는 방법이 훨씬 쉽다"고 조언한다. 더불어 시장의 모든 종목을 매수할 필요는 없다며 "모든 아기에게 뽀뽀를 해주어야 할 필요는 없다"는 표현을 즐겨 쓰곤 한다. 오닐은 주식투자로 돈을 벌려면 수익을 조금씩 수십 번 내는 것보다는 최고의 주식 몇 개에 투자하는 게 낫다고 단언하고 있다.

최고의 주식과 기관투자가들의 지원

최고의 주식에 투자하려면 기관이 매수하는 종목에 주목해야 한다. 오닐은 현대의 적립식펀드, 헤지펀드, 연금펀드 같은 기관투자가가 리버모어나 와이코프 시대의 풀pool이나 트러스트trust와 유사하다고 생각한다. 거대 기관투자가들이 매집에 나서는 종목의 주가는 크게 상승하기 때문에 오닐식 투자기법이 지향하는 투자기회를 제공한다. 특히 리서치와 종목 선택이 뛰어난 기관은 모방할 만한 가치가 있다. 오닐은 『최고의 주식 최적의 타이밍』에서 "주가가 상승하려면 매수세가 유입되어야 한다. 적립식펀드, 연금펀드, 헤지펀드, 보험회사 등 기관투자가들은 단연코 강력한 매수세를 만들어낸다. 최고의 주식은 모든 기관투자가까지는 아니더라도 적어도 일부 기관투자가들이 매수하는 종목이다"라면서, "(부지런한 투자자는) 최고의 투자 실적을 자랑하는 현명한 포트폴리오 매니저들이 투자하는 종목을 찾아낸다"고 주장했다.

오닐의 투자기법을 활용하려면 시장에서 빠르게 대응하는 스마트머니smart money의 동향을 파악하는 것이 중요하다. 와이코프 또한 《더 매거진 오브 월스트리트》에 기고한 글 「내가 주식과 채권에 투자하는 방법」에서 "특정 종목이나 종목군의 주요 투자자가 기관투자가인지, 내부관계자인지, 풀인지 혹은 일반투자자인지를 알아야 한다. 여러 은행에서 갑자기 특정 종목을 매수하는 이유는 가까운 미래에 주식시장에 긍정적인 변화가 있을 것이라는 기대 때문이다. 특정 집단이 매수했다면 일부만이 알고 있는 호재가 있다는 뜻이다"라고 조언했다.

오닐은 세계적인 기관투자가들에게 자문역할을 하고 있기 때문에, 이들의 생리와 영향력을 누구보다 잘 이해하고 있다. 어느 시장 사이클에서나 오닐은 기관투자가에 대한 폭넓은 이해를 바탕으로 투자를 결정하는데, 필자들은 이를 가리켜 '최고 주식의 원칙Big Stock Principle'이라고 부른다. 경제 사이클, 즉 시장 사이클을 주도하는 종목은 결국 기관투자가들이 포트폴리오를 구성할 때 꼭 끼워넣는 종목이다. 기관투자가들이 '투자할 수밖에 없는' 종목이라고 판단하고 매수를 시작하면, 주가가 크게 상승하는 '최고의 주식'이 만들어진다. 그리고 이것이 바로 오닐식 투자의 핵심이다.

차트 패턴

오닐은 유명한 투자자이면서 댄서였던 다바스가 집필한 『나는 어떻게 주식 투자로 2백만 달러를 벌었나?』를 비롯하여 다수의 책을 참고해 '저점' 개념을 발전시켰다. 오닐의 '저점'은 다바스의 '박스'와 기본적으로 같은 의미로, 주가가 크게 상승하기 전에 나타나는 전형적인 차트 패턴을 의미한다. 오닐은 박스, 혹은 저점을 다양한 형태로 세분화했는데, 오르막 모양^{ascending}, 손잡이가 달린 컵^{cup-with-handle}, 이중바닥^{double-bottom}, 정사각형^{square box}, 평평한 모양^{flat base}, 높이 치솟은 깃발형^{high, tight flag} 등을 예로 들 수 있다. 이들은 모두 소위 말하는 '지속형 패턴^{continuation}'으로 주가가 추가로 상승하기 전 잠시 호흡을 가다듬거나 지금까지의 상승분을 소화하는 과정에서 자연스럽게 나타나는 현상이다.

다바스는 다양한 주식 차트와 표를 관찰하고 연구하여 '박스' 이론을 내놓았다. 『나는 어떻게 주식투자로 2백만 달러를 벌었나?』에서 다바스는 "주가변동은 완전히 무작위적이지는 않다. 주가는 어느 방향으로 날아갈지 모르는 풍선과는 다르다. 철이 자석에 끌려가듯이 상승세 혹은 하락세가 결정되고, 한 번 형성된 추세는 지속된다. 그런데 추세를 따르는 과정에서 주가는 계속해서 액자틀 모양을 형성하는데, 이것이 바로 박스다. 주가가 고점과 저점을 왕복하는 구간 하나하나가 바로 박스다. 나는 박스를 명확하게 구별해내게 되었다"고 설명했다.

오닐은 이보다 훨씬 구체적으로 박스 혹은 저점 기간 동안 나타나는 패턴의 정확한 모양, 기간, 규모를 세부적으로 파악했다. 하지만 오닐도 저점을 "주가가 상승한 후 조정기나 보합세를 겪는 기간이다. 가장 중요한 도전과제는 이 기간에 나타나는 차트 패턴을 분석해 주가와 거래량 변동이 일반적인지, 약해졌는지 혹은 분산 국면인지를 판단하는 일이다"라고 설명해, 기본적으로는 다바스의 의견에 동의했다.

다바스의 박스이론은 오닐이 만든 다양한 패턴이론의 초기단계다. 다만, 다바스는 박스의 기간을 측정하려 하지도 않았고, 따라서 장기간 박스가 유지되는 경우와 단기간 유지되는 경우 중 어느 쪽이 나은지를 고려하지 않았다. 또 규모나 범위도 측정해보지 않았고, 중요한 특징이 있는지 여부에도 관심이 없었다. 『나는 어떻게 주식투자로 2백만 달러를 벌었나?』에서는 "가끔 박스권이 몇 주나 지속되기도 한다. 나는 주가가 박스권에서 얼마나 오래 머무르는지에 대해서는 신경쓰지 않는다. 박스권의 하단을 통과하지 않기만 하면 상관없다"고 썼다.

오닐은 과거의 선례를 적용해 박스이론을 한층 더 발전시켰다. 그는 시장 사이클마다 주도주들이 만들어내는 차트 패턴이 비슷하다는 사실을 발견했다. 일반인을 대상으로 열린 한 포럼에서는 1998년 아메리카온라인America Online(AOL)의 주가하락과 1965년 주도주였던 신텍스Syntex Corp.,의 주가하락이 꼭 닮아있는 점을 예로 들기도 했다. 1998년 아메리카온라인의 주가는 50일 이동평균선까지 하락했는데, 오닐은 1965년 신텍스의 주가 변동을 가이드라인으로 삼아 아메리카온라인에 대한 투자 포지션을 관리해 큰 수익을 남겼다. 필자들이 실제로 목격한 사건이다.

과거의 선례를 참고하는 투자기법은 리버모어에게서 유래되었다. 『주식 매매하는 법』에서 리버모어는 "나는 주가 패턴이 반복된다고 확신한다. 약간의 변형만 있을 뿐, 결국에는 같은 패턴이 몇 번이고 다시 나타나곤 한다. 그 이유는 투자자들이 인간이기 때문이다. 인간의 본성은 변하지 않는다"고 설명했다. 오닐도 "역사가 반복되는 것처럼 주식시장도 반복된다. 인간의 본성 때문이다(『The Successful INVESTOR』)"라고 밝혔다. 와이코프 역시 "차트를 읽는 일은 어떤 면에서는 음악을 이해하는 것과 비슷하다. 음악을 이해하려면 작곡가의 생각과 표현을 해독하려고 노력해야 한다. 이와 비슷하게, 주가지수나 특정 종목의 차트는 시장의 투자자 혹은 특정 종목의 투자자가 가진 생각, 희망, 야심, 목적을 반영한다(『주식투자기술 제2번Stock Market Technique Number 2』)"라고 평가했다.

오닐은 종종 차티스트, 즉 도표분석가로 치부되어 투자시장에서 이단아 취급을 받곤 한다. 물론 오닐이 차트 읽는 법을 개척하긴 했지만, 주가 예측에 있어서 차트의 중요성을 인식한 투자자는 오닐 외에도 많다. 와이코프는 『주식투자기술 제2번』에서 차트의 중요성을 설명하기 위해 책의 일부를 할애했다. 또 "티커 테이프ticker tape●에는 주식시장의 역사가 기록된다. 차트는 주식시장의 역사를 기록하는 하나의 방식으로, 과거 주가의 움직임을 통해 향후 주가의 향방을 점치는 간편하고 유용한 방법이다. 차트는 필수불가결하다"라고 적었다.

오닐은 체계적으로 주식을 매집하는 기관투자가들의 동향을 파악하기 위해서 기술적 분석과 차트를 활용한다. 그래서 차트를 기계적으로 분석하는 데 그치지 않고 이를 바탕으로 판단을 내린다. 즉 차트는 기관투자가들의 행동을 파악하기 위한 도구다. 이와 비슷하게 와이코프도 시장의 행동 속에 숨어있는 동기를 파악해 주가의 방향을 해석하려면 차트를 공부하라고 조언했다(『주식시장을 파악하기 위한 와이코프의 방법Charting the Stock Market, The Wyckoff Method』).

리버모어의 피보탈포인트 vs. 오닐의 피봇포인트

오닐식 투자기법의 핵심 기술은 정확한 매수시점을 잡아내는 것이다. 오닐의

● 티커테이프란 과거 증권시장에서 주가를 알려주던 종이테이프를 말한다. 1인치 크기의 티커 테이프를 통해 분당 900자가 쏟아져 나와 최신의 주가와 거래량을 말해주었다. 1867년 에드워드 캘러헌이 발명하여 10만 달러에 특허권을 팔았으나 고장이 잦아 당시 뉴욕증권거래소 보일러실에 임시로 살던 토머스 에디슨이 성능을 향상시켜 4만 달러의 보상금을 탔다. 1920년대엔 하루 평균 400~500m의 테이프가 쏟아졌다. 오늘날에는 티커테이프 대신 전산처리된 주가와 거래량이 전광판을 통해 실시간으로 표시되고 있다. ─편집자주

'피봇포인트pivot point' 개념은 리버모어의 전환신호, 즉 '피보탈포인트pivotal point'에서 착안되었다. 리버모어는 이를 다시 전환 피보탈포인트reversal pivotal point와 지속 피보탈포인트continuation pivotal point로 분류했는데, 오늘의 피봇포인트는 신고가를 향해 저점을 돌파하는 순간을 의미하기 때문에 이 중 후자에 가깝다. 시장이 약세장에서 강세장으로 바뀌는 순간을 뜻하는 전환 피보탈포인트는 오늘이 조정이나 약세장 이후 시장이 반등을 이어가는 시점을 지칭한 '팔로우스루데이follow-through day●' 개념과 유사하다.

『주식 매매하는 법』에서는 피보탈 매수포인트라는 이름이 붙었고, 『최고의 주식 최적의 타이밍』에서는 피봇 매수포인트로 설명되었지만, 두 가지 모두 최적의 매수시점을 의미한다. 리스크와 잠재적 투자수익이 만들어내는 방정식이 투자자에게 가장 유리한 시점이고, 매수를 위한 모든 조건이 갖추어진 상태이므로, 피봇 혹은 피보탈포인트에서 반드시 매수가 이루어져야 한다.

그런데, 피봇을 기다리는 데는 상당한 인내심이 필요하다. 리버모어마저도 확실한 투자 성공의 신호탄인 피보탈포인트가 나타날 때까지 매매를 자제하느라 애를 먹었다고 한다. 그래서 "인내심을 가지고 피보탈포인트를 확인한 후 매수했을 때는 늘 성공했다. 처음부터 심리적인 시계에 맞추어 매매를 시작했기 때문이다"라고 고백하기도 했다. 오닐도 "성공하는 투자자는 피봇포인트를 기다려 매수할 줄 안다. 피봇포인트는 실제적이고 흥미로운 움직임이 시작되는 시점

●팔로우스루데이는 반등시도가 시작된 뒤 4일 이후에 발생되는 매수신호다. 윌리엄 오닐은 바닥에서 반등이 시도되기 시작한 후 4~7일 사이에 시장지수가 전날보다 1% 이상 상승하고 거래량이 늘어나면 '팔로우스루데이'라고 정의했다. 반등시도는 나스닥 종합지수 혹은 S&P500지수가 조정을 겪은 후에 나타난다. 시장이 신저가를 기록한 후, 그보다 높은 곳에서 종가가 결정된 날을 반등시도가 시작된 날로 친다. 또 지수가 신저가를 기록한 날의 종가가 당일 거래범위의 중간보다 높게 결정된 경우에는 주가가 지지되고 있다고 생각해 반등이 시작된 날로 고려한다. 오닐은 팔로우스루가 반드시 강세장으로 이어지지는 않았지만, 팔로우스루 없이 강세장이 시작되는 경우는 없다고 설명했다. 자세한 내용은 이 책의 7장과 9장에서 다루고 있다. —편집자주

이다"라고 설명했다. 오닐과 리버모어는 모두 최적의 매수시점이 최소저항선^{line} ^{of least resistance}상에 놓여 있다고 생각했다. 모든 장애물이 제거되어 주가가 상승할 준비를 마친 상태이기 때문이다.

실제 주가의 움직임이 시작되는 순간이 바로 최적의 매수 타이밍이다. 예를 들어, 현재 주가가 50달러이고 피보탈포인트는 55달러인 주식이 있다고 가정해 보자. 그렇다면 주가가 최소저항선을 뚫고 55달러를 넘어설 때 매수해야 한다. 오닐과 리버모어는 주가가 50달러에서 피보탈포인트인 55달러로 상승할 때까지는 관심이 없었다. 그보다는 55달러에서 100달러까지 상승하는 구간을 노렸다. 그래서 오닐은 "투자자의 목적은 주식을 가장 싸게 혹은 바닥에서 매수하는 것이 아니라, 정확한 타이밍에 매수하는 것이다. 다시 말해, 주가가 상승해 정확한 매수시점에서 거래될 때까지 기다려 투자하는 법을 배워야 한다는 뜻이다"라고 설명했다. 피봇포인트와 피보탈포인트에 대해서는 5장에서 더욱 상세하게 설명하기로 한다.

시장의 타이밍을 잡아라: 들어갈 때와 나올 때를 알아야 한다

피보탈포인트 혹은 정확한 매수 타이밍을 기다려 시장에 진입하라는 리버모어와 오닐의 말은 시기가 무르익었을 때만 투자하라는 의미다. 반드시 추세가 형성되기를 기다렸다가 시장에 뛰어들어야 한다. 이와 관련해 리버모어는 "성공하는 투자자는 최소저항선을 따른다. 추세를 좇아라. 추세는 투자자의 친구다"라는 명언을 남기기도 했다.

주식시장에서는 타이밍을 잡기 힘들기 때문에 언제나 전액투자를 유지해야 강세장을 놓치지 않고 시장의 지수도 따라잡을 수 있다는 통념과 달리, 오닐과 리버모어는 시장에 들어가야 할 때와 나와야 할 때가 있다고 생각했다. 오닐은 "시장에서 타이밍을 잡을 수 없다고 말하지 말라. 한 번도 타이밍을 잡아보지 못한 월스트리트와 언론계 인사들이 만들어낸 엄청난 거짓말이다"라고 설명했다. 오닐에 따르면 "시장에서 타이밍을 잡을 수 없다거나, 불가능하다거나, 누구도 할 수 없다는 통념은 약 40년 전 시장의 타이밍을 잡으려다 실패한 뮤추얼펀드매니저들이 만들어냈다. 이들은 개인적인 판단력과 감에 의존해 시장이 언제 바닥을 치고 반등할지를 알아내려 했다. 시장이 바닥일 때는 모두가 부정적이다. 이들도 사람이어서, 바닥에서는 망설일 수밖에 없었다"고 한다.

사실 투자종목을 선별하고 시장의 타이밍을 잡을 때 개인적은 의견은 중요하지 않다. 그래서 필자들은 객관적인 투자기법을 활용하려 노력해왔다. 일례로, 7장에서 설명할 'Dr. K의 시장방향모델'은 나스닥 및 S&P500지수와 거래량의 상관관계를 통계로 정리해, 공식화한 것이다. 필자들이 오닐의 CAN SLIM 이론 중 시장의 방향을 의미하는 M에서 영감을 받아 개발 및 발전시켜 온 타이밍모델로, 1991년부터 지금까지 우리가 주식투자로 성공할 수 있었던 비결이기도 하다. 'Dr. K의 시장방향모델'과 시장에서 발생되는 신호에 대해서는 www.virtueofselfishinvesting.com에 상세하게 설명되어 있다. 또, 시장 추세의 타이밍과 관련해 모랄레스의 성과에 대해 알고 싶은 독자들은 www.gilmoreport.com을 참고하길 바란다.

감정과 예측
|

요즘 유행하는 젠Zen 스타일처럼 주식투자에서는 현재가 중요하다. 앞으로의 시장을 미리 걱정할 필요도, 과거의 잘못에 연연할 필요도 없다. 투자자는 시장

이 끊임없이 보내는 신호에 실시간으로 반응하면서 현재의 투자에 집중하면 된다. 주식시장의 미래를 100% 정확하게 예측할 수도 없지만, 그래야 할 필요도 없다. 시장을 매일매일 관찰하고 그에 맞게 행동하는 것만으로도 투자에 성공할 수 있다. 시장을 예측하려다보면 지식에 과도하게 의존하게 되는데, 이는 시장에서 돈을 잃는 지름길이다. 예측과 시장이 다르게 움직일 때, 좀처럼 투자 포지션을 바꾸려 하지 않기 때문이다. 주가와 거래량을 보고 예측이 틀렸다는 것을 깨닫게 되어도, 잘못된 투자 포지션을 고집하게 된다. 따라서 시장을 예측하기보다는 현재의 시장을 주시해야 한다.

리버모어는 "시장이 다음에 어떻게 될지를 점치려 하지 말라. 현재 시장이 보여주고 있는 증거에만 집중하라"고 충고했다. 마찬가지로 오닐도 투자자들에게 시장이 앞으로 어떻게 흘러갈지 보다는, 현재 어떻게 돌아가고 있는지를 알아야 한다고 역설했다. 자신의 책 『최고의 주식 최적의 타이밍』에서 오닐은 "주식시장에서 최고가 되는 비결은 미래의 시장을 예측하거나, 시장이 앞으로 어떻게 흘러갈지 알아내는 것이 아니다. 지난 몇 주간 그리고 현재의 시장을 알고 이해하는 것이다"라고 설명했다.

와이코프도 새로운 시장 정보를 평가할 때마다 현재에 집중해야 한다는 원칙을 지켰다. 『주식투자기술 제1번』에서 와이코프는 "나는 주식시장의 미래에 대한 의견을 내놓고, 그 정당성을 입증하려는 사람들과는 다르다……. 오늘 그리고 가까운 미래에 어떤 일이 벌어질지만 알아도 충분하다. 나는 시장의 미래를 미리 예측하지 않는다. 시장은 늘 변화하기 때문이다. 다만 시장의 변화에 따라 투자 포지션을 변경할 뿐이다"라고 설명했다.

이는 투자에서 감정을 배제해야 한다는 개념과 일맥상통한다. 리버모어는 감정적인 투자자들이 실패하는 주요 원인이 공포와 희망 때문이라고 지적했다. 더 정확하게 설명하면 공포와 희망을 갖기 때문이 아니라 공포와 희망을 갖는 시기가 틀렸기 때문이다. 리버모어는 "투기에 공포와 희망을 끼워 넣을 때······ 공포를 느껴야 할 때 희망을 갖고, 희망을 가져야 할 때 공포를 느끼게 된다"고 설명했다. 매수를 할 때에는 공포를 극복해야 하고, 돈을 잃었을 때는 감정을 자제해야 한다. 오닐은 와이코프가 남긴 유명한 격언을 빌려 "밤에 안심하고 잠을 잘 수 있는 수준까지 매도하라"고 조언하곤 한다.

전문가의 의견, 뉴스, 정보

주식 정보를 원하는 사람들에게 꼭 해주고 싶은 조언은 "정보를 믿지 말라"는 것이다. 정보를 쫓아다니다가는 많은 돈을 잃기 십상이다. 정보랍시고 떠들고 다니는 사람 중에는 뭔가 꿍꿍이가 있는 사람도 있고, 잘 알지 못하면서도 다 알고 있다고 착각하고 있는 사람들도 있다. 리버모어는 "시장은 틀리지 않는다. 의견이 틀릴 뿐이다"라고 평가했다.

시장은 특정 시점까지 공개된 모든 뉴스가 중재되는 곳이다. 거대한 경매시장의 일종인 주식시장의 역할이 바로 이것이다. 시장은 각 종목의 주가를 다른 종목과 비교해 결정하기 때문에, 시장의 평가를 믿는 것이 최선이다.

오닐은 『최고의 주식 최적의 타이밍』에서 "대다수의 투자자들은 힘들게 번 돈을 투자하면서 스스로 연구하고 배우기보다는, 남의 말을 믿고 위험을 감수한다. 그 결과 돈을 잃을 가능성도 커진다. 소문이나 정보는 대부분 사실이 아니다"라고 설명했다. 전문가들의 의견도 마찬가지다. 같은 책에서 오닐은 "2000년 9월을 기억해보자. 당시 CNBC에 출연한 전문가 중 상당수가 IT주식을 추천했었다. IT주들은 그 이후에 계속 하락해서 주가가 80~90%나 떨어졌다"고 썼는데, 시장은 틀리지 않지만 의견이 틀리곤 한다는 리버모어의 평가와 같은 의미다.

대다수의 투자자들이 편하게 돈을 벌고 싶어 한다. 와이코프도 "다른 사람의 조언에 의존하는 것이 대부분의 투자자들이 가지고 있는 약점이다"라고 했다. 많은 이들이 쉽게 정답을 얻고 싶어 한다. 필자들이 지난 몇 년간 가장 흔하게 들어온 질문도 요즘 어디에 투자하느냐는 것이었다. 이런 질문을 하는 이유는 시장을 제대로 이해하지 못해서이기도 하지만, 준비 부족으로 스스로의 판단에 자신이 없기 때문이기도 하다. 꾸준한 공부가 답이다. 와이코프는 "주식시장의 과학을 제대로 이해하고 있다면, 다음날 아침 조간신문에 어떤 기사가 실릴지 몰라 노심초사할 이유가 없다. 투자 과정에서 신문기사는 고려 대상이 아니기 때문이다. 티커테이프 위에 나타나는 변화는 트레이더, 투자자, 은행가, 풀, 기관투자가 등 수많은 참여자들의 생각이 혼합되어 만들어진다. 하지만 노련한 투자자들에게는 이 모든 이들의 생각이 마치 하나인 것처럼 느껴진다(『주식투자기술 제2번』)"고 설명했다.

오버트레이딩

투자경력이 쌓이고 오랫동안 수익을 올리다보면 오버트레이딩overtrading, 즉 무리한 투자에 무감각해진다. 초보뿐만 아니라 숙달된 투자자에게도 오버트레이딩은 위험하다. 현금화해야 할 시점인데 매매를 하고, 투자 포지션을 너무 빨리 정리하고 다시 매수하는가 하면, 매도와 매수를 반복하게 만들기 때문이다.

리버모어의 『주식 매매하는 법』에 나오는 한 투자자의 사례를 살펴보자. 산골에 살고 있는 이 투자자는 주식시장의 소식을 사흘이 지나서야 들을 수 있었고 고작해야 1년에 몇 번 정도 전화로 중개인에게 매매주문을 내곤 했다. 즉 시장에서 꽤나 분리되어 있었다. 하지만 놀랍게도 이 투자자의 장기수익률은 굉장히 높았다. 사람들이 성공의 비밀을 묻자 그는 "글쎄요, 저는 투자를 업으로 삼고 있죠. 그런데 주식시장의 작은 변화에 혼란스러워하고 정신을 팔았다면 아마 실패했을 겁니다. 저는 시장에서 한발짝 물러나 생각하기를 좋아합니다. 주식시장의 실제적인 변화는 하루 동안 시작되고 끝나지 않고, 며칠에 걸쳐서 일어나죠. 산골에 살고 있다 보니 주가가 움직이는 데 필요한 시간을 충분히 주게 되는 거죠"라고 대답했다고 한다.

와이코프도 같은 생각이었다. 그는 『주식투자기술 제1번』에서 "의심스러울 땐 아무것도 하지 말라. 확신 없이 시장에 진입해서는 안 된다. 확실히 판단이 설 때까지 기다려야 한다"고 충고했다. 그리고 생각이나 투자 포지션에 대해 의문이 있다면 모든 종목을 청산하고 시장을 관망하라면서 "잡생각 없이 내린 판단은 믿을 수 있다"는 유명한 트레이더 딕슨 와츠Dickson G. Watts의 말을 인용했다.

아무것도 하지 않는 것이 최선일 때가 있다. 오닐은 좀 더 구체적으로 "저점이나 브레이크아웃, 투자기법이 무용지물이라는 의미가 아니다. 다만 타이밍이나 시장이 모두 좋지 않을 때가 있다. 주가와 거래량 패턴도 믿을 수 없고, 전체 주식시장이 부정적일 때가 있다……. 인내심을 가지고 공부를 게을리하지 않으면서 완벽하게 준비하라"고 설명했다. 상황이 좋지 않을 때 시장 밖으로 물러나 현명하게 기다릴 줄 아는 인내심 있는 투자자는 크게 돈을 잃는 법이 없다.

오닐의 투자방식: 기본적 분석 +기술적 분석

오닐은 종종 기술적 분석가로 치부되곤 한다. 하지만 오닐의 투자기법을 알고 있는 사람이라면 누구나 그가 기술적 분석과 기본적 분석이 혼합된 접근방식을 활용한다는 사실을 알 것이다. 오닐은 차트가 좋다고 무조건 매수하지 않는다. 차트를 기술적으로 분석해 주식이 매집되는 시점과 적절한 피봇 매수포인트를 알아낸다. 한편 과거 선례에 대한 연구를 바탕으로 역사적 주도주들이 공유했던 펀더멘털의 특성을 가지고 있는지 여부를 기본적 분석으로 파악한다. 다바스는 자신의 투자방식을 '기술적 펀더멘털techno-fundamental'이라는 용어로 묘사했는데, 기업의 수익 상승을 예의주시하면서 동시에 박스 안에서 주가의 변동이 이례적이지 않은지를 모니터링하고, 박스의 상단을 돌파할 때를 매수시점으로 결정했기 때문이다. 『나는 어떻게 2백만 달러를 벌었나?』에서 다바스는 "나는 기업의 수익창출 능력에 따라 주가가 결정된다고 생각한다. 물론 다른 다양한 원인이 있지만, 나는 기업의 수익창출 능력이 개선되고 있는지, 혹은 가능성이 있는지에 집중한다. 그래서 기술적 분석과 기본적 분석을 병행한다. 일단 기술적 분석으로 투자할 만한 종목을 선별한 후, 그 중에서 수익창출 가능성이 높은 종목을 기본적 분석으로 알아내 매수한다"고 설명했다.

결론

윌리엄 오닐은 지난 수백 년 동안의 시장 사이클을 집중 연구하면서, 리버모어, 와이코프, 다바스 같은 훌륭한 선배투자자들의 생각과 이론을 한층 발전시키고 개선했다. 인간의 본성은 변하지 않기 때문이다. 그래서 필자들 또한 성공과 실패담 및 그 속에서 얻은 교훈을 독자들에게 풀어놓는 것이다. 이 모든 것들이 기술적으로도 또 심리적으로도 큰 보탬이 될 것이다. 투자기법은 하늘을 나는 로켓을 만드는 기술과는 달라서, 제대로 익히기만 한다면 누구나 성공할 수 있다. 하지만 투자기술을 배우기 위해서는 오랫동안 연구하고 노력해야 한다. 필자들은 오닐이나 앞서 나열한 뛰어난 선배투자자들에는 미치지 못한다. 하지만 오닐이 만든 최고의 투자회사에서 포트폴리오 매니저로 일했고, 또 그 후에도 성공적인 투자성과를 올려온 사람들로서 이들의 생각에 약간이나마 보탬이 되면 되었지, 누가 되지는 않을 거라고 생각한다.

시장은 변한다. 오닐의 투자기술을 적용하는 방식도 그에 따라 변해야 한다. 자신만의 투자기법을 만들고 개선시키는 것은 모두 각자의 몫이다. 하지만 오닐식 투자기법의 기본 철학은 영원히 변하지 않을 것이다.

CHAPTER 2

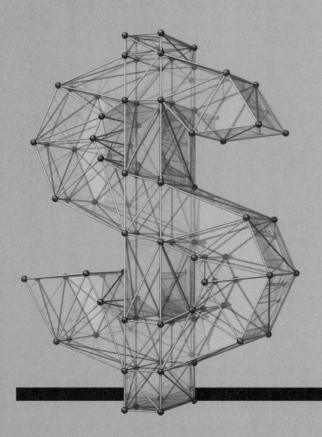

크리스 케쳐는 어떻게 수익률 18,000%를 올렸을까

투자기법을 공부하는 이유는 향후 합리적인 수익을 올릴 수 있을 거라는 기대 때문이다. 사람들은 높은 연평균 수익률을 꿈꾸지만 투자기법을 실제 시장에 적용하기는 쉽지 않다. 주식으로 1년 만에 1,000%를 벌었다든가, 7년 만에 18,000%나 되는 수익을 올렸다는 소리를 들으면 마음이 설렌다. 그러나 대다수의 투자자들은 평생 조수석에만 앉아본 사람처럼 실제 운전석에서는 어떻게 해야 할지를 전혀 알지 못한다. 그래서 "대체 주식으로 어떻게 돈을 많이 버는 걸까?"라며 궁금해한다.

2장과 3장에서는 필자들이 어떻게 주식시장에서 엄청난 수익을 올릴 수 있었는지에 관한 이야기를 하려고 한다. 우리가 가장 큰 수익을 올렸던 사례들을 차트와 함께 살펴보면서, 어떤 종목을 매수했고, 당시 시장 조건은 어땠는지, 또 어떤 생각으로 어떤 결정을 내렸는지에 대해 설명할 것이다. 독자 여러분은 돈에 구애받지 않고 살만큼 막대한 수익을 올리기 위해서는 강세장과 투자의 기회를 어떻게 활용해야 하는지 그 실시간 정보를 제공받게 될 것이다.

투자시장에 발을 들여놓다

우리의 경험을 함께 되짚어보면 독자 여러분도 아주 어려운 일은 아니라고 생각하게 될 것이다. 적절한 시기에 적절한 주식을 매수하면 된다. 즉 주도주가 랠리를 시작할 때 투자를 시작하면 된다. 그러기 위해서는 기술도 필요하고, 약간의 행운도 필요하다. 적절한 시기에 적절한 장소에 있으면 행운은 만들어갈 수 있다. 일단 투자 포트폴리오 중 상당부분을 주도주에 투자했다면, 그 다음부터는 어렵지 않다. 생각은 적게 하면서 그냥 기다리만 하면 된다. 파도가 몰려오는 곳을 찾아야 한다. 그리고 파도에 올라타 가능한 한 오래 그 순간을 만끽하라. 투자는 파도타기와 비슷하다. 그리고 제대로만 한다면, 파도타기의 위험은 줄이고 묘미만을 즐길 수 있게 된다.

오닐과 그의 수제자격인 데이비드 라이언David Ryan이 몇 번의 시장 사이클에 걸쳐 시장의 평균을 뛰어넘는 독보적인 투자수익률을 기록해왔다는 사실을 알게 된 후부터 줄곧 필자는 윌리엄오닐컴퍼니에서 일할 기회가 있기만을 바랐다. 1989년에 읽은 『최고의 주식 최적의 타이밍』은 시장에 대한 필자의 생각을 송두리째 바꾸어 놓았다. 기술적 분석과 기본적 분석을 병행하는 오닐의 투자기법과 CAN SLIM, 그 중에서도 특히 시장에서 올바른 투자방향을 선택하기 위한 기술을 의미하는 M은 필자에게 깊은 인상을 남겼다.

그때부터 필자의 길고 긴 여행이 시작되었다. 1989년부터는 시장을 이해하려 노력하면서 많은 시간을 보냈다. 처음에는 시장 예측이 가능한 다양한 경제지표를 기반으로 계량통계학적 타이밍모델을 만드는 데 주력했다. 그런데 갖가지 경제지표의 수명이 고작 15년 정도에 불과하다는 사실을 깨닫게 되었다. 시장은 변화했고, 그러면 경제지표의 시장 예측 능력도 떨어졌다. 약 15년 남짓 가치가 있는 정보를 분석하는 것으로는 부족했다.

자연스럽게 필자의 시장방향모델은 주요 지수들 및 거래량의 변화에 주로 의존하게 되었다. 차트를 읽는 능력이 개선될수록, 주가와 거래량 변화가 시장에서 타이밍을 잡는 데 있어 가장 중요한 변수로 작용했다. 또한 개별적인 종목과 전체 시장 데이터에 대한 연구를 통해 어떤 변수와 상황이 주가를 더욱 상승시키는지에 대해 알 수 있게 되었다.

연구에 연구를 거듭할수록 필자의 거래계좌는 점점 불어났고, 몇 년 후 드디어 윌리엄오닐컴퍼니에서 일할 수 있게 되었다. 오닐은 필자가 시장에 대해 깊고 폭넓게 이해하고 있다는 사실을 단박에 알아봤다. 그래서 필자가 윌리엄오닐컴퍼니에서 근무했던 6년간 회사의 자원을 마음껏 사용하면서 연구할 수 있도록 배려해주었다. 어떤 때는 오닐과 직접 일하기도 했고, 회사에서 진행하는 연구 프로젝트를 담당하기도 했다. 그 중 하나가 '1998년 모델북 연구'다. 어느덧 필자는 오닐의 최측근이 되었고, 자연스럽게 연구 결과를 논의하게 되었다. 가끔은 한밤중에 오닐에게 전화를 걸기도 했는데, 오닐이 중요한 일이 있으면 언제든지 편하게 전화하라고 했기 때문이었다.

오닐과 필자는 모두 시장에 대해 엄청난 열정을 가지고 있었다. 원래 전공했던 핵물리학을 포기하고, 투자로 경력을 바꾼 것은 정말 잘한 일이었다. 그래서 필자는 다른 사람들에게도 "진짜 하고 싶은 일이 있다면, 꿈을 실현하기 위한 단계를 하나씩 차근차근 밟아나가면 된다. 그러면 모든 상황은 내가 원하는 방향으로 바뀐다"고 말해주곤 한다.

1998년 모델북 연구는 1992년부터 1998년까지의 주도주를 분석하는 프로젝트였다. 필자는 1920년대부터 지금까지 거의 20개나 되는 시장 사이클을 분석하고, 각 시장 사이클에서 주가가 가장 크게 상승한 종목들을 연구해왔다. 주가상승의 가능성을 높이는 펀더멘털과 기술적 변수를 찾아내기 위해 각 종목을 상세하게 연구했고, 그 결과 최고의 주식들만이 가지고 있는 변수를 알아냈다.

또 시장방향모델을 만들고 개선했는데, 시장이 상승 혹은 하락할 때 제대로 투자방향을 잡기 위해서였다. 여기에 대해서는 7장에서 더욱 상세하게 설명하기로 한다. 필자가 만든 시장방향모델은 강세장이나 약세장을 단 한 번도 놓친 적이 없으며, 1991년부터 실질적으로 적용해왔다. 덕분에 필자는 1991년 처음으로 시장에서 큰 성공을 거둘 수 있었다. 시장방향모델에 대한 백테스트back test*는 1974년부터 실시되었고, 연평균 33.1%의 수익을 기록해 시장평균을 훨씬 웃돌았다. 더욱 확실한 결과를 얻기 위해 1920년대와 1930년대 시장에 대해 실시된 스팟테스트spot test** 역시 시장평균보다 훨씬 높은 수익률을 기록했다. 시장방향모델은 두 가지 방식으로 적용되었다. 첫 번째 방식에서는 주요 시장지수와 거래량의 변화를 통계적인 공식으로 만들어 그대로 적용했다. 두 번째는 신호발생 강도에 따라 주도주의 변화, 감정 및 심리적인 지수, ETF*** 종류, 투자 포지션 조

● 과거 주가 데이터를 이용해 평가하는 방법 -편집자주
●● 표본 추출 조사 -편집자주
●●● Exchange Traded Fund, 즉 '상장지수펀드'를 말하는데, 어떤 지표를 기준으로 그 지표의 값을 추종하도록 만든 운영방식을 가진 펀드를 지칭하는 용어다. 주식, 석유나 철 또는 비철금속 등의 원자재, 환율, 귀금속 등 지표화시킬 수 있는 다양한 투자자산에 투자할 수 있다. -편집자주

절, 레버리지 정도 등을 고려해 적용했다.

1999년, 은퇴가 얼마 남지 않은 한 세일즈맨이 필자를 찾아왔다. 그는 1960년대 말부터 윌리엄오닐컴퍼니에 투자를 맡겨왔다면서 1968년부터 1999년까지 윌리엄오닐컴퍼니의 시장주문 내역이 담긴 엄청난 양의 종이뭉치를 건네주었다. 필자는 그 자료를 하나하나 꼼꼼하게 살펴보면서, 오닐의 매도주문과 매수주문을 기록해나갔다.

오닐은 강세장이나 하락장을 한 번도 놓친 적이 없었다. 그 이후 주요 시장지수와 거래량을 활용해 시장의 타이밍을 잡아내는 오닐식 투자기법의 효용성과, 역시 시장지수와 거래량을 통계적으로 공식화해 개발한 필자의 시장방향모델의 중요성에 대해 더욱 확신을 갖게 되었다.

시장이 하락할 때는 투자를 보류하고, 시장이 상승하기 시작하면 주도산업의 주도주를 매수하면서 신중하게 시장의 타이밍을 잡아내는 방법으로 1996년 1월부터 2002년 12월까지 7년간 필자가 벌어들인 수익은 18,241.2%를 기록했다. 연평균으로 계산하면 110.5%가 된다.● 하지만 이것은 필자가 만든 규칙이라고 할 수도 없고, 월스트리트의 규칙이라고 할 수도 없다. 시장과 최고의 주식들이 실제 어떻게 작용하는지를 바탕으로 만든 규칙이기 때문이다.

자, 그럼 지금부터는 1996년부터 2002년까지 각 해당연도의 투자내용을 좀 더 자세하게 살펴보기로 하겠다.

●이는 4대 회계기업 중 하나인 KPMG의 회계감사 결과로 확인된 수익률이다. 투자자산 중 일부는 세금을 내기 위해 따로 떼어놓고 매매에는 사용하지 않는데, 표준 회계기준을 따르는 KPMG는 고려할 수 없는 부분이다. 따라서 실제 필자의 투자실적은 이보다 훨씬 높다. 만약 세금을 내려고 할당한 돈을 계속 계좌에 넣어두지 않고 연초에 인출했더라면 KPMG의 회계감사 결과에서도 투자수익률이 훨씬 높게 나타났을 것이다.

1996년: Y2K 종목으로 돈을 벌다

1996년 1분기 동안은 추세가 없는 횡보장이 지속되었고, 필자의 거래계좌 또한 약간의 수익을 기록하고 있을 뿐이었다. 다년간의 경험에 비춰보면 이렇게 추세가 없고, 들쭉날쭉한 횡보장세가 가장 어려운 장이다. 투자자들은 매수와 매도를 거듭하면서 조금씩 손실을 기록하곤 하는데, 시간이 지나면서 작은 손실들이 쌓여 눈덩이처럼 불어난다. 그래서 이럴 때는 시장에 끌려다니지 않도록 조심해야 한다.

1996년 3월 중순이 되자, 저점을 돌파하는 우량 종목들이 눈에 띄기 시작했다. 그 중 하나가 아이오메가^{Iomega Corp.(IOM)}였다(그림 2.1 참조). 당시 아이오메가는 거의 독점기업이나 다름없었다. 외장하드를 성공적으로 상용화시켜 새로운 시

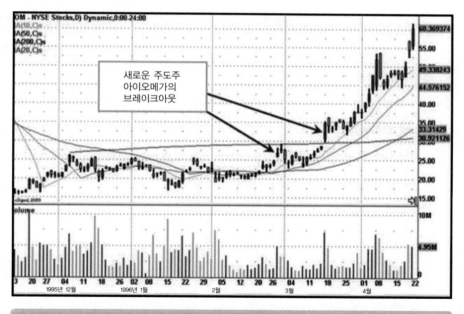

그림 2.1 | 아이오메가(IOM) 일간차트. 1996년 저점을 보여주고 있다(자료제공: 이시그널, 2010년).

장을 개척해낸 덕분에 이렇다 할 경쟁사마저도 없었다. 저점을 돌파했을 즈음, 아이오메가의 순이익은 이전 분기보다 700% 상승해 주당 16센트를 기록했고, 매출은 287%가 늘어 있었다. 1995년 4분기, 주당순이익이 고작 3센트였던 것을 감안하면 엄청난 증가세였다. 분기별 매출 증가세도 −2%, 2%, 16%, 60% 138%, 287%로 엄청났다.

IOM의 저점은 향후 주가상승을 위한 훌륭한 발판이었다. 3월 18일 IOM은 갭상승으로 신고가를 경신했고, 필자는 거래계좌의 25%만큼을 매수했다. 전체 주식시장은 여전히 횡보장세여서 상당수의 종목들이 보합세를 보이고 있었지만, 개의치 않았다.

저점을 돌파하는 종목을 매수할 때는 저점이 건전하고 건설적이며, 적절한 특성을 가지고 있는지 살펴야 한다. 그래야 향후 브레이크아웃breakout●에 성공할 가능성이 크기 때문이다. 필자는 윌리엄오닐컴퍼니의 일간 그래프William O'Neil +Company, Inc. Daily graphs® 하드카피를 들고 다니면서 건설적인 저점과 불완전한 저점의 차이를 배웠다. 약간 낡은 방법이긴 하지만 차트를 읽는 기술을 개선하고 싶은 사람들에게 꼭 추천하고 싶은 방법이다. 또 전반적인 주식시장의 동향도 중요한 변수다. 예를 들어, 최고의 주식은 약세장 혹은 하락장에서 손잡이가 달린 컵이나 이중바닥 모양의 왼쪽 부분을 형성하곤 한다. 하지만 일단 시장의 무게가 걷히기 시작하면, 조정기간 동안 형성했던 단단한 저점에서 스프링처럼 튀어올라 그처럼 고대하던 상승추세로 접어든다.

4월 주도주들이 하나둘 저점을 돌파함에 따라 필자는 투자 포지션을 조금씩 늘리기 시작했다. 4월 중순이 되자, 증거금까지 모두 활용해 언제나처럼 포트폴

● 주가의 저항선 이상으로의 상승이나, 지지선 이하로의 하락을 뜻하며, 대개 대량 거래와 관련하여 발생한다. 커다란 가격변동의 전조일 경우가 많다. −편집자주

리오를 12~18개 포지션으로 구성했고, 3월 말부터 시작해 6월까지 계속된 랠리에서 짭짤한 수익을 올렸다. 돌이켜보면 투자 포지션 크기, 개수, 리스크 등 전반적인 필자의 투자스타일에는 거의 변화가 없었다. 거래계좌에 들어있는 자산의 규모만 달라졌을 뿐이다. 그래서 1996년 얼마 안 되는 돈을 운용하던 때나 윌리엄오닐컴퍼니에서 근무하면서 엄청난 자금을 굴릴 때와 마찬가지로 지금도 여전히 필자는 상승장에서는 투자 포트폴리오를 12~18개 종목으로 구성한다. 또 각 종목에 15~25%를 투자하고, 주가가 상승하면 논리적인 매수시점 두세 번, 최대 네 번에 걸쳐 추가로 매수한다. 반대로 매도신호가 발생하면 투자 포지션의 절반을 청산한다. 또 펀더멘털이 좋고, 저점을 빠르게 돌파할 가능성이 있는 다른 종목을 매수하기 위해 투자 포지션을 정리할 때도 있다.

1996년 6월, 시장은 최고점을 찍었고 필자의 주식계좌도 72%가 불어나 있었다. 단 며칠 사이 투자하고 있던 종목들은 하나둘 매도신호를 발생시켰고, 필자는 투자 포지션을 정리하기 시작했다. IOM의 경우에는 10일 이동평균선을 매도기준으로 활용했다. 그래서 그림 2.2에서 보는 것처럼 주가가 10일 이동평균선 약간 밑까지 하락하면 매도하기로 결정했다. IOM은 5월 22일 천정을 형성하기 시작했고, 5월 28일에는 거래량이 늘어난 상태에서 10일 이동평균선이 무너졌다. 이때 필자는 정확한 매도시기를 5월 28일의 최저점보다 1/16 낮은 지점, 즉 36.31달러로 정했고, 다음날 주가가 정해놓은 매도수준까지 하락하자 그 즉시 모든 투자 포지션을 정리했다. 거래량이 늘어난 상태에서 최후의 정점climax top이 3일간 지속되었을 때 매도했어야 한다고 지적하는 이들도 있을 것이다. 하지만 필자는 1996년에는 최후의 정점 개념을 잘 이해하지 못하고 있었던 데다가, 원래 주가가 높을 때보다는 하락하기 시작할 때 매도하는 쪽을 선호했다.

이후 자연스럽게 10일 이동평균선을 매도기준으로 활용하게 되었다. 주가가 크게 상승하는 종목들은 10일간에 걸쳐서 지지를 받는 일이 흔하기 때문이었다.

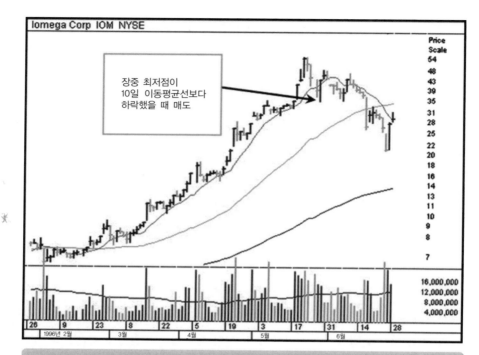

장중 최저점이
10일 이동평균선보다
하락했을 때 매도

그림 2.2 | 아이오메가(IOM) 일간차트. 1996년 최고점을 보여주고 있다 (자료제공: 이시그널, 2010년).

완만하게 상승하는 종목이나 변동성이 큰 종목의 경우는 50일 이동평균선을 매
도기준으로 활용하곤 한다. 즉, 주가가 50일 이동평균선을 뚫고 하락하면, 해당
종목을 주목하면서 매도를 해야 할지 혹은 더 기다려야 할지를 결정한다. 여기
에 대해서는 6장에서 자세히 설명하겠다.

6월 중순이 되자 투자자산은 모두 현금화된 상태였다. 주식시장이 잠시 동
안 하락할지 어떨지는 알지 못했지만, 필자가 만든 규칙을 철저히 지키기 위해서
였다. 자신이 투자한 종목에 미련이 생겨 매도시기를 놓쳐서는 안 된다. 주식을
매수할 때는 펀더멘털과 기술적인 분석을 모두 활용하고, 매도할 때는 기술적인
분석에 의존해야 한다. 기술적 분석이 매도를 결정하는 최후의 판단 기준이어야

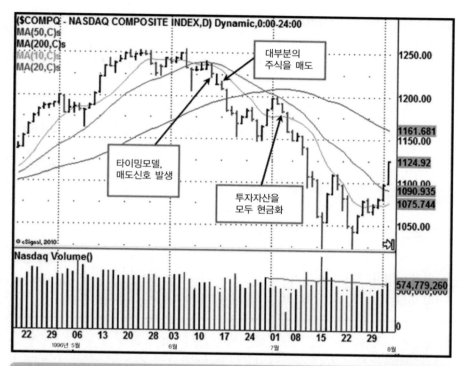

($COMPQ - NASDAQ COMPOSITE INDEX,D) Dynamic,0:00-24:00
MA(50,C)s
MA(200,C)s
MA(10,C)s
MA(20,C)s

대부분의
주식을 매도

타이밍모델,
매도신호 발생

투자자산을
모두 현금화

© eSignal, 2010

Nasdaq Volume()

1250.00

1200.00

1161.681
1150.00

1124.92

1100.00
1090.935
1075.744

1050.00

574,779,260
500,000,000

0

22   29   06   13   20   28   03   10   17   24   01   08   15   22   29
  1996년 5월   6월   7월   8월

그림 2.3 | 1996년 나스닥 종합지수 일간차트. 나스닥 지수는 계속 하락하다가 1996년 7월에야 바닥을 확인했다(자료제공: 이시그널, 2010년).

한다.

그림 2.3에서도 알 수 있듯이, 6월 6일 최고점을 기록했던 나스닥 종합지수는 −19.6%까지 하락했다. 특히 필자가 투자했던 종목들은 전체 주식시장 평균보다 훨씬 더 큰 조정을 겪었는데, 크게 상승한 종목일수록 변동성이 크기 때문이다. 하지만 필자는 이미 투자자산을 모두 현금화한 상태였기 때문에, 투자자산을 보호할 수 있었다.

이후 시장에서는 조정이 계속되다가 7월에야 바닥을 확인했다. 필자의 타이밍모델은 그 직후인 8월 1일 매수신호를 발생시켰고(그림 2.4 참조), 몇몇 주도주들

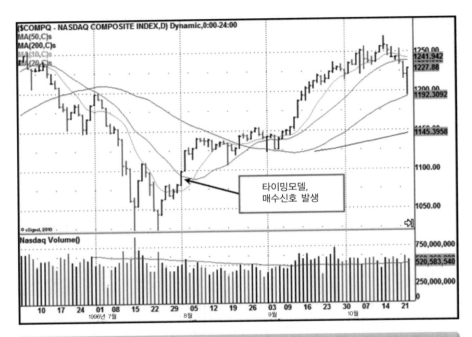

타이밍모델,
매수신호 발생

그림 2.4 | 1996년 나스닥 종합지수 일간차트. 1996년 8월 1일 타이밍모델은 매수신호를 발생시켰다(자료제공: 이시그널, 2010년).

도 저점을 돌파했다. 새로운 강세장의 시작을 알리는 신호였다. 항상 우량주들이 가장 먼저 저점을 돌파하는데, 동시에 매수신호가 발생되면 매우 건설적이다. 자신을 매수해달라고 아우성치는 종목들에 귀를 기울이면서, 필자는 다시 매수에 나섰다.

1996년 12월 주식시장은 곧 맞이하게 될 2000년, 소위 말하는 Y2K로 들끓고 있었다. 투자자들의 관심은 1900년대로 맞추어진 컴퓨터 시스템을 2000년대로 바꾸기 위한 솔루션을 개발하는 기업들에 쏠렸다. 시장에는 언제나 소문이 떠돌기 마련이지만, 티알에스TRS Inc.(TRSI), 지텔Zitel Inc.(ZITL), 액셀러레이트Accelerate Inc.(ACLY) 등 소위 'Y2K 종목'들은 2000년 1월 1일 0시에 발생할지 모르는 위기에 대한 솔루션 제공업체로 오랫동안 주목을 받아왔다. 필자 역시 산업 주도주인 이들 종목을 주목하고 있었고, 적절한 저점을 돌파할 때를 맞추어 매수에 나섰다. 그 결과, 수익은 100%가 넘었고, 1996년 투자수익률은 121.57%나 되었다.

1년에 한두 번씩만 홈런을 날려도 자잘한 손실은 충분히 메우고 남는다. 펀더멘털이 좋은 종목을 적절한 피봇포인트에 매수하고, 시장이 하락세로 접어들면 현금화하라는 규칙을 지키는 것만으로도 강세장에서 1년에 100% 이상의 수익률을 올릴 수 있다. 하락장에서도 한두 번의 홈런으로 약간의 손실은 충분히 메울 수 있다.

1997년: 아시아 금융위기 속에서도 돈을 벌다

1997년 1분기, 시장은 고전을 면치 못했다. 4월이 되자 친하게 지내던 포트폴리오 매니저들이 한동안 투자를 포기해야 할 것 같다고 입을 모을 만큼 시장은 절망의 나락으로 빠져들었다. 필자는 투자자산을 모두 현금화한 상태였다. 타이밍모델은 계속 매도신호를 발생시켰고, 투자할 만한 종목을 찾을 수가 없었다. 4월 22일, 1월 말 이후 처음으로 타이밍모델이 매수신호를 보내기 시작했다(그림 2.5 참조). 게다가 펀더멘털이 좋은 일부 종목들도 저점을 돌파하기 시작했다.

필자는 그 중에서도 가장 성장세가 강한 종목에 투자했다. 랠리가 지속되는 과정에서는 약한 종목들은 정리하고, 새롭게 저점을 돌파하는 종목으로 대체했다. 그렇게 모든 구매력을 가장 강력한 주식에 효율적으로 쏟아 부었다. 10월까지 시장은 계속 상승세를 이어갔다. 그러던 중 갑자기 필자가 투자한 모든 종목들이 매도신호를 보내기 시작했다. 아시아 외환위기로 엄청난 매도세가 유입되어 시장이 폭락했던 10월 17일을 단 며칠 앞둔 시점이었다(그림 2.6 참조). 당시에

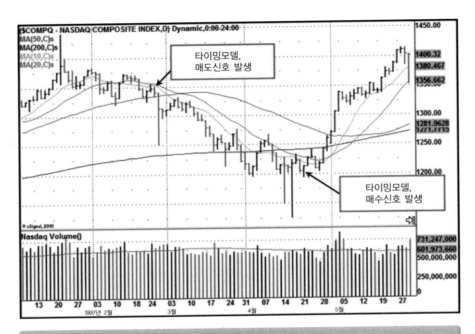

그림 2.5 | 1997년 나스닥 종합지수 일간차트 (자료제공: 이시그널, 2010년).

는 영문을 몰랐지만, 늘 하던 대로 타이밍모델에 따라 투자 포지션을 정리했다. 덕분에 시장에 엄청난 파장이 몰아치기 며칠 전, 안전하게 투자자산을 모두 현금화할 수 있었다. 당시 매매에서 6.5%의 손실을 기록하기는 했지만, 전체 나스닥 시장은 16.2%나 하락했다.

덕분에 1997년 필자는 최악의 투자성공률을 기록했다. 수익을 올렸던 때와 손실을 기록한 때의 비율은 4:1로 성공률이 20% 정도에 불과했다. 하지만 투자수익률은 세 자릿수를 기록했는데(필자의 기록에 따르면 102%로 세 자릿수를 넘었고, 회계법인의 기록에 따르면 98%라고 한다), 몇 번의 홈런을 날린 덕분이었다. 이처럼 수익을 올린 매매의 횟수보다는 한 번의 매매에서 얼마나 수익을 올렸는지가 중요하다. 물론 강세장에서 필자의 투자성공률은 50%에 육박한다.

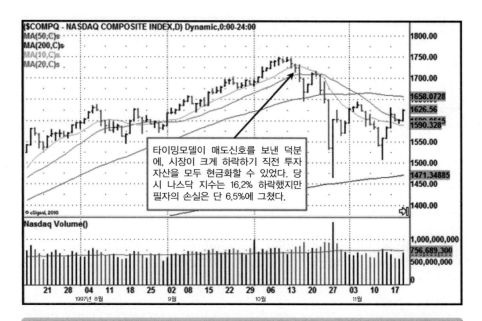

그림 2.6 | 1997년 아시아 외환위기 당시 나스닥 종합지수 일간차트 (자료제공: 이시그널, 2010년).

1998년: 투자자들의 낙담

　1998년 1분기 동안 주식시장은 크게 상승했지만, 7월부터 10월 초까지는 매우 힘든 시기였다. 7월 중순 시장이 최고점을 기록하자마자 필자가 투자한 종목들은 매도신호를 발생시켰고, 필자는 단 며칠 만에 투자자산을 모두 현금화했다. 9월 동안 시장은 약한 랠리를 이어나갔지만, 적절한 저점을 돌파하는 종목은 거의 없어서 마땅히 투자할 만한 주식이 없었다. 하지만 상당수의 투자자들은 랠리가 지속될 것으로 생각해 열성적으로 투자에 나섰다. 10월이 되자, 시장은 급격하게 하락했다. 투자자들은 낙담했고, 대다수가 손실을 기록했다. 10월 8일, 시장은 갑자기 반등했다. 또 며칠 후인 10월 14일에는 필자의 타이밍모델이

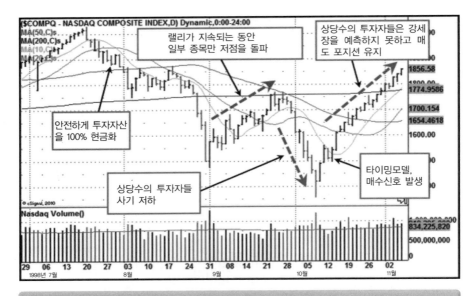

그림 2.7 | 1998년 나스닥 종합지수 일간차트(자료제공: 이시그널, 2010년).

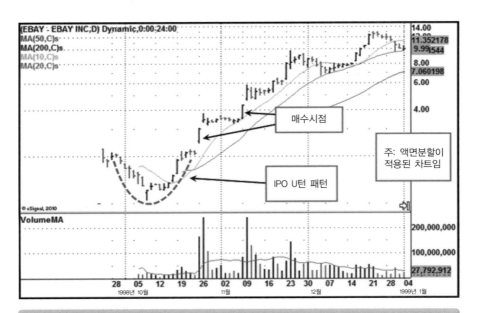

그림 2.8 | 1998년 이베이(EBAY) 일간차트. IPO U턴 패턴을 보여주고 있다(자료제공: 이시그널, 2010년).

매수신호를 발생시켰고(그림 2.7 참조), 일부 우량종목들도 강하게 저점을 돌파하기 시작했다. 그 중 하나가 이베이eBay Inc.(EBAY)였다. 이베이는 당시 IPO 종목 중 가장 흥미로운 주식이었다. 사업모델이 워낙 뛰어났고, 시장에서도 선점업체로서 많은 강점을 가지고 있었다. 검색엔진시장의 야후Yahoo! Inc.(YHOO)나 온라인 소매업종인 아마존Amazon.com(AMZN)과 비슷한 예였다. 하지만 뛰어난 사업모델에도 불구하고 이베이는 9월 24일 상장 이후 계속 하락해 결국에는 반토막이 났는데, 당시 나스닥이 −33.1%나 하락할 정도로 약세장인 때문이었다. 이처럼 펀더멘털이 좋다고 무조건 주가가 상승하는 건 아니다. 지독한 약세장에서는 펀더멘털이 좋은 종목도 맥을 못추기 마련이다.

시장이 바닥을 벗어났고, 곧 필자의 타이밍모델도 매수신호를 보내기 시작했다. 그 후 단 며칠 만에 이베이도 매수신호를 발생시켰다. 10월 26일 이베이는 필자가 'U자형', 모랄레스가 'IPO U턴IPO U-Turn형'이라고 부르는 패턴을 갭상승으로 빠져나왔다(그림 2.8 참조). U자형 패턴은 최고의 주식에서만 가끔 나타나는 현상이다. 워낙 주가상승세가 강해 손잡이가 달린 컵 모양 패턴의 손잡이 부분이 형성되지 않으며, 저점의 기간은 4주가 채 안 된다. 필자는 이베이가 갭상승할 때 처음 매수를 시작했고, 10일 이동평균선을 돌파할 때 두 번째로 매수했다. 필자의 경험에 따르면, 최고의 주식들은 10일 이동평균선을 단기적인 지지선으로 활용하면서 랠리를 지속하기 때문에 10일 이동평균선 근처에서 지속적으로 매매되곤 한다.

한편, 7월부터 시작된 약세장으로 사기가 크게 저하된 투자자들은 10월 랠리에 대해 회의적인 모습을 보였다. 심지어 시장이 로켓처럼 급상승하던 11월에도 매도 포지션을 유지하는 투자자들이 있을 정도였다. 하지만 시장은 계속해서 상승했고, 매수를 꺼리던 투자자들도 결국에는 매도 포지션을 정리하거나, 실수를 인정하고 매수에 나서게 되었다. 하지만 이들은 시장에 너무 늦게 진입해 최고의 브레이크아웃을 놓치고 말았다. 시장이 반등하면 최고의 주식들이 가장 먼저 저점을 돌파하는데, 이때 투자해야 많은 수익을 벌 수 있다. 이베이가 그 대표적인 예였다.

1998년 4분기 시장은 투자자들에게 엄청난 수익을 안겨주었다. IT종목이 시장의 랠리를 이끌어나갔고, 그 중에서도 특정 분야를 선점해 경쟁사를 앞서 나간 기업들이 주도주로 부상했다. 필자는 펀더멘털이 가장 좋은 기업들부터 골라냈는데, 여기에는 사업모델이 좋은 기업들이 포함되어 있었다. 그리고 그 중에서 특정 시장을 선점한 기업을 찾아내고, 더욱 세부적으로 연구해 최고의 기업들만을 뽑아 투자 리스트로 만들었다. 이 모든 조건을 만족하는 주식은 그리 많지 않았다. 필자는 각 종목마다 최적의 매수시점을 결정하고 해당 종목이 필자가 정한 매수시점 근처에서 매매되기 시작하면 그 즉시 신호가 발생되도록 했다.

1998년 4분기는 행복한 시기였다. 건전한 저점을 돌파하는 종목이 너무 많아 필자의 구매력이 쫓아가지 못할 정도였다. 투자 포트폴리오를 구성하는 14~17개의 투자 포지션 중 어떤 포지션을 정리하고 어떤 종목으로 대체할지를 결정하기 어려웠다. 결국 상승세가 상대적으로 약할 것 같거나, 펀더멘털이 상대적으로 약한 종목에 대한 투자를 반으로 줄이거나 정리하는 방식으로 투자자산을 최고의 주식에만 집중했다. 이렇게 해서 증거금까지 합쳐 200%의 투자자산을 전략적으로 배치할 수 있었다.

1999년: 주식시장의 거품은 커져가고

주식투자에 성공하기 위해서는 시장의 근본적인 변화를 감지해야 한다. 시장이 과거에 유례없는 변화를 겪을 때도 마찬가지다. 1990년대 말은 기업들의 순이익 구조가 근본적으로 바뀌었던 때다. 당시 인터넷 종목들은 순이익을 거의 내지 못하고 있는데도, 주가가 크게 상승했다. 그때까지만 해도 필자는 주가상승을 예측할 때 순이익증가를 주요 변수로 활용했다. 하지만 이들에게만큼은 매출증가를 변수로 활용해야 한다고 깨닫게 되었다. 기업의 펀더멘털뿐만 아니라, 월스트리트가 해당 기업의 펀더멘털을 어떻게 판단하고 있는지 이해한 덕분에 내린 결론이었다. 앞에서도 말했지만 뮤추얼펀드, 헤지펀드, 연금펀드 등의 기관투자가들이 주가를 상승시키는 힘이기 때문이다. 당시 필자는 주식시장이 미묘하게, 때로는 확실하게 변화한다는 사실을 배웠다. 또, 시장에서 언제나 효력을 발휘하고 투자전략에 주요부분을 차지하는 펀더멘털 및 기술적인 변수들도 있고, 그렇지 않은 변수들도 있다는 것을 알게 되었다.

투자자들은 시장의 추세를 면밀하게 관찰하면서, 투자수익을 높이는데 도움이 되는 새로운 변수와 이제는 효용성이 떨어진 변수를 선별해내야 한다. 또, 백발백중 효과가 있다고 자랑하는 투자기법에도 주의해야 한다. 투자기법은 지속적인 노력을 통해 개선되어야 한다. 한두 번은 어떻게 성공한다고 해도, 계속 성공하기 위해서는 시장의 변화를 꾸준히 받아들이기 위한 노력이 필요하기 때문이다.

1999년 1분기, 매수신호를 보내는 종목들은 대부분 인터넷주였다. 인터넷이 기술의 모든 면을 변화시키고 있었기 때문에 당연했다. 주도주들과 전체 시장이 모두 긍정적이어서 필자는 증거금까지 십분 활용해 투자 포지션을 유지하고 있었다. 그런데 4월 13일, 인터넷업종을 가늠하는 주요 척도인 시카고옵션거래소 Chicago Board Options Exchange(CBOE) 인터넷지수Internet Index(INX)가 하락반전reversal day하기 시작했다(그림 2.9 참조). 그때까지 고공행진을 거듭하던 인터넷종목 중 상당수가 이미 반전일을 지났거나, 곧 반전일로 접어들려 하고 있었다. 게다가 하루 전날인 4월 12일에는 일부 기업들이 회사명 뒤에 닷컴.com을 붙이겠다고 발표했는데,

덕분에 주가가 두 배 이상 오른 종목도 있었다.

당일 필자는 엄청난 매수세에 놀라 인터넷주들이 최후의 정점을 찍었다고 짐작하고 있었다. 4월 14일, 필자가 투자했던 종목 대부분이 전날의 종가보다 약간씩 갭하락한 채 장을 시작했고, 몇 분이 지나도 반등하지 못하고 있었다. 그렇지 않아도 잔뜩 긴장하고 있던 필자는 개장 후 채 몇 분이 지나지 않았을 때 트레이더에게 매도목록을 건네주었다. 14~16개 종목을 매도했고, 덕분에 전체자산의 200%를 차지하고 있던 투자 포지션을 35%로 줄여버렸다. 매도주문을 낸 지약 20분쯤 지나자 CBOE 인터넷지수는 폭락하기 시작했고, 몇 분 전까지 필자가 가지고 있던 종목들도 같이 폭락했다. 4월 14일 CBOE 인터넷지수는 9.6% 하락한 채 장을 마감했다.

주가가 가장 많이 상승했던 종목들 중 일부는 CBOE 인터넷지수보다 두 배나 하락폭이 컸다. 그림 2.10의 인포스페이스Infospace, Inc.(INSP) 매매차트를 보면 당시의 하락속도가 얼마나 빨랐는지 짐작할 수 있다. INSP의 주가는 단 6일만에 최고점에서 50% 이상 하락하면서 반토막이 되어버렸다.

주식투자에서 타이밍은 매우 중요하다. 특히 주가가 폭발적으로 상승했던 종목일수록 타이밍에 유의해야 한다. 다이너마이트처럼 조심스럽게 다루어야 하고, 한 가지 산업에 포트폴리오를 집중할 때는 더욱 주의해야 한다. 당시 필자가 경고신호를 보고도 재빨리 행동하지 못했더라면, 1999년 1분기에 벌어들인 것보다 더 많은 돈을 날렸을 것이다. 단 20분 만에 투자 포지션을 상당부분 정리할 수 있었던 것도 다행이었다. 필자는 당시 한 가지 종목에서 일일 평균 거래량의 10% 이상을 매수하지 않았고, 지금은 그보다 더 엄격하게 5% 이상을 매수하지 않고 있다. 또 시장의 노이즈에 상대적으로 자유로운 대형주에 집중해 투자 포지션을 구축하고 있다.

1999년 1분기가 투자자들에게 선물과 같았다면, 2분기와 3분기는 필자가 시

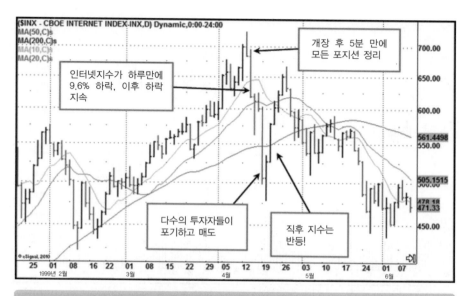

그림 2.9 | 1999년 CBOE 인터넷지수 일간차트 (자료제공: 이시그널, 2010년).

그림 2.10 | 1999년 인포스페이스(INSP) 일간차트 (자료제공: 이시그널, 2010년).

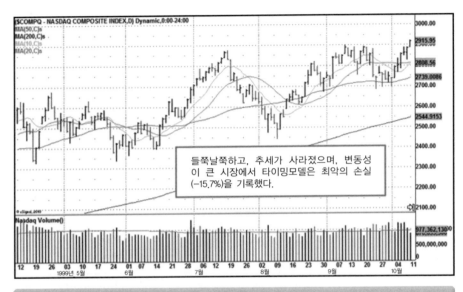

그림 2.11 | 1999년 나스닥 종합지수 (자료제공: 이시그널, 2010년).

장평균보다 더 높은 수익을 올리기 시작한 1991년 이래로 최악의 시기였다(그림 2.11 참조). 필자의 타이밍모델은 −15.7%로 최악의 실적을 기록했고, 실제 투자손실도 −50%에 가까웠다. 당시 공식적인 투자손실이 −30%로 기록된 이유는 계좌에 있는 투자자산 중 일부가 세금납부를 위해 할당된 돈이어서 실제 투자에는 사용되지 않았기 때문이다. 즉 계좌에 있던 전체 투자자산보다 실질적인 매매금액은 훨씬 적었다. 그래서 언제나 회계법인에 신고된 것보다 실질적인 손실도 크고, 실질적인 수익도 크다. 이는 일반적인 회계법을 따르는 회계법인으로서는 고려할 수 없는 부분이다.

추세는 사라지고 변동성만 큰 장세는 언제나 트레이더들을 지치게 한다. 10월까지 시장은 실질적으로 반등하지 못했다. 그나마 1999년 2분기와 3분기 같은 시기가 별로 없어서 다행이라고 말하고 싶을 정도였다.

하지만 훌륭한 투자전략은 강세장뿐만 아니라 약세장에서도 꼭 지켜져야 한다. 필자는 1991년 이후 같은 전략을 고수해왔다. 그 덕분에 1999년 2분기와 3분기 같은 힘든 시기에도 신념을 가지고 버틸 수 있었고, 주식 걱정으로 잠을 설치는 일도 없었다. 중요한 것은 주식투자로 돈을 벌고 돈을 잃는 원리를 이해하는 것이다. 필자의 타이밍모델은 시장의 성격에 집중한다. 그래서 1999년의 2분기와 3분기처럼 타이밍모델이 삐걱거릴 때는, 시장이 이례적인 상황이라는 사실을 깨닫게 된다. 당시 시장은 변동성이 매우 컸고 추세가 사라졌다. 그래서 추세추종 투자자들에게는 아킬레스건과 같은 장세였다. 하지만 투자필독서 중 하나인 마이클 코벨Michael Covel의 『추세추종전략Trend Following』에서 명확하게 언급된 것처럼 추세가 없는 시장은 드물다. 빌 던Bill Dunn, 존 헨리John Henry 같은 포트폴리오 매니저들이 25년 이상, 그리고 지금까지 성공적인 수익을 유지하고 있는 것도 이 때문이다. 시장의 급격한 하락도 추세의 한 부분이다. 따라서 좋을 때나 나쁠 때나 자신의 전략을 고수해야 한다. 던, 헨리, 오닐 등 성공적인 추세추종 트레이더들이 입증하듯이, 강세장에서 벌어들인 수익은 추세가 없고 어려운 장에서 잃은 손실보다 훨씬 크기 때문이다.

2000년: 드디어 시장의 거품이 꺼지다

1999년 말 셀레라 제노믹스Celera Genomics(CRA)가 인간 게놈 지도와 관련해 기업의 성과를 공식적으로 발표한 후, 바이오주식들이 급상승하기 시작했다(그림 2.12 참조). 바이오주의 주가 급등은 2000년 초까지 이어졌다. 이들은 순이익은커녕 수익도 기록하지 못하고 있었지만, IT종목들이 그랬듯이 시장의 인식이 크게 작용했다. 역시 전통적인 기준으로는 이들 기업의 펀더멘털을 평가할 수 없었기 때

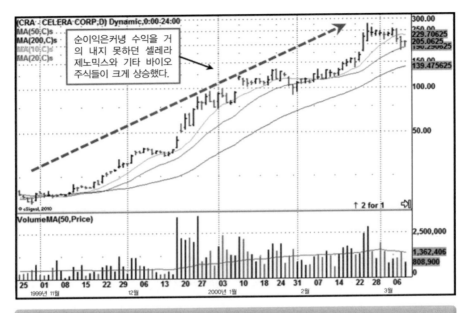

그림 2.12 | 1999~2000년 셀레라 제노믹스(CRA) 일간차트 (자료제공: 이시그널, 2010년).

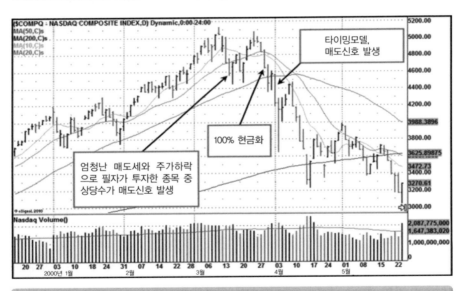

그림 2.13 | 2000년 나스닥 종합지수 일간차트 (자료제공: 이시그널, 2010년).

문에, 필자는 IT종목에 투자하면서 얻은 경험을 살리기로 했다. 기관투자가들이 바이오기업들의 잠재력을 믿는다면 시장의 인식이 긍정적으로 형성되어 가격과 거래량에 뚜렷한 변화가 나타날 것이고, 이것이야말로 기관투자가들이 해당 종목을 매수하고 있다는 신호였다. 필자는 이 신호를 감지해낸 덕분에 2000년 나스닥 지수가 40%나 하락하는 와중에도 세 자릿수 수익률을 기록할 수 있었다.

2월 말, 바이오주들은 시장보다 한 발 앞서 천정을 형성하기 시작했다. 그림 2.13에서 보듯이 전체 시장은 3월 10일 최고점을 기록했다. 필자는 빠르게 증거금을 정리했고, 매도신호가 발생할 때를 맞추어 하나씩 투자 포지션을 정리해단 며칠 만에 전체 투자자산을 모두 현금화했다. 그 이후에는 간헐적으로 조금씩 투자한 덕에, 1분기 동안 벌어들인 수익을 지켜낼 수 있었다. 오버트레이딩은 반드시 피해야 한다. 어떤 때는 아예 아무것도 하지 않으면서 시장이 나아질 때까지 현금을 보유하고 있는 것이 최선일 때도 있다. 하지만 숙련된 투자자들에게도 오버트레이딩은 떨치기 힘든 유혹이다. 시장은 나아지는 듯 보이면서 투자자를 유혹하고, 투자자들은 얼른 겨울잠을 깨고 나와 매매에 뛰어들고 싶어 하기 때문이다. 불확실한 때에는 시장에서 한 발짝 물러나야 하는데, 말처럼 행동하는 것이 쉽지만은 않다.

확실한 투자기회만을 활용하여 얼마만큼의 수익을 올릴 수 있는지 산술적으로 계산해보면 더 확실히 이해할 수 있다. 1년 동안 10번의 투자기회가 있고 각 매매에서 평균 10%씩만 수익을 올린다고 가정해도, 1년간 전체 투자자산의 159%를 번다는 결론이 나온다. 리스크 때문에 투자자산의 25%만을 매매에 활용한다고 하더라도 연 수익률은 40%가 된다. 물론 주어진 확률을 십분 활용하기 위해서는 풍부한 경험이 필요하고, 또 절대 돈을 잃지 않는다고 보장할 수도 없다. 하지만 산술적인 부분만 따져봤을 때 예상수익률은 상당하다.

이례적이었던 2006년부터 2009년까지를 예로 들어 생각해보자. 2006년 말과

2007년에도 짧지만 분명한 투자기회가 있었고, 제대로 활용하기만 했다면 많은 돈을 벌 수 있었다. 2009년 9월에는 금ETF펀드인 GLD와 관련된 종목들이 훌륭한 투자기회를 제공했다. 그 외에도 수많은 사례가 있다. 지나간 일이라서가 아니라, 필자가 당시 짧고 확실한 투자기회를 활용해 실제 벌어들인 수익을 근거로 내린 결론이다. 그때 필자의 수익률이 여느 때보다 좋지 않았던 이유도 불확실한 시기에 오버트레이딩을 했기 때문이었다.

오닐 또한 시장이 좋지 않을 때에는 투자를 자제하곤 했다. 이처럼 강세장이고, 기회의 창이 열려 있을 때만 투자해도 엄청난 돈을 벌 수 있다. 필자의 타이밍모델은 기회가 찾아오면, 혹은 최초의 주도주가 저점을 돌파한 후 며칠 안으로 매수신호를 보내곤 했다. 여기에 공매도short stock selling*까지 한다면 투자실적을 크게 개선할 수 있다. 공매도기술에 대해서는 6장에서 자세하게 설명하도록 하겠다.

2001년: 공매도의 교훈

2001년 2월, 필자는 나스닥100지수 ETF인 QQQQPowershares QQQ Trust에 대해 조금씩 공매도 포지션을 늘려가고 있었다. 공매도 수익이 불어나자, 여기에 '모데나Modena 프로젝트'라는 이름을 붙였다. 모데나는 당시 가장 잘나가던 페라리 스포츠카 모델로, 가격은 옵션까지 합쳐 25만 달러였다. 연방정부와 주정부 세

●주식이나 채권을 가지고 있지 않은 상태에서 매도주문을 내는 것을 말한다. 약세장이 예상되는 경우 시세차익을 노리는 투자자가 활용하는 방식으로, 예상대로 주가가 하락하게 되면 많은 시세차익을 낼 수 있지만, 예상과 달리 주가가 상승하게 되면 공매도한 투자자는 손해를 보게 된다. —편집자주

그림 2.14 | 2001년 나스닥 종합지수 일간차트 '모데나여 안녕!' (자료제공: 이시그널, 2010년).

금, 그리고 자잘한 추가 세금까지 감안하면 50만 달러를 벌어야 살 수 있었는데, 그때 공매도로 벌어들인 수익이 60만 달러였다. 하지만 실제 차를 구입하지는 않았다. 항상 페라리를 갖고 싶어 했지만, 굳이 사야 할 필요까지는 느끼지 못했다. 페라리를 사고도 남을 만큼 돈을 벌었다는 것만으로도 만족스러워, 차를 산 거나 다름없었다. 다음 매매를 위해 충분한 투자자산을 벌었다는 사실에 기쁠 뿐이었다. 오닐과 몇 년간 함께 일하면서 배운 교훈 중 하나는 주식으로 번 돈으로 사치품을 사지 말라는 것이었다.

3월, 필자는 다시 QQQQ ETF를 공매도하기 시작했다. 조금씩 투자 포지션을 늘려갔고, 수익은 100만 달러로 불어났다. 필자는 점점 탐욕의 노예가 되어 갔다. 시장이 계속 하락할 거라고 철석같이 믿었고, 수익이 200만 달러로 불어날 거라고 기대했다. 증거금까지 모두 공매도에 끌어넣었고, 엄청나게 주가가 하락한 이후인데도 시장이 반등할 가능성은 조금도 고려하지 않았다. 4월 5일, 시장은 강하게 갭상승했고 하루 종일 랠리를 이어갔다(그림 2.14 참조). 필자는 계속 버텼지만 장이 끝날 때는 공매도 포지션을 정리할 수밖에 없었다. 하루만에 100만 달러를 날려버렸고, 그때까지 공매도로 벌어들인 100만 달러의 수익은 10만 달러로 줄어버렸다. 장이 끝나자 모랄레스가 사무실로 들어와 악수를 청하면서 "정말 짜릿했어"라며 감탄했다. 필자가 매매하는 동안 모랄레스도 엄청난 스릴을 느끼면서 지켜보고 있었던 것이다. 순간 잭 슈웨거Jack Schwager의 『시장의 마법사들Market Wizards』에서 읽은 빅터 스페란데오Victor Sperandeo 이야기가 떠올랐다. 스페란데오는 어느 날 바에 들어가 바텐더에게 "오늘 10만 달러를 벌었죠. 술이나 마셔야겠어요"라고 말했다고 한다. 바텐더가 놀라면서 "그런데 손님은 왜 얼굴표정이 안 좋은가요? 좋아할 일 아닌가요?"라고 묻자, "오늘 아침만 해도 번 돈이 80만 달러가 넘었거든요"라고 대답했다고 한다.

그 후에는 이렇다 할 큰 사건 없이 2001년이 지나갔다. 약간씩 손실을 기록한 사소한 투자사례가 몇 건 있을 뿐이다. 시장에서 투자의 기회는 완전히 닫혀버렸고, 타이밍모델도 중립 혹은 매도 신호만을 발생시켰다. 필자는 투자를 자제하면서 2001년을 보냈다.

2002년부터 지금까지: 들쭉날쭉한 횡보장과 포켓피봇의 탄생

2002년도 별다른 사건이 없이 지나갔고, 필자는 대부분 투자자산을 현금으로 보유한 채 시간을 보냈다. 당시 많은 펀드들이 사라졌다. 2001년은 끔찍한 해였지만 2002년도 못지않아서 이 시기를 버텨낸 투자자들은 그리 많지 않았다. 나스닥 종합지수는 70%나 하락했고, 투매가 줄을 이었다. 필자는 장기투자를 결정하고 QQQQ ETF에 조금씩 돈을 넣기로 했다. 시장이 더욱 하락할 것으로 예측했지만, 언제나처럼 과도한 매도세가 곧 강력한 랠리로 바뀔지도 모른다는 생각에서였다. 주가가 90% 가까이 하락했던 1907년 대공황 직후를 비롯해 19세기부터 지금까지 시장은 늘 그랬다.

2002년, 일부 매매에서 약간씩 손실을 기록했지만 ETF투자 덕분에 그럭저럭 수익을 기록하고 있었다. 손실이 워낙 적기 때문에 가능했는데, 될 수 있는 한 투자를 자제하면서 투자자산을 현금으로 보유하고 있었던 덕분이었다. 만약 타이밍모델이 매도신호를 보낼 때 공매도를 했다면 더 많은 돈을 벌 수 있었을 것이다. 2002년뿐 아니라 다른 해도 마찬가지였다. 그래서 2009년부터 약세장에서는 투자자산을 현금화하기보다는 매도신호가 발생될 때 공매도하는 방식으로 대체했는데, 2008년이 일종의 경종인 셈이었다.

그림 2.15에서 보듯이 당시 시장은 크게 폭락했고, 이때가 필자의 타이밍모델에 또 다른 전환기가 되었다. 2008년 필자의 투자수익률은 31.1%로 과히 나쁘지 않았지만, 타이밍모델의 연평균 수익률인 33.1%보다는 낮은 수치다. 게다가 팔로우스루데이 기준값을 최적화해 적용했을 때 수익률은 38.8%이다(여기에 대해서는 7장에서 자세하게 설명하도록 하겠다). 하지만 필자는 보수적인 통계를 선호해서 2008년 투자수익률이 31.1%라고 밝히곤 한다.

타이밍모델에 대한 백테스트는 1974년부터 2006년까지의 시장을 대상으로 매수신호(B)가 울리면 나스닥을 100% 매수하고, 매도신호(S)가 울리면 나스닥을 100% 매도하며, 중립신호(N)가 울리면 100% 현금화한다는 조건으로 실시되었다. 이렇게 해서 연평균 33.1%의 수익률을 기록했다. 하지만 1991년부터 실제 타이밍모델을 적용해 얻은 필자의 실제 투자수익률은 이보다 훨씬 높았다. 매수신호가 발생되었을 때, 시장지수가 아니라 개별종목에 투자했기 때문이다.

36년에 걸친 백테스트에서 필자의 타이밍모델은 단 두 번 손실을 기록했는

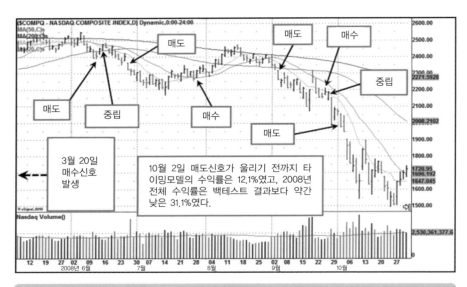

그림 2.15 | 2008년 나스닥 종합지수 일간차트. 2008년 말부터 완만한 하락세를 지속했다(자료제공: 이시그널, 2010년).

데, 2007년이 그 중 하나였다. 가격과 거래량 신호가 혼란스러워 수익률은 −10.9%까지 하락했다. 2007년에는 분산일^{distribution day}• 이후 시장이 하락하지 않고 상승하곤 했다. 부동산 시장의 거품이 꺼지고, 금융주 ETF인 XLF지수가 급락할 만큼 금융시장이 붕괴되기 시작했으며, 경기가 침체에 접어드는 등 다양한 경제문제가 동시에 발생했기 때문이었다. 다행히 2007년 같은 해는 매우 드물었고, 타이밍모델은 언제나 올바른 투자방향을 선택하는 데 도움을 주곤 했다. 그림 2.16은 필자의 타이밍모델이 1987년 주식시장 붕괴와 그 이후에도 유효하다는

•매도세가 매수세보다 더 강한 날을 뜻하는 말로, 분산일에는 거래량이 증가하는 동시에 부정적인 주가 변화가 나타난다. 자세한 내용은 7장에서 살펴보기로 한다. ―편집자주

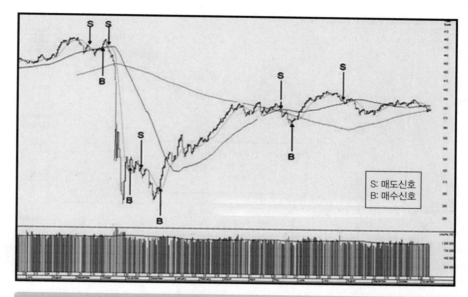

그림 2.16 | 1987년 주가급락에서도 타이밍모델은 높은 수익률을 기록했다 (자료제공: 이시그널, 2010년).

사실을 증명하고 있다.

2004년 1월부터 2006년 8월까지의 주식시장은 전반적으로 압축된 횡보장세를 지속해, 새로운 투자환경을 예고했다(그림 2.17 참조). 필자의 타이밍모델은 여전히 시장평균보다는 훨씬 높았지만, 백테스트 결과인 33.1%보다는 낮았다.

하지만 '시련은 사람을 강하게 만든다'는 말도 있듯이, 2005년 어려운 장을 겪으면서 필자의 투자전략은 한층 강화되었다. 주식이 저점을 돌파하기 직전에 매수 포지션을 구축하는 방법을 고안해냈기 때문이다. 여기에 '포켓피봇pocket pivot'이라는 이름을 붙였는데, 5장에서 더욱 자세하게 설명하게 될 것이다. 포켓피봇은 최근의 시장뿐 아니라 1970년대, 80년대, 90년대 시장에도 완벽하게 적용 가능했다. 《길모리포트Gilmo Report》 독자들에게는 이미 이전 리포트에서 자세하게 소개되었고, www.gilmoreport.com에서 관련 자료를 찾아볼 수 있다. 2004

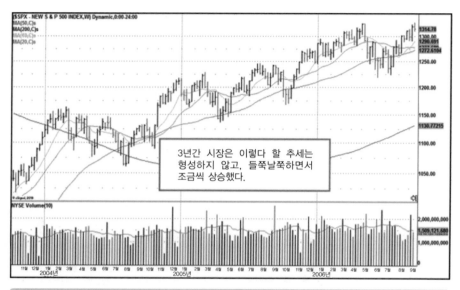

3년간 시장은 이렇다 할 추세는 형성하지 않고, 들쭉날쭉하면서 조금씩 상승했다.

그림 2.17 | 2004~2006년 S&P500지수 주간차트. 3년간 어려운 장세를 보여주었다(자료제공: 이시 그널, 2010년).

년부터 2007년까지, 2006년 9월에서 11월까지, 2007년 9월부터 10월까지의 주식 시장처럼 들쭉날쭉한 횡보장에서나 짧은 투자기회가 찾아왔을 때, 포켓피봇이 투자자들의 수익률을 크게 개선시켜 줄 것이다.

지난 일이지만, 1990년대에 이 모든 것을 알았더라면 더 높은 투자수익률을 기록했을 거라는 아쉬움이 든다. 그래서 우리 모두는 시장에 대한 공부를 게을 리 하지 않는 학생이 되어야 한다. 조금씩 나아지기를 바라면서 끊임없이 배우 고, 투자방식을 최적화해야 하기 때문이다. 그래야만 투자자의 길이 더욱 성공적 이고 생동감 넘치게 된다.

"시장이 자신의 생각과 다르게 움직일 때를 대비해 미리 매도시점을 정해놓고
반드시 지키도록 하라! 손실이 자본의 10%를 넘어서는 안 된다.
손실을 메우기는 두 배나 어렵기 때문이다. 나는 매매를 시작하기 전 꼭 매도시점을
정해놓는다. 처음 손실이 났을 때 포기하는 것이 현명하다. 수익은 그냥 방치해도
스스로를 돌보지만 손실은 반드시 관리가 필요하다."

―제시 리버모어, 『주식 매매하는 법』

CHAPTER 3

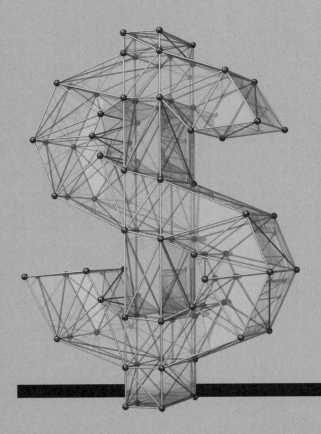

길 모랄레스는 어떻게 수익률 11,000%를 올렸을까

1999년 한 해 동안 1,000%가 넘는 수익을 낸 필자의 성공스토리에는 몇 가지 명확한 주제가 담겨 있다. 무엇보다 대다수의 투자자들이 가장 주목해야 할 주제는 필자가 잘나서 돈을 많이 벌게 된 게 아니라, 1999년 10월부터 다음 해 3월까지 닷컴버블이 만들어낸 강세장의 파도가 워낙 거셌던 덕분이라는 사실이다. 과거 유례를 찾아볼 수 없을 정도의 엄청난 주가 상승이 시작되기 전까지는 필자도, 오닐도, 또 그 누구도 이런 엄청난 강세장을 예상하지 못했었다. 그해 10월 중순까지만 해도 우리는 시장에서 물을 먹고 낙담해 있었다. 하지만 시장이 상승세로 전환되는 것을 확인하자마자 투자원칙을 고수하면서 매수를 시작했고, 특히 기관 투자가들의 주목을 받을 만한 특성을 가진 종목을 매수했다.

'주가가 최초 브레이크아웃을 지난 후 3주 이내에 20% 이상 상승하면 적어도 8주 이상 보유하라'는 아주 간단한 원칙들이 투자 포지션을 유지하는 데 도움을 주었다. 이처럼 투자원칙은 매우 유용하다.

초반의 실패가 전화위복이 되다

필자가 처음 투자의 세계에 발을 들여놓은 건 1991년 6월 메릴린치^{Merrill Lynch} 베버리힐즈 지사에서 재무상담사로 연수를 받기 시작하면서부터였다. 월급은 고작 2천 달러였는데, 거리에서 총 맞을 위험 따위는 없는 로스앤젤레스의 고급 주택가에서 생활하기엔 턱없이 부족한 돈이었다. 하지만 별 다른 도리가 없어서 부모님과 함께 살면서 경력을 쌓아가고 있었다. 성인이 되었지만 부모님과 함께 사는 것도 그다지 나쁘지는 않았다. 대학을 졸업한 후 룸메이트와 살 때와 비슷 했는데, 오히려 새벽까지 파티를 하거나 전화요금이 얼마가 나왔다며 따지는 사 람이 없어서 좋았다.

베버리힐즈는 일터라고 하기엔 비현실적인 곳이었다. 한번은 1991년식 닷지 콜트^{Dodge Colt●}를 몰고 로데오거리를 지나다가 무단 횡단하고 있는 여배우 제이

●크라이슬러와의 합작을 통해 미국에 판매된 미쓰비시의 첫 차다. 미국에서 판매될 때 이름이 '닷지 콜트'였다.
—편집자주

미 리 커티스^{Jamie Lee Curtis}를 차로 칠 뻔하기도 했다. 메릴린치 사무실은 3층짜리 건물 중 꼭대기 두 개 층을 쓰고 있었고, 1층에는 신기한 물건들을 팔기로 유명한 샤퍼이미지^{Sharper Image} 매장이 있었다. 어느 날 필자가 퇴근을 하기 위해 사무실을 나섰을 때의 일이다. 자동차를 지하 3층 주차장에 세워놓았기 때문에 여섯 개 층이나 내려가야 했다. 주차장에 가보니 커다란 리무진 한 대가 필자의 차를 막고 있었다. 차를 빼 달라고 부탁하려고 약간 문이 열려 있는 리무진을 들여다보았는데, 차 주인은 다름 아닌 마이클 잭슨^{Michael Jackson}이었다. 그는 수행원들이 샤퍼이미지에서 물건을 사오길 기다리고 있는 중이었고, 특유의 부드럽고 애처로운 목소리로 수행원들이 오기 전에는 리무진을 뺄 수 없다고 설명했다. 필자는 투덜거리면서 다시 사무실로 올라갔다. 비서가 필자를 보더니 "퇴근하시는 줄 알았는데요?"라며 묻기에, 마이클 잭슨의 리무진이 차를 막고 있어서 다시 올라왔다고 대꾸했다. 순간 한 무리의 비서들이 소리를 지르며 마이클 잭슨을 보기 위해 주차장으로 몰려갔고, 덕분에 필자는 사무실에서 더 오랫동안 기다려야 했다.

초보 주식중개인인 필자에게 화려한 베버리힐즈의 일상은 약간의 활력소가 되어주었고, 일에서는 불평할 것이 없었다. 물론 새로운 고객을 찾고, 경력을 쌓기 시작하느라 고군분투하던 시절이었지만 일은 굉장히 매력적이고 재미있었다. 대부분의 재무상담사들이 연수기간 중 2년을 채 넘기지 못하는 경우가 많았는데, 필자는 운이 좋게도 살아남았다.

당시 필자에게는 독립적으로 투자할 만한 돈이 없었다. 대신 고객들이 맡긴 돈을 1991년에는 솔렉트론^{Solectron(SLR)}, 1993년에는 픽시스^{Pyxis(PYXS)}에 투자해 성공했는데, 그때도 오닐의 투자기법을 활용했다. 얼굴이 파랗게 질려서 땀을 뻘뻘 흘리면서 부들부들 떨리는 손으로 처음 솔렉트론 200주 매수주문을 적던 기억이 아직도 생생하다.

1993년 할머니께서 돌아가시면서 유산으로 3천 달러를 남겨주신 덕분에 필자는 처음으로 종자돈이 생겼다. 1994년 중반 페인웨버PaineWebber, Inc.로 이직한 후에는 급여와 보너스를 조금씩 모았고, 덕분에 1995년에는 투자자산을 몇 천 달러 더 불릴 수 있었다. 개인적으로 투자를 시작한 건 1994년 말이었다. 1994년 12월 14일, 시장의 상승세를 나타내는 팔로우스루데이에 맞추어 매수를 시작했다.

시장은 상승세였지만 필자의 실적은 형편없었다. 1995년 4월, 시장은 거의 5개월째 랠리를 이어가고 있는 중이었는데도 필자의 거래계좌는 30%나 줄어 있었다. 눈앞에 흐르는 강줄기가 보이긴 했지만 필자가 올라타기만 하면 배는 뒤집혔다. 슬슬 짜증이 나기 시작했다. 다행히 화가 날 때 가장 집중하는 버릇이 있던 필자는 더욱 열심히 노력하고, 투자전문 주간지 《데일리그래프Daily Graphs》도 더 꼼꼼히 연구하기 시작했다. 토요일 아침이면 마리나델레이Marina del Rey에 있는 오닐 사무실로(2년 후인 1997년에는 실제 내가 일하게 된 곳이다) 달려가 갓 배포된 《데일리그래프》 책자를 펴볼 때 맡던 신선한 잉크냄새가 지금도 생생하다. 필자에게는 아로마 향기처럼 달콤한 냄새였다.

노력은 곧 결실을 맺었다. 매수할 만한 종목을 검토하던 중 비디오 영상을 압축해 컴퓨터로 보고, 인터넷으로 전송이 가능하도록 만드는 mpeg파일 엔코더, 디코더, 코덱을 개발하는 기업을 찾아냈다. 1995년 당시 이 혁신적인 신기술을 생산하고 있던 기업은 씨큐브 마이크로시스템즈C-Cube Microsystems(CUBE)였다. CUBE의 분기별 순이익은 이전 세 분기 동안 700%, 1,100%, 375% 상승했다. 전분기 대비, 매출은 101% 늘었고, 세후 순이익은 18.6%로 최고치를 기록하고 있었다. 자기자본이익률ROE＊도 15.7%로 건실한 수준이었다. 업종 순위도 13위로 상당히 높았다. 펀더멘털면에서, CUBE는 필자가 찾던 종목의 기준에 꼭 맞았다.

당시만 해도 필자는 매수시점을 그다지 까다롭게 선택하지 않았다. 주가가 보합세를 벗어나 신고가를 향해 상승하면 무조건 매수했고, CUBE의 경우에도

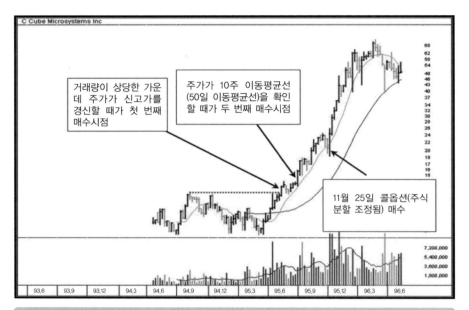

거래량이 상당한 가운데 주가가 신고가를 경신할 때가 첫 번째 매수시점

주가가 10주 이동평균선(50일 이동평균선)을 확인할 때가 두 번째 매수시점

11월 25일 콜옵션(주식분할 조정됨) 매수

그림 3.1 | 1995년 씨큐브 마이크로시스템즈(CUBE) 주간차트. 액면분할 조정된 자료다(자료제공: 이시그널, 2010년).

마찬가지로 주가가 신고가를 향해 상승을 시작하던 1995년 5월 16일 매수를 시작했다. 그림 3.1은 1995년부터 1996년까지 CUBE의 주간차트로, 여기에서는 저점이 그다지 명확하게 구분되지는 않는다. 하지만 같은 기간 동안의 일간차트인 그림 3.2를 보면 손잡이가 달린 컵 모양 패턴을 확인할 수 있다. 앞에서 언급했듯이 필자는 오닐의 데일리그래프, 즉 일간차트를 활용하고 있었기 때문에, 손잡이

●ROE는 자기자본으로 얼마만큼 이익을 냈는가를 보는 지표로 투자효율을 나타낸다. 즉, ROE는 과거의 개념이 아니라 미래의 이익창출 능력인 것이다. 1년 당기순이익을 같은 기간 평균 자기자본으로 나누어 구하므로, ROE가 높다는 말은 자기자본 대비 당기순이익이 높은 것이고, 장사를 잘 했다는 뜻이 된다. 하지만 자본의 개념 안에는 '부채'가 포함된다. 남에게 돈을 빌려 당기순이익을 높이는 것이 가능하므로 부채 비율과 당기순이익의 변화를 신중히 살펴봐야 한다. ―편집자주

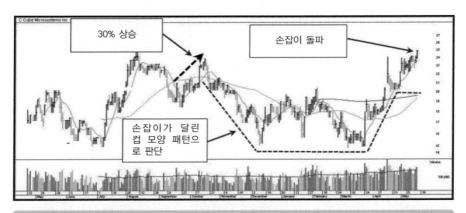

그림 3.2 | 1995년 씨큐브 마이크로시스템즈(CUBE) 일간차트. 손잡이가 달린 컵 모양 패턴을 보여주고 있다(자료제공: 이시그널, 2010년).

가 달린 컵 패턴이라고 생각되는 시점에서 투자를 시작했다. 주가가 24달러 부근에서 손잡이를 만들고 돌파하는 것을 보면서, 매수시기를 적절하게 선택했다고 추측했다.

로켓같은 주가상승

그림 3.2와 3.3을 같이 놓고 살펴보면 적절한 매수시점을 찾아낼 수 있다. 먼저, 그림 3.3에서 신고가를 향해 주가가 처음 저점을 돌파하는 시점을 찾을 수 있다. 필자가 손잡이가 달린 컵 모양 패턴의 피봇포인트라고 판단하고 처음 주식을 매수했던 시점이다. 그 후 약 5주 동안 주가는 브레이크아웃 때의 주가를 기준으로 상승과 하락을 반복하다가 두 번째 매수시점부터 다시 상승하기 시작했다. 그림 3.1에서 설명했듯이, 이때가 10주 이동평균선을 시험하는 기간이었다. 하지만 필자는 당시 일간차트만을 참고하고 있어서 전혀 알지 못했고, 다만

손잡이가 달린 컵 모양 패턴이 작게 형성되었다고 생각해 매수시점이라고 판단
했다. 그때는 몰랐지만, 이때가 바로 포켓피봇 매수시점이었다. 여기에 대해서는
4장에서 더욱 상세하게 설명하기로 한다. CUBE의 주가는 49달러까지 계단식 상
승을 지속했지만(단, 그림 3.1은 액면분할이 적용된 그래프다. 따라서 실제 주가의 절반으로 기
록되어 있다), 9월 말부터 10월 초까지는 급락해 50일 이동평균선이 무너졌다. 당
시 전화를 걸어 49달러에 CUBE를 매도하지 않았다며 항의하는 고객도 있었다.
하지만 필자는 이때가 오히려 투자를 늘릴 기회라고 판단했다! 그래서 전화를
건 고객에게도 "매수해야 합니다"라고 단언했다. 하지만 이미 CUBE에 모든 돈
을 넣어버린 뒤라 남은 여력이 없었다. 그래서 주식 대신 옵션을 선택했고, 11월
콜옵션 50을 $1^{1/2}$, 요즘 표현으로 하면 1.50달러에 매입했다. 당시 CUBE의 주가
는 37달러였다.

그때부터 주가는 포물선을 그리며 로켓처럼 상승하기 시작했다(그림 3.3 참조).

그림 3.3 | 1995년 씨큐브 마이크로시스템즈(CUBE) 일간차트 (자료제공: 이시그널, 2010년).

11월이 되자 주가는 액면분할 기준 95달러에 매매되었고, 콜옵션 가격은 45달러였다. 필자는 이 정도면 충분하다고 생각하면서 콜옵션을 모두 매도했고, 수익은 예상을 훨씬 뛰어넘어 500%가 넘었다. 주식계좌에는 몇 만 달러도 아니고 몇 십만 달러나 되는 돈이 들어 있었다. 단 한 종목의 주식에 투자했을 뿐인데, -30%였던 투자수익률이 연말에는 500%로 불어난 것이다.

투자 포지션을 정리하는 과정도 그리 어렵지 않았다. 연말이 되면서 CUBE의 주가는 굉장히 불규칙하게 변동했다. 필자는 정확히 최고점에서 모든 주식을 매도하지는 못했지만, 거의 근접한 수준에서 투자 포지션을 정리할 수 있었고, 덕분에 많은 돈을 벌었다. CUBE는 전형적인 머리어깨형head&shoulders 천정 패턴과 목선neckline을 형성하면서 하락했고(그림 3.4 참조), 1996년 여름에는 목선이 무너졌다. 여기에 대해서는 6장에서 좀 더 상세하게 설명하겠다.

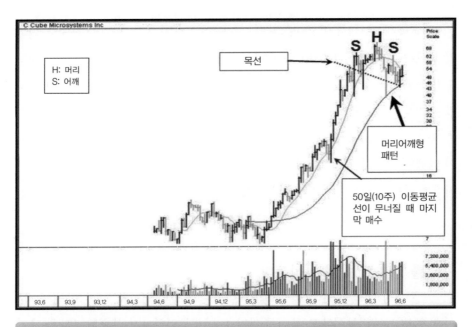

그림 3.4 | 1995~1996년 씨큐브 마이크로시스템즈(CUBE) 주간차트 (자료제공: 이시그널, 2010년).

CUBE 투자는 필자가 주식시장에서 처음으로 거둔 엄청난 성공이었다. 돌이켜보면 지금이었다고 해도 그때만큼 잘하지는 못했을 것 같다. 다행히 그때도 손잡이가 달린 컵 모양 패턴을 찾아낼 만큼, 그리고 적어도 브레이크아웃에서 매수를 시작할 만큼은 차트를 볼 줄 알았다. 간단한 매매규칙을 철저히 따랐고, 덕분에 CUBE의 주가가 49달러에서 50일 이동평균선 바로 밑인 37달러로 하락할 때도 담담할 수 있었다. 오히려 콜옵션을 대량으로 매수하기까지 했다. 상대적으로 경험이 미숙할 때였는 데도 대담했고, 덕분에 CUBE의 상승랠리를 십분 활용할 수 있었다. 또 비디오 영상 전송 및 재생 기술과 관련해 CUBE가 가지고 있던 핵심기술을 보고 투자를 결정할 만큼 펀더멘털을 고려할 줄도 알았다. 필자는 CUBE 매매를 통해 1999년 PC나 인터넷처럼 빠르게 성장하는 분야에서 핵심기술을 보유한 기업은 향후 주가가 크게 상승할 재료를 갖춘 셈이라는 교훈을 배웠다.

당시 매매경험에서 얻은 또 다른 교훈은 포기하지 말고 끈기를 가지고 기다려야 한다는 것이다. 1995년 초 필자의 투자손실은 −30%나 되었지만 연말에는 수익이 500%가 넘었다. 그때 이후로 필자는 잠깐의 투자손실은 언제든지 회복할 수 있다는 자신감을 갖게 되었고, 여기에서 많은 도움을 받았다. 트레이더들은 종종 모든 일을 그르칠 것 같다는 공포감에 빠지곤 한다. 하지만 언젠가 오닐이 말했던 것처럼 꼭 긍정적인 결과를 도출해서가 아니라, 크게 실패한 후 힘든 시기를 극복해내는 사람이 훌륭한 트레이더다.

수익률 1,000%대에 입성하다

1999년 닷컴버블이라고 하면 주가가 1년 내내 엄청나게 상승해 거대한 축제

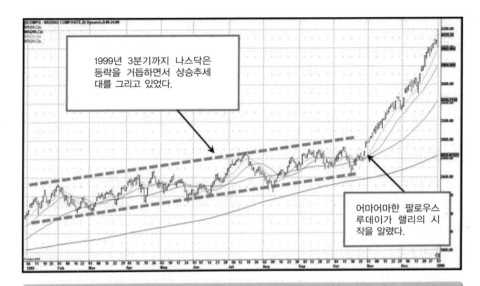

그림 3.5 │ 1999년 나스닥 종합지수 일간차트(자료제공: 이시그널, 2010년).

그림 3.6 │ 1999년 다우존스 산업지수 일간차트(자료제공: 이시그널, 2010년).

기간 같았을 거라고 생각하지만 실상은 전혀 달랐다. 그림 3.5에서 보는 것처럼 처음 9개월 동안 나스닥 지수는 등락을 거듭하면서 느리게 상승하다가 10월 초 신고가를 경신했다. 그때까지는 지수가 올랐다가 다시 떨어지기를 반복했기 때문에 투자가 쉽지 않았다. 주가는 잠깐 상승하는 것 같다가도 다시 재빠르게 하락세로 돌아서 투자자들을 지치게 만들었다. 10월 중반까지만 해도 주식시장의 전망은 그다지 밝지 않았다.

나스닥은 그나마 끊어진 계단식으로 상승하고 있었지만, 다우존스 산업지수는 9월까지 계속 하락했고 10월에는 200일 이동평균선을 겨우겨우 지켜내고 있었다(그림 3.6 참조). 어려운 장 속에서 필자들 역시 힘든 시기를 보내고 있었다. 단순히 짜증이 나있었다고 하면 턱없이 부족한 표현이었다. 게다가 우리는 앞으로 시장이 더욱 하락할 거라고 점치고 있었다. 2월부터 등락을 거듭하는 시장에서 진을 빼다보니 부정적인 시각을 갖는 것도 당연했다. 하지만 당시의 나스닥(그림 3.5 참조)과 다우존스(그림 3.6) 차트를 비교해보면 매우 흥미로운 차이점을 발견할 수 있다. 가장 큰 차이점은 나스닥 지수의 꾸준한 상승세. 그림 3.5를 보면 상승추세대가 뚜렷한데, IT중소기업들, 즉 나스닥 지수를 구성하는 주요 기업들이 곧 주도주로 시장을 이끌어갈 것을 예고하는 신호였다. 1999년 등락을 거듭하면서 조금씩 상승하던 나스닥은 겉으로 보기엔 어려운 장처럼 보였지만 실은 곧 다가올 닷컴붐을 준비하면서 조금씩 끓어오르고 있는 중이었다.

오라클 버블

10월 28일, 어마어마한 팔로우스루데이가 출현했다. 7일 전까지만 해도 필자들은 곧 대형주가 급락하고 전체 시장도 함께 하락할 거라고 예측했지만, 팔로

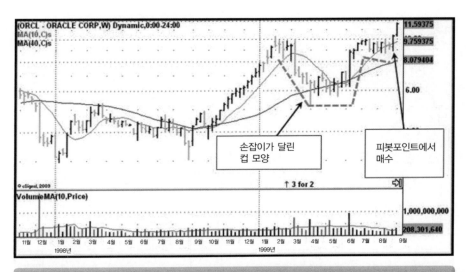

그림 3.7 | 오라클(ORCL)은 손잡이가 달린 컵 모양 저점을 돌파했다(자료제공: 이시그널, 2010년).

우스루데이를 확인하자마자 매수를 시작했다. 다른 생각은 할 필요도 없었다. 시장의 평가는 내려졌고, 그 결과는 팔로우스루데이였다. 시장이 바뀌었고, 따라서 우리도 투자 포지션을 변경했다. 하지만 당시에는 그림 3.5에서처럼 주식시장이 로켓처럼 상승해 난생 처음 보는 강세장이 펼쳐지리라고는 짐작도 하지 못하고 있었다. 다만 몇 주간 눈여겨보던 종목들이 있어서 만반의 준비를 끝낸 상태였다. 그 중 하나가 오라클Oracle Corp.(ORCL)이었다. 오라클은 10월 팔로우스루데이가 출현하기 훨씬 전인 9월에 손잡이가 달린 컵 모양 저점을 돌파했다(그림 3.7 참조). 그림 3.7은 액면 분할을 적용한 그래프이기 때문에, 차트에서 10달러는 주식 분할 전으로 따지면 40달러를 뜻한다.

　오라클 일간차트(그림 3.8)를 보면 최초의 브레이크아웃에 관해 상세하고 실제적인 정보를 확인할 수 있다. 차트에서 보는 것처럼 오라클은 6주간에 걸친 보합세의 상단, 즉 손잡이가 달린 컵 모양 패턴의 손잡이 부분을 돌파했고, 전형적인

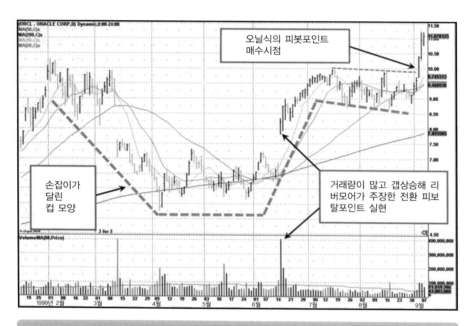

오닐식의 피봇포인트
매수시점

손잡이가
달린
컵 모양

거래량이 많고 갭상승해 리
버모어가 주장한 전환 피보
탈포인트 실현

그림 3.8 | 1999년 9월 오라클(ORCL)의 브레이크아웃은 첫 번째 힌트였다 (자료제공: 이시그널, 2010년).

피봇포인트 매수신호를 발생시켰다. 게다가 거래량도 평균 이상으로 늘어나 브레이크아웃 조건을 모두 충족시키고 있었다. 하지만 필자는 오라클의 분기별 순이익이 마음에 걸렸다. 분기별 순이익 증가세가 58%에서 43%, 다시 33%로 하락하는 중이었기 때문이다. 바로 전 분기 순이익 성장률은 고작 23%였다. 매출은 13% 증가했는데, 오닐의 CAN SLIM 이론이 권고하는 매출 증가율 20%에 훨씬 못 미쳤다. 게다가 전체 시장은 계속 조정을 받는 중이었고 팔로우스루도 나타나기 전이라, 필자는 오라클의 브레이크아웃을 그냥 보고만 있었다. 하지만 눈에 보이는 것이 전부는 아니었다.

오라클의 CEO 래리 엘리슨Larry Ellison은 1995년에 처음으로 '넷컴퓨팅net computing' 개념을 개발했고, 1997년에는 100% 자회사인 네트워크컴퓨터Network

Computer, Inc.를 설립했다. 엘리슨은 정보를 개인 PC에 저장하는 대신 중앙 인터넷 서버에 설치 및 저장한 후 인터넷으로 접속해 사용하는 인터넷 기반의 정보공유를 열렬히 옹호했다. 이것이 바로 '정보 애플리케이션information application'의 시작이었다. 당시에는 매우 생소한 개념이었지만 빠르게 성장하는 인터넷기술 덕분에 점차 실현가능해지고 있었다. 지금 사용하는 '클라우드 컴퓨팅cloud computing'이나 애플 아이폰, RIMM 블랙베리의 애플리케이션 서비스도 여기에서 파생되었다. 오라클은 인터넷 인프라가 제공하는 모든 애플리케이션의 선구자인 셈이다.

1999년 닷컴붐을 만들어낸 또 다른 원인은 넘치는 유동성이었다. 연방준비위원회가 롱텀캐피탈매니지먼트Long-term Capital Management 헤지펀드 파산으로 인한 위기를 해결하고, 1900년대에 맞추어진 전 세계 컴퓨터 시스템이 2000년에는 제대로 작동하지 않을지 모른다며 생겨난 'Y2K' 위기에 대처하기 위해 저금리정책을 실시한 덕분이었다. 기관에는 유동자금이 넘쳐났고, 이렇게 넘쳐나는 돈은 어떻게든 사용돼야 했다. 유동성은 유동성을 부른다. 따라서 대부분의 유동자금은 대형 우량주 중에서 인터넷기술 발전의 혜택을 받을 가능성이 가장 큰 기업들에게 흘러들어갔다. 오라클도 이 중 하나였다. 순이익은 증가세가 꺾이긴 했지만 여전히 높았고, ROE는 38.8%였다.

기관투자가들은 오랜 기간에 걸쳐 높은 수익률을 기록한 튼실한 기업을 선호하는데, ROE는 기업의 안정적이고 실제적인 이익창출 능력과 경영상태를 가늠하는 훌륭한 잣대다. 여러모로 오라클은 기관투자가들의 구미에 맞는 종목이었다. 하지만 필자가 전체 시장의 맥락에서 확신을 갖고 오라클에 투자하기까지는 약 2개월의 시간이 소요되었다.

인내심과 조심스러운 시각

오라클은 1999년 9월 초 저점을 돌파했지만, 전체 주식시장은 10월이 되어서야 바닥을 치고 반등했다. 이 때문에 오라클의 첫 번째 브레이크아웃에서는 매수세가 크게 유입되지 못했다. 주가는 9월에 형성한 손잡이가 달린 컵 모양 패턴의 손잡이 저점 바로 윗부분에서 다시 한번 6주간 등락을 거듭하면서 보합세, 즉 저점을 형성했다. 필자는 오라클의 주가가 크게 상승하지 못하는 것을 보면서 순이익증가율 때문에 가지고 있던 회의적인 시각이 옳다고 판단했다. 하지만 여전히 관심을 가지고 지켜보는 와중에 오라클은 9월의 저점 위에 다시 저점을 형성하면서 모양 위 모양^{base-on-base} 패턴을 만들어냈다.

모양 위 모양 형은 강력한 지속형 패턴이다. 주가가 저점을 돌파한 후 상승을

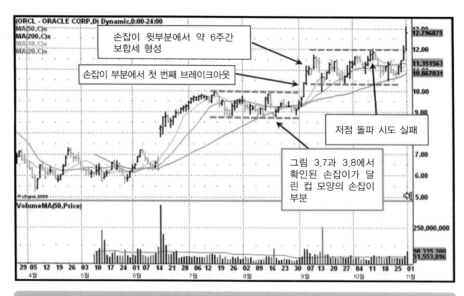

그림 3.9 | 오라클은 손잡이가 달린 컵 모양 저점을 돌파하고, 그 후 6주간 모양 위 모양 패턴을 형성하면서 시장이 강세장으로 바뀌기만을 기다렸다 (자료제공: 이시그널, 2010년).

시도하지만 전체 주식시장이 좋지 않아서, 즉 강세장이 형성되지 않아서, 브레이크아웃 지점 윗부분에서 다시 한번 보합세 혹은 저점을 만들 때 나타난다. 그림 3.9를 보면 스프링에같은 모양을 확인할 수 있는데, 일단 전체 주식시장의 무게가 걷히면 주가가 크게 튀어 오를 가능성이 크다. 또 두 번째 저점에서는 거래량에서도 향후 주가상승의 힌트를 발견할 수 있다. 9월 저점을 돌파하고 며칠 후, 오라클의 주가가 크게 하락한 날을 주목하자. 당일 주가는 이전 저점의 상단부분까지 하락했는데, 거래량이 크게 늘면서 주가가 일일 거래범위의 윗부분까지 회복되어 강력한 지지를 받으면서 장을 마감했다. 이는 기관투자가들이 주가하락을 매집의 기회로 활용했기 때문이다. 그 후 약 6주간, 오라클의 주가는 횡보를 지속했다. 한 번은 12달러 선을 뚫고 브레이크아웃을 시도했다가 실패해 50일 이동평균선까지 하락하기도 했다. 하지만 오라클이 문제가 아니라 시장이 준비가 되지 않아서였을 뿐이다. 리버모어는 주가가 최소저항선을 뚫을 때까지 기다려야 한다고 조언했는데, 오라클의 경우에는 모든 준비가 갖추어져 있었지만 전체 시장 환경이 장애물로 작용했다.

모든 장애물은 사라지고

10월 말 전체 주식시장에 팔로우스루가 출현했고, 오라클은 두 번째 저점을 돌파했다(그림 3.9 참조). 이때가 바로 매매의 적기였다. 모든 조건이 충족되었고, 최소저항선이 돌파된 상황이었다. 주가가 상승하는 데 어떤 장애물도 없었다.

그림 3.10 오라클의 주간차트를 보면 두 번째 저점의 첫 주에서 거래량 증가와 함께 주가가 지지를 받은 것을 확인할 수 있다. 거래량이 증가하면서 주가가 지지를 받는지 여부는 주간차트와 일간차트에서 모두 확인할 수 있으며, 반드시

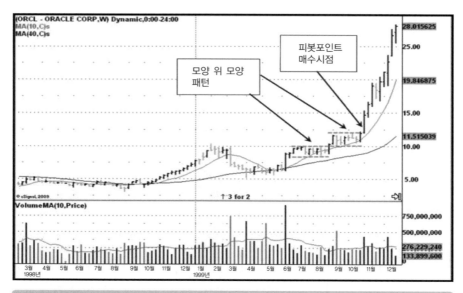

그림 3.10 | 오라클은 모양 위 모양 패턴 저점을 돌파하고 1999년 말까지 가파른 주가상승을 이어갔다 (자료제공: 이시그널, 2010년).

주의해서 살펴보아야 한다. 필자는 거래량뿐만 아니라 강력한 모양 위 모양 패턴이 10주 이동평균선 혹은 50일 이동평균선과 거의 일치하면서 형성된 것을 보고 건설적인 저점이라고 판단했다. 그래서 오라클이 두 번째 저점을 형성한 지 6주째 되는 날부터 조금씩 매수를 시작했다. 시장에 팔로우스루가 출현하자, 오라클은 두 번째 저점의 상단을 돌파했고 주가는 고공행진하기 시작했다.

1999년 11월 중순까지 오라클의 주가는 약 두 배나 뛰었고, 필자는 주가상승의 물결을 기분 좋게 즐겼다. 그림 3.11 오라클의 일일 캔들차트를 보면 11월 주가가 얼마나 급상승했는지 짐작할 수 있다. 차트상의 검은색 삼각형은 15일 중 12일 이상 주가가 연속으로 상승했다는 의미다. 오라클은 이 검은색 삼각형이 12일 연속으로 나타난 후에야 첫 번째 보합세에 접어들었다. 주가가 저점을 돌파하고 15일 중 12일 이상 연속 상승할 만큼 상승세가 강한 종목이 보합세로 접

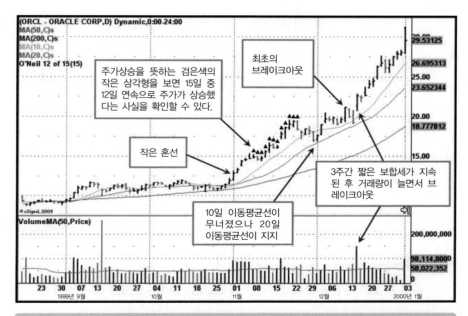

그림 3.11 | 1999년 말 오라클의 주가가 크게 상승하다가 잠깐 하락했을 때, 일일 캔들차트는 매수신호를 발생시켰다 (자료제공: 이시그널, 2010년).

어들 때는 또 다시 신고가를 경신하기 위한 저점이 형성되지는 않는지 살펴야 한다. 만약 그렇다면 공격적인 추가매수가 요구된다. 10월 말 저점을 돌파한 후 15일 중 12일 이상 주가가 상승할 정도로 강력하던 오라클은 잠깐 10일 이동평균선 밑까지 하락했지만 20일 이동평균선에서 지지를 받았다. 오라클이 3주간의 보합세를 돌파하는 순간이 두 번째 매수기회였다. 필자는 이때 공격적으로 추가매수에 나서 12월 내내 그리고 연말까지 이어진 오라클의 주가상승을 십분 즐길 수 있었다.

수프에 든 양념* 같던 베리사인

오라클처럼 시장이 상승세로 전환되기는커녕 조정을 받고 있는 상황에서도 저점을 돌파하려고 시도하는 종목이 바로 시장이 반등할 때 가장 먼저 매수해야 할 대상이다. 필자는 우량대형주인 오라클에 이미 투자를 하고 있었기 때문에 급성장중인 인터넷에 노출도가 크고 성장 잠재력도 높은 따끈따끈한 중소형주를 매수해 포트폴리오의 균형을 맞추려고 했다.

1999년 케쳐와 필자는 새로운 인터넷종목들의 급격한 주가상승이 순이익 성장과는 별로 관계가 없다는 사실을 알게 되었다. 수익이 거의 없거나, 심지어 전혀 수익을 내지 못하는 인터넷기업들의 주가도 강한 상승세를 나타내고 있었기 때문이다. 탄탄한 인터넷기업들의 주가가 크게 상승하는 가장 근본적인 원인은 순이익이 아니라 매출의 증가였다. 인터넷의 빠른 부상을 감안하면 어느 정도 합리적이라는 판단이 들었다. 시장은 인터넷이 만들어내는 비즈니스 패러다임의 변화를 감지하고 있었다. 인터넷 덕분에 인간사회의 방대한 데이터와 정보에 대한 접근이 쉬워졌고, 보통 사람들의 일상에도 쉽게 융화시킬 수 있게 되었다. 온라인뱅킹, 쇼핑, 네트워킹, 그 외에도 많은 부분에서 개인들의 일상생활 및 비즈니스 방식이 변화하고 있었다. 시장은 인터넷의 부상을 등에 업은 기업 중 성장 잠재력이 큰 기업을 측정하기 위한 '잣대'를 찾고 있었다. 그런데 이들 기업은 그때까지 수익을 많이 내지 못하고 있어서, 매출 성장이 일종의 '디폴트값'이 되었다.

● '수프에 든 양념'은, 전에도 좋았지만 양념 덕분에 더 좋아졌다는 뜻을 갖고 있다. 필자가 오라클에 투자해서 많은 수익을 내고 있었지만, 소형주인 베리사인에도 투자해 포트폴리오에 구색을 맞추었다는 의미로 이렇게 표현한 것으로 보인다. —역자주

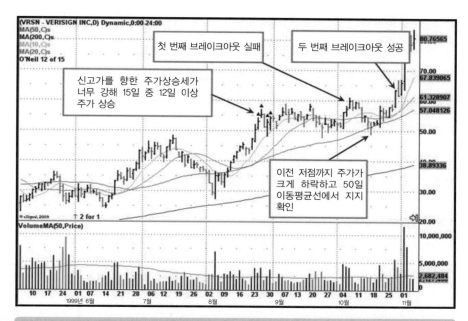

그림 3.12 | 1999년 베리사인(VRSN) 일간차트. 1999년 8월 말 신고가를 경신했을 때 15일 중 12일간 주가가 상승했다는 의미인 검은색 삼각형이 나타난 데 주목해야 한다. 주가상승세가 그만큼 강했다는 신호였다 (자료제공: 이시그널, 2010년).

1999년 10월 말, 주식시장이 상승세로 전환하기 전부터 이미 주가가 상승세를 시도하는 종목들이 몇 개 있었는데, 그 중에서 필자는 베리사인Verisign(VRSN)을 주목했다. 베리사인은 8월 말 이미 신고가를 경신하며 강한 상승신호를 보내고 있었다. 그 이후에는 15일 중 12일 이상 주가가 상승했다는 의미의 검은색 삼각형이 나타나기 시작했고, 계속해서 신고가를 경신해 나갔다(그림 3.12 참조).

베리사인은 안전한 온라인 거래에 필요한 전자인증 및 보안 상품을 판매하는 IT기업이었다. 곧 수많은 전자상거래 기업들이 우후죽순처럼 생겨나 상장하고, 이들 중 아마존Amazon.com(AMZN)과 프라이스라인Priceline.com(PCLN) 등 우량기업만이 살아남아 주도기업으로 우뚝 서게 되는데, 베리사인은 바로 그 전자상거래의 핵

심 기술을 판매했다. 하지만 그때까지만 해도 수익은 거의 남기지 못하고 있는
처지여서, 창사 이래 내내 손실만 기록하다가 1999년 9월 처음으로 주당 2센트
의 이익을 벌었을 뿐이었다. 단, 매출만큼은 11분기 연속으로 세 자릿수 성장률
을 기록하고 있었다. 우리는 베리사인의 경우에도 순이익이 아니라 매출에 주목
해야 한다고 생각했다. 베리사인은 의심할 여지없이 닷컴마니아들이 좋아할 만
한 전형적인 종목이었지만, 기관투자가들도 돈을 끌어넣고 있었다. 필자 역시 새
롭게 부상하는 전자상거래 산업의 주도주라고 판단했다. 당시 2000년 VRSN의

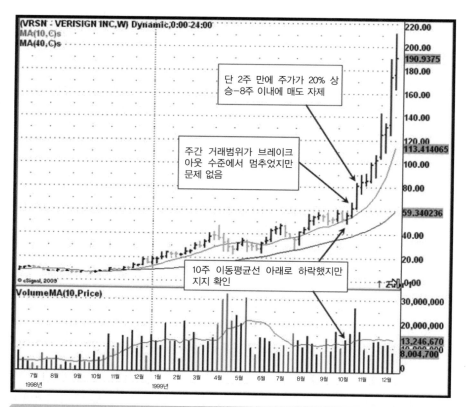

그림 3.13 | 1999년 베리사인(VRSN) 주간차트. 저점을 돌파한 뒤 단 2주 만에 주가가 20% 상승했
다(자료제공: 이시그널, 2010년).

주당순이익EPS: earning per share은 25센트, 주가이익비율PER: price earning ratio은 약 240배로 예측되었다. 하지만 2000년 3월 VRSN이 천정을 형성했을 때, 실제 PER은 예측치의 963배나 됐다! EPS가 25센트로 예측된 상황에서 주가가 터무니없이 과대평가된 것처럼 보였지만 2000년 말 베리사인의 실제 EPS는 당시 예측보다 훨씬 높은 72센트였다.

그림 3.12에서 알 수 있듯이, 베리사인은 10월 초 브레이크아웃을 시도한 후 주가가 크게 하락했지만 50일 이동평균선에서 지지를 받았다. 이때 베리사인을 매수한 투자자들은 아마도 주가하락과 함께 곧바로 매도를 시작했을 것이다. 하지만 여기에서 명심할 점은 주식시장이 팔로우스루데이를 만들면서 기술적인 전환 및 상승세로 돌아서기 전에, 베리사인의 첫 번째 브레이크아웃이 시도되었다는 것이다.

두 번째 브레이크아웃은 10월 28일 주식시장에 팔로우스루가 출현했을 때와 시기를 같이한다(그림 3.13 참조). 이때가 바로 리버모어가 말한 최소저항선이 뚫린 시점으로, 최적의 매수기회였다. 이번에는 60달러 선이 다시 뚫렸을 뿐만 아니라 거래량도 늘어났다. 또 전체 주식시장도 '확실한 랠리'를 시작해 시장과 베리사인의 물결이 같은 방향을 향하고 있었다. 다시 한번 말하지만, 필자들은 최소저항선을 신고가 브레이크와 관련된 기술적인 개념으로뿐만 아니라, 모든 조건이 제대로 갖추어져 주가상승의 가능성이 높아지는 시점이라고 이해하고 있다. 주가가 상승하기 위해서는 모든 조건이 맞아 떨어져야 한다. 전체 주식시장이 상승세로 전환된 것도 베리사인 주가상승을 위한 하나의 조건이 충족된 것으로 볼 수 있다.

오라클과 마찬가지로, 베리사인도 급격하게 상승해 10월 말 저점을 돌파한 뒤 단 2주 만에 주가가 20%나 상승했다. 덕분에 고민할 필요가 없어졌다. 저점을 돌파하고 피봇포인트에서 매수한 종목이 3주 이내에 20% 이상 상승했다면,

별다른 일이 없는 한 8주 이내에 매도하지 말라는 오닐의 투자원칙 덕분이었다. 필자는 최초의 매수시점인 60달러 선이 무너지지 않는 한, 1999년 장이 끝날 때까지 베리사인을 매도하지 않기로 했다. 이때 할 일은 될 수 있는 한 생각하지 않으면서 기다리는 것뿐이었다. 리버모어의 말처럼 '기다리면서 옳은 결정을 내리는 이례적인 사람'이 되려고 노력할 때였다.

생각하지 않으면서 버티기

당시 필자는 베리사인이 물 흐르듯이 흘러가도록 놔두었다. 그동안 주가

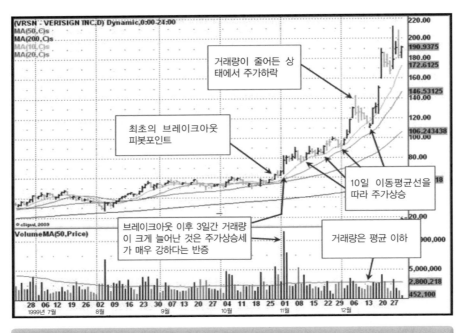

그림 3.14 | 1999년 베리사인(VRSN) 일간차트 (자료제공: 이시그널, 2010년).

는 10일 이동평균선과 거의 일치하는 가파른 상승곡선을 그리면서 140달러까지 상승했다. 베리사인의 일간차트(그림 3.14 참조)를 보면 액면 분할을 고려했을 때 60달러였던 주가가 단 2달 만에 200달러까지 상승한 것을 확인할 수 있다! 베리사인처럼 주가가 10일 이동평균선과 일치하다시피 하면서 강하게 상승할 때는 추가매수도 쉽지 않다. 베리사인의 경우, 단 5일 만에 주가가 100달러 미만에서 140달러까지 약 40% 급상승한 후 잠깐 동안 매물이 출회spinout되었다. 140달러 선이 무너질 때, 거래량이 주간평균보다 줄어든 점을 주목하길 바란다. 주가가 60달러부터 숨 가쁘게 상승해왔다는 사실을 감안하면, 이제는 주가가 하락세에 들어섰다고 판단하는 것도 무리는 아니었다. 리버모어도 '자연스러운 반응'

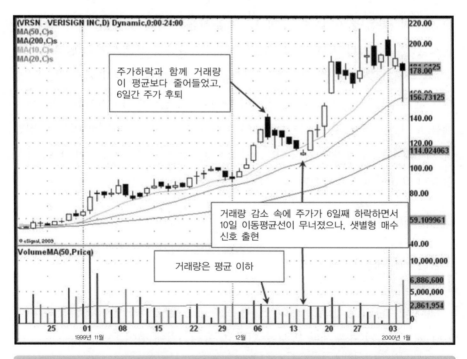

그림 3.15 | 1999년 베리사인(VRSN) 일간차트. 샛별형 매수신호가 발생했다(자료제공: 이시그널, 2010년).

이라고 평가했을 것이다. 대부분의 투자자들이 60달러에서 140달러까지 상승한 것만으로도 충분하며 더 이상은 과욕이라는 생각에 차익을 실현했을 것이다. 하지만 필자는 브레이크아웃 이후 3주 이내에 주가가 20% 상승한 종목은 8주 동안 보유해야 한다는 원칙을 지키기로 했다! 그래서 연말까지는 눈 가리고 귀 막은 채 매수 포지션을 유지하기로 했다.

필자는 원래 캔들차트 신봉자다. 캔들차트가 주가 동향에 대해 중요한 실마리를 제공하는 유용한 도구이기 때문이다. 그림 3.15를 보면, 1999년 12월 상반기 140달러 선이 무너진 후 주가는 4일간 지속적으로 하락했다. 그리고 5일째에는 개장과 동시에 주가가 크게 갭하락하면서, 10월 말 브레이크아웃 이후 처음 10일 이동평균선이 무너졌다. 하지만 여전히 주가는 20일 이동평균선을 상회하고 있었다. 다음날 베리사인은 갭상승으로 장을 시작해 샛별형^{morning star} 패턴을 완성했다. 주가하락이 시작된 후 5일째 되는 날 나타난 작은 일봉이 별부분이고, 6일째 길게 양봉이 형성되고 주가가 상승하면서 샛별형 차트가 완성되었다. 샛별형 캔들차트는 강력한 상승반전에서 나타나며, 특히 베리사인처럼 강한 상승세를 보이던 종목의 경우에는 공격적인 추가매수가 요구된다. 이때 이후로, 정말 할 일이라고는 주가가 상승하도록 놔두는 것뿐이었고, 베리사인은 1999년 폐장일까지 고공행진을 계속했다.

고점에서 매도하다
▎

2000년 1분기 동안에도 베리사인과 오라클은 상승세를 이어나갔다. 하지만 이미 매도신호가 수차례나 발생된 뒤였고, 특히 3월에 접어들면서 많은 주도주들은 전형적인 최후의 정점 형태를 만들어냈다. 그림 3.16을 보면 오라클은 2000

년 1월 이중바닥double-bottom을 형성했고, 두 번째 바닥에서는 주가가 50일 이동평균선을 뚫고 반등했다. 1999년 10월 브레이크아웃 이후 중요한 지지선 역할을 하던 50일 이동평균선이 무너진 건 이때가 처음이었다. 하지만 주요 이동평균선을 뚫고 반등해 신고가를 경신하는 전형적인 매수기회였다. 3월이 되자, 오라클의 변동성이 커지기 시작했다. 심지어 3월 말에는 주가가 30% 이상 하락했다가 다시 크게 반등해, 오라클로서는 매우 이례적인 변동성을 나타냈다.

한편 그림 3.17의 베리사인의 차트를 보면, W자의 가운데 고점이 왼쪽 고점보다 높은 부적절한 이중바닥형 패턴이 출현했다. 일반적인 이중바닥형에서는 W자의 가운데 고점이 왼쪽의 고점보다 낮게 나타난다. 불완전한 이중바닥형은 주가급락으로 이어지곤 하는데, 특히 주가가 급상승한 직후에 나타날 때 위험하

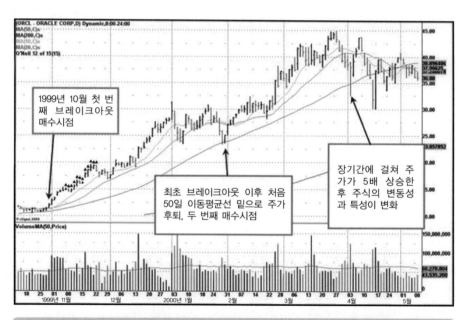

그림 3.16 | 1999~2000년 오라클(ORCL) 일간차트. 2000년 3월 마지막 랠리 후 천정을 형성하고 있다 (자료제공: 이시그널, 2010년).

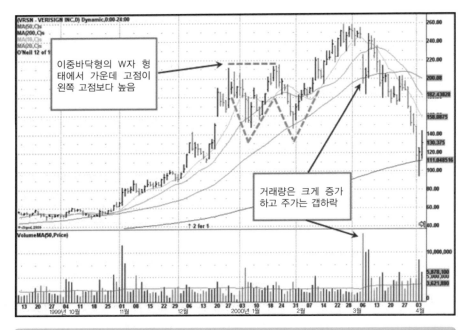

이중바닥형의 W자 형
태에서 가운데 고점이
왼쪽 고점보다 높음

거래량은 크게 증가
하고 주가는 갭하락

그림 3.17 | 1999~2000년 베리사인(VRSN) 일간차트. 불완전한 말기 저점 패턴을 보여주고 있다
(자료제공: 이시그널, 2010년).

다. 베리사인의 경우에는 불완전한 이중바닥형 저점 이후 브레이크아웃에 성공
해 주가가 25%나 추가로 상승한 후에야 하락세로 돌아섰다. 하지만 일반적으로
갭하락으로 주가가 하락하고 거래량이 늘어나면 주가상승이 끝났다는 신호다.

성공스토리에 담긴 주제
|

1999년 한 해 동안 1,000%가 넘는 수익을 낸 필자의 성공스토리에는 몇 가지
명확한 주제가 담겨 있다. 무엇보다 대다수의 투자자들이 가장 주목해야 할 주

제는 필자가 잘나서 돈을 많이 벌게 된 게 아니라, 1999년 10월부터 다음해 3월까지 닷컴버블이 만들어낸 강세장의 파도가 워낙 거셌던 덕분이라는 사실이다. 과거 유례를 찾아볼 수 없을 정도의 엄청난 주가상승이 시작되기 전까지는 필자도, 오닐도, 또 그 누구도 이런 엄청난 강세장을 예상하지 못했었다. 그해 10월 중순까지만 해도 우리는 시장에서 물을 먹고 낙담해 있었다. 하지만 시장이 상승세로 전환되는 것을 확인하자마자 투자원칙을 고수하면서 매수를 시작했고, 특히 기관투자가들의 주목을 받을 만한 특성을 가진 종목을 매수했다. 필자가 똑똑해서 1,009%(정확하게 말하자면)나 되는 수익을 올린 게 아니다. 다만 파도가 몰려오는 것을 목격하고, 일단 올라탔을 뿐이다. 필자가 타고 있는 파도가 얼마나 오래 지속될지, 얼마나 높을지는 짐작도 하지 못했었다. 이때, 주가가 최초 브레이크아웃을 지난 후 3주 이내에 20% 이상 상승하면 적어도 8주 이상 보유하라는 아주 간단한 원칙들이 투자 포지션을 유지하는데 도움을 주었다. 이처럼 투자원칙은 매우 유용하다.

파도에 뛰어들어 파도가 끝날 때까지 물결에 몸을 맡기는 서퍼들처럼, 투자자들은 가장 기본적인 투자원칙과 기술을 활용해 적합한 종목을 골라내고, 살펴야 한다. 그리고 그 중에서 최소저항선을 뚫고 상승하는, 모든 조건이 충족된 주도주를 매수하면 된다. 넓은 의미에서, 필자가 1,009%의 수익률을 기록할 수 있었던 이유는 적절한 시기에 적절한 장소에 있었던 덕분이다. 즉 우연히 역사상 최고의 강세장에서 최고의 주식에 투자한 덕분이다. 오닐이 말한 그대로다. 오랫동안 강력한 상승세가 지속되는 강세장을 만나는 행운도 필요하지만, 이 시기를 제대로 활용하기 위해서는 올바른 종목을 선택하기 위한 노력이 반드시 필요하다. 즉 행운은 스스로 만드는 것이다!

돈을 벌기 위해 투자를 분산해야 할 필요는 없다. 필자가 1,009%를 벌면서 투자했던 종목은 오라클과 베리사인 단 두 종목뿐이었다. 어느 강세장에서나 마찬가지다. 적절하게 관리만 한다면, 주도주 한두 개만으로도 강세장에서 엄청난 돈을 벌어들일 수 있다. 오라클과 베리사인은 펀더멘털이 아주 좋은 편도 아니었다. 하지만 인터넷 붐 속에서 이들 기업의 역할을 이해했고, 이들이 최고의 주식으로 부상해 기관투자가들을 끌어들일 거라고 판단했다. 이 점이 중요하다. 가장 강력한 산업에서 최고의 주도주를 찾아 투자하라는 리버모어의 조언도 결국 같은 뜻이다.

또 한 가지, 주당순이익이 고작 2센트이던 베리사인 같은 기업을 CAN SLIM의 기준으로 평가할 수 없다고 판단한 것도 유효했다. 일반적인 종목과 달리, 순수익이 아니라 매출 성장에 주목해야 한다고 생각한 덕분에 베리사인의 성장잠재력을 알아낼 수 있었다. 베리사인의 예는 PER가 주가의 잠재적인 성장률을 측정하는 데 절대적인 요소는 아니라는 사실을 반증하기도 한다.

필자가 닷컴붐을 겪으면서 얻은 가장 놀라운 교훈은 1999년 11월과 12월 어느 누구도 이 엄청난 상승을 예측하지 못했다는 것이다. 이처럼 강세장은 아무도 모르게 찾아온다. 따라서 시장이 좋지 않다고 아예 무시해서는 안 된다. 주식시장은 순식간에 변한다. 인생에서 한 번뿐일지도 모르는 기회를 잡기 위해서는 항상 주식시장을 주시하면서 유연하게 대처해야 한다.

마지막으로, 시간과 노력을 할애할 의지가 있는 투자자라면 누구나 나의 투자원칙을 배울 수 있다는 점을 강조하고 싶다. 마법은 없다. 성공적인 투자의 비결은 시장을 주도하는 '주도주'들을 찾아 매수하고, 가능한 한 오래 상승 물결을 타고 있는 것뿐이다.

필자가 해냈던 것처럼 누구든지 해낼 수 있다. 필자가 처음부터 1,009% 수익을 벌겠다고 작정한 건 아니었다. 다만 인생 최고의 강세장을 십분 활용하기 위해 투자 포지션을 구축했을 뿐이고, 결과에 대해서는 전혀 알지 못했다. 최소저항선을 뚫기 위한 모든 조건이 무르익고 있었던 덕에 결과가 좋았을 뿐이다. 일단 최소저항선이 뚫리면, 적절히 매수만 하면 된다. 나머지는 시장의 추세가 알아서 하기 때문이다.

성공을 만들어내는 비밀의 재료

2장과 3장에서는 필자들의 경험을 바탕으로 시장에서 큰돈을 버는 방법에 대해 설명했다. 굉장히 과학적인 비결도 아니라며 놀란 독자들도 있을 것이다. 이처럼 주식투자의 가장 중요한 재료는 훌륭한 강세장과 건전한 매수 및 매도 원칙뿐이다. 아주 앞서나갈 필요도 없다. 일반적인 평균의 가장 앞부분에 있는 것만으로도 거의 매번 올바른 투자 포지션을 선점하기에 충분하다. 일단 주도주에 안착하기만 하면, 생각은 될 수 있는 한 줄이면서 버텨야 한다. 이것이 바로 주식시장에서 많은 돈을 벌기 위해 갖추어야 할 가장 중요한 재료다.

투자의 어느 부분에 주목해야 할지 독자 여러분이 이해했기를 바란다. 진짜 강세장에서 가장 강력한 주도주는 바로 코앞에 있다. 오늘의 기술을 활용한다면 더욱 찾기 쉬울 것이다. 찾기 어렵다면, 주도주가 아니다. 적절한 종목을 찾은 다음에는 리스크가 가장 적은 매수 포인트를 파악하고, 두 번째, 그 이후 매수기회를 통해 조금씩 투자 포지션을 늘려가도록 한다. 나머지는 시장에 맡기면 된다 . 아이러니하게도, '시장에 몸을 맡겨' 돈을 벌고 있을 때는 투자결정을 내리기도 어렵지 않다. 문제는 그곳까지 가는 방법이다. 다음 장부터는 여기에 대해 설명하게 될 것이다.

CHAPTER 4

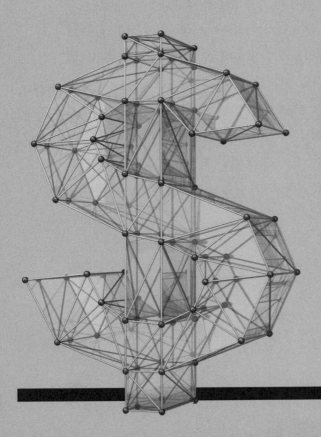

실패는
성공의 어머니

인간의 본성은 투자과정 전반에 영향을 미친다. 그래서 투자자들은 계속 실수를 저지른다. 우리는 왜 일을 그르치는 걸까? 인간이기 때문이다. 이 단순한 이유가 복잡한 문제를 일으킨다. 그리고 아마도 주식투자를 하면서 직면하게 되는 가장 어려운 문제일 것이다. 크고 작은 실수 하나가 혹은 이들이 모여서 투자실패로 이어진다. 실수로 인한 악영향이 눈덩이처럼 불어나 고통스러운 최종 결과를 낳기 때문이다. 투자실패가 확정되면 피해의 전체 규모를 평가해야 하는 끔찍한 과정이 기다리고 있다. 하지만 자신이 저지른 실수의 원인을 찾아 수정해나간다면, 이 모든 고통도 건설적인 개선과정이 될 수 있다.

4장에서는 필자들의 실수를 분석하게 될 것이다. 우리가 어려움에 직면해 어떤 생각을 하고, 어떤 결정을 내렸는지를 차근차근 밝히려 한다. 무엇보다 실수를 시장의 피드백으로 활용해 지식을 얻고, 이를 바탕으로 실수를 반복하지 않기 위한 해결책과 투자기법을 개선해낸 과정을 상세하게 설명하려 한다.

우리에게 필요한 것은 용기와 끈기, 인내심

필자들의 실수는 아주 새로운 트레이딩 방법과 기법의 개발로 이어지곤 했다. 포켓피봇pocket pivot도 그렇고, 이보다 훨씬 폭넓은 개념인 '최고 주식의 원칙'도 그랬다. 이처럼 실수는 트레이더들의 골칫거리가 아니다. 실수는 시장이 트레이더들에게 어느 부분을 어떻게 조정하고, 수정하고, 적응해야 하는지를 알려주는 또다른 방식인 것이다. 실수도 시장의 중요한 피드백 중 하나로 받아들여 결국에는 유리하게 활용할 줄 알아야 한다. 실수가 트레이더 자신을 파괴하도록 그냥 놔두어서는 안 된다.

트레이더건 투자자건 모두 실수를 한다. 이것이 불확실한 투자의 세계에서 확실히 단언할 수 있는 유일한 한 가지인지도 모르겠다. 물론 주식으로 돈을 벌수 있다. 어쩌면 엄청난 돈을 벌지도 모르고, 금융적인 잣대로 측정할 수 없을 만큼 돈을 벌지도 모른다. 하지만 그 과정에서 꼭 실수를 하게 된다. 한 번씩 저지르는 실수는 잊고 넘길 수 있지만, 실수가 반복되면 소위 말하는 '트레이더의 슬럼프trader's slump'에 빠지기도 한다. 이때부터는 스스로 무엇을 하고 있는지도 모를 만큼 확신이 사라진다. 어떤 방법을 써도 안 되고, 투자를 할 때마다 손실이 부메랑처럼 날아와 뒤통수를 치기도 한다. 어쩌면 그보다 더 중요한 부분을 가격할 때도 있다. 오닐의 표현을 빌리자면, 이럴 때는 정말 '한 대 제대로 얻어맞은 듯한' 기분이 든다.

필자들도 예외는 아니었다. 하지만 뛰어난 트레이더들이 일반투자자와 다른 점은 실수 혹은 엄청난 슬럼프를 회복하고 오뚝이처럼 일어나기 때문이라고 생각한다. 주식투자는 용기와 끈기, 인내심이 필요한 일이다. 그리고 이 세 가지는 트레이더나 투자자들이 반드시 한 번은 겪게 되는 슬럼프를 이겨내는 데 필요한 최고의 무기이기도 하다. 필자들도 마찬가지였다. 필자들이 그만큼 뛰어나지 않아서라고 평가하는 이들도 있을지 모르겠지만, 리버모어의 말처럼 우리도 인간이기 때문에 실수를 경험했다. 인간의 본성에서 자신을 떼어놓는 것이 모든 트레이더와 투자자들에게는 가장 큰 도전과제다.

성공하기 위해서는 자존심을 버려라

아이러니하게도, 실패의 가장 큰 원인은 성공에서 비롯된다. 이상하게 들릴 수도 있다. 하지만 주식시장에서 처음부터 큰 성공을 거두게 되면, 일례로 세 자릿수 수익률을 올리기라도 한다면, 투자자는 자신이 전지전능하다는 착각에 빠진다. 그러면 매우 파괴적인 환상이 자존심에 자리를 잡기 시작한다. 자존심은 모든 트레이더들의 적이다. 에크하르트 톨레의 말처럼 "폄하된다는 기분이 느껴질 때마다 자존심은 무조건 방패막이가 된다…… 진실보다는 자신을 보호하는 데 더 관심을 갖게 된다." 필자들의 투자 다이어리에도 "진실을 적으로 만들어서는 안 된다"는 오닐의 충고가 적혀 있다. 자존심이 센 트레이더들은 흔히 진실을 적으로 삼곤 한다.

1990년대 말 닷컴붐이 한창일 때, 투자자들 사이에서는 과도한 자신감이 만연해 있었다. 자신이 모든 것을 알고 있는 무적의 존재라고 생각하는 사람들이 생겨나기 시작했다. 당시 시장에서 엄청난 수익을 올리고, 거의 정점에서 합리적으로 주식을 매도했던 동료 투자자들이 쇠락의 길을 걷기 시작한 것도 모두 과도한 자신감 때문이었다. 이들은 성공의 이유가 오직 자신의 '천재성' 덕분이며, 새로 얻은 투자의 마법지팡이를 휘두르면 언제든지 주식시장에서 성공할 수 있다고 생각했다. 자신이 가진 '마이더스의 손'이 영원하리라 믿었고, 천재성에 맞는 '상징물'로 스포츠카, 호화 주택, 자가용 비행기를 사들였다. 게다가 당시의 투자수익률return on investment, 즉 ROI로 5년, 10년, 15년 뒤의 재산을 대강 가늠해보면서 더욱 방종하게 되었다. 1999년과 2000년, 윌리엄오닐컴퍼니에서도 직접 투자회사를 차리거나 독립적인 투자 포트폴리오 매니저로 나선 동료들이 있었다. 이들은 10년은 고사하고, 고작 한 번의 시장 사이클을 겪었을 뿐인데, 시장을 완전히 알게 되었다고 자신했다.

주식시장은 애니메이션 영화의 고전 「환타지아Fantasia」의 원작 「마법사의 제자들Sorcerer's Apprentice」 이야기와 비슷하다. 영화에서 초보 마법사인 미키마우스는 마술지팡이에게 일을 시키는 데 성공한다. 하지만 처음 생각과 달리 지팡이는 점점 말을 듣지 않는다. 처음 주문이 잘 먹혀들 때와는 아주 딴판이다. 결국 마술지팡이는 미숙한 미키마우스에게 많은 피해를 입히고 만다. 마찬가지로 주식시장에서의 작은 성공은 오히려 독이 될 수도 있다. 오닐은 언젠가 우리에게 "처음부터 돈을 많이 번 투자자는 자신이 무언가를 알고 있다고 착각한다. 아무 것도 모른다! 투자자가 아니라 시장이 알고 있는 것뿐이다!"라고 말하기도 했다. 이것이 투자의 기본 진실이다. 투자자가 아니라 시장이 알고 있다. 투자자가 할 수 있는 것이라곤 시장을 읽고 따라가는 것뿐이다.

첫 투자에서 돈을 많이 번 투자자는 시장을 완전히 이해했다고 착각하고 시장에 이래라 저래라 혹은 어느 방향으로 움직이라고 명령하려 들기 때문에 문제가 생긴다. 투자자는 매일매일 시장을 관찰하고, 시장에 귀를 기울이려 노력하던 투자 초기의 올바르고 순수한 접근방법에서 점점 멀어져간다. 그 결과, 누가 시장의 주인인지를 가르쳐주러 나선 시장에게 혹독한 가르침을 받곤 한다. 세상에서 가장 똑똑한 사람들도 시장을 정확하게 예측한 적이 없다. 예를 들어, 연방준비제도이사회 앨런 그린스펀Alan Greenspan 의장이 1997년 연설에서 예언한 '비이성적 과열Irrational Exuberance●'은 3년 후에야 닷컴버블로 실현되었다. 당시 많은 이들이 돈을 잃었다. 자신의 감과 판단에 의존해 시장의 천정을 예측하려는 사람들 때문에 엄청난 기회비용이 사라졌다. 시장의 랠리가 계속되자 사람들은 이해할 수 없어했고, 비이성적 과열이라고 평가했다. 성공한 트레이더일수록 시장에 관한 예측을 유연하게 적용할 줄 안다.

주식투자로 돈을 많이 벌었을 때 발생하는 또 다른 문제는 성공을 물질로 가늠하는 사회적 풍조 때문에 비롯되기도 한다. 주식시장에서 성공한 후 자신감의 노예가 된 투자자들은 사치스러운 행동을 부추기는 근대 물질만능주의의 덫에 빠지기 쉽다. 《트레이더 매거진Trader Magazine》을 한 번만 훑어봐도, 과시적인 소비와 물질주의가 트레이더들의 자신감을 고취시킨다고 생각하는 얄팍한 잣대를 생생하게 목격하게 될 것이다. 멋진 집과 값비싼 자동차, 자가용 비행기, 고급 와인, 명품 시계가 트레이더의 성공을 나타내는 상징으로 숭배되고, 성공적인 트레이더라면 누구나 가지고 싶어 하는 이상적인 물건들로 여겨진다. 필자들은 여기

●1990년대 중반 미국 경제가 호황을 누릴 무렵, 투자자들이 이성을 잃고 주가가 계속 오를 것이란 기대감으로 너도나도 증권시장에 몰려드는 것에 대해 앨런 그린스펀은 '비이성적 과열'이란 딱 두 단어로 경종을 울렸다. 사람들은 하늘마저 뚫을 기세로 치솟는 주가에 현혹되어 '묻지마식 투자'에 동참했다. 시장의 겉모습은 크게 성장했지만, 사실 절반 이상이 거품이었다. 얼마 후 그토록 믿었던 것들이 허망한 거품이라는 사실이 드러나자 사람들은 공포에 휩싸였고, 시장은 빠르게 추락했다. –편집자주

에 절대 공감할 수 없다. 물질적인 자기만족이 주식매매의 동기로 작용해서는 안 된다는 것이 우리의 생각이다. 최고의 트레이더들이 최고의 만족감을 느낄 때는 '시장과 혼연일체가 되면서' 평화로움을 느끼는 순간이다. 성공적인 트레이더 가 된다는 것은 자신의 재주를 발휘해 돈을 많이 번다는 의미가 아니다. 물론 어 느 분야에서나 마찬가지로 주식투자에서도 성공하면 부자가 된다. 하지만 돈이 전부는 아니다. 우리는 트레이더나 투자자들에게 자신의 재주를 발휘하는 과정 에 더 기쁨과 만족감을 느끼라고 조언하고 싶다. 그러다보면 성공과 부는 당연 히 따라온다. 그리고 돈을 많이 벌게 되면, 그 돈으로 과도한 물질주의의 포트폴 리오를 채우느라고 인생을 더욱 복잡하게 만들지 않기를 바란다. 벌어들인 돈은 인생을 보다 간단하게 만드는 데 사용되어야 한다. 헨리 데이비드 소로^{Henry David} ^{Thoreau}가 『월든^{Walden, or Life in the Woods}』에서 언급한 "인간은 연연하지 않는 게 많아 질수록 부유해진다"는 말은 궁극의 진리다.

자신은 주식투자로 성공해서 수백만 달러를 벌어들일 운명이라고 생각하는 사람들에게는 너무 많은 물건을 소유하기 위해 돈을 써대다가 오히려 물건의 노 예가 되는 게 과연 가치 있는 일인지 스스로에게 자문해보기를 권한다. 오닐의 검소한 윤리관을 추구한다면, 주식시장에서 장기간 성공하기 위한 첫 단추를 잘 끼운 셈이다. 트레이더들뿐만 여타 사회 구성원들도 물질적 자존심의 덫에 걸려 파멸할 가능성은 없어지기 때문이다.

자존심을 만족시키려는 목적으로 주식투자와 매매를 업으로 삼는다면, 재 난을 초래하게 될 것이다. 물질주의적 도덕관에 빠지는 이유는 주식투자의 기본 을 이해하지 못했기 때문이다. 순간순간 몰아치는 엄청난 파도를 타는 서퍼처럼, 투자자는 주식시장의 파도를 타는 것일 뿐이다. 투자자가 파도는 아니다. 또 갖 고 있는 기술이라고는 고작 파도를 타는 시간을 극대화하기 위해 얼마나 파도 가 오랫동안 높게 몰아칠지를 가늠하는 것뿐이다. 투자자가 통제할 수 있는 부분도 이것뿐이다. 투자자들을 얼마나 오랫동안 높게 파도 위에 올려놓을지는 전적으로 파도가 결정한다. 유명한 서퍼들은 상당히 겸손하다. 경험을 통해 바다와 파도를 좌우하는 자연의 힘을 이해하고, 경외심을 갖고 있기 때문이다. 트레이더도 마찬가지로 시장과 시장을 이끄는 엄청난 힘에 경외심을 가져야 한다. 와이코프의 표현을 빌리자면, 시장은 '사람들의 마음'이다. 시장의 움직임 속에 담겨있는 메시지를 제대로 이해해낸다면, 파도를 타는 시간을 극대화할 수 있다. 시장의 힘을 잘못 판단하거나 올바른 시각을 잃어버린 투자자들은 자존심을 세우기 위해 잘못된 투자결정을 내리곤 한다. 그러면 중심을 잃은 서퍼처럼 시장의 힘에 휩쓸려버리거나, 바위와 충돌하게 된다. 투자자들은 시장의 힘을 깨닫고, 시장에서 늘 경외심을 가져야 한다.

오닐은 지나친 자존심만큼 투자자들을 단시간 내에 파멸시키는 것도 없다고 경고하곤 했다. 실제 오닐은 과거의 성공이나 실패 때문에 판단을 그르친 적이 없었다. 돈을 많이 벌었다며 들뜬 적도 없었다. 1998년 말과 같은 엄청난 강세장에서 주도주에 투자해 주가가 고공행진을 하고 있다고 해도 별다르지 않다. 투자자가 너무 기쁜 나머지 오닐에게 전화를 걸어도 오닐은 심드렁하기만 할 것이다. 얼마나 주가가 상승했고, 돈을 얼마나 벌었는지 투자자가 떠벌리면 아마도 짜증 섞인 한숨을 쉬고는 "주식 이야기는 하지 마세요"라는 퉁명스러운 대구와 함께 전화를 끊어버릴 것이다. 영화 「월스트리트Wall Street」의 주인공 고든 게코Gordon Gekko의 대사를 빌려 부드럽게 표현하자면 "투자의 첫 번째 법칙은 주식에 대해 절대 흥분하지 않는 것이다. 판단이 흐려지기 때문이다!"와 같은 맥락에서다.

자존심을 버리기 위해서는 기분과 감정이 심리에 미치는 영향을 무시할 수 있어야 한다. 숨이 가쁘고 빨라지거나, 심장이 쿵쾅거리고, 손바닥이 땀으로 흥건해지는가? 스스로에게 엄청난 힘이 있다고 생각되거나, 좌절하거나, 기쁘거나,

희망 혹은 두려움을 느끼는가? 계속 감정을 느끼다가는 결국 감정에 휩쓸리게 된다. 10장에서도 설명하겠지만, 『지금 이 순간을 즐겨라』를 비롯한 다양한 저서에서 톨레는 이 문제를 집중 조명하면서 인간의 감정은 생각하는 능력을 없애버리는 덫이라고 표현했다. 현재의 순간에 집중하고, 자신이 좌절 등의 부정적인 감정뿐만 아니라 환희와 같은 긍정적인 감정에 빠지는 순간을 감지해내야 한다. 그래야만 자존심에 방해받지 않으면서, 순간의 변화에 따라 행동하고 순응할 수 있다.

또, 자존심을 버리기 위해서는 매매와 투자의 목적을 확실히 해야 한다. 주식투자를 돈을 벌기 위한 수단으로만 생각하면, 자존심에 취약해진다. 물론 노동의 합당한 결과를 즐기는 게 잘못은 아니다. 다만 언제나 객관적 시각을 유지해야 한다. 오닐은 "자신과 함께 휩쓸려버리지 않도록 조심하라!"고 짤막하게 조언했다.

마지막으로, 언제나 시장에 대해 겸손한 태도와 경외심을 가져야 한다. 시장은 투자자들보다 훨씬 크고 강한 힘에 따라 움직인다. 우리 투자자들이 할 수 있는 일이란 고작 이 엄청난 힘의 이동에 부합하는 투자결정을 내려 이익을 남기려고 노력하는 것뿐이다. 투자자들은 아무런 힘도, 통제력도 없다. 바다 속 물고기들처럼 물결을 따라 헤엄치면서, 물결을 거스르다가 좌절하지 않도록 노력하는 것이 고작이다.

필자들의 실수에서 교훈을 찾아라

20년간 주식투자를 해오면서 필자들 역시 다양한 실수를 저질렀고, 개중에는 꽤나 심각했던 적도 있었다. 거시적인 시각과 관련된 실수들도 있었고, 세부적인 투자기법과 관련된 실수도 있었다. 어떤 때는 실수 덕분에 새로운 투자방식을 개발해내기도 했다. 지금부터는 지난 20여 년간 필자들이 저질렀던 실수 중에서 가장 심각한 사례를 분석하고, 그 이후 경험을 바탕으로 하여 우리가 얻어낸 해결책과 교훈을 소개하려 한다.

: 과도한 자신감(길 모랄레스의 이야기)

3장에서 설명했듯이 1995년 엄청난 수익을 올린 후 나는 온 세계가 내 발 아래에 놓여있는 것 같은 기분을 느꼈다. 생전 처음으로 내 명의로 된 계좌에 수십만 달러나 되는 돈이 들어 있었다. 영화 「월스트리트」의 주인공 게코의 말을 빌리자면 "세상의 모든 돈을 다 가진 기분이었다."

많은 돈을 벌었다는 사실만으로도 한껏 우쭐해있는 내 자신감을 더욱 높이는 사건이 생겼다. 당시 나는 페인웨버 은행PaineWebber, Inc.(현재는 UBS파이낸셜서비스UBS Financial Service로 바뀜)에서 주식중개인으로 일하고 있었는데, 직장에서도 일이 잘 풀려서 '빅 프로듀서big producer'로 급부상하기 시작했다. 빅 프로듀서란 백만 달러 이상의 수익을 올린 월스트리트 투자자를 일컫는 애칭이다. 덕분에 나는 로스앤젤레스 서쪽, 센추리시티에 있는 트윈타워 빌딩 30층에 바닥부터 천정까지 유리창인 방을 사무실로 갖게 되었다. 센추리시티는 시티, 즉 도시라는 이름이 붙었을 뿐, 실은 호화스러운 고층빌딩이 빽빽이 들어선 업무지구로, 캘리포니아 베버리힐즈와 산타모니카 사이에 위치하고 있었다. 세련되고 도시적인 분위기가 동쪽으로 13킬로미터쯤 떨어져 있는 낡은 로스앤젤레스 시내와는 여러모로 달랐다. 산페르난도 밸리와 서쪽 로스앤젤레스 지역을 구분하는 언덕에는 엔터테인먼트 산업에 종사하고 있는 갑부들이 살고 있었는데, 센추리시티에는 이들을 위한 금융, 법률, 소속사 사무실들이 들어서 있어서 선망의 대상이었다.

주식중개업은 허영심을 채우기 위한 물질주의와 방종이 용인되고, 미화되며, 심지어 특성으로 자리잡은 산업이다. 동료 두 명이 자기 벤츠가 더 좋다면서 설전을 벌이는 모습도 흔하게 보곤 했다. 나는 말쑥한 양복을 입고 뽐내며 돌아다니기 좋아하는 주식중개인들이 '공작새 신드롬'에 빠졌다고 표현하곤 했다. 이들은 양복, 셔츠, 넥타이, 신발 등에 너무도 과도하게 집착했다. 손수건을 이렇게 접어서 저렇게 양복 앞주머니에 넣으라는 둥, 넥타이는 싱글 매듭 혹은 더블 매듭으로 묶으라는 둥, 커프스단추는 스터링 실버여야 한다는 둥, 자질구레한 패션 요소들에 너무 얽매이곤 했다. 사무실에서는 삼삼오오 모여서 서로의 고급 양복을 칭찬하는 동료들을 종종 볼 수 있었고, 순응하지 않는 사람은 배척당했다. 언젠가 한번은 스스로를 '스타급 중개인'이라고 자랑하고 다니던 누군가가 내 안경을 보고 비웃기도 했다. 그때까지만 해도 안경은 시력을 보완하기 위한 도구라는 실용적인 시각을 가지고 있던 나는 안경이 주식중개인들 사이에서 패션적인 가치와 사회적인 가치를 매기는 기준이 된다는 사실에 적잖이 놀랐었다.

이것이 바로 금융산업계에 만연해 있던 당시 '주식중개인' 문화였다. 내가 막 주식중개인으로 경력을 쌓기 시작했을 때, 큰 집과 호화스러운 자동차를 구입하기 위해 대출을 받겠다면서 새로운 자산관리사를 찾는 투자매니저를 본 적이 있다. 사치스러운 라이프스타일을 유지하기 위해, 더 열심히 일하고 고객들에게 투자상품을 더 많이 판매할 것이라는 사고방식 때문이었다. 더 많은 것을 갖고 싶어 하는 욕구가 판매를 늘리는 조건 반사적인 자극이라는 식이었다. 이런 전제를 바탕으로 당시 주식중개인들의 문화가 형성되고 있었다. 무분별한 물질주의를 통해 자신의 가치를 표현하려는 욕구가 중개인들이 판매에 열을 올리도록 만드는 자극제로 쓰였다. 그리고 투자회사들은 일종의 판매원인 주식중개인들이 물질적 욕구 때문에 투자상품을 열심히 팔기를 바랐다.

이 모든 일들이 나의 자존심을 눈덩이처럼 부풀리는 치명적인 독으로 작용했다. 나는 스스로를 '리버모어 스타일'의 '전문투자자'라고 미화시키기 시작했고, 특별한 투자기술과 천재적인 감각을 겸비하고 있다고 믿게 되었다. 1년 전, 씨큐브마이크로시스템즈^{CUBE} 하나만으로 500%의 수익을 달성한 사실만으로 내 능력이 입증되었다고 생각했다. 오닐의 『최고의 주식 최적의 타이밍』을 읽어봐도 100% 혹은 200% 수익을 낸 사람은 있지만, 1년에 500%나 되는 수익을 낸 사람은 없었다. 그래서 나는 특별하다고 확신하게 되었다. 하지만 나의 특별함을 떠벌리고 다니기도 전에, 시장은 내 부푼 자존심을 산산조각 내며 고통스러운 교훈을 가르쳐줄 준비를 하고 있었다.

•루미시스가 남긴 교훈 1995년 11월 루미시스$^{Lumisys, Inc.(LUMI)}$가 시장에 상장했다. 나는 루미시스의 의학용 이미지 디지털 기술에 깊은 인상을 받았고, CUBE의 비디오 이미지 압축 기술처럼 획기적이라고 생각했다. 루미시스의 새로운 이미지 기술이 혁신적인 상품 개발로 이어져 물리학자와 의료인들이 사용하는 엑스레이 및 여타 의학적인 이미지를 효율적으로 개선할 거라며 기대했고, 차기 주도주라고 확신했다.

1995년 11월 루미시스가 주식공모에 나섰을 때도 여전히 나는 CUBE에 투자 포지션을 유지하고 있는 상태였다. 그래서 루미시스가 첫 번째 저점을 형성할 때까지 기다리기는 어렵지 않았다. 1996년 4월, CUBE의 투자 포지션을 정리한 뒤 몇 달이나 지났는데도 루미시스는 여전히 저점을 형성하지 못하고 있었다. 그래서 몇 달 동안 이 종목 저 종목을 찔러보았지만 결과는 별로 신통치 않았다. 1996년 나는 여전히 데일리그래프, 즉 일간차트에 의존하고 있었는데, 1996년 4월 일간차트상으로 루미시스는 5주간에 걸친 저점을 돌파하고 고공행진을 할 준비가 된 것처럼 보였다(그림 4.1 참조). 이미 루미시스에 완전히 빠져 있었기 때문에, 대량 브레이크아웃이 발생했다고 확인한 순간 망설일 것도 없이 매수에 뛰어

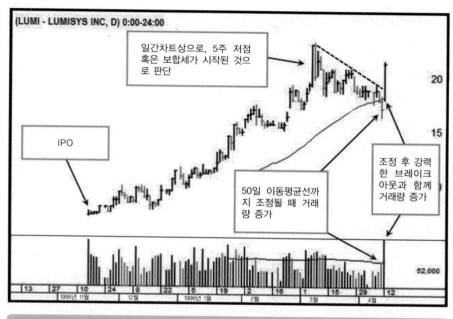

(LUMI - LUMISYS INC, D) 0:00-24:00

일간차트상으로, 5주 저점 혹은 보합세가 시작된 것으로 판단

IPO

50일 이동평균선까지 조정될 때 거래량 증가

조정 후 강력한 브레이크아웃과 함께 거래량 증가

20

15

52,000

| 13 | 27 | 10 | 24 | 8 | 22 | 5 | 19 | 2 | 16 | 1 | 15 | 29 | 12 |
| 1995년 11월 | | 12월 | | | 1996년 1월 | | | 2월 | | 3월 | | | 4월 |

그림 4.1 | 1996년 4월 루미시스(LUMI) 일간차트 (자료제공: 이시그널, 2010년).

들었다. 하지만 이후 나의 예상과는 전혀 다른 일이 벌어졌다!

그림 4.1의 일간차트를 보면, 1996년 4월 일일거래량이 IPO 이후 최고수준을 기록하면서 추세선이 돌파된 점이 매우 인상적이었다. 게다가 브레이크아웃 직전에는 주가가 50일 이동평균선까지 조정되었고, 거래량은 꾸준히 늘고 있었다. 나는 이때를 '흔들기 후 3달러 상승shakeout-plus-three' 매수신호로 생각했다. 주가가 이전 저가인 18달러까지 하락했다가 다시 상승세로 빠르게 전환되어 일종의 '흔들기shakeout'로 보였고, 그 후 3달러 상승했을 때는 매수신호로 판단했다. 루미시스는 '흔들기 후 3달러 상승' 매수신호와 함께 추세선을 돌파한 만큼 브레이크아웃의 상승세가 강하다고 믿었다. 이미 기업에 대해 편견을 가지고 있었고, 제품에도 홀딱 빠져버린 나는 확신을 가지고 브레이크아웃에서 매수에 나섰다.

•**처음의 실수가 또 다른 실수를 낳고** 첫 번째 실수는 내가 가지고 있던 편견 때문이었다. 나는 이미 루미시스의 제품을 신뢰하고 있었다. 그래서 모든 것이 완벽해 보였고, 기술적인 매매조건도 맞아떨어지는 것 같았다. 기업의 비즈니스와 제품을 알고 있으면, 앞으로의 주가상승에 대해 확신을 갖는 데 도움이 된다. 하지만 그렇다고 종목 선별과 관리의 기본을 잊어서는 안 된다.

투자를 할 때는 반드시 자신의 매수기준에 가장 잘 부합하는 종목을 선택해 매수해야 한다. 그 다음으로 기업의 비즈니스와 제품에 대한 정보를 가지고 앞으로 주가가 상승할지 여부를 점검하고, 주가상승을 십분 활용하기 위해 노력해야 한다. 이 과정에서 기업에 대한 정보가 투자기법을 활용하는 데 방해가 된다거나, 순서가 뒤바뀌어서는 안 된다. 투자기법으로 매수에 합당한 종목인지를 확인하기 전에 기업에 매료되어서는 안 된다. 당시 나는 주식을 매수하기 전부터 이미 루미시스와 사랑에 빠졌기 때문에 처음부터 실패할 운명이었다. 주객이 전도된 전형적인 사례였다.

추세선 돌파와 '흔들기 후 3달러 상승'은 내 자신감을 더욱 부채질했다. 나는 매수신호가 두 가지나 되기 때문에 루미시스가 곧 엄청난 거래량 증가와 함께 신고가를 돌파할 것이라고 확신하고 공격적으로 매수에 나섰다. 지금 생각해보면 순진하기 짝이 없는 행동이었다. 루미시스의 이전 차트를 살펴보면 내 실수는 더욱 명확하게 드러난다. 실수를 돌아보면서 가장 뼈아픈 고통을 느낄 때는 아마도 자신이 놀랍게도 멍청한 결정을 내릴 정도로 어리석었다는 사실을 깨닫는 순간일 것이다.

그림 4.2 역시 루미시스의 일간차트로, 당시 내가 간과한 문제점들을 확인할 수 있다. 첫 번째는 저점의 깊이다. 주가가 저점의 바닥에서 빠르게 상승하면서 50일 이동평균선을 뚫고 신고가 가까이까지 빠르게 상승했는데, 상승분을 소화할 만한 충분한 시간이 없었다. 두 번째 실수는 더욱 심각하다. 루미시스는 하

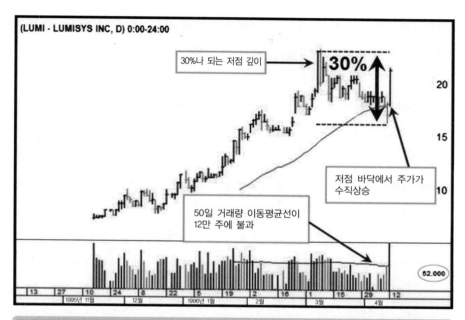

(LUMI - LUMISYS INC, D) 0:00-24:00

30%나 되는 저점 깊이

30%

저점 바닥에서 주가가
수직상승

50일 거래량 이동평균선이
12만 주에 불과

52,000

13 27 1995년 11월 10 24 8 22 12월 5 19 1996년 1월 2 16 1 15 3월 29 12 4월

20

15

10

그림 4.2 | 1996년 루미시스(LUMI) 일간차트. 저점에서 급격한 주가상승을 보여주고 있다(자료제공:
이시그널, 2010년).

루 평균 거래량이 12만 주밖에 되지 않는 종목인데, 투자 포지션을 너무 크게 구
축한 것이 실수였다. 브레이크아웃 직후 주가상승은 잠깐 동안의 차익을 노리기
좋은 기회일 뿐이었다. 브레이크아웃에서 문제가 있다고 판단하고, 바로 매도해
이익을 실현해야 했지만 나는 CUBE 투자의 성공으로 너무 들떠 있었다. 그래서
주가가 크게 상승하려면, 그만큼 오래 보유하고 있어야 한다고 확신했다!

일간차트상에서는 저점이 5주간 형성된 것처럼 보였지만, 루미시스의 주간차
트(그림 4.3 참조)를 보면 실제 저점은 단 3주간 형성된 것을 확인할 수 있다. 주간
차트로 보면, 저점이 시작되었다고 생각한 첫 2주 동안도 실은 주가가 상승하는
구간이었고 단 첫 주에만 반짝 하락세가 나타났을 뿐이었다. 또 첫 2주 동안 주
간 거래범위가 매우 넓었고, 종가는 중간쯤에서 결정되었다는 사실도 눈에 띈다.

당시 저점은 1995년 11월 IPO 이후 1996년 4월까지 루미시스 주가의 상승분을 소화할 만큼 충분히 길지 않았다. 해당 기간 동안 주가는 3배나 상승했기 때문에, 당시 상승분을 적절하게 소화하려면 적어도 6주 이상 건설적인 저점이 형성되어야 했다. 그래서 루미시스의 저점이 5주였다고 하더라도, 첫 번째 저점치고는 너무 짧았다. 두 번째 브레이크아웃에서의 저점은 5주만 형성돼도 상관없지만, 첫 번째 저점은 좀 더 긴 시간 동안 지속되어야 향후 큰 폭의 중기적인 주가 상승에 대비할 수 있다. 첫 번째 저점이 형성되기 전 주가가 크게 상승했을수록 더더욱 저점이 오랫동안 형성되어야 한다.

루미시스의 주가는 저점을 돌파한 후 단 2주 만에 20% 이상 상승했다. 따라서 나는 브레이크아웃 후 빠르게 주가가 상승하는 종목은 8주 이상 보유해야 한다는 '8주의 규칙'을 적용했다. 하지만 그림 4.3에서 확인할 수 있듯이, 그 이후 주

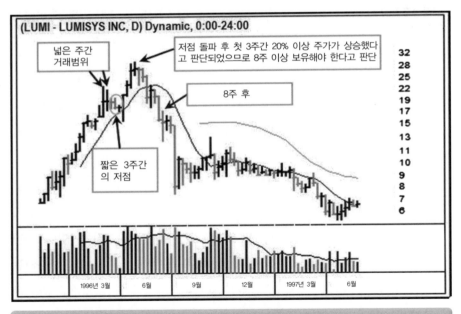

그림 4.3 | 1996~1997년 루미시스(LUMI) 주간차트 (자료제공: 이시그널, 2010년).

가는 지속적으로 하락해 브레이크아웃 뿐 아니라 IPO 때의 수준으로 급락했다.

•루미시스 이후 오닐 투자기법에 대해 이해 깊어져 루미시스 투자는 뼈아픈 교훈을 남겼지만, 투자기법을 개선하는 계기가 됐다. 먼저 주가변화가 내 레이더 망에 걸리기도 전에 미리 기업에 현혹되거나, 기업의 개념을 이해하려 들지 않게 되었다. 1주일에 한 번씩 데일리 그래프를 훑어볼 때 눈에 띄지 않는 종목이라면 두 번 다시 돌아보지도 않았다. 또 그때 이후 매수 전에는 반드시 주간차트를 참고해 적어도 6주 이상 적절한 저점이 형성되는지를 확인했다. 두 번째 저점은 그보다 짧은 5주간 형성되어도 용인할 수 있었지만, 첫 번째만큼은 반드시 6주 이상은 보합세가 지속되어야 했다.

'8주의 규칙'에는 문제가 없었다. 내가 저점의 기간 등 다양한 투자요소를 처음부터 제대로 점검했더라면 '8주의 규칙'을 갖다 붙일 이유도 없었기 때문이다. 또, 루미시스 이후 나는 하루 거래량이 30만 주 이하인 종목은 절대 매매하지 않겠다는 규칙을 세웠다. 루미시스가 원체 거래량이 적어서 매도도 쉽지 않았기 때문이다. 당시 주가가 급락해 매도하려 했지만 좀처럼 주식이 팔리질 않아 절박했던 기억이 아직도 생생하다. 설상가상으로, 나는 다른 고객들의 돈까지 루미시스에 투자했고 그래서 이들의 돈부터 먼저 빼주어야 했다. 루미시스는 주문을 내고나서도 실제 매도까지는 몇 분이나 걸렸다. 외부 투자자가 루미시스를 매수할 때까지 기다려야 할 만큼 매수주문이 적었기 때문이다. 그때 기억이 너무나 끔찍해 나는 거래량이 적은 종목에는 절대 투자하지 않겠다고 다짐했다.

1996년에는 30만 주 정도면 최소 일일거래량이 합리적인 수준이라고 생각할 수 있었다. 하지만 요즘에는 일일거래량이 35만 주에서 50만 주 사이인 종목만을 매수하며, 될 수 있으면 수백만 주 이상인 종목을 선호한다. 나는 루미시스 투자 실패 후, 역사적 주도주들에 대해 다시 한번 분석을 실시했다. 분석 결과,

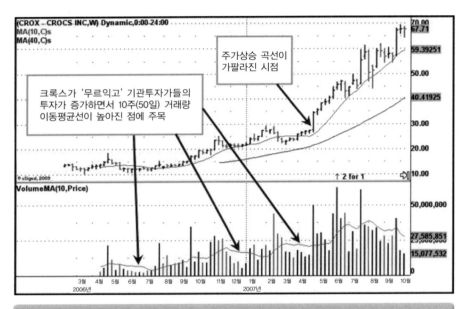

그림 4.4 | 2006~2007년 크롬스(CROX) 주간차트(자료제공: 이시그널, 2010년).

주도주들도 처음에는 거래량이 적을지 몰라도, 일단 주도주로 올라서면 일일 평균 거래량이 급격히 증가하는 양상을 보이는 것으로 나타났다. 일반적으로 일일 평균 거래량은 특정 주식을 거래하는 투자자들의 종류를 나타낸다. 기관투자가들의 참여도가 높은 종목은 유동성이 크고 상대적으로 매매도 활발하다. 따라서 일일 거래량이 많을수록 기관투자가들의 참여와 지지가 강한 종목이다. 그래서 나는 IPO 이후 시간이 흐르면서 조금씩 기관투자가들의 관심과 참여가 늘어남에 따라 거래량도 같이 늘어 충분히 '무르익을 때'까지 기다리게 되었다. 해당 종목이 '최고의 주식'으로 성장하고 있는지, 기관투자가의 선호도가 상승해 상승 변곡점upside inflection point에 접근하고 있는지 여부를 판단하는 훌륭한 방법이기 때문이다. 이것이 내가 루미시스 투자를 통해 얻은 중요한 발견들이다.

결과적으로는 비싼 교육비를 내고 배울 만한 가치가 있긴 했다. 2006년부터

2007년까지의 크록스Crocs, Inc.(CROX) 주간차트는 (그림 4.4 참조) 주도주의 형태를 띠면서 기관투자가들의 투자를 끌어들일 만큼 주식이 성장하는 과정에서 일일 평균 거래량이 '충분히 무르익어 가는' 과정을 명확하게 보여준다. 거래량 그래프에 그려진 얇은 회색 실선은 10주 거래량 이동평균선을 타나내는데, 기관투자가들이 모여들면서 꾸준히 상향곡선을 그리고 있다. 2007년 4월 거래량이 증가하면서 임계질량에 다다랐을 때, CROX는 2007년 강세장의 주도주로 두각을 나타내기 시작했다. 그리고 그 이후로는 가파른 상승곡선을 그렸다.

• **'최고 주식의 원칙'이 만들어지다** 루미시스 투자 경험은 '최고 주식의 원칙'의 시작점이 되었다. 나는 루미시스 투자에 실패한 후 몇 년간에 걸쳐 오닐 투자 기법의 기본 개념을 확실히 이해하게 되었고, 그 결과가 바로 최고 주식의 원칙이다. 최고 주식의 원칙의 기본 전제는 어느 경제 혹은 시장 사이클에서나 새로운 산업, 경제 개발, 경제적인 주제 등이 주요 동력원으로 부상하는데, 이와 관련해 두각을 나타내는 기업이 반드시 있다는 사실이다. 이들 기업은 정도의 차이는 있겠지만 해당 경제 사이클에서 우위를 선점했기 때문에 기관투자가들이 투자할 수밖에는 없는 종목이다. 그리고 일단 기관투자가들을 끌어들이는 데 성공하면, 이후 몇 번의 경제 사이클 동안 기관투자가들의 포트폴리오에서 자리를 잡고 있게 된다. 심지어 실제적인 주도주의 지위를 잃어버린 후에도 계속 투자대상이 되곤 한다. 1970년대 픽앤세이브Pic N Save와 탠디Tandy Corp.,가 그랬고, 1980년대에는 인텔Intel Corp.,(INTC), 마이크로소프트Microsoft(MSFT), 1990년대에는 아메리카온라인America Online(AOL)과 시스코시스템즈Cisco Systems(CSCO), 2000년대에는 아마존AMZN, 애플Apple, Inc.(AAPL), 구글Google, Inc.(GOOG), 바이두Baidu.com(BIDU), 리서치인모션Research in Motion(RIMM) 등이 대표적이며, 그 외에도 비슷한 예가 수도 없이 많다. '최고 주식'은 기관투자가들이 대대적인 투자에 나서는 산업을 대표하는 기업들이다. 따라

서 주가가 크게 상승하기 때문에 어느 강세장에서나 반드시 보유해야 할 종목들이다. 폭 넓고 헌신적인 기관투자가들의 지원이 이들에겐 일종의 보험과 같아서, 논리적인 주가하락이 발생하더라도 기관투자가들이 곧 진입해 투자 포지션을 지지하게 된다.

최고 주식이 갖는 또 다른 특징은 하루 평균 거래량이 12만 주 정도가 아니라, 수백만 주에 이른다는 것이다. 은퇴자금으로 마련하려고 마이크로소프트나 AT&T같은 가치주를 달랑 몇 주씩 매수하던 연장자들이 갑자기 우르르 몰려다니면서 주도주를 대대적으로 매수하는 천지개벽 같은 상황이 벌어지지 않는다면, 언제나 시장을 이끌어가는 세력은 기관투자가들이다. 그리고 독자들이 뛰어들어 헤엄치고 싶은 곳도 바로 이 기관투자가들이 만들어낸 '돈의 강'이다. 나는 루미시스의 끔찍한 경험으로부터 거래량이 적은 종목은 절대 최고 주식이 될 수

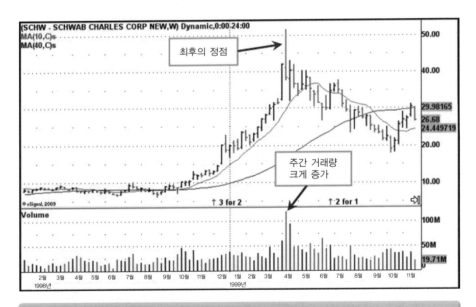

그림 4.5 │ 1998~1999년 찰스슈왑(SCHW) 주간차트 (자료제공: 이시그널, 2010년).

없다는 사실을 깨달았다.

주가가 로켓처럼 상승한 찰스슈왑Charles Schwab & Company(SCHW)을 내가 대량으로 매수하기 시작한 건 1998년 12월이었다(그림 4.5 참조). 그때 나는 오닐로부터 전화 한 통을 받았다. 오닐은 1998년 말 강세장의 또 다른 주도주였던 AOL의 차트를 마음에 들어하고 있었다. AOL과 관련해 재미있는 기억이 하나 있다. 필자들이 보조 스태프로 일했던 한 워크숍에서 오닐은 청중들과 과거 다양한 시장에서 주도주로 두각을 나타냈던 종목에 관해 토론을 벌였다. 토론 중 오닐은 가끔 속도를 냈고, 그러면서 자신의 기억 속에서 데이터를 빠르게 뽑아내기도 했다. 그 와중에 몇 번이나 아메리카온라인을 아메리칸온라인이라고 잘못 발음했다. 오닐의 머릿속이 주식시장의 역사와 정보가 담긴 광대한 데이터베이스와 같다는 사실을 알고 있는 사람이라면, 1962년부터 1963년 쿠바 미사일 위기에서도 주가상승을 거듭하던 아메리칸 에어라인American Airline이 연상되어 계속 이름을 잘못 발음했다는 사실을 눈치챘을 것이다. 어쨌거나 내가 전화를 받았을 때, 오닐은 "AOL이야. 이번에는 이게 최고야"라고 말했다. 순간 나는 머릿속이 번쩍 하는 것 같았다. 나팔 소리와 함께 천사의 노랫소리가 들리고 하늘이 열리는 것 같은 기분이 들었고, 최고 주식의 원칙이 뚜렷하게 각인되었다.

최고 주식의 원칙은 공매도에도 유용하다. 바로 직전 강세장에서의 주도주들은 최고의 공매도 대상이기 때문이다. 기관들이 대량으로 매집해놓은 주도주들은 약세장에서는 엄청난 매도물량 덕에 지속적인 하락세를 나타낸다. 공매도에 대해서는 6장에서 자세하게 설명하도록 하겠다.

: 태양에너지주를 놓치다(길 모랄레스의 이야기)

내가 개인투자회사에서 고객들의 돈을 관리하고, '파트너'들과 함께 일을 하

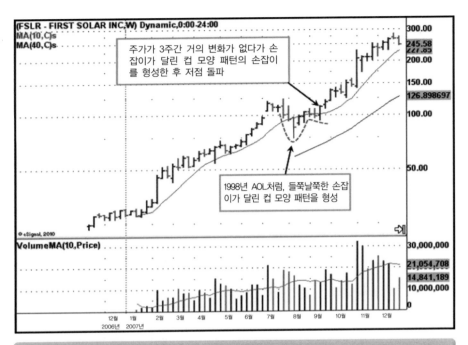

주가가 3주간 거의 변화가 없다가 손
잡이가 달린 컵 모양 패턴의 손잡이
를 형성한 후 저점 돌파

1998년 AOL처럼, 들쭉날쭉한 손잡
이가 달린 컵 모양 패턴을 형성

그림 4.6 | 2007년 퍼스트솔라(FSLR) 주간차트. 태양에너지 산업 최고의 주식이다 (자료제공: 이시그
널, 2010년).

면서 겪은 가장 큰 어려움은 이들의 감정과 의견에 영향을 받는다는 것이었다.
물론 전적으로 나쁘지만은 않았지만, 나 자신을 타인의 영향으로부터 어느 정도
분리할 필요는 있었다. 그러나 현실적으로 매우 힘든 일이었고, 특히 투자매니저
들의 투자기법과 다른 학계의 시각을 가진 개인이나, 그로 인한 영향의 경우 더
더욱 쉽지 않았다.

2007년 9월과 10월, 나는 태양에너지주식들을 정확한 시점에 매수하기 시작
했다. 그 중에서도 퍼스트솔라First Solar(FSLR)에 투자를 집중했다. 나는 당시 FSLR
의 차트가 AOL이 67주 동안 460%의 주가상승을 기록하기 직전인 1998년 10월
차트처럼 들쭉날쭉한 손잡이가 달린 컵 모양 패턴을 형성했다고 판단했고, 판단

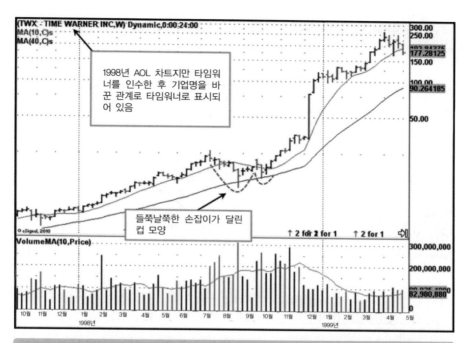

그림 4.7 | 1998년 아메리카온라인(AOL) 주간차트. AOL은 2000년 타임워너Time Warner Inc.로 바뀌었다(자료제공: 이시그널, 2010년).

은 정확했다. 그림 4.6은 FSLR의 주간차트로 들쭉날쭉한 손잡이가 달린 컵 모양 형태를 확인할 수 있다. 나는 브레이크아웃 전에 종종 만들어지는 패턴이라는 사실을 알고 있었고, 게다가 당시 3주간 주가가 10주(50일) 이동평균선과 거의 일치하고 있어서 아주 건설적인 상황이었다. 들쭉날쭉한 V자 모양의 손잡이가 달린 컵 모양 패턴의 선례를 AOL이라고 생각했고, 1998년 말부터 1999년 초까지 AOL의 주가가 크게 상승했다는 점도 고려했다. FSLR의 차트(그림 4.6)는 1998년 AOL 차트(그림 4.7)와 매우 흡사했다. 또, 태양에너지 업종 전체가 기술적인 기반을 다지고 있었고, 그 중 잠재적인 주도주들은 모두 강력한 패턴을 형성하고 있었다. FSLR은 흔히 쓰이는 폴리실리콘을 사용하지 않으면서 태양전지를 저렴한

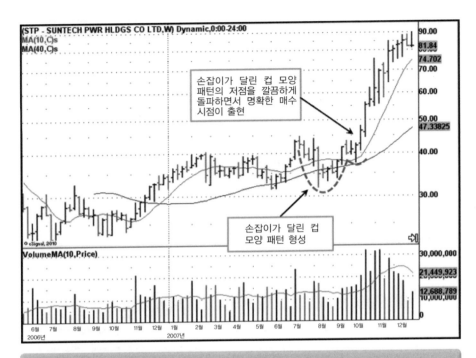

손잡이가 달린 컵 모양
패턴의 저점을 깔끔하게
돌파하면서 명확한 매수
시점이 출현

손잡이가 달린 컵
모양 패턴 형성

그림 4.8 | 2007년 선테크파워(STP) 주간차트 (자료제공: 이시그널, 2010년).

비용으로 생산해낼 수 있는 흥미로운 기술을 가지고 있었다. 부족한 폴리실리콘 대신 얇은 필름을 사용하는 FSLR은 확실히 경쟁우위를 선점한 상태였다.

최고의 주식이라는 판단에 따라 크게 투자하기로 마음먹고, 50일 이동평균선 과 100달러 선 근처에서 대량으로 매수를 시작했다. 9월 21일 FSLR의 거래량이 아침부터 치솟기 시작하자 나는 투자 포지션을 더욱 늘렸다. 브레이크아웃 지 점에서부터 주식을 대량으로 보유하고 있을 속셈이었다. FSLR과 전반적인 태양 에너지 기업의 주식들이 대부분 저점 돌파를 시도하고 있어서 상황은 더할 나위 없이 좋았다. 1999년 닷컴버블 때처럼 태양에너지 산업 전체가 매력적인 투자기 회를 제공하고 있었다. 그림 4.8의 선테크파워Suntech Power Holdings Co., Ltd.(STP)와 그

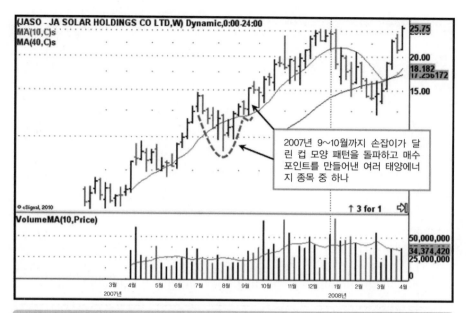

(JASO - JA SOLAR HOLDINGS CO LTD,W) Dynamic,0:00-24:00
MA(10,C)s
MA(40,C)s

25.75
20.00
18.182
17.256172
15.00

2007년 9~10월까지 손잡이가 달린 컵 모양 패턴을 돌파하고 매수 포인트를 만들어낸 여러 태양에너지 종목 중 하나

© eSignal, 2010

↑ 3 for 1

VolumeMA(10,Price)

50,000,000
34,374,420
25,000,000
0

3월 4월 5월 6월 7월 8월 9월 10월 11월 12월 1월 2월 3월 4월
2007년   2008년

그림 4.9 | 2007년 자소(JASO) 주간차트. 역시 완벽한 손잡이가 달린 컵 모양 패턴을 형성한 태양 에너지 기업 중 하나다 (자료제공: 이시그널, 2010년).

림 4.9의 자소JASO Corp.(JASO) 차트에서도 손잡이가 달린 컵 모양 형태를 확인할 수 있다.

2007년 10월 17일 금요일, 나는 어떤 비즈니스 파트너로부터 시장이 별로 좋지 않다는 내용의 이메일을 받았다. 그는 주말 내내 이메일을 보내, 내가 금요일 폐장 기준으로 벌어들인 10% 수익에 만족해야 한다고 주장했다. 나는 생각이 전혀 다르다는 것을 보여주기 위해 주가동향을 설명하고, 현재의 변동성과 주가상황을 고려했을 때 10%대의 수익률은 너무 적다고 지적했다. 특히 주가가 크게 상승하는 주식은 그냥 놔두어야 한다는 나의 투자방식에서 어긋나는 일이었다. 이 파트너는 이메일에서 거만함이 느껴지는 어조로 당시를 투자기회로 여겼던 나의 의견을 반박했다.

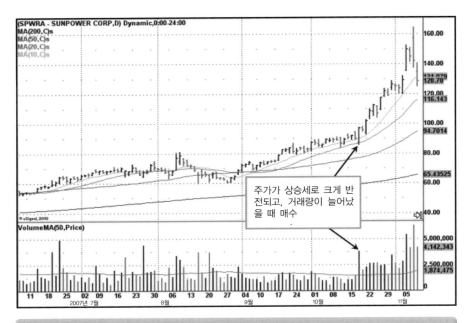

(SPWRA - SUNPOWER CORP,D) Dynamic,0:00-24:00
MA(200,C)s
MA(50,C)s
MA(20,C)s
MA(10,C)s

주가가 상승세로 크게 반전되고, 거래량이 늘어났을 때 매수

VolumeMA(50,Price)

그림 4.10 | 2007년 선파워(SPWRA) 일간차트 (자료제공: 이시그널, 2010년).

저는 1985년의 나스닥 랠리가 기억납니다. 당시 나스닥이 상승하기는 했지만 거래량이 무척 적었고, 주가가 크게 상승한 날도 많지 않았죠. 나스닥이 지금 수준으로 성장한 건(거래량으로 보나, 주가가 상승한 거래일수를 보아도 말이죠) 1996년 7월 16일이었습니다. 첫 8주 동안 주가가 크게 상승했던 날은 단 한 번뿐이었지만, 곧 그런 날들이 많아졌죠. 아시겠지만 거래량이 적은 이유는 시장참여자들 사이에서 불확실성이 존재하기 때문입니다.

이런 시답잖은 이야기를 들어주었던 내가 바보였다. 오닐은 내게 무엇보다 먼저 개별적인 주식을 보고, 그 다음에 전체 시장지수를 고려하라고 가르치곤 했다. 시장지수가 약화되거나, 심지어 7~12%나 되는 조정을 받는 상황에서도 주도주는 건설적인 저점을 형성하곤 한다. 따라서 시장지수 때문에 투자 포지션을 정리하는 것은 말도 안 되는 생각이었다. 나는 이런 기본 원칙을 언급하면서 답변을 보냈고, 다음과 같은 대답을 들었다. "그럴 때도 있습니다. 저 또한 주도주들이 명확한 신호를 보내고, 또 이들이 더 중요하다고 생각합니다(예를 들면, 시장의 조정이 시작되어 주가지수가 하락하더라도 주도주들 몇몇 개는 저점을 돌파하죠). 하지만 전체 시장의 수요가 좋지 않다면, 주도주도 더 이상 상승하지는 못합니다."

더욱 우스운 것은 이메일을 받기 바로 전, 내가 트레이더인 빌 그리피스Bill Griffith에게 태양에너지주식들의 동향이 매우 좋아서, 훌륭한 투자기회가 될 것이고 연말까지는 상당한 투자수익을 올릴 수 있을 거라고 말했다는 점이다. 나는 FSLR, STP, JASO, SPWRA(그림 4.8~그림 4.10)를 비롯해 관련 기업의 상당수가 거의 동시에 완벽한 저점을 형성하고 돌파하는 것을 보면서 엄청난 주가상승의 신호탄이며 훌륭한 투자기회라고 생각했다. 다만 시장은 항상 투자자들을 시험한다는 사실을 경험으로 알고 있었기 때문에 그리피스에게 실제 주가상승 전에 아슬아슬한 수준까지 주가가 하락할 것이고, 다양한 요소를 고려하면서 투자 포지션을 유지하기 위해 노력해야 한다고 말했다.

그 다음 주, 나는 저점을 돌파하고 주가상승중이던 또 다른 태양에너지 종목 선파워Sunpower Corp.(SPWRA)의 주식을 매수했다(그림 4.10 참조). 10월 18일 SPWRA의 거래량이 크게 늘면서 주가가 이전일의 거래범위 밖으로까지 반전outside reversal했기 때문이다. 태양에너지 산업이 일단 불이 붙었던 상황인지라, 나는 거래량이 증가하면서 주가가 반전된 것을 긍정적이라고 생각하고 내가 관리하는 펀드 중 하나로 95달러 선에서 매수 포지션을 구축했다. 지금 생각해보면 2007년 9월부터 10월까지 주가상승을 위한 모든 조건이 놀라울 정도로 완벽하게 갖추어졌었다.

하지만 바로 전 주말 하락세를 경고하면서 수익을 실현해야 한다는 내용의 이메일을 받았던 데다가, 미디어에서도 주말 내내 당시 주식시장이 1987년 블랙

먼데이Black Monday 폭락 직전과 비슷하다고 떠들어댔기 때문에, 나 또한 확신을 잃고 원래의 투자방식에서 멀어지고 있었다.

10월 22일 월요일은 일전에 트레이더에게 경고했던 주가하락이 시작되었다. 원래 계획대로라면 투자 포지션을 유지해야 했지만, 나는 이미 비관적인 미디어와 파트너의 의견에 흔들리고 있었다. 그리고 결국에는 원래의 투자계획대로 행동하지 못하고 말았다. 본격적인 조정을 감당해내기 위해 다양한 요소를 고려했고, 10월에 조정이 시작될 것이라고 예측도 했다. 또, 태양에너지주식들이 주가상승을 위한 모든 조건이 갖추어져 있다고 확신하고, 절호의 투자기회라고 생각하고 있었지만 소용없었다.

덕분에 또 한 가지 교훈을 얻었다. 투자 파트너나 미디어가 아니라 내 잘못이었다. 내가 하는 주식투자이므로 내 계획에 반드시 따라야 한다는 매매의 기본조건을 어긴 내 탓이었다. 다른 사람의 감정이나 의견에 좌지우지되어서는 안되었다! 최적의 투자 시기와 투자 종목을 알고 있었지만 10월 22일 월요일, 나는 FSLR을 비롯해 다른 태양에너지주식을 모두 매도해버렸다. 외부에서 만들어낸 공포에 완전히 항복하고 말았던 것이다.

그림 4.11을 보면 10월 22일 FSLR의 주가는 20일 이동평균선 밑으로까지 하락했다. 하지만 같은 날 다시 주가가 상승하면서 장을 마감했고, 그 이후로 주가는 다시 하락하지 않았다. 하지만 나는 엄청나게 쌓아놓았던 투자 포지션을 20일 이동평균선이 무너졌을 때 모두 매도했다. 그 후 며칠간 다시 매수를 시도했지만, 내가 저지른 실수에 당황해 투자 포지션을 회복하지는 못했다. 아이러니한 점은 20일 이동평균선이 무너진 날, 다시 회복되었다는 점이다. 지금 돌아보면, 바로 포켓피봇 매수시점이었다! 지금이라면 바로 알아채고 곧바로 매수를했겠지만, 그때는 그렇지 못했었다.

지금은 포켓피봇이라는 무기를 얻기도 했지만, 또 20일 이동평균선이 무너진

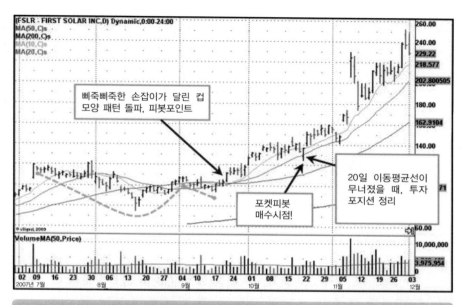

그림 4.11 | 2007년 퍼스트 솔라(FSLR) 일간차트 (자료제공: 이시그널, 2010년).

당일 매도하는 실수도 저지르지 않는다. 같은 날 주가가 20일 이동평균선까지 다시 회복되는 경우가 많기 때문이다. 2007년에도 이 규칙을 적용했더라면, 10월 22일 FSLR의 주식을 매도하지는 않았을 것이다. 20일선이나 50일선 같은 이동평균선은 절대적인 '마지노선'이라기보다, 조심해야 할 '주가 범위'의 평균 정도로 생각해야 한다. 그리고 그 부근에서 주가의 동향을 주시해야 한다. 주가는 단기적으로, 장중 기준으로, 하루나 이틀간, 혹은 그보다 약간 긴 시간 동안 주요 이동평균선을 이탈한 후 다시 회복하는 경우가 빈번하다. 대다수의 트레이더들이 이동평균선을 최후 지지선이라고 생각하고, 이동평균선에 맞추어 매도를 하려고 한다. 그러다보니 주가가 이동평균선 근처에 있을 때는 갑작스럽게 매도세가 발생하고, 잠시 동안 주가는 과도하게 하락하기도 한다. 따라서 주가가 이동평균선에 가까워졌을 때는 주가대비 거래량의 변화를 꼼꼼하게 관찰하고, 주요 이

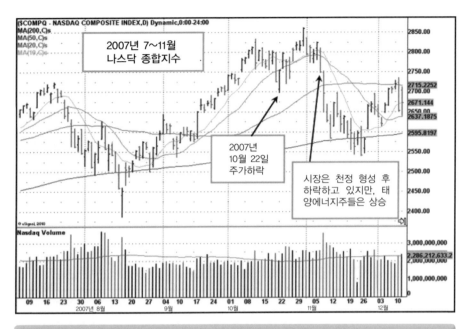

그림 4.12 | 2007년 7~11월 나스닥 종합지수 일간차트. 시장이 정점을 기록한 후 하락하고 있었지만 태양에너지주들은 상승세를 유지했다. 시장의 전체지수보다는 개별종목에 더 집중해야 한다는 원칙을 증명하는 사례다(자료제공: 이시그널, 2010년).

동평균선이 무너졌다고 무조건 투자 포지션을 정리해서는 안 된다. 이런 이유로 나는 이동평균선과 지지선을 해당 종목이 지지나 저항을 확인하는 구간의 평균 혹은 중간지점이라고 생각하고 있다. 또, 20일 이동평균선 같은 주요 이동평균선이 무너졌을 때는 당일 장중 저점 밑으로 주가가 하락하는지 여부를 확인해야 한다. 20일 이동평균선뿐만이 아니다. 특정 이동평균선이 무너진 날의 장중 저가 밑으로 주가가 하락해야, 해당 이동평균선이 확실히 무너진 것으로 볼 수 있다. 이처럼 이동평균선이 무너졌다 아니다 여부는 하루 동안 판단할 문제가 아니다.

2007년 4분기도 개별적인 투자종목을 먼저 살펴보고, 그 다음에 시장지수를 고려해야 한다는 원칙이 증명된 시기였다. 그림 4.12의 나스닥 차트를 보면, 지수가 11월 초에 천정을 기록하고 하락하고 있지만, 태양에너지주들은 지속적으로 상승했다. 내가 비즈니스 파트너에게 충고했던 그대로였다.

이처럼 트레이더들은 외부의 방해나 개입 없이 혼자서 결정을 내려야 한다. 비즈니스 파트너나 미디어 뿐 아니라 어떤 외부적인 영향도 투자자를 방해해서는 안 된다. 반드시 자신의 계획대로 매매하고, 자신이 스스로 계획을 세우고, 외부의 영향력이나 외부적인 요소는 최소한으로 배제해야 한다. 리버모어가 말한 대로 '트레이더의 고립trader's isolation'을 유지하는 것이 좋다.

: 공매도를 너무나 오래 하다(길 모랄레스의 이야기)

내가 가장 큰 손실을 기록한 매매는 모두 공매도투자였다. 손실의 크기로 실수 정도를 가늠한다면, 최악의 실수는 늘 공매도투자에서 저질렀다는 결론이다. 그 중에서도 2002년 10월 주식시장이 바닥을 쳤을 때, 너무나 오랫동안 공매도 포지션을 취했다가 모골이 송연했던 기억이 있다.

당시는 70년 만에 찾아온 최악의 약세장이 2년째 지속되고 있었다. 많은 사람들이 모든 것에 대해 부정적이었고, 상황이 더욱 나빠진다는 합리적인 증거가 도처에 널려 있었다. 한번은 로스앤젤레스 도심지의 멋진 고층건물에서 기관투자가를 대상으로 프레젠테이션이 열렸는데, 기술적 분석을 활용하는 한 열성 기관투자가가 연단에 올라 향후 다우존스와 S&P500지수가 더욱 하락한다면서 목소리를 높였다. 나스닥 지수의 하락세를 아직 따라잡지 못했다는 게 이유였다. 강연장에서는 수많은 사람들이 수긍하며 고개를 끄덕거렸고, 나 또한 그들 중 하나였다. 2001년 나의 투자수익률은 170%였는데, 대부분 공매도투자로 벌어들인 수익이었다. 그때까지만 해도 시장에서 공매도로 벌어들인 돈의 비릿한 피맛에 취해 있었다.

2002년 시장의 바닥에서는 모두들 약세장에 길들여져서 곧 시장이 반등할 가능성 따위는 생각지도 않았다. 이 정도 되자, 윌리엄오닐컴퍼니 동료들도 시장의 바닥을 찾다가 지쳐서 다시는 바닥을 벗어나지 못할 것 같다고 느껴질 정도였다. 설사 시장이 바닥을 벗어나고 있다고 하더라도, 어떤 시장 지표도 바닥을 찾는 데 도움을 주지 못했을 것이다. 2002년 9월 9일 오닐과 한 차례 토론을 벌인 후, 나는 투자 다이어리에 "슈퍼사이클super-cycle의 관점에서 보면 지금이 20년에 한 번, 그러니까 시장 사이클이 5번 지날 때마다 한 번 온다는 약세장인지도 모르겠다. 그래서 어떤 자료나 방법을 동원해도 바닥을 확인할 수 없는 것 같다. 게다가 직전 강세장에서 주가가 지나치게 상승했다. 이 두 가지는 마치 머리가 두 개 달린 괴물 같다"고 적었다.

2002년 9월 23일까지도 시장에는 여전히 어두운 먹구름이 드리워져 있었다. 투자 다이어리의 다음 장에는 오닐이 2년 반이나 지속된 약세장의 여파를 어떻게 생각하고 있었는지 짐작할 수 있는 내용이 적혀 있다. "오닐은 미국 정부가 이라크에 집중하는 것도 좋지만, 경제에 대해서도 관심을 가져야 한다고 생각하고 있다. 일본 정부가 국채발행에 실패한 것은 물론 불행한 일이지만, 합리적인 이유 때문이었다. 일본은 악성부채를 정리하지 못했을 뿐만 아니라, 자본주의 경제 체계의 특성이라고 할 수 있는 '창조적인 파괴'를 통해 경제를 개선하는데 실패했기 때문이다. 일본과 유럽 경제가 매우 취약해서 미국 경제에까지 파장이 미치고 있다." 9월 말까지 시장은 신저점을 몇 번이나 경신했다. 나는 10월에도 여전히 공매도 포지션을 유지하고 있었고, 또 한 번 피를 맛보겠다는 기대로 입속에 침이 고여 어지러울 정도였다.

그림 4.13의 차트에서 보는 것처럼 9월 말부터 10월 초까지 나스닥 시장은 신저가를 몇 번이나 갈아치웠다. 시장은 전혀 좋아 보이지 않았다. 낙담한 대부분의 투자자들은 시장이 계속 신저점을 경신하는 것을 지켜보면서 공격적으로 공

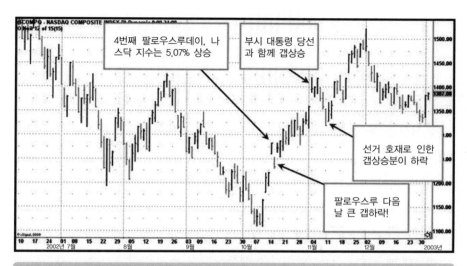

그림 4.13 | 2002~2003년 나스닥 종합지수 일간차트. 2000년부터 2002년까지 계속된 약세장이 드디어 바닥을 쳤다(자료제공: 이시그널, 2010년).

매도 포지션을 취할 때라고 생각했을 것이다. 심지어 오닐마저도 지속적인 하락을 점쳤다. 그는 10월 4일 내게 전화를 걸어 2000년 강세장을 주도했던 IT우량주들을 공매도하려 한다고 말하기까지 했다! 그만큼 시장 상황이 나빠 보였다. 오닐은 우량 IT기업들이 지금까지 너무 많은 기업을 사들여서 문제라고 지적했다. 경영은 복잡할수록 나쁘다. 만약 50개의 기업을 사들였다면, 50가지의 경영을 해야 한다. 당연히 무리한 일이다.

아무도 눈치채지 못했지만, 실은 놀랄 만한 변화가 막 시작되려던 시점이었다. 10월 10일, 시장은 바닥을 치고 크게 반등하기 시작했다. 나스닥 지수는 2000년부터 2002년까지 계속된 약세장의 마지막 최저점에서 4.42%나 상승했다. 3일 후, 나스닥은 4일 연속 반등해 팔로우스루를 이어갔다. 시장은 갭상승으로 장을 시작했고, 같은 날 5.06% 상승했다. 거래량도 크게 증가했다. 만약 시장이 바닥을 치고 반등한 나흘간 공매도 포지션을 유지한 투자자가 있다면, 엄청난 충격을 받았을 것이다. 그런데, 상당한 공매도 포지션을 유지하고 있던 내가 바로 달리는 열차를 막아선 바로 그 운 없는 투자자 중 한 명이었다. 나는 팔로우스루 첫째 날 엄청난 타격을 받았다. 하지만 이틀째 되는 날, 주식시장이 갭하락했다. 거래량이 줄어있긴 했지만 나는 공매도 포지션을 유지하기로 결정했다. 3일째, 시장은 다시 갭상승했고, 그 후 12일간 들쭉날쭉하긴 했지만 꾸준히 상승세를 이어나갔다. 그리고는 다시 갭상승했다. 하지만 그 이후 시장은 다시 하락세로 전환되었는데, 대통령 선거 직후 1420포인트를 기록하던 나스닥지수는 5일 후 최저점인 1319.06포인트까지 하락했다.

이 기간 동안 나는 계속해서 공매도에 매달렸다. 시장의 변동성이 너무나 컸기 때문에 매수세로 전환해야겠다는 생각은 전혀 들지 않았다. 시장이 랠리를 계속해나갈 가능성 자체가 없어 보였다. 11월 20일, 골프장 11번 홀에서 티오프를 하고 있는 내게 오닐의 전화가 걸려왔다. 내가 골프를 치러 나가는 일은 매우 드물어서 오닐은 내가 골프장에 있을 때는 절대 전화를 걸지 않았다. 그래서 무슨 일이 생겼다는 것을 직감했다. 흥분된 목소리의 오닐은 그날 아침 부시 정부가 곧 감세정책을 포함해 전반적인 경기부양책을 실시하기로 했다고 설명했다. 그러면서 내가 윌리엄오닐컴퍼니에서 맡고 있던 특별자문팀이 "시장 환경이 건설적으로 개선되고 있고, 시장이 바닥을 벗어났다고 공격적으로 생각해야 한다"고 주문했다. 특별자문팀은 윌리엄오닐컴퍼니의 500개 기관고객을 담당하고 있었다. 오닐은 1999년 닷컴버블의 주도주들 중 다시 주도주로 부상할 종목들을 언급했는데, 그 중 하나가 이베이EBAY였다. 그리고 "지금까지 저평가되어 있던 새로운 종목들도 크게 성장할 거야"라고 덧붙였다. 나는 "오닐이 EBAY를 마음에 두고 있다"고 메모를 적고는 돌아섰다. 하지만 천천히 현실을 깨닫기 시작했다. 오닐과 달리 나는 시장의 흐름을 파악하지 못하고 있었다. 10월 초에는 오닐도 공매도투자를 고려하고 있었고, 나는 이미 공매도 포지션을 취하고 있었다.

오닐이 EBAY를
마음에 둔 시점

↑ 2 for 1

그림 4.14 | 2002~2003년 이베이(EBAY) 주간차트. 오닐은 2002년 말 시장의 전환 직후 최고의
주식을 선별해냈다(자료제공: 이시그널, 2010년).

하지만 11월, 오닐은 이미 EBAY를 매수하고 있는 것 같은데, 나는 여전히 공매
도 중이라니! 잘못돼도 한참 잘못되었다는 것을 깨달았다. 물론 시장의 바닥에서
오닐도 공매도를 고려했지만, 곧 잘못을 깨닫고 빠르게 포지션을 전환한 점이
나와는 달랐다. 오닐은 최고의 주식을 알아보는 특유의 능력으로 시장이 반등하
기 시작한 2002년 11월 중순부터 EBAY를 매수하기 시작했다. 시장이 바닥을 치
고 강세장으로 전환되고 있는 상황에서 우둔하고 고집스럽게 공매도를 고집했
던 나는 오닐을 보면서 다시 한번 중요한 교훈을 얻었다. 오닐은 부정적인 견해
에 눈이 멀어 시장의 변화를 알아보지 못하던 나와는 달랐다.

12월에는 시장이 다시 흔들리면서 더욱 혼란스러웠다. 아무리 좋게 봐주려고
해도 시장의 회복은 평탄치 않았다. 심지어 EBAY를 매수한 오닐도 약간 짜증을

낼 정도로 횡보장세가 지속되었다. 2002년 12월 5일 나의 투자 다이어리에는 "오닐도 원래 계획을 고수하기 힘들다고 한다. 다우존수 지수는 8200~8400까지, 나스닥은 1250~1350선까지 후퇴할 수도 있을 것 같다. 정부가 특단의 조치를 내어 놓지 않는 한, 시장은 계속 불안정할 것이다"라고 적혀 있다. 다음날인 12월 6일에는 오닐과 통화를 한 후 투자 다이어리에 "시장은 새로운 소식에 반응할 뿐, 스스로 방향키를 조종하지 않고 있다. 하지만 진짜 문제는 지금이 버블 강세장의 이후라는 것이다"라고 적어 놓았다.

게다가 이때쯤에는 투자자들이 금으로 몰리기 시작했다. 오닐은 2002년 12월 13일 "투자가 금으로 몰려서 걱정이다. 일종의 신호이기 때문이다!"라며 걱정했다. 금에 대한 투자가 늘자 나는 다시 부정적으로 변했고, 공매도를 시작했다. 치솟는 금값을 주식시장 하락의 신호로 판단했고, 2002년 12월 20일 투자 다이어리에는 오닐의 걱정을 적어 놓았다. "금은 투자자들의 우려를 반영한다. 금값이 오르는 데는 합리적인 이유가 있다. 앞으로 몇 달이 지나야 겨우 시장이 반등하는 것을 보게 될지도 모르겠다."

물론 10월의 시장 회복이 고르지 않고 불안정하긴 했지만, 그렇다고 시장이 하락세로 전환된다거나 혹은 새로운 하락구간의 시작을 알리는 신호는 없었다는 데 주목해야 한다. 시장은 흑백논리에 따라 움직이지 않는다. 가끔은 회색빛을 띠면서, 불확실할 때가 있다. 이때 가장 현명한 방법은 아무 포지션도 취하지 않으면서, 시장이 알아서 해결책을 찾아낼 때까지 놔두는 것이다. 오닐은 시장이 고르지 않을 때는 매도와 매수 중 한 쪽을 선택하기 보다는 기회의 창이 활짝 열리기를 기다려야 한다는 사실을 알고 있었다.

1월 8일 부시 행정부는 개인 소득세에 대한 추가적인 감세혜택과 개인투자자들의 배당금 수익에 대한 세금 철폐가 포함된 경기부양책을 발표했다. 1월 23일 투자 다이어리에 적힌 오닐의 설명은 주식시장의 기본 진실 중 하나이자, 내가

2002년 말 시장에서 엄청난 대가를 치르고 배운 교훈이다. 그것은 "시장상황이 아무리 나빠도, 정부의 역할을 무시하지 말라"는 것이다. 연방준비위원회가 통화정책을 실시하고 있었고, 막 임기를 시작한 부시 행정부는 공화당이 의회의 다수당인 덕분에 경기부양을 위한 감세안을 추진해냈다. 정부의 역할이 발휘되기 시작했고, 이라크 사담 후세인Saddam Hussein 정권이 붕괴되었을 즈음인 2003년 3월 시장은 힘차게 강세장으로 접어들었다.

내가 시장의 바닥에서 공매도를 고집하다가 큰 손실을 입게 된 가장 큰 원인은 시장을 이해하는 데 실패했기 때문이었다. 길고 끔찍한 하락세가 이어지다가 시장이 바닥을 치고 반등한다고 즉시 강세장이 되는 건 아니다. 시장이 반드시 흑 아니면 백, 혹은 강세장 아니면 약세장인 건 아니다. 2002년 10월 팔로우스루가 출현한 후 시장은 힘겹게 상승해나갔지만, 눈에 띄는 강세장은 아니었다. 그래서 나는 약세장이라고 판단하는 실수를 저질렀다. 리버모어는 시장이 보내는 실시간 신호를 객관적으로 해석하는데 방해가 된다면서 강세장 혹은 약세장이라는 표현을 사용하지 않으려 했는데, 나는 무리하게 추론을 해내다가 확실한 강세장이 아니라는 이유로 약세장이라고 판단하는 실수를 저질렀던 것이다. 10월 15일 강한 팔로우스루가 출현하긴 했지만 시장의 추세가 크게 변화하지는 않았다. 2000년부터 2002년까지 계속되던 약세장의 최저점을 기록했을 뿐, 그 직후는 강세장도 약세장도 아니었다. 정확하게 표현하자면 시장은 회복중이었다. 덕분에 나는 매우 중요한 교훈을 얻었고, 그 이후 무분별한 공매도를 피할 수 있었다. 하지만 2008년과 2009년의 약세장에서 다시 한번 끔찍한 실수를 저지르게 된다.

2008년과 2009년의 약세장은 나에게는 단연코 가장 오싹했던 경험이다. 이때에 비하면 투자자산을 모두 현금화하거나, 공매도로 대응 가능했던 여타 약세장은 약과였다. 2008년 3월 미국 주식시장은 이미 첫 번째 하락구간을 지나고 있었다. 3월 15일과 16일 주말 베어스턴스^Bear Stearns가 현실적인 이유로 청산 절차를 시작하면서 시장은 패닉상태에 빠져들었다. 하지만 나의 경우에는 단순한 패닉 정도가 아니었다. 졸지에 금융위기에 직접적으로 연관되어버렸기 때문이다. 베어스턴스는 당시 내가 운용하고 있던 두 개 펀드를 담당하는 중개업체였고, 펀드의 투자자산은 베어스턴스에 맡겨져 있었다. 나는 베어스턴스가 채무불이행을 선언하면 맡긴 돈이 아예 날아가버리는 건 아닐까 걱정하면서 상황을 주시하고 있었다. 베어스턴스 측에선 걱정하지 말라고 했지만, 완전히 믿을 수는 없었다. 이들 또한 위에서 시키는 대로 대답하는 것뿐이었기 때문이다. 불확실한 상황 때문에 안절부절못하면서, 전혀 즐겁지 않은 주말을 보냈다. 물론 시장에서 돈을 잃는 일은 다반사지만, 중개업체가 파산해 돈이 증발되는 것은 감당하기 힘들었다. 통제를 완전히 벗어난 사건에 옴짝달싹 못하는 자신을 발견하면 불안해지기 마련이다. 트레이더인 나는 적어도 내 운명만은 통제하고 싶었다. 하지만 베어스턴스 파산은 내가 통제할 수 있기는커녕, 통제의 영역을 완전히 벗어난 사건이었다. 큰 충격을 받았을 뿐만 아니라, 더 나쁜 일이 생길 것만 같은 불안한 기분에 사로잡히게 만드는 끔찍한 경험이었다.

다행히 JP모건^J.P. Morgan이 개입해 베어스턴스의 주식을 한 주당 10달러에 사들이면서 2008년 3월의 위기는 일단락되었다. 내가 운용하는 펀드의 담당 중개업체도 JP모건으로 바뀌었다. 베어스턴스 때문에 전전긍긍하다가 순식간에 당시 가장 안전하다고 생각되던 모건 금융제국에 펀드를 맡겨놓게 되자 아이러니한 기분도 들었다. 펀드가 베어스턴스의 파산과 함께 증발해버릴 위험이 사라지면서 고비는 넘겼지만, 나는 엄청난 불신에 빠져버렸다. 마치 생전 처음 지진을 겪은 사람 같았다. 지금까지 단단하다고 믿으면서 서 있었던 땅이 전처럼 단단하지 않다고 생각되면서 찾아온 불안에 시달렸고, 그 후 몇 달간이나 트라우마를 겪어야 했다.

평정심을 되찾은 나는 2008년 3월부터 6월 초까지 지속된 약세장에서 공매도로 수익을 올렸다. 여름이 끝날 때쯤에는 또 한 차례의 하락구간이 시작되었고, 9월까지 시장은 크게 하락해 차트는 깊은 골짜기 모양을 형성했다. 나는 다시 한번 공매도를 시작했지만, 생각만큼 공격적인 투자는 하지 못했다. 공매도 덕분에 2008년 3분기까지 적자였던 투자수익률이 4분기에 약간의 수익으로 돌아섰지만, 나중에 분석해보니 약 50% 이상의 수익을 올릴 수 있는 기회였다는 것을 알게 되었다. 너무 소심한 투자로 잔인한 약세장의 하락구간이 만들어내는 달콤한 투자기회를 십분 활용하지 못했는데, 전문가의 오만함과 권위에 찬 태도로 "공매도로 돈을 버는 사람은 없다"고 주장하는 한 비즈니스 파트너의 의견에 또다시 흔들린 탓이었다.

　2008년 4분기 나의 투자 수익률은 10~15%였다. 당시 시장이 하락한 폭과 속도를 생각하면 별로 신통치 않았는데, 공매도로 돈을 벌기 힘들다는 비즈니스 파트너의 생각에 영향을 받아 과도하게 조심스럽고 소극적인 태도를 보인 결과였다. 2008년 초반에 받은 충격 때문에 다른 사람의 의견에 취약해진 상태였고, 결국에는 내 공매도 기술이 부족하고 공매도가 너무 어려운 투자라고까지 믿어버리게 되었다. 하지만 오닐과 내가 공동 집필한 『윌리엄 오닐의 공매도 투자 기법』에도 소개된 나의 공매도 기술에는 전혀 문제가 없었다. 최소저항선이 뚫리고, 최적의 공매도 기회가 시작되는 정확한 순간을 기다리는 게 관건일 뿐이다. 그림 4.15에서 시장이 3주간 급락할 때가 바로 공매도의 달콤한 기회였다. 손으로 귀를 틀어막은 투자자들은 달콤한 공매도투자의 기회를 날려버렸을 것이고, 투자기회를 잡은 투자자들은 10월에서 12월 말까지는 그냥 가만히 있기만 하면 많은 수익을 올릴 수 있었다. 동료였던 케쳐도 나의 공매도 기술에 전혀 문제가 없으며, 실제 약세장의 하락구간에서 기회를 십분 활용하기 위한 열쇠라고 확신했다. 여기에 대해서는 6장에서 다시 설명하겠다. 다만, 반드시 기회가 찾아올 때

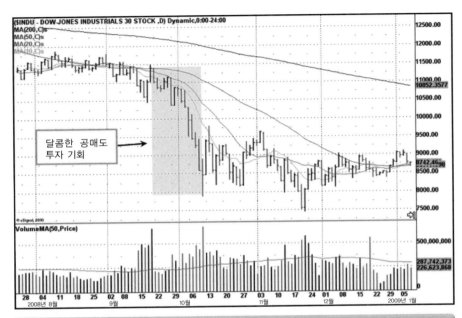

그림 4.15 | 2008년 다우존스 산업지수 일간차트. 공매도의 최소저항선이 뚫리면서 짧으면서도 달콤한 투자기회가 생겨났다(자료제공: 이시그널, 2010년).

까지 기다려야 한다! 리버모어도 "다른 투기자들과 마찬가지로 나 또한 확실한 투자기회를 기다릴 만한 인내심이 없을 때가 많았다"고 강조했다. 공매도의 경우 특히 확실한 때를 기다리는 것이 위험을 피하는 최선의 방법이다. 2008년 9월부터 10월까지는 바로 그 명확한 투자의 기회였다. 다만 내가 "공매도로는 돈을 버는 사람은 없다"는 다른 사람의 의견에 영향을 받아 너무 소극적으로 투자한 탓일 뿐이다.

9월부터 10월까지 50%가 넘는 급격한 주가하락을 충분히 활용하지 못해 화가 나 있던 나는 연말이 가까워지면서 금융업종에 관심을 갖기 시작했다. 금융산업은 당시 약세장의 시발점, 즉 그라운드 제로ground zero였다. 3월에 베어스턴스 때문에 금융위기를 온몸으로 체험했던 데다가, 연구를 하면 할수록 금융권의 암울한 상황을 확인할 수 있었다. 나는 대형은행 중 두세 곳 정도가 파산하기 전에는 2008년에 시작된 약세장이 끝나지 않을 거라고 결론을 내렸고, 시티그룹 Citigroup(C), 웰파고 Wells Fargo(WFC), 뱅크오브아메리카 Bank of America(BAC)를 가장 위험한 3개 은행으로 점찍었다. 삼척동자도 알고 있는 금융권의 부실이 정리되는 것은 시간문제며, 한두 개 정도는 정부에 의해 인수될 거라고 예측했다. 그래야만 금융시스템의 거품이 사라지고, 시장과 경제가 회복과 재건의 단계로 접어들 수 있다는 판단이었다.

금융시스템의 거품이 오히려 떠받쳐질 가능성은 생각지도 못했다. 미국 정부와 연방준비위원회는 전 세계 중앙은행 및 정부와 공조해 세계 금융시스템에서 거품을 제거하지 않고 되살려낼 수 있는 능력이 있었지만, 나는 이들의 능력을 과소평가하는 중대한 실수를 저질렀다. 게다가 정책여력이 소진된 연방준비위원회와 대적할 수 있을 거라는 확신을 갖게 되면서, 실수를 더욱 부추기는 꼴이 되고 말았다. 연방준비위원회는 2007년과 2008년 미리 금리를 인상했고, 2008년 9월 말에는 1조 8,000억 달러에 달하는 구제금융을 제공했다. 하지만 2008년 9월과 10월의 주식시장 하락은 막지 못했다. 그래서 나는 금융시스템의 과도한 거품이 사라지려면, 신저점을 한 번 더 갱신해야 한다고 추측하고 있었다. 또 평소와 달리 은행들의 재무제표, 즉 일종의 펀더멘털에 과도하게 집착한 것도 잘못이었다. 그 결과 앞에서 설명한 부정적인 예측만을 맹신하면서 거래량과 주가의 변화를 간과하는 실수를 저질렀다. 그 뿐만이 아니었다. 당시 나는 세상의 모든 오류를 상세하게 지적하는 우울한 투자 정보지들을 탐독하고 있었다. 금융위기를 연구하는 과정에서, 경제위기와 세계의 금융시스템의 파멸을 주장하는 각종 웹사이트도 알게 되었다. 이들의 아마겟돈식 예언이 맞는지는 여전히 판단할 수 없지만, 확실히 당시 주식시장의 상황과는 관련이 없었다. 하지만 2008년 3월 베어스턴스의 충격에서 헤어나지 못하고 있었던 나는 불행하게도 최악을 예측하는 우울한 주장에 쉽게 설득 당했다.

　나에게 파괴적인 여파를 남긴 심리적인 요소는 다음 세 가지였다. 첫째는 2008년 9월부터 10월까지 하락장에서 공매도 기회를 충분히 살리지 못했다는 좌절감이었고, 둘째는 외부의 영향에 좌우된 것이었으며, 셋째는 베어스턴스의 공포와 펀더멘털에 대한 과도한 집착 때문에 주가와 거래량의 변화를 간과한 것이었다. 2009년 3월에는 '경기불황'이라는 단어가 연일 신문의 헤드라인을 장식했다. 20여 년 동안의 투자 경력 중 내가 숲을 보지 못하고 나무를 보았던 것은 이때가 유일하다. 누구나 불황에 대해 이야기하고, 모두가 길을 잃은 것 같다고 느낄 때가 바로 시장의 바닥이다! 하지만 나 또한 상황을 전혀 눈치채지 못하고 시장과 싸우느라 여념이 없었다.

　갑자기 일부 종목들이 저점에서 미친 듯이 반등하기 시작했는데, 그 중 하나가 AIG American International Group(그림 4.16 참조)였다. 펀더멘털이 매우 나빴기 때문

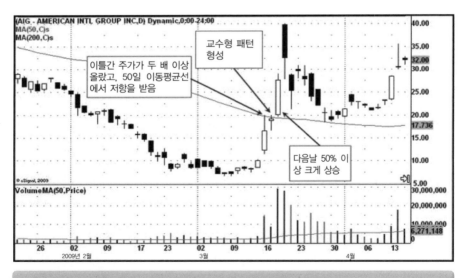

그림 4.16 | 2009년 3월 AIG 일일 캔들차트 (자료제공: 이시그널, 2010년).

에 전혀 이해할 수 없었다. 2009년 3월 9일 AIG의 주가는 6달러 6센트까지 하락했다가 8일 후 장중 40달러까지 반등했다. 차트에서 보는 것처럼, 장중기준으로 주가가 단 하루 동안 두 배나 상승하기도 했다. 바닥에서부터 5일째, 즉 주가가 크게 반등하기 시작하고 이틀째 되는 날, 50일 이동평균선에서 저항을 받았다. 당일 캔들의 윗꼬리가 상당히 긴 것은 50일 이동평균선에서 저항이 상당했음을 나타낸다. 그 다음날은 캔들차트가 작은 교수형hang man 패턴을 형성했다. 일반적으로 교수형 패턴은 급격한 주가상승이 끝날 때 나타나는 신호로 알려져 있기 때문에, 나는 이때를 공매도시점이라고 판단했다. 하지만 다음날, 주가는 약 50% 이상 상승했다. 거래량과 주가의 변화에서는 전혀 주가하락의 기미를 찾아볼 수 없었다. 하지만 나는 금융권의 펀더멘털을 고려하면 말도 안 되는 일이라면서 주가하락을 점쳤다! 그래서 AIG의 주가가 25달러를 넘으면 공매도를 하겠다는 생각뿐이었다. 그러나 이후 AIG는 10~15포인트 갭상승하고, 결국 40달러

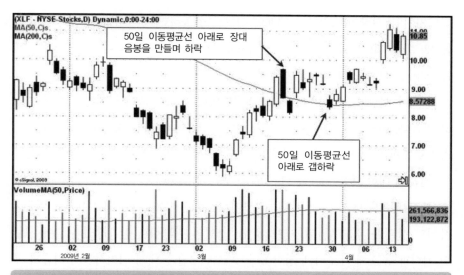

그림 4.17 | 2009년 3월 금융주 ETF(XLF) 일일 캔들차트 (자료제공: 이시그널, 2010년).

선을 넘어섰다. AIG를 공매도했다거나, 최악의 경우 지속적으로 공매도 포지션을 유지하느라 공매도와 커버링을 반복했더라면, 피해는 어마어마했을 것이다.

그림 4.17의 금융주 Financial Select Sector SPDR ETF^{XLF} 차트를 보면 당시 금융시장 전체가 바닥을 벗어나고 있었다는 것을 확인할 수 있다. 하지만 본격적인 반등을 시작하기 전인 3월 말, 두 번씩이나 거래량이 늘어나면서 50일 이동평균선이 무너졌다. 게다가 두 번째에서는 갭하락하면서 나를 포함해 상황을 받아들이려 하지 않는 공매도 투자자들을 놀리기라도 하는 것 같았다.

진드기는 나뭇가지에 매달려 있다가, 밑으로 지나가는 동물의 냄새를 맡으면 바닥으로 몸을 던진다고 한다. 숙주의 몸에 붙어서 몰래 따뜻한 식사를 챙기기 위해서다. 하지만 가끔 진드기가 채 떨어지기도 전에 동물이 지나가버리는 일이 생긴다. 그러면 이 운 나쁜 진드기는 땅바닥이나 바위에 떨어진다. 진드기는 사실을 전혀 파악하지 못한 채, 딱딱한 바위를 뚫고 들어가려다가 결국에는 자신의 몸을 천천히 갈면서 죽어간다. 나는 바위에 대고 자신의 몸을 갈아버리는 진드기처럼, 시장이 배척하는 매매와 전략을 반복하는 투자자들을 '진드기 신드롬'에 걸렸다고 표현한다. 같은 방식으로 두 번 이상 실패했다면 '진드기 신드롬'에 빠진 건 아닌지 확인해보길 바란다.

언제나 시장과 함께 흘러가려고 노력했던 내가 2009년 3월에는 시장과 싸우고 있었다. 이것만으로도 내가 완전히 길을 잘못 들었다는 증거였다. 요즘 나는 스스로에게 '시장과 함께 흘러가고 있는가? 싸우고 있는가?'라고 자문하곤 한다. 질문에 대한 답은 언제나 다시 길을 찾는데 도움이 된다.

분석해보면, 당시 나의 실수는 분명 심리적인 이유로 인한 것이었다. 일련의 사건과 상황을 겪고 난 뒤, 세계 금융시스템의 취약성과 잠재적인 위기에 관련된 지식과 공포에 과도하게 집착했다. 2008년 3월은 내게 심리적인 두려움과 불안을 안겨주었다. 그래서 금융체계의 신뢰성을 점점 의심하게 되었고, 시장 전반의 펀더멘털을 캐내고 다니기 시작했다. 결국에는 거대은행들 중 일부가 도산을 해야만 금융위기가 진정될 것이라고 믿게 되었다. 그 와중에 우울하고 부정적인 소식지들을 상당수 구독했고, 시장에 대한 부정적인 시각은 더욱 악화되었다. 2008년 9월 하락장에서 공매도를 충분히 활용하지 못해 투자기회를 놓쳤다는 아쉬움과 시장이 더 나빠질 거라는 확신 때문에 은행, 증권사, 보험사, 부동산투자회사^{RIETs} 등 닥치는 대로 공매도를 하려고 했다. 2008년과 2009년의 금융위기는 이들의 도산으로 마무리될 거라고 생각했기 때문이다.

당시의 우울한 예측은 경제적으로 나름 합리적이었다. 하지만 시장이 꼭 합리적이고 논리적인 흐름을 따르지는 않는다. 시장은 특정 시점에 해야 할 일을 할 뿐이다. 투자자가 나름 합리적으로 내린 판단과는 다르게 움직일 수도 있다. 따라서 시장이 어떻게 움직여야 한다고 정해놓고 시장을 해석하려 들어서는 안 된다. 항상 현재의 상황에 주목하면서 시장의 목소리에 귀를 기울여야 한다. 내가 이 원칙을 고수했더라면, 당시 많은 어려움을 덜어낼 수 있었을 것이다.

트레이더들은 곧잘 시장에게 버림받곤 한다. 시장은 투자자들을 새로운 상황에 빠뜨리거나, 대외적인 요소로 괴롭히면서 골탕을 먹이기 일쑤다. 이럴 때면 자신의 규칙을 깨뜨리기 쉬운데, 사소한 이탈이 곧잘 엄청난 투자 실수로 이어지곤 한다. 시장이 전혀 말이 안 된다는 생각이 들 때, 최선의 방법은 잠시 시장에서 물러나 시장을 이해하게 될 때까지 기다리는 것이다. "시장이 내게 평상시의 투자 규칙에서 벗어나 매매하도록 요구하고 있지는 않는가?"라고 자문해보자. 만약 그렇다는 생각이 든다면 시장에서 잠시 물러나 관망할 때다. 리버모어조차도 '시장에서 꼭 수익을 내야 한다는 강박관념에 시달릴 때는 실패했었다'고 인정했다. 상황이 확실해질 때를 기다리지 못하면 엄청난 대가를 치르기도 한다.

리버모어가 말한 대로, 꼭 수익을 내야 한다는 강박관념에서 벗어나 가끔은 시장에서 물러설 줄도 알아야 한다는 것이 2009년 3월 내가 얻은 가장 중요한 교훈 중 하나였다. 그런데 2005년부터 개인투자회사에서 고액 투자고객들을 대상으로 일하기 시작하면서, 이 원칙을 따르기가 쉽지 않아졌다. 윌리엄오닐컴퍼니의 환경에서 꽤 잘해왔던 내게는 낯선 환경이었다. 개인투자회사, 특히 헤지펀드들은 월별 실적을 과도하게 강조하는 경향이 있다. 윌리엄오닐컴퍼니에서는 월별 실적은 전혀 고려대상이 아니었다. 또 리버모어가 강조한 '투자자의 고립'에 걸맞게, 각자 맡은 투자자산을 혼자서 조용히 관리하도록 놔두곤 했다. 오닐이 포트폴리오 매니저의 사무실을 찾는 일은 기껏해야 1년에 한두 번에 불과했다. 실수를 점검하거나, 슬럼프에서 벗어나도록 도와주기 위해서였다. 하지만 개인투자회사의 고액 투자자들은 끝도 없이 전화를 걸어 "요즘 투자는 어때요?"라고 계속해서 물어대곤 한다. 마치 심슨 만화영화에서 "아직 다 안 왔어요? 아직 다 안 왔어요?"라면서 운전하는 아빠를 채근하는 아이들 같다. 시장에 변화가 있을 때마다 어깨너머로 들여다보면서 잘하고 있는지 확인하는 사람들이 있다면 투자심리가 위축되기 마련인데, 오닐식 투자에서는 특히나 치명적이다. 아마 대부분의 전문 포트폴리오 매니저들은 내 말에 공감할 것이다. 투자고객들의 지나친 조심성 때문에 시장에서 물러서야 할 때 투자를 강요받곤 한다. 오히려 단기 및 월별 실적을 지나치게 강조하는 고객들의 비현실적인 기대에 부응하기 위해 무언가를 해보라는 압력을 받는다.

그래서 요즘 나는 에드 세이코타^{Ed Seykota}의 방법을 활용해 투자고객들이 한 달에 한 번 이상 전화를 걸지 못하도록 하고, 그 이상 전화하는 고객에게는 투자자산을 돌려주고 있다. 그렇지 않아도 심리적으로 취약한 매매과정에서 걱정 많고 감정적인 투자고객만큼 혼란스럽고 치명적인 것도 없다. 이 사실을 누구보다 잘 알고 있는 세이코타는 적절한 말로 고객들을 달래기보다는, 오히려 이들의 참견을 원천봉쇄해버렸다. 그래서 나는 이 방법에 '세이코타 기준'이라는 이름을 붙이고, 활용하기로 했다.

2008년 9월부터 10월까지, 그리고 2009년 3월의 실수를 통해 얻은 또 다른 교훈은 처음부터 나의 공매도 기술에 대해 신뢰를 잃지 않아야 한다는 것이었다. 당시 나는 공매도 기술을 적절한 시점에 활용해야 하며, 시기를 놓치면 효과가 떨어진다는 기본 원칙마저도 잊어버렸었다. 2009년 3월에는 바로 직전의 공매도 기회를 살리지 못했다는 아쉬움 때문에, '진드기 신드롬'에 빠져 공매도에 집착했다. 2009년 3월의 약세장은 2008년 9월 및 10월과는 달랐다. 전혀 다른 약세장이었고 공포가 바닥을 지나고 있었지만, 당시에는 바보같이 알아채지 못했었다.

전문가라는 사람들 중 상당수는 왜 안 되고, 왜 불가능한 일인지에 관해 수만 가지 이유를 나열하곤 한다. 이들에 둘러싸여 있다 보면, 실패의 두려움 때문에 아무것도 할 수 없을지도 모른다. 시장 환경이나 개별 종목의 투자기회, 투자 방식 등 모든 투자과정에서 외부의 영향력을 제한하는 것이 최선이다. 다른 투자자들의 의견을 듣고 싶다면, 비슷한 생각을 가진 사람들로 골라 자신의 철학을 강화하도록 한다. 하지만 전반적으로는 독립적인 투자를 추구해야 한다.

리버모어는 자신만의 특별한 트레이딩룸을 만들어, 외부와 완전히 단절된 채 투자에 전념했다. 마찬가지로 윌리엄오닐컴퍼니의 동료들도 독방 같은 사무실에 앉아서 문 밑으로 차트와 하루 세끼 식사를 받는 것 외에는 철저히 단절된 채 매매해야 한다고 농담을 하곤 했다. 실제 내가 사무실 벽에 걸린 TV로 주요 경제 채널이라도 볼라치면, 오닐이 사무실로 들어와 대뜸 "TV는 끄게"라고 말하곤 했다. 와이코프는 "주식시장의 과학을 이해하는 사람은 아침 신문에 실리는 경제 기사를 걱정할 필요가 없다"고 말했다. 이것이 바로 모든 트레이더들과 투자자들이 추구해야 하는 윤리이고, 아무리 강조해도 지나치지 않을 만큼 중요한 원칙이라고 생각한다.

뉴스와 경제TV, 전문가와 애널리스트들이 쏟아내는 선정성을 경계해야 한다. 투자자가 알아야 할 모든 것은 시장이 말해주고 있기 때문이다. 대다수의 투자자들은 노동통계국^{Bureau of Labor Statistics}의 월별고용률 같은 주요 경제지표가 발표되기 전, 투자 포지션을 구축하려 노력한다. 하지만 뉴스에 대비해 투자 포지션을 결정할 필요는 없다. 지금까지 시장이 보여준 증거들만으로도 현재의 시장에 맞게 투자 포지션을 정하기에 충분하다.

아직 일어나지도 않은 뉴스거리를 미리 예측해 투자 포지션을 정할 필요는 없다. 2009년 3월 나는 고약한 일을 당한 후 이렇게 겉보기에도 어리석은 짓을 하고 있었다. 트레이더들은 객관성을 유지하고, 시장이 실시간으로 하는 말에 귀를 기울여야 한다. 그러기 위해서는 종종 자신만의 생각에서 벗어나, 지금 하고 있는 주식매매를 다시 한번 되짚어보는 것이 좋다. 자신의 투자기법과 시스템이 만들어낸 규칙에 맞게 매매해야 한다. 앞으로 일어날 일을 예측하고, 기분에 좌우되어, 즉 공포에 질리거나 환희에 차서 매매를 해서는 안 된다. 모든 매매는 자신의 투자방식이 만든 기준에 따라 결정되어야 한다. 만약 그렇지 않다면 일찌감치 싹을 잘라버리도록 하자! 기준과 시장의 상황에만 집중한다면 주식투자로 인한 스트레스도 줄일 수 있다. 시장 혹은 개별 종목과 함께 흘러가려 하지 않고, 이들을 예측해 매매하려 하기 때문에 오히려 스트레스가 늘어난다.

정확한 기록을 밝히자면, 2009년 3월 내가 운용하던 두 개 펀드 중 보수적으로 운용하던 펀드는 당시 실수에도 전혀 타격을 받지 않았다. 공격적 성격의 펀드와 완전히 별개로 운용한 덕분이었다. 2008년에도 주가는 크게 하락했지만, 두 개 펀드 모두 수익을 기록하고 있었기 때문에 다가올 불행과 그 여파를 전혀 짐작하지 못하고 있었다. 나 역시 공격적인 투자전략으로 50% 이상 손실을 기록한 적도 있었다. 하지만 언제나 빠르게, 혹은 약간 덜 빠르게 손실을 복구해냈고, 덕분에 장기적으로는 수익을 기록하고 있다.

ː강세장에서 저점 돌파가 실패할 때
─포켓피봇의 탄생(크리스 케쳐의 이야기)

밀레니엄에 접어들고 처음 10년간, 즉 2000년부터 2009년까지 트레이터와 투자자들은 새로운 도전과제에 직면했다. 1980년대와 1990년대 미국 주식시장의 각종 지수들은 가파른 상승과 하락을 거듭했다. 하지만 2003년부터 상황은 달라지기 시작했다. 2004년 1월부터 2006년 중반까지 미국 주식시장은 빛이 바랜 횡보장세를 띠면서 조금씩 상승했다. 들쭉날쭉한 시장에서 개별종목들은 전형적이면서 기술적 브레이크아웃에 실패했다. 그림 4.18은 이런 모호한 상승장의 특성을 잘 보여준다. 투자수익을 올리기가 쉽지 않은 환경이었다. 그래서 나는 2005년 중반부터 새로운 투자방식의 가능성을 모색하기 시작했다. 다양한 연구를 통해 유용한 결론들을 얻을 수 있었고, 포켓피봇의 개념도 탄생하게 되었다. 여기에 대해서는 5장에서 더 자세하게 설명하겠다. 1992년부터 14년간 나는 상승장을 충분히 활용하고 하락장에서는 잠시 시장에서 물러나는 방법으로 주식투자에 성공할 수 있었다. 2000년부터 2002년까지 나스닥의 엄청난 하락장에서도 마찬가지였다(그림 4.19 참조). 그래서 나의 잠재의식 속에서 시장은 언제나 상승 혹은 하락 추세였다.

미국의 주요 시장지표가 몇 년간이나 들쭉날쭉하면서 마뜩찮은 횡보장세를 이어갈 수도 있다는 생각은 해본 적도 없기 때문에, 시장의 변화에 적잖이 놀랐다. 중국이나 인도 같은 일부 이머징마켓과 실물자산이 시장을 주도했고, 그 상승세 또한 미국의 전반적인 시장지표를 상회했다. 그러나 그 외의 모든 분야에서 시장 환경은 상당히 좋지 않았다. 지난 14년간의 경험과는 사뭇 다르게 시장이 변하고 있다고 이해하게 되었다. 이처럼 도전적인 시장 환경에서 트레이더들은 가능한 한 냉철한 생각으로, 감정이 행동을 지배하지 못하도록 해야 최선의 해결

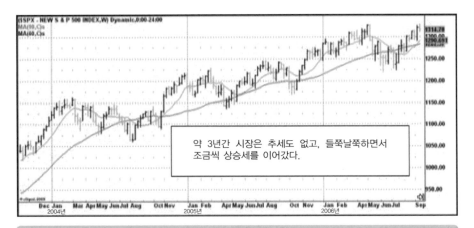

약 3년간 시장은 추세도 없고, 들쭉날쭉하면서 조금씩 상승세를 이어갔다.

그림 4.18 | S&P500 주간차트. 3년간 어려운 장세가 지속되었다(자료제공: 이시그널, 2010년).

1991~2002년 나스닥 종합지수

그림 4.19 | 1991~2002년 나스닥 종합지수 월간차트. 1990년대 시장은 꾸준하게 포물선 모양의 상승곡선을 그렸다(자료제공: 이시그널, 2010년).

그림 4.20 | 2007년 5∼11월 나스닥 종합지수 일간차트. 타이밍모델은 2007년 내내 잘못된 신호를 몇 번이나 발생시켰다(자료제공: 이시그널, 2010년).

책을 찾을 수 있다.

2005년 중반 나는 드디어 포켓피봇 매수시점 개념을 만들어냈다. 덕분에 손실에서 벗어나 수익을 올릴 수 있었고, 그 다음해인 2006년에는 100%가 넘는 세 자릿수 수익률을 기록했다. 그러나 2007년에는 또 다른 도전 과제에 직면했다. 1년 중 상당기간 주요 시장지수와 거래량이 혼선을 빚는 매우 이례적인 상황이 반복되었기 때문이다. 이 때문에 나의 타이밍모델도 35년 만에 두 번째로 마이너스 수익을 기록했다. 그림 4.20에서도 확인할 수 있듯이, 2007년 동안 타이밍모델은 잘못된 신호를 몇 번이나 발생시켰다. 이후, 잘못된 신호가 빈번히 발생한 이유는 당시 이례적인 환경을 암시하는 실마리였다는 것을 알게 되었다. 35년에 걸친 백테스트에서 나의 타이밍모델이 마이너스 수익을 기록한 것은 2007년과 1993년 단 두 번뿐이었고, 타이밍모델의 이례적인 행보는 시장에서 방향을 잡는 데 오히려 도움이 되었다. 2007년엔 수많은 분산일이 출현한 뒤에도 시장이 하락은커녕 들쭉날쭉하면서 꾸준한 상승세를 이어나가곤 해서, 타이밍모델 신호가 들어맞지 않곤 했다. 수십 년간의 주가와 거래량의 변화를 봐도, 이런 일은 처음이었다. 나는 2007년 말 잠깐씩 찾아온 투자기회와 포켓피봇을 십분 활용한 덕분에 곧 수익을 실현하고 최종적으로는 30.6%의 수익률을 기록할 수 있었다. 하지만 타이밍모델은 여전히 마이너스 수익을 기록했다.

: 오버트레이딩(크리스 케쳐의 이야기)

나는 어느 환경에서나 전체 시장보다는 개별종목을 보고 투자 포지션을 결정했기 때문에, 2007년에도 펀더멘털이 좋은 종목을 적절한 피봇포인트에서 매수해 견실한 수익을 올릴 수 있었다. 특히 2007년 9월부터 10월까지 잠깐이었지만 투자기회가 활짝 열렸을 때, 투자를 크게 늘렸다. 이때는 나의 타이밍모델도 매수신호를 발생시켰고, 펀더멘털이 좋은 종목들이 다른 때보다 빈번히 매수시점에 도달했다. 만약 내가 이 시기에만 투자 포지션을 유지하고 그 외에는 시장에 대한 노출을 줄였더라면, 더 큰 수익을 올릴 수도 있었을 것이다.

투자기회가 활짝 열렸는지, 잠깐 열렸을 뿐인지를 구분해내기 위해서는 경험이 필요하다. 트레이더들은 매일매일 주식시장을 훑으면서 시장에 대한 감을 갖게 된다. 시간이 흐를수록 우량 종목들이 포켓피봇 혹은 브레이크아웃피봇에 도착하는 시점을 민감하게 가려낼 수 있게 된다.

2006년 8월을 예로 들어보자. 6월 시장은 반등하기 시작했고, 8월 말에는 펀더멘털이 좋은 종목들이 나의 레이더망에 들어오기 시작했다. 2005년 10월 이후

2003~2008년까지 투자기회

2개월

2개월

3개월

1개월

3개월

투자기회에서는 많은 우량종목이 합리적인 피봇포인트에 도달하곤 한다. 그런데, 2003년 이후 투자기회는 오래 지속된 적이 없다.

6개월

그림 4.21 | 2003~2008년 나스닥 종합지수 주간차트 (자료제공: 이시그널, 2010년).

처음으로 건설적인 포켓피봇포인트가 여기저기에서 나타나기 시작했다. 나는 그 중에서 최고의 종목들만을 골라냈고, 단 며칠 만에 전액투자를 시작했다. 그림 4.21에서 보는 것처럼, 그 외에도 잠깐씩 강세장이 시작될 때를 노려 투자를 시작하곤 했다. 괄호안의 숫자는 기회가 지속된 기간을 뜻한다. 2003년 4월(6개월간), 2004년 10월(3개월간), 2005년 10월(2개월간), 2006년 8월(3개월간), 2007년 9월(2개월간), 2008년 3월(1개월간).

2005년 이후 나는 투자기회마다 수익실현을 서둘러, 채 석 달도 이어지지 않던 짧은 강세장을 십분 활용할 수 있었다. 2000년대 들어 투자자들은 1980년대나 1990년대보다 짧은 강세장 때문에 고전했다. 이처럼 오버트레이딩은 반드시 피해야 하지만, 초보투자자나 숙련된 투자자들 모두에게 쉽지 않은 일이다. 특히 시장에서 큰 성공을 거둔 뒤에는 투자 판단이 흐려지는 일이 다반사다. 어설

푼 투자성공으로 득의양양하다보면 2000년대처럼 어려운 장에서는 특히 손실을
기록하기 쉽다.

문제, 상황, 해결책

필자들은 지난 20여 년 동안 투자를 해오면서 롤러코스터 같은 다양한 장세
를 경험했다. 그러면서 물타기 같은 초보적인 실수 외에도, 별것 아닌 예상치 못
한 실수로 길을 잃고 헤맬 수 있다는 사실을 알게 되었다. 이 과정에서 투자자들
은 비싼 수업료를 내야 한다. 주식투자로 돈을 잘 벌고 있다가도, 단 한 번의 실
수에 값비싼 대가를 치르곤 한다. 졸업한 후에도 여전히 수업료를 내고 있는 기
분이다!

지금부터는 숙련된 투자자들도 저지르기 쉬운 다양한 실수에 대해 설명하겠
다. 먼저 문제를 지적하고, 상황을 예로 들어 설명한 후, 해결책이 제시될 것이다.

: 투자전략이 먹혀들지 않는다

- **문제** 지금까지 활용해오던 투자전략이 몇 달째 먹히지 않아, 인내심의 한계
  를 느낀다. 뭔가 문제가 있다는 생각이 들어, 투자전략을 수정하거나 포기
  한다. 그런데, 장기적인 결과는 더욱 나빠졌다.
- **상황** 2004년과 2005년에는 브레이크아웃이 주가상승으로 이어지지 않곤 했
  다. 강세장에서 저점을 돌파하는 최고의 종목을 매수하고, 시장이 조정기를
  거칠 때에는 현금으로 보유하는 투자전략은 언제나 효과적이었다. 그런데
  갑자기 효과가 없어진 것이다. 시장에서 오랫동안 뛰어난 수익을 올려왔던

필자의 비즈니스 파트너 중 한 명은 시장이 근본적으로 변해 브레이크아웃이 제대로 작용하지 않게 되었다는 결론을 내렸다.

•**해결책** 필자 또한 처음에는 비슷한 생각을 했다. 하지만 곧 브레이크아웃 돌파전략은 인간의 본성을 근거로 하고 있기 때문에, 인간의 본성이 바뀌지 않는 한 시장의 작용은 비슷하게 유지될 거라고 결론을 내렸다. 마크 트웨인Mark Twain은 "역사는 반복되지 않는다. 하지만 일정한 운율을 갖는다"고 말했다. 그래서 브레이크아웃 전략을 포기하기보다는 1990년대와는 확실히 달라진 시장에 적용하는 방법을 찾기 시작했다. 그 결과 포켓피봇이 만들어졌다. 브레이크아웃 전략은 여전히 유효하지만 확실한 상승장에서 더 효과가 있으며, 2004년부터 2007년까지의 횡보장세에서는 그 효과가 줄어든다는 생각에서였다. 포켓피봇 덕분에 개별 종목에 대해 더 일찍 투자 포지션을 결정할 수 있었다. 또 전보다는 짧아졌지만 여전히 주가상승 뒤에 나타나곤 하는 잠깐의 주가하락에서 완충재 역할을 해주었다. 여기에 대해서는 6장에서 더욱 자세하게 설명하게 될 것이다.

: 개인적인 사건으로 투자를 그르칠 때가 있다

•**문제** 시장과는 상관없는 개인적인 문제 때문에 집중력이 흐트러졌는데, 주식투자를 계속한다.

•**상황** 사랑하는 사람을 잃었거나, 나쁜 소식을 들었다.

•**해결책** 가까운 가족이나 친구를 비롯해 중요한 사람이 죽거나, 이들과의 관계가 깨졌을 때, 혹은 개인적인 어려움이나 비극적인 사건이 생겼다면, 충격이 가실 때까지 시장에서 잠시 물러나 있도록 한다. 트레이더의 심리상태를 유지하기 위해서다. 폴 사노프Paul Sarnoff가 쓴 리버모어의 일대기 『제시 리버

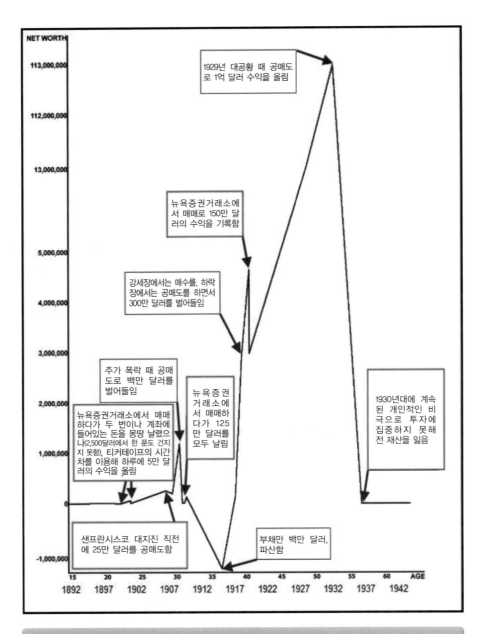

그림 4.22 | 제시 리버모어의 투자수익 곡선(자료제공: 이시그널, 2010년).

모어, 투기꾼의 왕Jesse Livermore, Speculator King』, 리처드 스미튼Richard Smitten이 쓴 『제시 리버모어의 멋진 인생Amazing Life of Jesse Livermore』을 보면, 리버모어는 아들이 거의 죽을 뻔했을 때도, 불행한 결혼생활이 종지부를 찍었을 때도 매매를 계속했다고 한다. 그 결과, 1930년대 초 공매도로 1억 달러 정도의 손실을 기록했다. 지금으로 따지면 수십억 달러가 넘는 돈으로, 덕분에 리버모어는 1930년대 말까지 궁핍한 생활을 면치 못했다. 개인적인 생활이 엉망이 되었을 때 투자를 잠시 쉬었다면, 리버모어는 막대한 재산을 잃지 않았을 것이다(그림 4.22 참조).

: 새로운 투자전략이 방해될 수도 있다

• **문제** 유명한 투자자의 성공적인 투자전략은 왠지 한번 따라 해보고 싶은 생각이 든다. 그래서 자신의 전략에 접목시키곤 하는데, 여기에는 리스크가 따른다. 지금까지 잘 활용해왔던 자신의 전략이 초점을 잃고 흔들릴 수도 있고, 새로운 전략이 자신의 투자성격에는 맞지 않을 수도 있다. 트레이더로 성공하려면 자신의 투자성격에 맞는 전략을 짜야 한다. 예를 들어, 수익을 올리기 위해서 얼마만큼의 리스크를 감당할 수 있는지 자신의 투자성격에 맞게 결정해야 한다. 그렇지 않으면, 주가가 투자 포지션과 반대로 움직일 때 너무 성급하게 매도하게 된다. 최악의 경우, 주가가 생각보다 갑자기 많이 떨어졌을 때 약간의 손실만이라도 회복하길 바라며 투자 포지션에 집착하는 심리적 덫에 빠질 수도 있다. 특히 취약한 사람들은 전략이 잘 먹히지 않는 시장에서 절망감에 빠지기도 한다. 예를 들어, 추세가 사라진 들쭉날쭉한 횡보장에서 추세를 좇는 투자자들은 극도로 혼란스러워 한다.
• **상황** 새로운 전략이 시장의 단기적인 변화에서만 잠깐 효력이 있다거나 개

인의 투자성격과 맞지 않는다면 위험할 수도 있다.

•**해결책** 자신의 전략에 새로운 전략을 접목시키기 위해서는 먼저 적용가능성
 을 확인해야 한다. 다음 질문이 도움이 될 것이다.

•시장의 단기적인 변화에서 잠깐 효력을 나타내는 전략은 아닐까?
•지금까지 내가 활용해왔던 전략과 잘 섞일 수 있을까? 예를 들어, 나의 투자
 성격, 심리, 리스크 감당 정도에 잘 맞을까?
•새로운 전략을 적용하고 몇 달 후, 투자전략이 전혀 먹혀들지 않게 되었다.
 새로운 전략 때문인가? 새로운 전략의 적용과 함께 시장이 변화했기 때문인
 가? 혹은 시장이 근본적으로 변화했기 때문인가?

시장이 잠깐씩 변할 때가 있다. 투자자들이 전략을 수정해 적용할 정도의
짧은 시간 동안 이례적인 행보를 보이다가, 다시 원래로 돌아가곤 한다. 최
고의 투자자들은 시장의 변화에 맞추어 전략을 수정하고, 시장이 다시 예전
으로 돌아가면 자신도 예전의 전략으로 복귀한다. 하지만 서툰 투자자들은
시장이 예전으로 회복되었다는 사실을 알지 못한 채 수정된 전략을 활용하
다가 시장의 평균을 밑도는 결과를 얻고 좌절한다. 일부는 시장이 완전히
달라졌다는 생각에 투자전략을 아예 포기해버리기도 한다. 일례로, 지난 30
년 중 시장에서 추세가 사라진 것처럼 보이는 기간이 몇 번 있었다. 하지만
마이클 코벨이 저술한 『추세추종전략Trend Following』의 인터뷰에서도 알 수 있
듯이, 빌 던Bill Dunn이나 존 헨리John Henry 등 최고의 트레이더들은 25년이 넘는
기간 동안 쌓아온 뛰어난 실적으로 추세순응전략의 효율성을 반증하고 있
다. 이들은 시장에서 추세가 사라져 힘든 시기에도 "요즘엔 달라"라면서 자
신의 전략을 버리지 않고 지속적으로 유지할 줄 아는 드문 사람들이다.

시장이 변했다는 믿음 때문에 트레이더들은 큰 손실을 보곤 한다. 필자들도 투자를 하면서 시장에 추세가 사라졌다는 경고음을 듣곤 했다. 하지만 언제나처럼 시장에서 추세가 나타나, 많은 투자자들이 큰 피해를 입었다. 2004년부터 2007년까지의 시장에서도 추세가 강하지 않았을 뿐이지 아예 없었던 것은 아니었다. 어려운 시기였지만 잠깐씩 찾아오는 투자기회를 활용하면 꽤 수익을 올릴 수 있었다. 1974년 이후 연평균 33% 이상의 수익을 기록했던 필자의 타이밍모델도 이 시기만큼은 수익률이 평균의 반 정도였다. 즉 전만큼은 아니지만 나스닥 100지수를 반영하는 QQQQ ETF만 매매하더라도 돈을 벌 수 있었다는 뜻이다. 시장에서 추세가 나타낼 때나 투자의 기회가 활짝 열렸을 때 펀더멘털과 기술적으로 모두 강한 종목에 집중한다면 훨씬 높은 수익을 올릴 수 있었다. 여기에 대해서는 앞에 오버트레이딩 부분에서도 잠깐 설명했었다.

던이나 헨리 같은 뛰어난 추세추종자들도 추세가 사라진 어려운 장에서는 계좌가 −50%가 넘는 손실을 기록하며, 투자자산이 반토막 났을 때가 있었다. 하지만 시장이 추세를 되찾으면, 이들은 언제나 손실을 메우고도 남는 수익을 올렸기 때문에 어떤 시장 사이클에서나 시장평균보다 훨씬 뛰어넘는 투자성과를 낼 수 있었다. 추세추종전략을 포기하는 이유는 간단하다. 투자자산이 50% 이상 줄어든 상황에서 여전히 전략을 고수할 만큼 인내심과 자신감이 굉장한 사람은 많지 않기 때문이다.

그런데 시장이 근본적으로 바뀔 때도 있다. 이때, 시장의 변화를 감지해 그에 맞는 변화를 통해 최적의 수익을 올리는 일은 투자자의 몫이다. 적어도 1주일에 한 번씩 시장에 큰 변화가 없는지 살피는 것이 좋다. 예를 들어, 1990년대 말에는 인터넷붐 덕분에 기업의 순이익에 주목하고, 순이익을 내지 못하는 기업에는 투자하지 말라는 원칙이 바뀌었다. 당시 일부 인터넷 주도주들은 순이익은 거의 내지 못하고 있었지만 매출이 크게 증가했다. 그리고 1990년대 말 강세장 내내 혹은 일부기간 동안 이들의 주가는 크게 상승했다. 대표적인 예가 아마존AMZN과 이베이EBAY다. 새로운 변화를 감지해낸 투자자들은 엄청난 수익을 올릴 수 있었다.

언젠가 오닐에게 필자가 발견한 사실을 이야기했다. 오닐은 필자가 하는 말을 진지하게 듣더니 결국에는 자신의 원칙을 수정했다. 하지만 서두르지 않았다. 1960년대 초부터 자신이 지켜온 원칙이었고, 또 시장에서 거둔 엄청난 성공의 초석이기도 했기 때문이다. 이처럼 최고의 투자자가 쌓아온 경험도 무용지물일 때가 있다. 오닐이 대단한 점은 결국 자신의 전략을 시장의 변화에 맞게 수정해냈다는 것이다. 오닐은 윌리엄오닐컴퍼니의 포트폴리오 매니저들에게 순이익이 크게 성장하지 않은 기업의 주식이라도 투자에 활용하도록 주문했지만 그래도 자신은 순이익이 크게 성장하는 기업을 선호했다.

: 시장의 노이즈는 투자를 방해한다

• **문제** 시장이 노이즈에 사로잡힐 때가 있다. 요즘 일반투자자들은 그 어느 때보다 더 많은 금융정보에 노출된다. 인터넷은 금융관련 웹사이트로 넘쳐나고, CNBC같은 금융전문TV 채널도 있다. 그 외에도 셀 수 없이 많은 뉴스 미디어가 존재한다. 이들은 수많은 정보를 스피커에 대고 계속 떠들어대면서 투자자들의 집중력을 흐트러뜨린다. 전문가들은 투자자들을 겁주어 원래의 투자 포지션을 포기하게 만들고, 헤드라인 뉴스들도 투자자들을 불안하게 하기는 마찬가지다.

• **상황** 1999년 1월 13일 갑작스럽게 브라질이 화폐절하를 발표한 뒤, 남아메리카 지역에서 1997년 아시아 금융위기에 맞먹을 정도의 금융위기가 발생할

가능성이 있다는 우려가 촉발되었다. 덕분에 미국 주식시장은 급락했다. 1월 13일 나스닥은 115포인트, 즉 5%나 하락했다(그림 4.23 참조). 당시 필자는 1998년 10월부터 시작된 시장의 상승세를 십분 활용하기 위해 200%의 투자 포지션을 유지하고 있는 상태였다.

개장 직전, 필자는 엄청난 피해를 예측하면서 공포에 질려 있었다. 당시 필자의 투자 포트폴리오는 성장주로만 구성되어 있어서, 전체 시장보다 변동성이 2~3배 정도 컸다. 그래서 갭하락으로 장이 시작될 때는 이미 주가가 떨어져 있었다. 개장과 동시에 모두 매도하고 싶었지만, 거래량 증가와 주가가 하락이 계속되는지 지켜보기로 했다. 갭하락 후에도 시장이 지속적으로

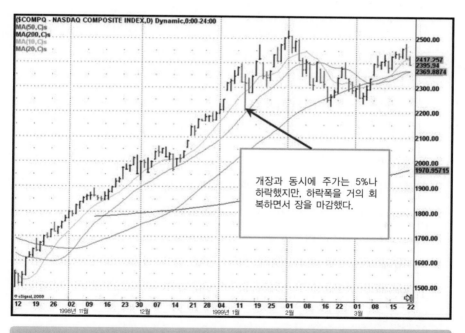

개장과 동시에 주가는 5%나 하락했지만, 하락폭을 거의 회복하면서 장을 마감했다.

그림 4.23 | 1998년 10월~1999년 3월 나스닥 종합지수 일간차트. 브라질의 화폐절하 결정은 또 다른 금융위기가 임박했다는 우려로 이어졌다. 당일 나스닥 지수는 5%나 급락했지만, 지수를 거의 회복하면서 장을 마감했다(자료제공: 이시그널, 2010년).

실패는 성공의 어머니

169

하락세를 유지하면서 거래량은 줄어들지 않는다면, 실제 브라질의 화폐절하가 남아메리카의 위기로 이어질 가능성이 크다는 뜻이었다. 일단은 개장했을 때보다 더 주가가 하락하는 종목만 매도하기로 결정했다. 당시 윌리엄오닐컴퍼니에서 함께 근무하던 모랄레스와 개장 전에 종종 머리를 맞대고 논의하곤 했기 때문에 전화로 의견을 물어보았더니, 그는 "내 생각에는……매수기회인 것 같아!"라고 대답했다. 모랄레스는 투자비중이 필자보다 낮았기 때문에, 투자 포지션을 늘릴 기회로 인식하고 있었다. 다행히 갭하락 후 시장은 반등했다. 하지만 필자는 증거금까지 모두 활용하고 있었기 때문에 될 수 있으면 투자 포지션을 정리하려고 했고, 그래서 포트폴리오 중 두 개 종목을 매도했다. 그 외에는 매도하지 않아서 비중을 160%로 줄이는 데 그쳤다. 당일 개장과 함께 20% 가까이 하락했던 필자의 투자자산은 장이 끝날 때쯤에는 거의 손실을 회복했다. 앞에서 말한 두 개 종목을 정리하지 않았더라면 오히려 손실이 전혀 발생하지 않았을 것이다. 만약 LED업체인 크리CREE Inc.(CREE) 처럼 아무런 이유 없이 과도하게 갭하락한 종목을 매수했더라면 손실이 아니라 수익을 기록했을 것이다. 하지만 필자는 갭하락한 날에는 매수를 하지 않는 데다가, 특히 그때는 논리보다 공포가 시장을 지배했었다. CREE의 주가는 개장과 동시에 35.4달러로 하락했다. 갭하락에서 매수해 주가가 더 하락하면 매도하고 하락하지 않으면 장이 끝날 때 매도하는 전략을 썼더라면 수익을 올릴 수 있었을 것이다. 그림 4.24를 보면, 당일 CREE의 종가가 47.56달러로, 장중 34.4%나 상승한 것을 확인할 수 있다. 1990년대 엄청난 상승세에서도, 이 정도는 하루 수익으로 절대 나쁘지 않은 편이었다.

• **해결책** 뉴스가 아니라 돈을 따라야 한다. 투자자들은 올바른 투자 포지션을 구축했다가도 뉴스에 놀라 포지션을 정리하곤 한다(그림 4.25 참조). 돈을 따

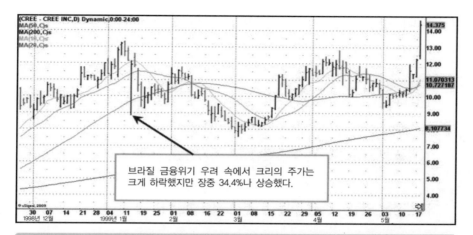

브라질 금융위기 우려 속에서 크리의 주가는
크게 하락했지만 장중 34.4%나 상승했다.

그림 4.24 | 1998년 12월~1999년 4월 크리(CREE) 일간차트. 크리의 주가는 하루 동안 34.4%나 상
승했다(자료제공: 이시그널, 2010년).

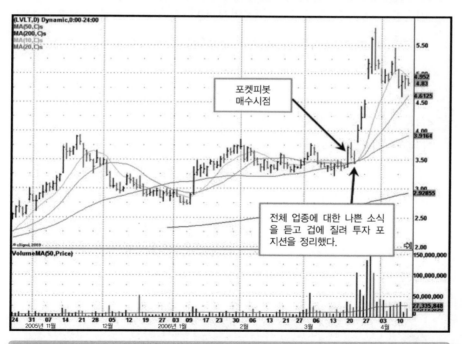

포켓피봇
매수시점

전체 업종에 대한 나쁜 소식
을 듣고 겁에 질려 투자 포
지션을 정리했다.

그림 4.25 | 2005년 12월~2006년 4월 Level 3 Communications (LVLT) 일간차트. LVLT를 매도한
지 단 하루 만에 주가는 급상승했다(자료제공: 이시그널, 2010년).

르라는 말은 곧 주가와 거래량의 변화에 주의를 기울이라는 뜻이다. 거대한 기관의 자금이 유입 혹은 유출되고 있는지를 파악할 수 있기 때문이다. 매수는 기술적인 이유로 결정할 수도 있고, 또 공시, 순이익, 매출, ROE 등 펀더멘털에 의존해서 결정할 수도 있다. 하지만 매도만큼은 기술적인 근거에 의존해야 하며, 뉴스 때문에 결정하는 함정에 빠져서는 안 된다. 효율적인 결과를 얻을 수 있는 명확한 길에서 투자자들을 벗어나게 만들기 때문이다.

: 불완전한 연구 기술은 잘못된 결론을 도출한다

- **문제** 투자전략을 개선하기 위해 연구를 실시하는 과정에서 불완전한 연구 기술을 사용하면 잘못된 결과를 얻게 된다. 잘못된 결과를 바탕으로 투자 전략을 수정하면 개선은커녕 오히려 수익률을 떨어뜨릴 수도 있다. 그러면 투자자는 다시 전략을 수정하게 되고, 실적은 더욱 악화되는 악순환이 발생한다.
- **상황 1** 가장 흔히 저지르는 실수는 오랫동안, 예를 들어 약 25년간 변하지 않은 사실은 영원히 변치 않는다고 믿는 것이다. 예를 하나 들어보자. 부활절 연휴 직후 금요일 장에서는 주가가 절대 하락하지 않는다고들 말한다. 거래량은 감소하고, 주가는 약간 상승하거나 혹시 하락하더라도 그 폭이 0~0.5% 정도일 뿐이라고 한다. 실제 지난 25년간, 아니 약 50년간 부활절 연휴 직후 금요일장에서는 주가가 하락한 적은 거의 없다. 하지만 상황이 변하면, 이 규칙은 깨지기도 했다. 예를 들어 대공황 때인 1930년대, 부활절 직후 10번의 금요일 중 5번이나 다우존스 지수가 크게 하락했다. 1939년에는 1.24%, 1935년에는 0.73%, 1932년에는 1.16%, 1931년에는 2.76%, 1930년에는 1.2% 하락했다. 2009년 부활절도 예외였다. 2008년 금융위기 직후, 2009

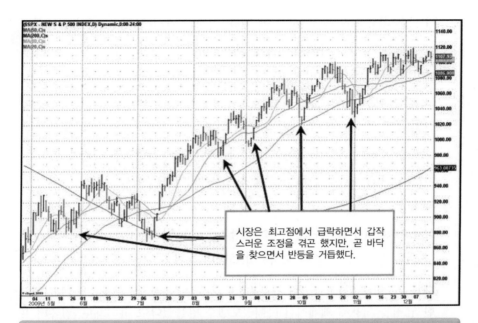

시장은 최고점에서 급락하면서 갑작스러운 조정을 겪곤 했지만, 곧 바닥을 찾으면서 반등을 거듭했다.

그림 4.26 │ 2009년 5~12월 S&P500지수 일간차트 (자료제공: 이시그널, 2010년).

년도 부활절 다음 금요일 주가는 1.5%나 하락했다.

• **해결책 1** 연구 결과를 이해할 때는 전체적인 시각을 갖는 것이 중요하다. 2009년은 특히 이례적인 일이 많아 '검은 백조' 같은 해라고 불렀다. 2008년 금융시장의 붕괴 후, 미국 연방준비위원회는 주식시장을 부양하기 위해 유동성을 늘리고 돈을 찍어냈다. 이례적인 환경 때문에 과거에는 시장을 정확하게 나타내던 각종 지표들이 무용지물이 되어버렸다. 시장은 급격한 조정을 겪는 것 같다가도 단 1~2주 만에 약세를 떨쳐내고 반등해 신고가를 경신하곤 했다(그림 4.26 참조).

주식시장을 연구할 때는 반드시 검은 백조 같은 이례적인 상황을 고려해야 한다. 물론 연구는 효율적인 투자전략을 위한 초석이다. 트레이더들은 자신이 읽은 내용에만 의존해서는 안 된다. 아무리 합리적인 아이디어라는 생각이 들더라도, 과거 사례를 적용해 계속 실험하고 개선시켜 나가야 한다. 그래야만 새로 얻은 아이디어를 머리 뿐 아니라 가슴으로도 믿을 수 있게 되고, 잠깐 아이디어가 효과를 발휘하지 못할 때도 감정적으로 대응해 아이디어를 포기하지 않게 된다. 부활절 직후 금요일, 주식시장은 거의 늘 긍정적으로 반응했다. 하지만 1930년대와 2009년 같은 예외적인 상황도 있었다. 따라서 연구 결과를 받아들일 때에는 전반적인 맥락에서 고려하는 것이 필수적이다.

- **상황 2** S&P500이나 나스닥 등의 시장지수를 반영하는 ETF펀드 투자방식을 활용해 매수, 매도, 중립 포지션의 타이밍을 잡기 위한 타이밍모델을 만들 때는 무엇보다 각 요소에 대해 명확한 정의를 내릴 필요가 있다. 매우 정확한 규칙을 적용해 체계적인 타이밍모델을 만들었다고 하더라도, 컴퓨터 프로그램처럼 맞아떨어지지 않을 수도 있다. 비유해서 설명하면 정확하게 이해할 수 있을 것이다. 윌리엄오닐컴퍼니에서 일하는 동안 저점의 질을 가려내는 오닐의 능력을 보면서 탄복하곤 했는데, 그의 뛰어난 저점 분석 능력이 오랜 경험 덕분이라는 것을 알 수 있었다. 오닐은 저점이 아주 훌륭한지, 좋은지, 그냥 그런지 등 미묘한 차이를 전체 시장의 맥락에서 정확하게 짚어내곤 했다. 아무리 훌륭한 컴퓨터 프로그램을 만든다고 하더라도, 오닐만큼 미묘한 차이를 가려내기는 힘들거나 불가능할 것이다. 오닐의 뛰어난 능력은 1960년부터 만들어진 수백만 가지의 차트를 분석하면서 얻은 경험 덕분이었다.

오닐의 CAN SLIM 중 M, 즉 팔로우스루에 대해서도 잘못된 결론이 내려진 적이 있었다. 팔로우스루는 매수시점을 나타내는 신호다. 반대로 분산일이 모여 있으면 매도시점을 나타내는 신호로 본다. 일부에서는 팔로우스루데이가 통계적으로 성공률이 낮아 효용가치가 없다는 주장이 있었다. 실제로 팔로우스루는 성공률이 낮은 편이지만, 다양한 변수를 활용하면 크게 개선할 수 있다. 그 중 하나가 팔로우스루데이의 조건을 충족시키기 위해서 반드시 넘어야 하는 기준값이다. 기준값은 특정 일수 동안의 ATR^{Average} $^{True Range●}$을 기준으로 조정되며, 타이밍모델의 민감도를 조절하는 방법이다. ATR은 시장의 변동성을 나타내는데, 민감도가 큰 타이밍모델은 시장지수의 ATR에 대해 빠르게 반응한다. 이때 장점은 시장의 변화를 빠르게 파악하는 것이고, 단점은 잘못된 신호를 감지할 가능성도 높아지는 것이다. 반대로, ATR 변화에 대해 민감도가 적은 모델은 ATR 변화에도 느리게 반응한다. 민감도가 적은 모델의 장점은 잘못된 신호를 포착할 가능성이 적다는 것이다. 하지만 변화를 늦게 감지하기 때문에 투자수익률에 악영향을 미칠 가능성이 있다.

기준값 외에도, 팔로우스루데이를 언제부터 계산할지에 대해 규칙을 정해야 한다. 예를 들어, 그림 4.27에서는 2009년 10월 6일을 포함시켜야 할지 여부를 결정해야 한다.

나스닥 지수는 9월 23일 최고를 기록한 후 −5.9%의 조정을 보였다. 만약 나스닥 지수가 −5% 이상 하락하면 팔로우스루를 다시 계산하는 규칙을 적용하고 4일째 상승을 팔로우스루로 고려하는 일상적인 조건을 활용한다면 10월 6일은 팔로우스루데이가 아니다. 또, 시장이 랠리를 시작한 후 특정 일수 이후에 나타나면 팔로우스루데이가 아니라고 정할 수도 있다. 이외에도 다

●ATR은 시간에 따른 가격 변화의 정도인 변동성(volatility)을 나타내는 지표로, 전일 종가를 기준으로 당일의 고가와 저가의 위치를 서로 비교하여 당일의 주가가 어떤 방향으로 얼마나 변동했는지를 수치로 표현하여 지표화한 것이다. 투자자의 투매 및 주식시장의 공황과 같은 현상 뒤에 시장의 바닥권에서는 이 값이 높게 나타나며, 시장의 횡보국면에서는 값이 낮게 나타난다. —편집자주

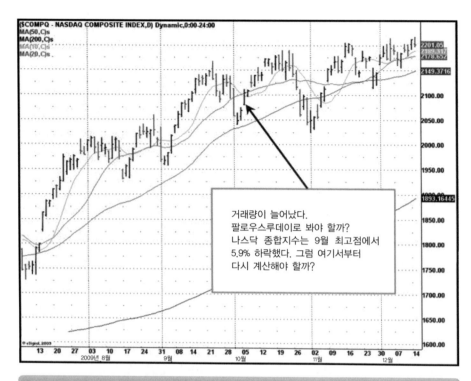

거래량이 늘어났다.
팔로우스루데이로 봐야 할까?
나스닥 종합지수는 9월 최고점에서
5.9% 하락했다. 그럼 여기서부터
다시 계산해야 할까?

그림 4.27 | 2009년 9~12월 다우존스 산업지수 일간차트 (자료제공: 이시그널, 2010년).

양한 변수가 적용 가능하다.

• **해결책 2** 타이밍모델을 활용해 시장의 타이밍을 잡을 때는 변수를 분명하게 정의하는 것이 중요하다. 그렇지 않으면 혼란과 오해를 만들어낸다. 또, 타이밍모델 신호를 개선할 수 있는 여타 변수도 고려해야 한다.

• **상황 2 계속** 예를 들어, 분산일의 매도신호와 관련해 제한적인 결론을 내릴 수 있다. 웹사이트 quantifiableedges.blogspot.com/2009/08/distribution-days-quantified.html에 소개된 사례를 들어 설명해보겠다. 여기에서 나열된 3가지는 겉보기엔 합리적인 조건들로 보이지만, 자세히 살펴보면 과도하

게 제한되었다는 사실을 발견할 수 있다.

- 천정이 형성되는지 여부에 주목하고 있는데, S&P가 200일 이동평균선 위에서 마감했다.
- 지난 12일간 S&P가 200일 이동평균선의 1% 이내에서 마감하는 경우가 종종 있었다. 시장이 천정에 가깝다는 의미다.
- 지난 12일간 분산일이 4번 이상 있었다.

위에서 나열된 3가지 조건을 만족해 4번째 분산일에서 공매도를 시작하고, 20일, 40일, 60일 후를 각각 숏커버링 시기로 정했다고 한다. 그런데 해당 웹사이트에 따르면 분산일 이후 시장은 천정을 형성하지도, 하락하지도 않았다고 한다. 그래서 공매도보다는 매수가 더 효과적이었다고 결론을 내리고 있다.

하지만 이 연구에는 여러 가지 허점이 있다. 지난 12일 중 S&P500지수가 200일 이동평균선의 1% 이내에서 마감하는 날이 4번 이상이어야 한다고 제한하고 숏커버링을 20일, 40일, 60일로 정해놓았기 때문에 과도하게 제한적일 뿐만 아니라 과거의 정보를 끼워 맞추는 결과로 이어졌다. 만약 특정 일수 동안에 분산일 발생 일수를 5번 이내로 조정하고, 지난 12일간 S&P500지수가 200일 이동평균선의 최고점보다 1% 이내에 마감되어야 한다는 규칙을 배제한다면, 결과는 훨씬 개선될 것이다. 2007년 5월부터 6월, 10월처럼 일부 이례적인 경우를 제외하면, 주요 시장지수와 거래량의 변화에 숨겨진 논리는 100년 전에도, 그리고 지금도 여전히 유효하다.

주가가 하락하면서 거래량이 늘어나는 날이 많아지면 기관이 매도하고 있다는 신호다. 시장지수가 하락하기 전 거의 매번 발생하는 현상이다. 신호가 잘못 발생하는 일이 잦은 이례적인 시장 환경, 즉 매도신호가 발생된 뒤 주가가 더욱 상승하는 환경에서도, 안전장치가 달린 적절한 타이밍모델로 피해를 최소화하면서 투자기회를 십분 활용하면 시장평균보다 훨씬 높은 수익을 얻을 수 있다. 주가가 상승하는 종목은 그냥 놓아두고 손실은 빠르게 손절매하라는 추세추종 투자방식과 일맥상통한다.

• **해결책 2 계속** 투자전략에 내재되어 있는 논리는 반드시 사실이어야 한다. 먼저 유효한 개념을 인식하고, 해당 개념을 바탕으로 모델을 구축해야 한다. 정보에 모델을 맹목적으로 끼워 맞춰서는 안 된다. 과거의 정보에 과도하게 의존하게 되기 때문이다. 특히 모델이 너무 복잡해서 이용 가능한 정보에 비해 모델이 너무 방만하게 적용될 때 문제가 발생한다. 당연히 시장을 예측하는 데는 별 효과가 없고, 과거 사례에만 놀랍게 잘 들어맞을 뿐이다. 자존심 때문에 모델을 복잡하게 만드는 잘못을 저지르지 않길 바란다. 필자가 1990년대 초반 대학원생일 때 처음 타이밍모델을 만들고 우쭐했던 기억이 난다. 1996년 오닐을 처음 만나 그때 만든 타이밍모델을 보여주었다. 오닐은 고개를 끄덕이곤 예의바르게 미소 짓더니, 필자의 타이밍모델은 일부 주식 사이클에서만 적용가능하며, 항상 간단한 모델을 추구하라고 조언했다. 필자가 처음 타이밍모델로 효과를 보기 시작한 건 1991년부터였지만, 오닐의 충고 덕분에 크게 개선되고 간략해졌다. 경험이 쌓여가면서 필자는 차트를 더욱 잘 이해하게 되었고, 분산일과 팔로우스루데이를 전체 맥락에서 판단할 줄도 알게 되었다. 그러면서 전에 의존하던 다양한 보조 장치들은 점차 사용하지 않게 되었다. 마찬가지로 오닐도 차트를 읽을 때면 일별 및 주간별 주가와 거래량의 변화, 패턴의 모양, 상대강도지수Relative Strength Index(RSI)*, 50일 이동평균선 외에는 거의 참고하지 않는다. 수십 년간 쌓인 경험 덕분에 다른 지표를 활용하지 않아도 정확한 저점을 짚어낼 수 있기 때

문이다.

: 패턴의 모양에 너무 집착해서는 안 된다

- **문제** 손잡이가 달린 컵 모양, 정사각형 모양 등 패턴의 모양에 집착하는 투자자들이 많다. 하지만 중요한 것은 전체 시장의 맥락에서 차트 패턴을 파악하는 것이다. 오닐과 세미나를 다니다보면 패턴 모양에 관한 질문을 가장 많이 받곤 했다. "이런 저점의 형태가 손잡이가 달린 컵 모양인가요?", "지금 모양에서는 손잡이가 전체 저점에 비해 상대적으로 너무 깊지 않은가요?", "이건 왜 상승패턴이 아니지요? 책에서 본 대로 차트가 우상향하는데요?" 등의 질문들이다.
- **상황** 물론 필요한 질문들이다. 하지만 투자자들은 시장에서 각 종목의 저점이 어떻게 전개되는지를 이해하기보다는 차트의 모양에 과도하게 의존하곤 한다. 이 때문에 차트를 잘못 이해하기도 하고, 기회를 놓치기도 한다. 예를 들어, 그림 4.28의 (b) 찰스슈왑^{SCHW} 차트를 보자. 손잡이가 달린 컵 모양 패턴이지만, 책에서 소개되었던 대로 컵이 둥근 형태가 아니라 V자로 변형되었다. 또, 저점의 깊이가 −39.7%인데 비해, 손잡이의 깊이도 −26.7%로 너무 깊게 형성되었다. 하지만 전체 시장의 맥락에서 살펴보면 확실히 손잡이가 달린 컵 모양 패턴이며 저점은 유효하다는 사실을 확인할 수 있다. 1998

●상대강도지수는 주가 모멘텀을 측정하는 지표로 보편적으로 사용되고 있는데, 계산방법은 다음과 같다. 우선 현재의 가격이 전일에 비해 상승했다면 상승한 분 만큼을 U(up)로 표현하고, 반대로 하락했다면 그만큼 D(down)로 표현하여 계산된 U와 D의 일정 기간 평균을 AU(average up)와 AD(average down)라고 한다. AU를 AD로 나누어 RS(Relative Strength)를 구한 후 RSI를 구한다(RSI=100−100/(1+RS)). 이 지수는 주가 모멘텀의 변화를 0과 100의 범위에서 움직이는 지표로 표준화한 결과라는 데 그 특징이 있다. −편집자주

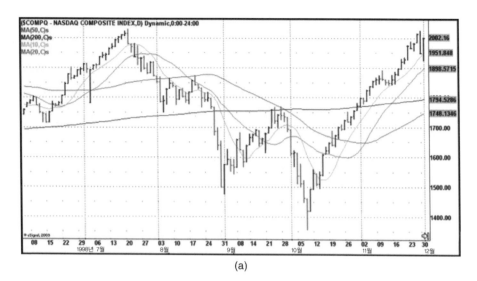

(a)

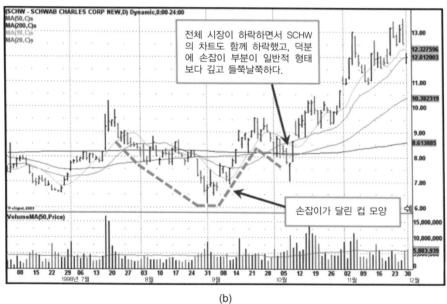

전체 시장이 하락하면서 SCHW
의 차트도 함께 하락했고, 덕분
에 손잡이 부분이 일반적 형태
보다 깊고 들쭉날쭉하다.

손잡이가 달린 컵 모양

(b)

그림 4.28 | 1998년 8~12월 (a) 나스닥 종합지수 일간차트 vs. (b) 찰스슈왑 일간차트(자료제공: 이
시그널, 2010년).

년 8월부터 10월까지는 전체 주식시장은 하락장의 추세에 갇혀 있었다. 그림 4.28의 (a)를 보면 전체 주식시장도 1998년 9월 1일부터 10월 8일까지 두 번의 저점을 기록했으며, 그 중에서 두 번째 저점이 훨씬 깊었다. 하지만 SCHW의 두 번째 저점은 첫 번째 저점보다 훨씬 높았다. 만약 시장이 하락하지 않았다면 SCHW의 두 번째 저점은 손잡이 형태가 되었을 것이고, V자 형태의 컵 모양도 둥근 형태를 띠었을 것이다.

- **해결책** 패턴 모양이 오해의 소지가 있는데도 굳이 활용해야 하냐고 반문할 수도 있다. 하지만 패턴 모양은 좋은 저점을 구분해내는 보조 장치이고, 일반적인 시장 조건에서는 모든 투자자에게 유용하다. 다만 시장이 갑자기 하락할 때 패턴 모양에만 과도하게 집착하지 않도록 한다. 또 언제나 전체 시장의 맥락에서 이해하는 노력이 필요하다.

: 이례적인 상황 때문에 매도에 너무 오랜 시간이 걸린다

- **문제** 2008년 초 필자는 싸이프레스 반도체Cypress Semiconductor(CY)를 제때 매도하지 못해 애를 먹었다. 주가가 50일 이동평균선을 시험하고 있을 때였는데, 컴퓨터 모니터에서 약 20분간 떨어져 있다가 와보니 CY는 이미 정해놓은 매도시점보다 7%나 밑으로 하락한 상태였다(그림 4.29 참조).

- **상황** 필자는 충격과 분노에 휩싸였지만, 곧바로 매도하지는 않았다. 투매로 보였기 때문이다. 거래량도 너무 적었고, 단 20분 만에 주가가 크게 하락할 만한 뉴스도 없었다. 투매는 또 다른 투매로 이어지기 때문에, 필자는 투매 여부를 매도기준으로 활용하지 않는다. 대신 미리 정해놓은 매도시점까지 주가가 하락하면 일단 매도하고, 그 이후 상황을 지켜보곤 한다. 하지만 당시에는 감정에 치우쳐버렸다. 너무 화가 났고, 속고 있다는 기분이 들었다.

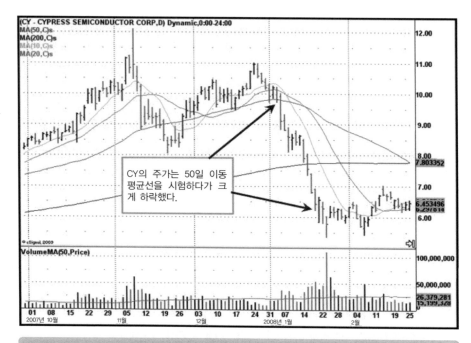

CY의 주가는 50일 이동
평균선을 시험하다가 크
게 하락했다.

그림 4.29 | 2008년 1월 싸이프레스 반도체(CY) 일간차트(자료제공: 이시그널, 2010년).

주가가 곧 다시 상승할 것만 같았고, 그래서 매도하지 않았다. 다음날, 주가
는 약간 반등했다가 또다시 3.2% 하락했다. 그때라도 매도했어야 했다. 하
지만 거래량이 전날보다도 적어 또 다시 투매라는 결론을 내렸다. 역시 주
가하락을 일으킬 만한 뉴스도 없었다. 3일째 되는 날, CY의 주가는 2.7% 더
떨어져, 미리 정해 놓은 매도시점보다 12.4%나 하락해 있었다. 그러자 매도
는 더욱 어려워졌고, 투자 포지션에 집착하게 되었다. 흔히 말하듯이, 시간
이 지날수록 매도는 어려워졌다. 항상 매도시점을 정해놓고 지켜왔던 필자
는 한 번도 경험하지 못했던 고착상태에 빠져버렸다. 그 후 10일간 CY의 주
가는 32.8%나 하락했고, 정해놓은 매도시점에서 41.1%나 떨어졌다. 필자는

결국 항복했고, 2008년 1월 29일 CY주가가 소폭 반등했을 때, 주식을 매도해버렸다.

- **해결책** 감정에 치우쳐 판단이 흐려져서는 안 된다. 상황이 생각과 다르게 흘러가고, 속고 있다는 기분이 들더라도, 평상시의 규칙을 무시해서는 안 된다. 필자 역시 매도규칙을 어기는 바람에 많은 손해를 보았다.

: 매매할 때 새로운 요소를 고려하다

- **문제** 윌리엄오닐컴퍼니에서 근무할 때, 필자는 실시간 정보 대신 20분이 지난 정보를 활용했다. 약 3개월 동안 실시간 정보를 이용해봤지만, 득보다는 실이 많았다. 시장의 활동에 너무 근접하게 되기 때문이었다. 예를 들어, 장중에 발생하는 과도한 시장의 반응에 놀라 투자 포지션을 바꾸곤 했다. 실시간 정보를 얻을 때마다 매매방식이 바뀌곤 해서, 적응하는 데 시간이 걸렸다.

- **상황** 언젠가 오닐이 윌리엄오닐컴퍼니의 포트폴리오 매니저들을 대상으로 실시한 연구에 따르면, 거래중에 컴퓨터 모니터를 많이 가져다놓고 본다고 해서 유리한 것만은 아니라는 사실을 발견하게 되었다. 즉, 컴퓨터 모니터를 몇 개씩이나 들여다본다고 해서 투자성과가 높아지지 않는다는 것이다. 아니 오히려 득보다 실이 많았다. 투자에 방해를 받기도 하고 또 겁에 질려 다급하게 결정을 내리게 되기 때문에, 오히려 정보가 없는 편이 나은 경우도 있었다. 윌리엄오닐컴퍼니에서 가장 유능한 포트폴리오 매니저 중 한 명은 여성인데, 주식시장이 개장하고 한두 시간쯤 후인 늦은 오전에야 사무실에 출근하곤 했다. 시장이 이미 안정된 후 시장에서 약간 단절된 상태에서 투자 결정을 내리기 위해서였다. 개장과 동시에 발표된 뉴스나 움직임에 반응하지 않으면서 시간적 여유를 가지고 투자한다면, 객관적인 투자를 방해하는

시장의 노이즈를 어느 정도 막을 수 있게 된다.

- **해결책** 모니터링을 너무 많이 하면 오히려 방해가 된다. 트레이더들이 집중하지 못해 최적의 매수 및 매도 시점을 놓치게 되기 때문이다. 장중 차트를 보다가 두려움에 휩싸여 자신의 포지션을 너무 빨리 정리할 수도 있다. 장중 차트를 건설적으로 활용하는 법을 배우기 전까지는 일간 및 주간차트에 의존하도록 한다. 필자 역시 처음에는 실시간 거래 정보를 건설적으로 활용하지 못했다.

: 기회는 생각지 않은 곳에 있다

- **문제** 시장이 조정중이다. 그래서 매일매일 매수기회를 점검해보지 않았다.
- **상황** 시장의 조정은 변명거리가 되지 못한다. 매일 투자기회를 살피지 않으면 훌륭한 투자기회를 잃을 수도 있다. 좋은 종목들의 논리적 피봇 혹은 포켓피봇 시점은 약세장에서 나타난다.
- **해결책** 시장이 조정받고 있는 중에도 매일 꾸준히 매수기회를 점검해야 한다.

: 너무 똑똑하게 굴지 마라

- **문제** 시장에 대해 잘 알아야 하지만, 선을 넘어서 시장을 예측하려 해서는 안 된다. 지금까지 시장의 완벽한 타이밍을 완벽하게 예측해낸 사람은 없다. 짐 로저스Jim Rogers 같은 존경받는 투자자들은 장기적인 트렌드 예측에 능하고, 또 예측이 들어맞곤 한다. 하지만 로저스마저도 자신이 예측한 타이밍이 절대적이지는 않다고 인정했다.
- **상황** 절대 틀려서는 안 된다는 강박관념 때문에 돈을 잃게 된다. 필자가 핵

화학 박사학위를 취득한 UC버클리 대학교 근처에는 로렌스버클리연구소 Lawrence Berkely National Laboratory가 있다. 이곳 과학자들 중에는 성공한 투자자들도 많지만 필자는 개인적인 친분은 쌓지 않으려고 했다. 이들은 세계적인 석학이라는 자존심이 대단해서, 시장이 무엇을 하려고 하고 어느 방향으로 움직여야 하는지에 대해 끊임없이 예측하는 실수를 반복했기 때문이다.

과도한 지식은 어마어마한 덫이다. 어떤 트레이더든 시장을 완전히 정복했다고 생각하는 순간 곧, 아직은 배울 것이 많다고 깨닫게 될 것이다. 필자는 에드윈 르페브르의 『어느 주식투자자의 회상』을 10번도 넘게 정독했지만, 읽을 때마다 새롭다. 마지막으로 책을 읽고 나서 쌓인 경험 때문에, 새로운 의미를 깨닫게 되기 때문이다.

- **해결책** 트레이더들은 매일매일 시장을 살펴보고, 그에 맞는 투자결정을 내려야 한다. 가까운 미래의 시장을 예측하기 위한 노력을 할 수는 있다. 하지만 미래에 대해 자신이 내린 결론 때문에 현재의 시장에 대한 초점이 흐려져서는 안 된다. 현재에 머물러야 한다는 것은 매일매일 시장과 조율하고, 시장이 하는 말을 집중해서 들어야 한다는 의미다. 그 결과에 따라 시장에 대한 노출을 조절할 수 있다.

: 슬럼프 극복방법

- **문제** 시장에서 지속적으로 손실을 보다보면 심리적으로 위축되고, 슬럼프에 빠지게 된다.
- **상황** 슬럼프 극복은 어렵다. 그렇다고 젊은 날을 회상하면서 살아가는 늙고 은퇴한 권투선수처럼 굴어서는 안 된다. 오닐이나 세이코타 등 뛰어난 투자자들은 주식투자와 나이는 전혀 상관이 없다고 생각한다.

- **해결책** 10장에서 자신의 슬럼프를 극복하고 정신적인 충격을 회복하는 철학적 방법에 대해 상세하게 설명하게 될 것이다. 여기에서는 몇 가지 방법만 간략하게 설명하겠다.

- 1주일 정도 전혀 다른 일에 전념하라. 여행이나 악기, 예술적인 활동, 새로운 기술을 배우는 것 등이다. 새로운 정신적 자극으로 머릿속 기어를 바꾸어 넣고, 잠재의식을 회복하도록 하자.
- 운동과 적절한 식단으로 스스로를 일깨워보자. 여기에 대해서는 10장에서 자세하게 설명할 것이다.
- 투자 다이어리를 써보자. 슬럼프에 빠지게 된 이유에 대해 논리적인 결론을 내릴 수 있을 것이다. 또 투자중에 배운 교훈을 익히는 데도 도움이 된다.
- 자신의 매매과정을 점검해 부족한 거래 기술, 전략의 오해, 부적절한 전략 활용, 감정적인 문제 등 손실을 유발시킨 모든 문제점을 파악한다.

결론

앞에서 설명했듯이, 숙련된 트레이더들에게도 수많은 함정이 도사리고 있다. 트레이더로 성장해 나가기 위해서는 다음과 같은 노력이 필요하다.

- 항상 읽고 공부해야 한다. 필자는 13세에 처음 투자서를 접한 후 1999년까지 200권이 넘는 책을 읽었다. 이미 알고 있는 내용의 책도 투자지식을 강화하고 매매전략을 최적화하는 데 필요한 새로운 아이디어를 제공한다. 뛰어난 투자서적은 반복해서 읽어야 한다. 필자들은 『어느 주식투자자의 회상』,

『최고의 주식 최적의 타이밍』, 『시장의 마법사들^{Market Wizards}』 및 『타이밍의 승부사^{New Market Wizards}』를 몇 번이고 반복해 읽곤 했다. 새로 얻은 경험 덕분에, 읽을 때마다 새로웠다.

- 실수로 인한 고통과 손실을 느끼고 받아들여라. 세이코타식 투자기술 (www.tradingtribe.com에서 세이코타식 투자자들을 위한 기술설명 참조)은 트레이더들이 올바른 길에서 벗어나지 않게 도움을 주는 가장 효과적인 방법 중 하나다. 톨레의 철학도 투자손실로 인한 고통을 수용하고 받아들이는데 매우 효과적이다. 여기에 대해서는 10장에서 더욱 자세하게 설명하도록 하겠다.

- 투자 다이어리를 적으면 자신의 실수를 깨닫는데 도움이 된다. 실수를 적어내려가다 보면 중립적인 시각에서 자신의 실수를 되돌아보게 되기 때문이다. 이 과정에서 자신이 저지른 잘못이 강조되고, 그렇게 되면 실수를 되풀이할 가능성도 적어진다.

- 차트에 자신이 정한 매수와 매도 시점을 적어놓고, 항상 살펴본다. 적절한 매수 및 매도 시점과 부적절한 시점을 마음속에 깊이 새겨놓기 위해서다. 실수의 내용과 원인도 적어놓도록 한다. 감정적으로 대응했기 때문인지, 혹은 전략을 잘못 이해해서인지, 시장의 신호를 오해해서인지를 차트에 적도록 한다.

리버모어는 투자자들이 돈을 잃는 이유가 상상을 초월할 정도로 많다고 했다. 약 20년에 달하는 필자들의 투자경력을 돌이켜보면 정말 맞는 말이다. 하지만 실패는 제대로 받아들이기만 한다면 훌륭한 스승이 된다. 실패는 없고 매매의 결과만 있을 뿐이라는 생각으로, 실패를 전화위복의 기회로 삼아야 한다.

CHAPTER 5

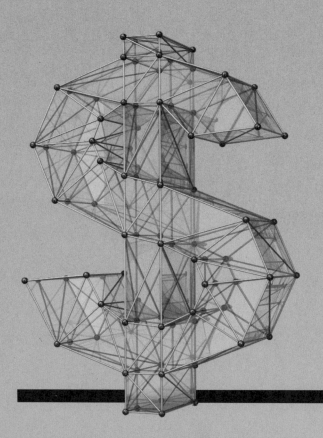

매매의
비법

투자자 및 트레이더들이 같은 투자 도구, 뉴스, 차트, 정보, 시장의 지표를 활용하게 되면서, 많은 사람들이 시장에서 일어나는 동일한 사건을 거의 동시에 볼 수 있게 되었다. 또 '스스로를 돌보는' 시장의 특성은 더욱 배가되었다. 상황이 이렇다 보니 대다수의 투자자들과 트레이더들은 경쟁자들보다 앞서나가기 위한 도구나 비법들을 찾곤 한다. 최고의 주식이 될 만한 종목을 브레이크아웃 매수시점보다 빨리 혹은 대안적인 시점에 매수하고, 매도 및 주가관리를 위한 일관적인 체계를 개선하는 방법이 필요하게 된 것이다. 5장에는 이들을 위한 해답 및 해결책이 담겨 있다. 앞으로 소개할 포켓피봇 매수시점, 갭상승 매수시점, 10일 혹은 50일 이동평균선 매도규칙, 7주 규칙 등은 정확히 말하면 비법이라기보다 매매규칙들을 바탕으로 만들어진 세부적인 투자 방법이다. 그래서 투자자들이 이해하고 활용하는데 그다지 어렵지 않을 것이다.

Dr. K의 실험실: 포켓피봇의 우수성

오닐은 주식시장에서 돈을 벌기 위해서는 올바른 종목을 선택해 매수하는 것만큼이나 적절한 관리가 중요하다고 말하곤 했다. 잠재적 주도주가 첫 번째 저점을 돌파할 때 매수하고, 10% 상승했을 때 수익을 실현했다고 가정해보자. 이후 이 종목의 주가가 190% 성장했다면, 종목관리에 실패한 것이다. 필자들의 투자기법을 구성하는 가장 중요한 요소 중 하나가 바로 이것이다. 또 여기에는 주가가 크게 상승하는 종목에 대해 투자 포지션을 적절하게 관리하기 위한 기술들도 포함된다.

오닐의 책을 읽다보면, 신고가 피봇포인트 매수시점, 추세선, 이동평균선 돌파 등의 용어들을 흔히 접하게 된다. 하지만 포켓피봇 매수시점이라는 단어는 어디에서도 찾아볼 수 없다. 포켓피봇은 오닐의 브레이크아웃보다 약간 이른 매수시점으로, 필자들이 2005년 중반 평평하고 압축된 형태의 횡보장(2004년부터 2005년까지 S&P500지수 주간차트를 참고)에서 해결책을 얻기 위해 'Dr. K의 실험실' 연구를 진행하다가 발견했다. 2000년 중반 주식시장의 추세는 1980년대나 1990년대에 나타났던 강력한 시장추세와는 확연히 달랐다. 포켓피봇이란 간단히 설명해

초기 브레이크아웃 신호로, 특정 종목이 저점이나 보합세를 돌파해 상승하기 전에 매수시점을 잡아내기 위한 방법이다.

필자들은 윌리엄오닐컴퍼니에서 기관고객을 위한 서비스를 제공하고, 관련 워크숍을 진행하면서 다양한 기관투자가들을 만날 수 있었다. 그런데 헤지펀드, 뮤추얼펀드, 연금펀드 등 기관투자가들은 주가가 신고가를 향해 저점을 돌파할 때보다는, 저점의 바닥에서 매수하는 쪽을 선호했다. 심지어 낮을수록 좋다고 생각하기도 했다. 잠깐만 생각해봐도 이 과정에서 기관투자가들이 차트의 바닥을 형성하고, 이때 거래량과 매집에 관한 실마리를 제공한다는 사실을 짐작할 수 있었다.

포켓피봇의 전제조건은 간단하다. 기관투자가들이 신고가 경신을 위한 건설적인 저점의 바닥을 만들어낸다면, 이때 기관의 매수와 매집의 신호를 잡아내어 리스크가 적은 최적의 매수기회로 활용할 수 있다는 것이다. 특히 해당 종목이 시장의 주도주로 입증된 경우 더욱 그렇다. 기관이 만들어내는 증거는 일간차트와 주간차트 모두에서 확인할 수 있지만, 정확한 포켓피봇을 확인할 때는 일간차트의 활용도가 크다.

포켓피봇을 활용하면 투자자들은 저점 형성 초기에 매집을 시작할 수 있다. 특히 브레이크아웃 이후 주가가 자꾸만 하락하면서 투자자들을 골탕 먹이는 시장에서 많은 도움이 된다. 리스크가 적은 포켓피봇에서 매수한 덕분에 명백한 브레이크아웃 이후 주가가 하락하거나, 조정을 받거나, 매도세가 나타나도 버티기가 쉬워지기 때문이다. 그림 5.1의 항암전문백신 바이오벤처 덴드레온Dendreon Corp. (DNDN)의 차트를 보면 확실히 이해할 수 있을 것이다.

우리는 1991년부터 경험했던 다양한 주식매매를 연구해 포켓피봇을 찾아냈고, 과거 수십 년 동안의 주식시장을 대상으로 백테스트와 스팟테스트를 실시했다. 마지막으로 실시간 투자에 직접 적용해 최종적으로 포켓피봇 개념이 굉장히

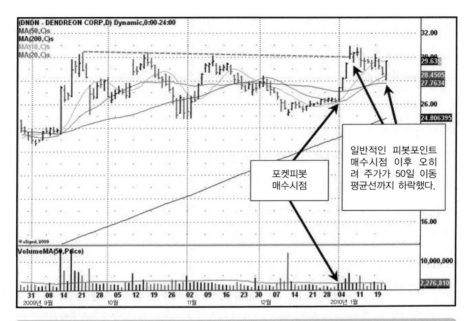

일반적인 피봇포인트 매수시점 이후 오히려 주가가 50일 이동평균선까지 하락했다.

포켓피봇 매수시점

그림 5.1 | 전립선암 치료제 개발 가능성이 있다고 알려진 바이오벤처 덴드레온(DNDN)의 차트. 초기 매수시점이 포착되었다(자료제공: 이시그널, 2010년).

유용하다는 결론을 얻었다. 특히 2000년대 중반 이후 시장에서 많은 도움이 되었다. 2004년부터 2005년까지 지속된 얕은 횡보장에서는 브레이크아웃이 제대로 작동하지 않는 일이 다반사였기 때문이다. 2004년 말에는 아주 잠깐씩 산발적으로 투자기회가 있었고, 2005년 중반부터 말까지는 두 번의 짧은 투자기회가 있었다. 그리고 그때마다 브레이크아웃이 출현한 지 단 며칠 만에 주가는 7~8%나 하락하곤 했다.

포켓피봇은 거래량과 유동성이 적고, 주가가 낮아 투자가 어려운 소형주의 매수시점을 잡아내는 데 특히 유용하다. 거래량이 적은 종목이 저항을 뚫고 신고가를 향해 상승하면, 일반투자자들도 매수를 시작해 주가상승을 더욱 부추기곤 한다. 하지만 매도세에서는 유동성 부족으로 주가하락의 속도도 빨라지기 때문에 리스크도 크다. 기본적으로 일일거래대금이 3천만 달러 미만, 거래량은 75만 주 이내면 소형주에 속한다. 물론 예외도 있지만, 이 정도면 종목의 유동성과 그에 관련된 가격변동성 및 리스크를 판단하는 대략적인 기준으로 볼 수 있다.

그림 5.2는 2009년 리노 인터내셔널RINO International(RINO)의 일간차트다. 상대적으로 거래량이 적은 종목으로 2009년 9월 저점을 돌파했다. 9월 하반기, 주가가 갑자기 15달러 선을 뚫더니 곧 20달러 선까지 급등했다. 그리고는 곧바로 급락했고, 10일 이동평균선에서 지지를 확인했다. 만약 투자자가 전통적인 브레이크 아웃에서 RINO를 매수했다면 10일 이동평균선까지 크게 주가가 하락했을 때를 견디지 못하고 투자 포지션을 정리했을 것이다. 그러나 주가가 15달러까지 상승하기 전인 포켓피봇에서 매수했다면 17.75달러였던 전통적인 피봇포인트까지 주가상승한 후 곧바로 시작된 주가하락을 견뎌내기가 쉬웠을 것이다.

포켓피봇을 소형주 투자에 활용한 또 다른 좋은 예는 재즈제약Jazz Pharmaceuticals

그림 5.2 | 2009년 리노 인터내셔널(RINO) 일간차트 (자료제공: 이시그널, 2010년).

(JAZZ)이었다. JAZZ 역시 거래량이 적은 소형주였지만, 좋은 상품을 개발 및 판매하고 있어서 펀더멘털이 훌륭했다. 2009년 12월 9일 JAZZ의 주가는 50일 이동평균선 위로 상승했고, 거래량은 눈에 띄게 늘어났다. 그 직전까지는 주가가 7달러 선에서 크게 변화가 없었고 거래량은 적었다. 거래량이 말라버린 상태에서 포켓피봇이 출현하면 매우 건설적이다. 주가가 상승하지는 않고 있지만, 매도세가 거의 없는 상황에서 빡빡한 보합세가 나타나고 있는 상황이기 때문이다.

JAZZ처럼 거래량이 적은 종목은 일단 주가가 상승하거나 혹은 하락하기 시작하면 걷잡을 수 없다. 소형주인 데다가 유동성이 부족하기 때문이다. 따라서 조용한 움직임이 나타나기 시작하는 포켓피봇은 투자 포지션 구축을 위한 절호의 기회다. RINO나 JAZZ의 예에서 보듯이 잠재적으로 펀더멘털이 강하지만 거래량이 적은 소형주에서 포켓피봇은 특히 유용하다.

포켓피봇의 특성

포켓피봇은 일반적으로 신고가 브레이크아웃 전에 나타난다. 또, 주가가 저점이나 보합세를 형성한 후 상승하는 과정에서도 나타나기 때문에 지속적으로 매수에 활용할 수 있다. 포켓피봇 직전에 나타나는 주가와 거래량의 변화 및 저점의 패턴은 적절한 매수시점을 잡는 데 매우 중요하다. 또 주도주의 경우 포켓피봇은 강한 주가상승세를 나타내는 신호이기 때문에, 잠재적 주가상승을 예측하는 데도 유용하다. 전체 시장이 강세장 혹은 강세 추세면, 포켓피봇이 출현한 후 단 며칠 만에 브레이크아웃이 나타난다.

포켓피봇을 찾을 때는 펀더멘털이 좋고 건설적인 저점을 형성하는 종목에만 한정하도록 한다. 주간차트상에서 주가의 변화가 거의 없다거나, 주가가 지지받거나 혹은 상승하면서 거래량이 늘어나고 있다거나 하는 등 주식이 매집되고 있다는 증거를 찾아야 한다. 저점이 넓고 느슨한 경우는 피한다. 넓고 느슨한 저점이 나타나면, 주식이 매집되고 있을 가능성은 거의 없기 때문이다. 불완전한 패턴에서는 포켓피봇이 출현해도 실패할 확률이 높다. 또 전체 시장, 즉 나스닥, S&P500 같은 시장지수도 고려해야 한다. 해당 종목의 저점이 전체 시장과 비교해 건설적인지를 알아보기 위해서다. 예를 들어, 전체 시장에 비해 저점의 변동성이 큰 종목보다는, 저점이 더 건실하게 지지되는 종목에서 포켓피봇이 출현해야 좋다.

포켓피봇 매수시점의 정의

포켓피봇 기법에서도 펀더멘털이 강한 종목이 선호된다. 강세장에서 잠재적인 포켓피봇을 찾는 투자자들은 특히 대형 주도주를 꼼꼼하게 관찰해야 한다. 1999년의 인터넷주식, 2004년 애플과 구글, 2007년 태양에너지주들의 경우에도, 포켓피봇이 출현하는지 주목해서 살펴보아야 할 기간이 있었다.

포켓피봇의 개념은 주가가 본격적으로 상승하기 전에 매수하는 것이다. 약간 모호한 설명이긴 하지만, 포켓피봇이 유효하고 신뢰할 수 있는 매수시점이라는 것만큼은 분명하다. 차트에서 포켓피봇처럼 보이는 예는 몇 번이나 찾아볼 수 있지만, 그 중 일부는 불완전하다. 여기에서 대해서는 실제적인 예를 들어 설명하게 될 것이다.

적절한 저점을 판단할 때와 마찬가지로, 포켓피봇을 판단할 때도 주가와 거래량 변화가 건설적인지를 확인해야 한다. 포켓피봇이 출현하기 전, 주가가 전반적인 저점을 형성하면서 큰 변화가 없어야 한다. 즉 주가와 거래량 모두 변동성이 적어야 한다. 또 가장 최근의 저점이 형성되기 직전 50일 이동평균선이 무너진 적이 없어야 한다. 그래야만 앞으로도 50일 이동평균선 이하로 주가가 하락할 가능성이 적기 때문이다. 만약 갑자기 50일 이동평균선이 무너졌다면, 매도신호로 생각한다. 저점 전, 주가가 10일 이동평균선을 지키면서 상승했다면, 10일 이동평균선을 매도신호로 삼아야 한다. 이처럼 10일 이동평균선을 매도기준으로 삼을지 혹은 50일 이동평균선을 매도기준으로 삼을지는 이전의 주가 및 거래량의 변화에 따라 결정된다.

2008년 말의 주가 폭락 이후처럼 아주 드문 경우를 제외하고, 포켓피봇이 50일 이동평균선보다 밑에서 출현했다면 매수를 자제하도록 한다. 또, 며칠 동안 주가와 거래량의 변화가 거의 없다가, 포켓피봇에서만 갑작스럽게 거래량이 크게 증가해야 이상적이다. 포켓피봇에서는 거래량이 크게 증가해야 한다. 포켓피봇이 출현하기 전 열흘을 살펴보고 거래량이 가장 많이 하락한 날의 하락폭보다

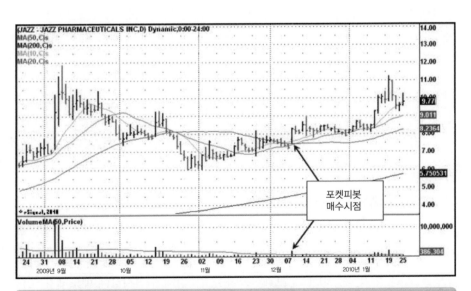

그림 5.3 | 2009~2010년 재즈제약(JAZZ) 일간차트. 거래량이 말라버린 상황에서 횡보추세가 계속 되다가, 포켓피봇에서 거래량이 급증했다(자료제공: 이시그널, 2010년).

포켓피봇 때 거래량 증가폭이 같거나 더 커야 한다. 필자들은 이를 가리켜 '거래량 특징'이라고 부르고 있다. 거래량이 너무 들쭉날쭉하게 변동성이 큰 경우에는 10일이 아니라 11~15일 전까지 참고하도록 한다. 차트에서 거래량을 나타내는 막대기가 포켓피봇 이전 10일간, 또 전반적인 저점 형성 기간 동안 갑자기 짧아지는 일이 없어야 한다. 10일간 거래량이 거의 변화가 없거나, 거래량이 거의 말라버렸다가 포켓피봇에서 폭발적으로 증가하는 것이 가장 좋다. 그림 5.3의 재즈제약이 적절한 예다.

포켓피봇과 전통적인 브레이크아웃 매수시점

가끔은 포켓피봇과 신고가 브레이크아웃, 즉 오닐이 개발한 전통적인 브레이크아웃 매수시점이 겹치기도 한다. 이때는 이들 둘의 거래량 조건 중 하나만 만족시키면 된다. 즉 이전 10일 중 거래량이 하락했던 날의 하락폭 이상 거래량이 늘어야 한다는 포켓피봇 거래량 조건을 만족시키지 않더라도, 브레이크아웃 거래량 조건을 만족시키면 된다. 그림 5.4의 바이두Baidu, Inc.(BIDU) 차트에서 2007년 9월 4일은 브레이크아웃이자 포켓피봇 매수시점이다. 당일 거래량은 이전 10일 중 거래량이 하락한 날의 하락폭보다는 늘어났지만, 평균보다 39% 상승하는데 그쳤다.

전통적인 오닐의 브레이크아웃에서는 거래량이 평균보다 50% 이상 상승해야 한다. 여기에서는 거래량이 39%밖에 늘지 않아서 브레이크아웃의 거래량은 만족시키지 못했지만 포켓피봇의 거래량 조건을 만족시켰기 때문에 적절한 매수 포인트로 볼 수 있다. BIDU의 브레이크아웃 전, 전체 주식시장에 매도세가 늘어 변동성이 커졌다. 이 때문에 BIDU의 저점은 V자형이 되었지만, 8월 중순 단 이

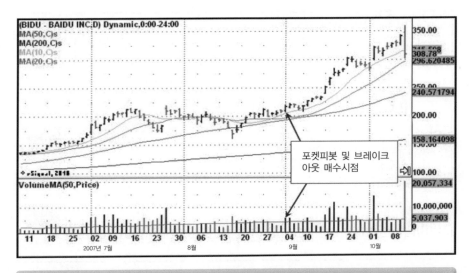

포켓피봇 및 브레이크
아웃 매수시점

그림 5.4 | 2007년 9월 바이두(BIDU) 일간차트. 포켓피봇 때 거래량은 39% 증가해, 브레이크아웃의 거래량 조건인 50%에는 미치지 못했다. 하지만 이전 10일 중 거래량이 가장 많았기 때문에 적절한 매수시점으로 볼 수 있었다(자료제공: 이시그널, 2010년).

틀을 제외하고 50일 이동평균선이 무너지지 않았다. 그 후 BIDU의 주가는 50일, 20일, 10일 이동평균선을 차례로 회복했고, 2007년 9월 4일 드디어 포켓피봇을 만들어냈다.

BIDU의 예는 오닐의 브레이크아웃이 요구하는 50%의 거래량증가 조건을 만족시키지 못하더라도, 포켓피봇이 요구하는 거래량 조건을 만족시키면 적절한 매수시점이라는 사실을 입증한다. 반대로, 거래량이 50% 이상 증가했지만, 포켓피봇이 요구하는 거래량 조건을 만족시키지 못할 수도 있다. BIDU는 포켓피봇 매수조건에서 보았을 때 적절한 매수시점이었다.

그림 5.5의 퍼스트솔라FSLR는 BIDU와 정반대의 경우다. FSLR은 손잡이가 달린 컵 모양 저점을 형성한 후 2007년 9월 21일 손잡이 부근에서 브레이크아웃에 성공했다. 거래량은 평균보다 52% 늘어 브레이크아웃 매수시점에서 요구되는

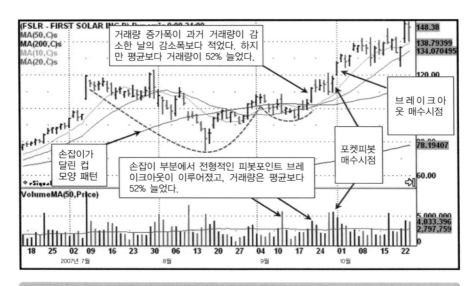

거래량 증가폭이 과거 거래량이 감소한 날의 감소폭보다 적었다. 하지만 평균보다 거래량이 52% 늘었다.

브레이크아웃 매수시점

손잡이가 달린 컵 모양 패턴

손잡이 부분에서 전형적인 피봇포인트 브레이크아웃이 이루어졌고, 거래량은 평균보다 52% 늘었다.

포켓피봇 매수시점

그림 5.5 | 2007년 9월 퍼스트솔라(FSLR) 일간차트. 손잡이가 달린 컵 모양 저점을 형성했고, 손잡이 부근에서 거래량이 평균보다 52% 증가해 일반적인 브레이크아웃의 거래량 조건을 만족시켰다. 하지만 포켓피봇의 조건은 만족시키지 못했다(자료제공: 이시그널, 2010년).

조건을 만족했다. 하지만 거래량이 크게 감소했던 7일 전, 거래량 감소폭이 브레이크아웃 때의 거래량 증가폭보다 컸다. 즉 FSLR은 브레이크아웃의 거래량 조건은 충족시켰지만, 포켓피봇의 거래량 조건을 만족시키지는 못했다.

9월 28일은 FSLR의 포켓피봇 매수시점이었다. 하루 후, 주가가 123.21달러를 뚫고 상승하면서 브레이크아웃이 출현했고, 그 후 주가는 크게 상승했다. 포켓피봇을 활용하여 브레이크아웃보다 하루 먼저 투자 포지션을 구축할 수 있었다.

그림 5.6의 야후 차트는 포켓피봇과 오닐의 전통적인 브레이크아웃이 겹치는 예다. 당시 YHOO의 주가는 큰 변화가 없이 50일 이동평균선을 따라 보합세를 보이고 있었고, 거래량은 말라버렸다. 그 후 YHOO는 갑자기 50일 이동평균선을 뚫고 상승했고, 거래량은 그 이전 10일 중에서 거래량이 감소한 날의 감소폭보다 훨씬 크게 상승했다. 또, 이때가 7주간의 평평한 저점을 돌파하는 브레이크

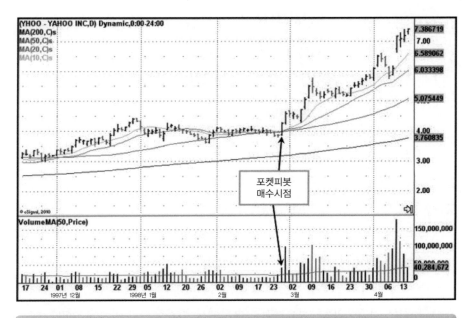

그림 5.6 | 1998년 2월 야후(YHOO) 일간차트. 야후의 거래량은 포켓피봇과 브레이크아웃 조건에 모두 부합했다(자료제공: 이시그널, 2010년).

아웃의 순간이기도 했다. 그림 5.6의 일간차트를 보면 포켓피봇 전 한 달간 일별 종가에 거의 변화가 없었던 것을 확인할 수 있다.

포켓에서 매수하기

저점 중의 포켓피봇이건, 주가가 상승하면서 나타나는 포켓피봇이건, 모두 일종의 보합세 이후에 발생한다는 공통점이 있다. 당연히 저점 중에 나타나는 포 켓피봇의 보합세가 주가상승중에 나타나는 포켓피봇, 즉 지속형 포켓피봇의 보 합세보다 길다. 주가가 크게 상승하는 종목들은 일단 10일 이동평균선이 뚫리면, 이후에는 주가와 거래량이 급격하게 상승하곤 한다. 앞에서 설명한 조건에 충족한다면 이때가 포켓피봇이다. 포켓피봇은 몇 번이나 출현하기 때문에 저점에서 브레이크아웃을 놓친 투자자들도 주도주에 올라탈 수 있는 기회를 여러 번 갖게 된다.

포켓매수의 개념에 대한 이해를 높이기 위해 먼저 저점에서 출현하는 포켓피봇의 예를 살펴보겠다. 강세장에서 펀더멘털이 튼튼한 주도주들이 저점을 형성할 때 나타나며, 최초의 매수시점이다. 그 다음에는 상승세 중 나타나는 포켓피봇, 즉 지속형 포켓피봇에 대해 설명하겠다.

엔비디아Nvidia Corp.(NVDA)는 2007년 1분기 동안 저점을 형성했고, 2007년 3월에는 저점의 두 번째 바닥을 만들어내고 있었다. 저점의 깊이는 30%였고, 주가가 바닥을 찍을 때마다 거래량이 증가하면서 다시 상승세로 돌아서곤 했다(그림 5.7 참조). 급격한 거래량의 증가는 저점의 바닥에서 주가상승의 여력을 알리는 긍정적인 신호였다. 또 향후 5월 11일과 31일에 출현한 포켓피봇에게도 건설적인 배경과 맥락을 제공했다.

2004년 8월 25일 포켓피봇은 애플의 첫 번째 매수포인트였다(그림 5.8 참조). 바로 직전인 8월 13일 나스닥 종합지수는 바닥을 치고 반등에 성공했고, 8월 18일에는 팔로우스루가 출현해 새로운 랠리를 알렸다. 애플은 8월 25일 포켓피봇이 출현한 후부터 2005년 1분기까지 상승세를 이어나갔다. 주가는 이 기간 동안 3배나 상승했다.

펀더멘털이 좋은 종목이 거래량 증가와 함께 빠르게 성장할 때는 투자자들의 눈에 띄기 마련이다. 이후 더 안정된 주가상승을 이어나갈 가능성을 알리는 신호이기 때문이다. 하지만 이미 주가가 어느 정도 상승한 이후여서, 매수에는 리스크가 따른다. 강한 주가상승 후에는 반드시 따라오는 하락 혹은 보합세 때문이다. 이때 주가하락이나 보합세가 규칙적이고 건설적인 형태라면, 포켓피봇이 출

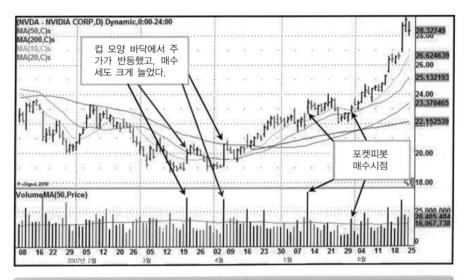

그림 5.7 | 2007년 1분기 엔비디아(NVDA) 일간차트. 포켓피봇 출현 전 두 번의 거래량 증가는 건설적인 현상이다(자료제공: 이시그널, 2010년).

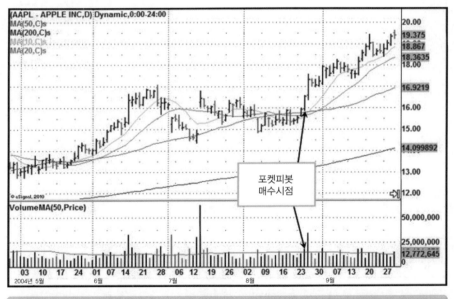

그림 5.8 | 2004년 8월 애플(AAPL) 일간차트. 2004년 8월 25일 포켓피봇이 출현했고, 이후 2005년까지 애플은 급격한 주가상승을 기록했다(자료제공: 이시그널, 2010년).

현하는지 여부를 주의 깊게 살펴봐야 한다. 포켓피봇이 나타나면 짧은 보합세가 끝나고 다시 급격한 주가상승이 시작되었다는 뜻이다. 1998년 말 베리사인VRSN 의 예를 살펴보자(그림 5.9 참조).

1998년 11월 초 VRSN의 주가는 3일간 갑작스럽게 상승했고, 거래량도 크게 증가했다. 덕분에 손잡이가 달린 컵 모양의 저점이 형성되지 않고, 컵의 오른쪽 이 위쪽으로 찌그러지는 형태가 되었다. 손잡이 모양이 만들어져야 할 시점에서 는 오히려 주가가 하락하면서 잠깐이지만 20일 이동평균선이 무너지기도 했다. 당일 VRSN은 장중 20일 이동평균선 아래까지 하락했다가 다시 20일 이동평균 선 위로 상승하면서 장을 마감했다. 다음날인 1998년 11월 24일, VRSN의 주가 는 20일 이동평균선을 뚫고 상승했고, 거래량 상승폭은 그 이전 10일 중 거래량

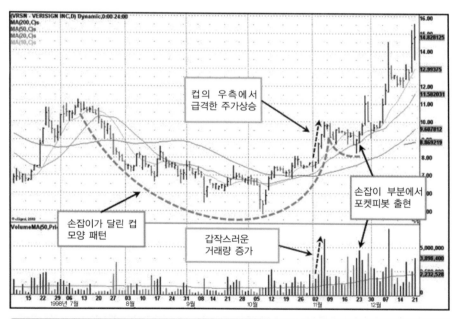

그림 5.9 | 1998년 베리사인(VRSN) 일간차트. 손잡이가 달린 컵 모양의 저점이 형성되고, 손잡이 부분에서 포켓피봇이 출현했다 (자료제공: 이시그널, 2010년).

이 하락했던 날의 하락폭보다 컸다. 포켓피봇이었다. 이틀 후, 주가는 손잡이가
달린 컵 모양에서 손잡이 부분을 돌파하면서 브레이크아웃에 성공했고, 곧 신고
가를 갱신했다. 그 후 이틀간은 주가가 빠졌지만, 20일 이동평균선, 즉 5일 전 출
현한 포켓피봇 매수포인트 부근에서 지지를 받았다. 포켓피봇에서 매수한 투자
자라면 이때를 견뎌내기가 그리 어렵지 않았을 것이다.

2007년 5월 리버베드 기술^{Riverbed Technology, Inc.(RVBD)} 차트도 흥미로운 예다(그림
5.10 참조). 2007년 4월 25일 RVBD는 50일 이동평균선을 뚫으면서 큰 갭상승으
로 장을 시작했고, 약 4개월 반 동안 지속되었던 저점의 바닥에서 반등에 성공했
다. 포켓피봇으로 생각될 수도 있었지만, 단기간에 주가가 너무 오른 탓에 매수
는 쉽지 않았다. 하지만 거래량 증가와 함께 50일 이동평균선을 뚫고 갭상승이
나타날 때는 상승세가 매우 강하다는 반증이었다. 게다가 직후 RVBD의 주가는

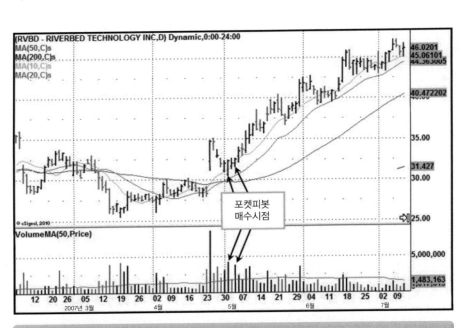

그림 5.10 | 2007년 리버베드(RVBD) 일간차트 (자료제공: 이시그널, 2010년).

잠깐 하락하면서 보합세를 나타냈지만 10일 이동평균선에서 지지를 받아 매우 건설적이었다. 2007년 5월 2일과 4일은 포켓피봇이었다. 주가는 10일 이동평균선을 뚫고 상승했고, 거래량은 그 이전 10일 중 거래량이 감소한 날의 감소폭보다 더 크게 늘었다. 또 포켓피봇이 나타나기 직전 주가가 10일 이동평균선까지 하락했지만 거래량이 말라버리면서 역시 건설적인 맥락을 나타냈다.

가끔은 기업의 실적 발표 직전, 저점에서 포켓피봇이 형성되기도 한다. 기업 실적이 긍정적이라는 자료가 유출되어 장중 거래량이 늘고 포켓피봇이 출현하는 것이다. 인튜이티브 서지컬Intuitive Surgical(ISRG)의 예를 살펴보자. 2005년 10월 25일 ISRG는 장 종료 후 실적을 발표할 예정이었다(그림 5.11 참조). 확실한 내용은 알려져 있지 않았지만, 장중 주가가 50일 이동평균선을 뚫고 상승했고 거래량도 평상시보다 늘어났다. 발표 내용이 긍정적이라는 실마리였다. 실적 발표 전 주가와 거래량의 변화가 포켓피봇을 만들어내고 있다면 그 반대의 경우보다 리스

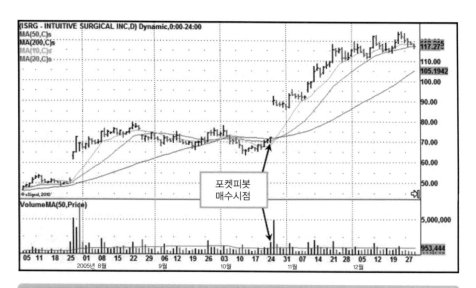

그림 5.11 | 2005년 10월 인튜이티브 서지컬(ISRG) 일간차트 (자료제공: 이시그널, 2010년).

크가 적다. 정확한 실적이 발표되지 않은 상황에서 포켓피봇의 움직임이 나타나고 거래량도 조건을 만족한다면 장 종료 직전 매수를 시작해도 좋다. 하지만 함정이 있을 수 있으므로, 자신이 감당할 수 있는 투자 위험도를 고려해 포지션을 조절해야 한다. 처음 매수 포지션을 구축하는 중이건, 투자 포지션을 늘리는 중이건 마찬가지다.

한편 '조용한' 포켓피봇도 있다. 아마존^AMZN^은 1998년 하반기 200일 이동평균선을 따라 움직이면서 들쭉날쭉한 저점을 형성하고 있었다(그림 5.12 참조). 하지만 조금씩 저점이 우상향하고 매도세가 크게 줄어들더니 10월 29일에는 포켓피봇이 출현했다. 주가는 10일 이동평균선을 뚫고 상승했고, 거래량은 이전 10일 중에서 거래량이 하락한 날의 수준보다 크게 상승했다. AMZN은 3주 만에 4개

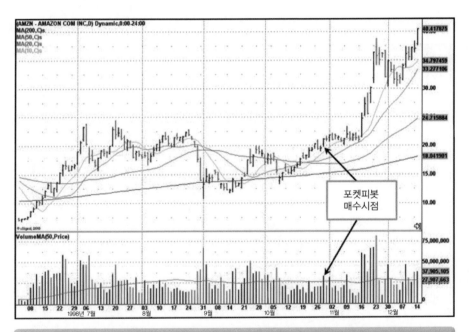

그림 5.12 | 1998년 10월 아마존(AMZN)의 일간차트. 저점이 우상향하다가 조용한 포켓피봇이 나타났다 (자료제공: 이시그널, 2010년).

월 반 동안 지속된 저점을 돌파하고 신고가를 경신했다.

조용한 포켓피봇은 투자자의 인내심을 요구하곤 한다. 하지만 빡빡하면서도 건설적인 보합세와 포켓피봇을 버텨낸다면 달콤한 보상이 주어진다. 첫 번째 포켓피봇에서 일찌감치 투자 포지션을 구축하고, 이보다 약간 높은 두 번째 포켓피봇이나 브레이크아웃에서 투자를 두 배로 늘리는 방법도 가능하다. 앞서 소개한 그림 5.3의 재즈제약이나, 그림 5.13에 소개될 인포스페이스Infospace, Inc.(INSP)의 예에 적용할 수 있는 방법이다.

INSP는 1998년 7월 중순부터 10월 말까지 저점을 형성했고, 바닥을 빠져나오면서 포켓피봇을 위한 건설적인 맥락을 만들었다. 9월 24일 주가가 전저점보다 하락하고, 거래량은 평균보다 123%나 증가한 점에 주목해야 한다. 지지선은 무너졌고, 주가도 계속 하락할 것처럼 보였다. 일반투자자들은 겁에 질려 투

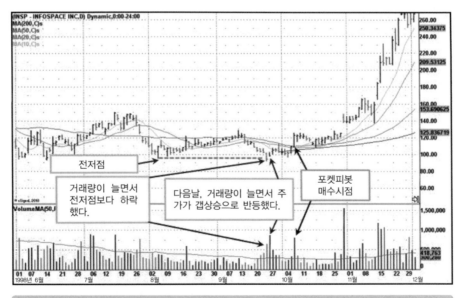

그림 5.13 | 1998년 인포스페이스(INSP) 일간차트. 저점에서 건설적인 '흔들기'는 향후 포켓피봇에 대해 중요하고 긍정적인 맥락을 형성했다(자료제공: 이시그널, 2010년).

자 포지션을 정리했지만, 바로 그 다음날 INSP는 갭상승해 다시 저점을 이어나 갔다. 거래량도 전날보다 더욱 증가했다. 강력한 세력이 유입되고 마음 약한 투 자자들은 떨어져 나가는 과정에서 나타나는 건설적인 '흔들기'였다. 흔들기 이 후에는 엄청난 주가상승을 위한 저점이 형성되곤 한다. 그 후 며칠간 INSP의 주 가는 약간 하락하면서 거래량은 말라버려 건설적인 맥락을 형성했고 10월 7일에 는 포켓피봇이 나타났다. 포켓피봇 후 INSP는 모든 이동평균선을 지키면서 빡빡 한 보합세를 보이다가 1998년 11월 말 드디어 갭상승으로 저점을 돌파했다. 그 림 5.13에는 나와 있지 않지만, 11월 말 브레이크아웃 이후 주가는 조금씩 등락 을 거듭하면서 다시 몇 번의 포켓피봇을 만들어냈다.

블루코트 시스템즈Blue Coat Systems(BCSI)는 2007년 5월 15일 포켓피봇을 만들었 고(그림 5.14 참조), 그 직후 브레이크아웃으로 신고가를 경신했다. 하지만 주가가 다시 하락하면서 포켓피봇이 나타났던 수준까지 떨어진 다음에야 다시 상승하

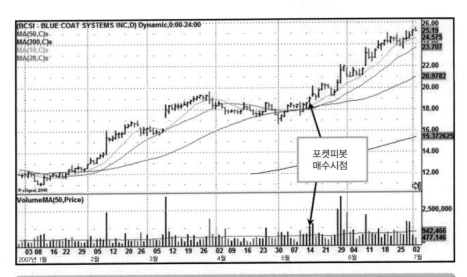

그림 5.14 | 2007년 5월 블루코트 시스템즈(BCSI) 일간차트. 5월 15일 포켓피봇에서 매수했다면 브 레이크아웃까지 그 이후 주가하락을 버텨내기 쉬웠을 것이다(자료제공: 이시그널, 2010년).

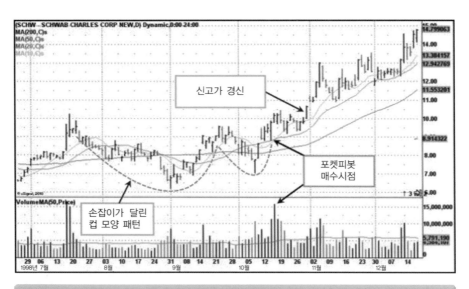

신고가 경신

포켓피봇
매수시점

손잡이가 달린
컵 모양 패턴

그림 5.15 | 1998년 10월 찰스슈왑(SCHW) 일간차트 (자료제공: 이시그널, 2010년).

기 시작했다. 만약 포켓피봇 시점에 매수했다면 이후 주가가 10일 이동평균선까지 후퇴했던 7일간을 버텨내기가 더 쉬웠을 것이다.

1998년 말 찰스슈왑SCHW이 신고가를 향해 주가상승을 시작하기 전에도 정확한 포켓피봇이 나타났다(그림 5.15 참조). SCHW는 10월에 들쭉날쭉한 손잡이가 달린 컵 모양 패턴을 형성하다가 10월 15일 패턴을 밀어 올리면서 포켓피봇을 만들어냈다. 특히 주목할 만한 것은 포켓피봇과 동시에 패턴의 손잡이 부근에서 브레이크아웃에 성공했다는 것이다. 게다가 같은 날 팔로우스루데이가 출현해 3개월간의 짧았지만 급격했던 하락세가 끝났다는 신호를 보냈다. SCHW는 아메리카온라인AOL과 함께 1998년 10월 시장 반등을 이끈 주도주였다. 덕분에 윌리엄오닐컴퍼니 포트폴리오 매니저였던 우리도 많은 돈을 벌었다. 하지만 SCHW가 포켓피봇 직후부터 엄청난 랠리를 이어나간 것은 아니었다. 약 2주 동안 10일 이동평균선 부근에서 보합세를 보이다가 신고가 브레이크아웃에 성공

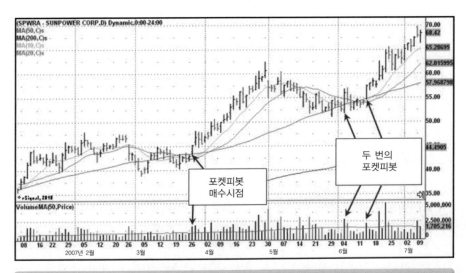

하고 상승랠리를 시작했다.

　주가와 거래량 변화가 불완전한 상황에서는 포켓피봇이 투자자들의 판단에 도움을 주기도 한다. 썬파워Sunpower Corp.(SPWRA)는 2007년 2월 말부터 3월까지 저점을 형성했고, 시장이 조정을 끝내고 팔로우스루와 함께 반등으로 전환된 시기에 역시 저점을 돌파했다. 차트 모양은 약간 불규칙했지만(그림 5.16 참조), 3월 27일에 나타난 포켓피봇은 명확한 매수신호였다. 3월 21일 시장의 팔로우스루가 출현하고 단 6일 만이었다. SPWRA의 주가는 이후 38% 상승했고, 또 다른 저점을 형성했다. 두 번째 저점은 손잡이가 달린 컵 모양 패턴에서 컵 부분만 형성하고 손잡이 없이 곧바로 저점을 돌파해버렸기 때문에, 손잡이가 완성되길 기다려 매수를 하려 했던 투자자들은 기회를 놓치고 말았다. 하지만 포켓피봇을 활용했다면 이 모든 불편함을 생략할 수 있었을 것이다. 6월에도 두 번의 포켓피봇이 있었다. 6월 5일 포켓피봇 직후 잠깐 동안 주가가 하락해 투자자들의 매도로 이어졌을 수도 있다. 하지만 1주일 후인 6월 14일 또 다른 포켓피봇이 출현해, 투자자들은 포지션을 회복하고 향후의 주가상승을 즐길 수 있었을 것이다.

SPWRA의 저점 바닥권에서는 주가와 거래량의 변동성이 매우 적었는데, 특히 두 번째의 컵 모양 저점에서는 거의 변화가 없었다. 주간차트를 보면 2007년 5월 말부터 6월 초까지 역시 약 4주간 주간 종가가 저점의 바닥부근에서 변화 없이 유지되는 것을 확인할 수 있다(그림 5.17 참조). 그림 5.16의 일간차트에서도 같은 기간 동안 큰 변화 없는 횡보세가 나타났다. 2007년 3월 말 3주간 저점이 형성되었을 때도 두 가지 차트는 비슷한 모양을 그려냈다.

포타쉬코프Potash Corp. Saskatchewan(POT)의 경우는 포켓피봇이 폭발적인 주가상승으로 이어진 전형적인 예다(그림 5.18 참조). 2007년 3월 30일, 거래량 조건을 만족시키면서 포켓피봇이 출현한 후 50일 이동평균선과 10일, 20일 이동평균선을 차례로 뚫으면서 주가가 상승했다. 거래량도 크게 늘었다. 포켓피봇은 최적의 매수포인트였고, 향후 주가는 약 4배나 상승했다. 하지만 그 이전인 3월 내내 POT는 빡빡한 횡보세를 유지해, 주가의 변화는 거의 없었고 거래량은 평균 이하였다. 이것이 바로 포켓피봇 직전에 형성되어야 할 바람직한 맥락이며, 향후 엄청난 주가상승으로 이어질 가능성이 크기 때문에 주의 깊게 살펴야 한다.

시장에 상장되기 전부터 화제를 불러일으킨 주식은 IPO 직후 저점을 돌파하곤 하는데, 당연히 매수가 부담스럽다. 예를 들어, 2007년 태양에너지주들이 크게 상승하자, 관련기업들이 앞 다투어 주식을 상장했다. 이들 대부분이 주식시장에서 큰 관심을 불러일으켰는데, LDK솔라LDK Solar Co., LTD.(LDK)도 그 중 하나였다. 그림 5.19의 주간차트를 보면, LDK는 IPO 직후 4주 동안 V자 형태의 컵 모양 저점을 만들어내다가 곧 저점을 돌파했다. 거래량이 크게 증가하지는 않았는데, IPO 직후였기 때문에 평균 거래량 기준이 정해지지 않은 상태였다. LDK가 더욱 완벽한 저점을 만들어내기만을 기다렸던 투자자들은 기회를 놓쳐버렸을 것

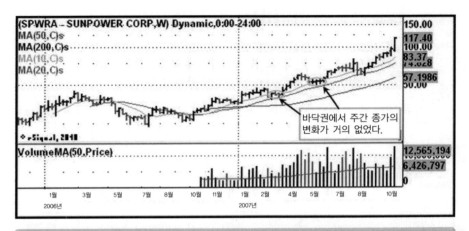

그림 5.17 | 2006~2007년 썬파워(SPWRA) 주간차트. 주간차트에서도 저점의 바닥권에서 주가의 변화가 거의 없었던 것을 확인할 수 있다(자료제공: 이시그널, 2010년).

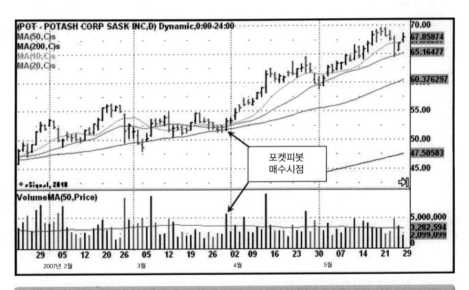

그림 5.18 | 2007년 포타쉬코프(POT) 일간차트. 주가가 3개의 이동평균선을 뚫고 폭발적으로 상승하기 시작할 때 포켓피봇 매수시점이 출현했다(자료제공: 이시그널, 2010년).

그림 5.19 | 2007년 LDK솔라(LDK) 주간차트. 짧은 V자형 저점은 매수기회로 생각되지 않았다(자료 제공: 이시그널, 2010년).

그림 5.20 | 2007년 6월 LDK솔라(LDK) 일간차트. 그림 5.19의 주간차트에서는 매수가 꺼려지는 V자형 패턴이 그려졌지만, 일간차트에서는 포켓피봇 매수시점을 확인할 수 있다(자료제공: 이시그널, 2010년).

이다. 주가는 IPO 수준인 27달러 밑을 잠깐 밑돌았을 뿐, 곧 고공행진을 계속했기 때문이다.

하지만 일간차트를 보면 이야기는 달라진다(그림 5.20 참조). 2007년 6월 22일 LDK는 10일 이동평균선을 뚫고 반등했고, 거래량도 이전 10일 중 거래량이 감소한 날의 감소폭보다 크게 상승했다. 22일 거래량은 120만 4,400주였는데, 재미있게도 거래량이 가장 크게 감소했던 6월 8일보다 단 100주 늘었을 뿐이었다. 엄격하게 보았을 때 6월 22일은 포켓피봇의 조건을 모두 만족시켰지만, 투자자라면 충분히 망설일 만한 상황이다. 하지만 6월 25일에 두 번째 포켓피봇이 출현해, 확실한 매수시점이라는 것을 알려주었다.

LDK의 사례에서 알 수 있듯이 포켓피봇 개념은 IPO 종목에 대해 전혀 다른 시각을 제공한다. 일반적인 오닐 투자방식에 따르면 저점이 적어도 6주에서 8주

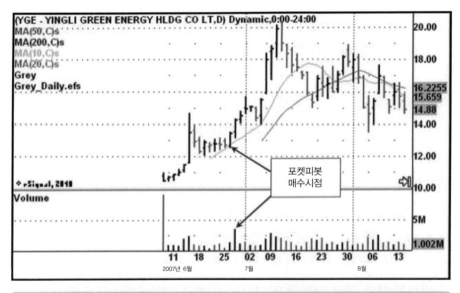

그림 5.21 | 2007년 6월 잉리 그린 에너지(YGE) 일간차트. IPO 후 단 13일 만인 6월 27일, 저점이 불완전한 상태에서 출현한 포켓피봇은 적절한 매수시점이었다 (자료제공: 이시그널, 2010년).

간 형성되거나, 아니면 높이 치솟은 '깃발형high, tight flag' 모양 패턴에서만 주식을 매수해야 한다. LDK의 경우는 별 특징 없는 V자형 패턴을 형성했기 때문에 완전한 저점이라고 볼 수는 없었다. 하지만 포켓피봇의 관점에서 보면 2007년 6월 22일은 아주 좋은 매수기회였다.

그림 5.21의 잉리 그린 에너지Yingli Green Energy(YGE) 일간차트를 보면 매우 짧은 깃발형 패턴을 확인할 수 있다. 하지만 저점이 단 1주일밖에 되지 않아서 높이 치솟은 깃발형 패턴으로 보기에는 무리가 있었다. 반대로 상장 직후 출현한 포켓피봇을 보면 반드시 매수해야 할 따끈따끈한 IPO 종목이라는 결론을 얻을 수 있다. 포켓피봇은 적절한 저점을 형성하는지 여부와는 별 관계가 없기 때문이다. 2007년 6월 27일 YGE는 10일 이동평균선을 뚫고 상승했고, 거래량은 이전 13일 중 최고로 늘어나 포켓피봇의 조건을 충족시켰다.

포켓피봇으로 바닥에서 사냥하기

주가가 조정을 받거나 크게 하락한 후에는 몇 주 혹은 몇 달에 걸쳐 저점이 형성된다. 그리고 마침내 저점의 바닥을 빠져나오게 되는데 이때도 포켓피봇이 출현한다. 2008년 9월에는 주식시장이 급락하면서 우량 주도주들까지도 고전을 면치 못하고 있었다. 일부 종목들은 이전 강세장에서 기록한 최고점에서 70% 이상 급락한 후에야 안정된 후 잠재적인 바닥을 찾기 시작했다. 그리고 몇 주나 몇 달 후 바닥을 빠져나오게 되는데, 이때 투자자들은 잠재적인 포켓피봇을 찾아야 한다. 주가가 바닥에서부터 실질적인 랠리를 시작한다는 의미이기 때문이다.

바이두BIDU는 바로 직전 강세장의 주도주였고, 최고점에서 73.8%이나 떨어진 후 2008년 11월 바닥을 확인했다(그림 5.22 참조). 그 후 2개월간 보합세가 지속되

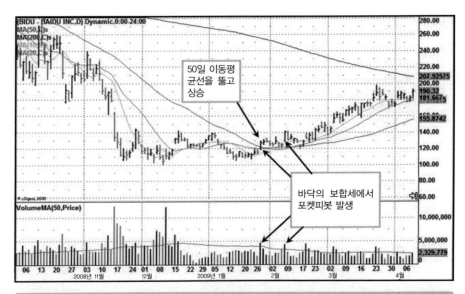

다가 2009년 1월 28일 50일 이동평균선이 회복되면서 포켓피봇이 출현했다. 전체 주식시장이 바닥을 확인하기 훨씬 전이었지만, 그때 이후 BIDU는 50일 이동평균선 밑으로 다시 하락하지 않았다는 점에 주목해야 한다.

인튜이티브 서지컬ISRG 역시 2008년 말 시장의 급락과 함께 하락한 여러 주도주들 중 하나다. ISRG는 강세장에서 기록한 최고점과 비교해 84.86%나 주가가 하락했다. 2007년 12월 ISRG의 주가는 359.59달러로 최고를 기록했는데, 그 후 급격하게 하락하다가 2009년 1월 말과 3월 초에 각각 90달러 선 밑으로 하락하면서 바닥을 확인했다(그림 5.23 참조). 하지만 바닥을 두 번 확인한 것이지, 이중바닥형의 저점은 아니라는 점을 명심하기 바란다. 이중바닥형은 주가상승에서 나타나는 패턴이다.

ISRG는 바닥을 두 번이나 확인한 후에 50일 이동평균선 위로 상승했다. 이

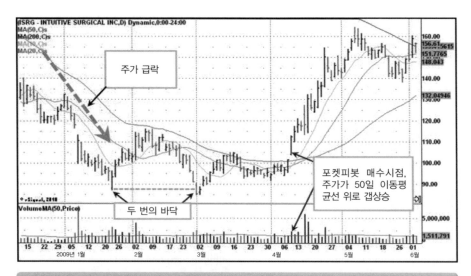

그림 5.23 │ 2009년 인튜이티브 서지컬(ISRG) 일간차트. 포켓피봇은 전환기였고, 드디어 최소저항선이 뚫렸다 (자료제공: 이시그널, 2010년).

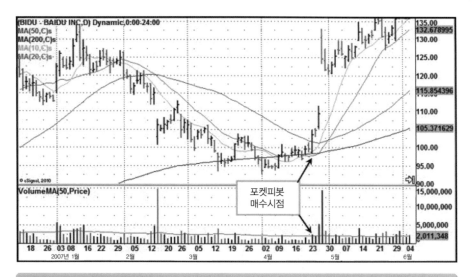

그림 5.24 │ 2007년 4월 바이두(BIDU) 일간차트. 갭상승 3일 전 나타난 포켓피봇은 중요한 매수신호였다 (자료제공: 이시그널, 2010년).

후 주가는 약간 하락해 2009년 3월 말부터 4월 초까지 빡빡한 보합세를 이어갔다. 2009년 3월 18일 팔로우스루가 랠리의 시작을 알렸고, 4월 9일에는 ISRG도 103.75달러 선에서 포켓피봇 매수신호를 발생시켰다. 이후 단 4주만에 ISRG의 주가는 60% 이상 급상승했고, 2009년 말에는 300달러를 넘어섰다. 만약 4월 9일 포켓피봇에서 ISRG를 매수한 운 좋은 투자자라면 엄청난 랠리를 모두 즐길 수 있었을 것이다.

2007년 4월의 바이두BIDU처럼 저점이 깊은 경우에도 포켓피봇을 적용할 수 있다(그림 5.24 참조). BIDU의 주가는 2007년 1월 134.10달러로 최고점을 찍은 뒤 30.8%나 하락했다. 그 후 95달러 선에서 바닥을 찾기 시작했는데, 매도세는 눈에 띄게 줄어 있었다. 차트를 보면 BIDU는 4월 들어 3주간이나 바닥을 다지다가 4월 24일에서야 50일 이동평균선을 뚫고 급상승하기 시작한 것을 확인할 수 있다. 당일 거래량 또한 포켓피봇의 조건을 만족시킬 만큼 늘었다. 3일 후 BIDU는 갭상승으로 장을 시작했고, 신고가를 경신했다. 포켓피봇 후 단 11주 만에 주가는 100% 이상 상승했다. 포켓피봇은 갭상승 며칠 전이나 심지어 하루 전에 나타나는데, 주가가 크게 상승하기 전 미리 매수 포지션을 구축해 엄청난 수익을 올릴 수 있도록 도와주는 실질적인 신호다.

2007년 8월 중순 리서치인모션Research in Motion(RIMM)은 이중바닥 모양의 저점 바닥에서 단 이틀 만에 반등에 성공했다. 하지만 저점 기간이 고작 4주밖에 되지 않아 완전한 이중바닥 모양 패턴으로 보기에는 부족했다(그림 5.25 참조). 이때 포켓피봇을 활용했다면 일치감치 매수 포지션을 구축하고 큰 수익을 올릴 수 있었다. 8월 15일 RIMM은 갑자기 주가가 급락해 50일 이동평균선 아래까지 떨어졌다. 하지만 50일 이동평균선이 무너진 것치고는 거래량이 그리 크지 않아서 평균보다 고작 9% 늘었을 뿐이었다. 다음날 거래량은 크게 증가했고, RIMM의 주가도 반등했다. 하지만 여전히 50일 이동평균선 밑이었다. 8월 17일, 드디어 RIMM

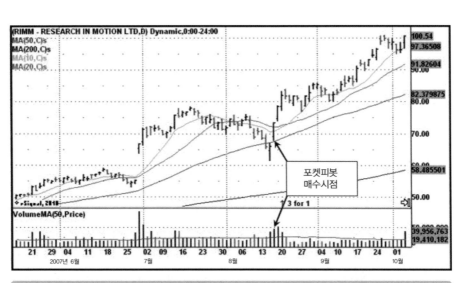

그림 5.25 | 2007년 8월 리서치인모션(RIMM)의 일간차트. 주가가 크게 하락하긴 했지만 바닥에서 단 이틀 만에 반등에 성공하면서 상황은 급격하게 변했다(자료제공: 이시그널, 2010년).

은 갭상승으로 50일 이동평균선을 회복했고, 거래량도 늘어나 명백한 포켓피봇이 출현했다.

이처럼 포켓피봇은 '바닥에서의 사냥bottom-fishing'에 유용하다. 주가가 끔찍한 하락 후 혹은 30% 이상 깊이의 저점 형성 후 반등을 시도할 때, 믿을 수 있는 매수기준을 제공하기 때문이다.

지속형 포켓피봇: 10일 이동평균선 활용

일단 주가가 저점을 돌파해 상향곡선을 그리기 시작하면, 리스크 때문에 추가 매수 타이밍을 잡기가 쉽지 않다. 물론 이전 저점의 브레이크아웃 피봇포인트, 혹은 50일이나 10주 이동평균선까지 주가가 다시 하락하기를 기다렸다가 매

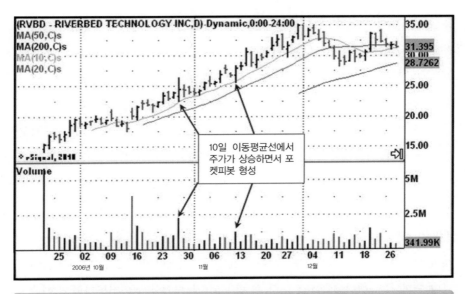

그림 5.26 | 2006년 10~11월 리버베드(RVBD) 일간차트. 포켓피봇이 10일 이동평균선을 따라 형성되면 적절한 매수시점으로 볼 수 있다 (자료제공: 이시그널, 2010년).

수하면 된다. 하지만 포켓피봇을 활용하면 주가가 상승하는 과정에서 실제적인 매수시점을 짚어낼 수 있어 큰 도움이 된다. 주가가 상승하는 과정에서 나타나는 지속형 포켓피봇을 잡아내기 위해서는 10일 이동평균선을 매수기준으로 활용해야 한다. 또 포켓피봇일의 거래량 증가폭이 그 이전 10일 중 거래량이 감소한 날의 감소수준보다 커야 한다는 거래량 조건을 반드시 지켜야 한다.

리버베드RVBD는 10일 이동평균선을 지키면서 주가가 반등한 대표적인 예다 (그림 5.26 참조). 2006년 10월 27일과 11월 13일에 주가가 10일 이동평균선에서 상승하면서 포켓피봇이 출현했다. RVBD처럼 10일 이동평균선을 지키던 종목의 종가가 10일 이동평균선 밑으로 떨어졌을 때는 단기 매도신호로 생각해야 하는데, 여기에 대해서는 이 장 마지막 부분에서 설명하도록 하겠다.

애플AAPL은 아이팟의 인기를 등에 업고 2004년 하반기 주도주로 부상했다. 처음 포켓피봇이 출현한 것은 2004년 3월이었는데, 당시 나스닥 지수는 3개월째 조정을 받고 있는 중이었다. 2004년 여름에도 주식시장의 조정은 계속되었다. 하지만 AAPL은 두 번 더 저점을 형성했고, 8월 25일에는 저점을 돌파했다. 나스닥 지수가 '4일째 팔로우스루'로 주가상승의 신호를 보낸 것은 8월 18일이었다.

그림 5.27을 보면 AAPL은 8월 25일 브레이크아웃에 성공한 후 계속해서 신고가를 경신했고, 전반적으로 10일 이동평균선을 지켜낸 것을 확인할 수 있다. 10월 13일 실적 발표를 며칠 앞두고 주가가 10일 이동평균선 아래로 떨어진 적이 있지만, 20일 이동평균선에서 다시 반등했다. 주가가 반등한 날은 애플의 실적 발표가 예정되어 있었는데, 장중 주가가 10일 이동평균선을 뚫고 상승하면서 포켓피봇이 출현했다. 거래량도 그 이전 10일 중 거래량이 감소한 날의 감소수준보다 크게 증가했다. 장이 종료된 후 발표된 애플의 실적은 전문가들의 예측 이상이었다. 다음날 AAPL은 갭상승했고, 그 이후에도 상승 랠리를 이어갔다. 2004년 필자들은 AAPL에 상당한 투자 포지션을 유지했는데, 주가가 갭상승한 날 처음 투자 포지션을 구축했다. 당시에는 포켓피봇을 몰랐었기 때문이다. 그때부터 포켓피봇을 활용했더라면 더 많은 돈을 벌 수 있었을 것이다.

10월 13일 실적 발표 후 AAPL은 승승장구했고(그림 5.28 참조), 계속해서 10일 이동평균선에서 지지를 받으며 상승했다. 10월 27일 AAPL의 주가는 10일 이동평균선 위에서 크게 상승했고, 거래량도 포켓피봇 조건을 만족시켰다. 문제는 주가가 10일 이동평균선 밑이나 이동선이 아닌, 그 위에서 상승하기 시작했다는 것이었다. 이럴 경우 주가가 너무 오른 것으로 판단되는데, 여기에 대해서는 잠시 뒤에 상세하게 설명하도록 하겠다. 일단 애플의 경우는 포켓피봇 전 주가의 변동성이 매우 적었기 때문에 예외적으로 인정할 수 있다. 포켓피봇을 판단할 때는 상승곡선 혹은 저점에서 주가와 거래량의 맥락을 고려해야 한다. 애플처럼 포켓피봇 전 주가의 변화가 거의 없을 때는 10일 이동평균선보다 높은 곳에서

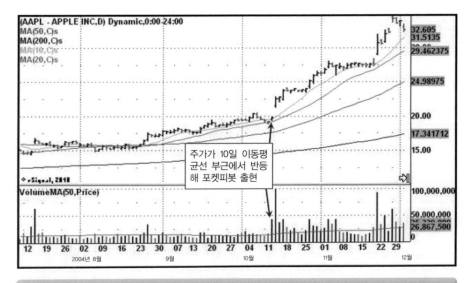

그림 5.27 | 2004년 10월 애플(AAPL) 일간차트(자료제공: 이시그널, 2010년).

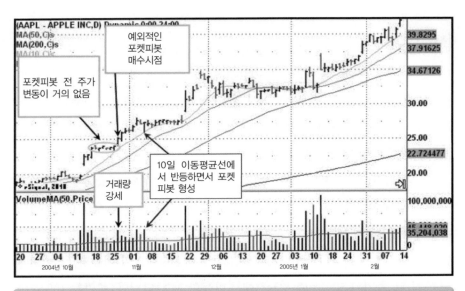

그림 5.28 | 2004년 11월 애플(AAPL) 일간차트. AAPL은 10일 이동평균선을 뚫고 반등해 포켓피봇을 만들었다(자료제공: 이시그널, 2010년).

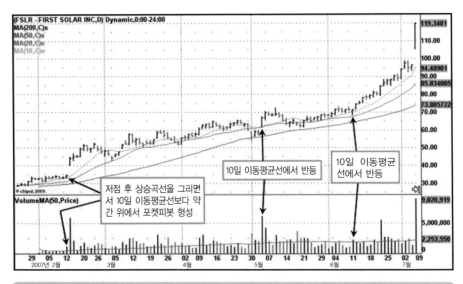

그림 5.29 | 2007년 퍼스트솔라(FSLR) 일간차트. 2007년 상반기에만 10일 이동평균선 기준의 포켓피 봇 3종류가 나타났다(자료제공: 이시그널, 2010년).

주가상승이 시작되었지만 적절한 매수시점으로 판단할 수 있었다. 7일 후, 잠깐 '흔들기'가 발생해 장중 주가가 10일 이동평균선까지 하락했다. 하지만 장이 종료되기 전 반등했고, 거래량은 크게 늘면서 다시 포켓피봇이 나타났다. 거래량 은 이전 10일간 거래량이 감소한 날의 감소폭보다 더욱 증가해 역시 포켓피봇의 조건을 만족시켰다.

퍼스트솔라FSLR는 10일 이동평균선을 기준으로 형성되는 포켓피봇의 세 가 지 사례를 보여준다(그림 5.29 참조). 첫 번째 포켓피봇은 2007년 2월 13일이었다. 10일 이동평균선에서 주가가 상승하기 시작했고, 거래량 조건도 충족시켰다. 두 번째 포켓피봇은 2007년 5월 4일로 10일 이동평균선과 20일 이동평균선이 차례 로 깨진 뒤, 주가가 50일 이동평균선에서 반등할 때 나타났다. 주가는 10일 이동 평균선을 뚫고 상승했으며, 거래량도 크게 늘어 포켓피봇 거래량 조건뿐만 아니라 신고가 경신 매수포인트의 조건을 만족시킬 정도였다. 세 번째 포켓피봇은 2007년 6월 12일에 출현했다. FSLR의 주가는 10일 이동평균선 밑까지 떨어졌다가 20일 이동평균선 근처에서 반등해, 10일 이동평균선 바로 위에서 장을 마감했다. 거래량 또한 포켓피봇 조건을 충족시켰다.

일반적으로 10일 이동평균선 포켓피봇은 6주에서 8주간 이상 적절한 저점이 형성되다가 해당기준선이나 바로 밑 부분에서 저점을 돌파하면서 만들어진다. 하지만 패턴의 형태가 빡빡한 횡보세를 보이면서 건설적으로 형성되고 있다면, 규칙에 너무 집착하지 말고 전반적인 맥락 속에서 유연하게 포켓피봇을 파악해야 한다. 그림 5.28 AAPL의 예가 바로 그런 경우다.

불완전하거나 매수를 자제해야 할 포켓피봇

적절한 포켓피봇이 있듯이, 불완전한 포켓피봇도 있다. 저점이 형성될 때 매수를 자제해야 하는 이유와 기준만큼이나, 포켓피봇이 형성될 때도 매수를 자제해야 하는 이유와 기준이 많다. 지금부터는 포켓피봇이 실패하는 이유에 대해 설명하도록 하겠다. 포켓피봇은 상대적으로 새로운 개념이기 때문에 불완전한 면이 있다. 시간이 지나면서 예외적인 사례가 더욱 많아질 수 있기 때문에 필자들은 연구를 계속할 생각이다.

주가가 빠른 속도로 하락했다가 V자 형태로 급등해 신고가를 경신하면서 포켓피봇이 발생할 때는 주의해야 한다. 그림 5.30의 게임스탑GameStop Corp.(GME)을 예로 들 수 있다. 2007년 4월 23일, GME는 20일 이동평균선 위까지 갭하락으로 하락한 지 단 이틀 만에 신고가를 경신했다. 이처럼 주가가 하락했다가 갑자기 상승하면서 V자형 패턴이 나타날 때는 조심해야 한다. 특히 GME는 3월 말 크게

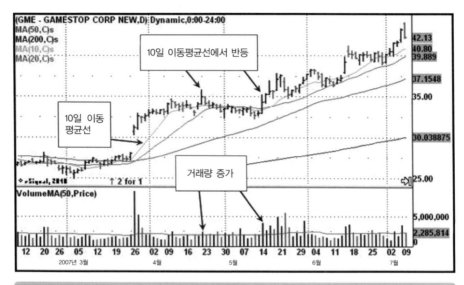

그림 5.30 | 2007년 4~5월 게임스탑(GME) 일간차트. 두 번의 포켓피봇 중 하나만 적절한 포켓피봇이었다(자료제공: 이시그널, 2010년).

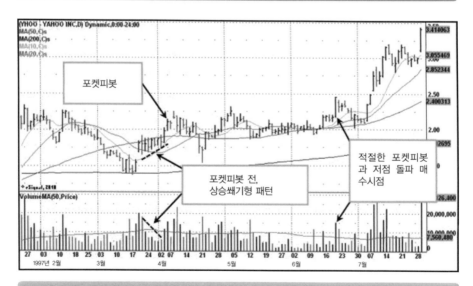

그림 5.31 | 1997년 야후(YHOO) 일간차트. 상승쐐기형 패턴은 포켓피봇의 맥락으로 좋지 않았고, 4월 포켓피봇은 주가상승으로 이어지지 못했다. 한편 6월 빡빡한 주가변동은 포켓피봇을 위한 적절한 맥락을 만들어냈다(자료제공: 이시그널, 2010년).

갭상승한 후부터 몇 주간이나 상승해왔기 때문에 더욱 의심스러웠다. 일반적으로 주가가 크게 상승한 뒤에는 상승폭을 소화할 만큼 충분한 시간 동안 보합세가 나타나야 한다. 이 점에 유의하면서 5월 15일 나타난 두 번째 포켓피봇을 보자. 이때는 거래량이 상대적으로 줄어든 상태에서 주가가 약간 하락하다가, 10일 및 20일 이동평균선을 뚫고 주가가 상승하면서 포켓피봇이 출현했기 때문에 훨씬 건설적이었다.

포켓피봇이 나타나고 주가가 상승하기 시작할 때는 10일 이동평균선과 50일 이동평균선을 참조해 직전에 주가가 과도하게 상승하지는 않았는지 살펴봐야 한다. 때로 상승쐐기형 패턴, 즉 거래량은 줄어든 상태에서 주가가 상승하면서 포켓피봇이 나타나기도 한다. 일반적으로 거래량이 감소하거나 말라버릴 때는 주가가 감소해야 한다. 반대로 주가가 상승했다면 상승쐐기형 패턴이라고 하는데, 별로 건설적이지 않은 상황이다.

그림 5.31의 야후Yahoo!, Inc.(YHOO) 차트를 참고해보자. 1997년 4월 7일 포켓피봇이 나타나기 전 상승쐐기형 패턴이 만들어졌고, 이때 포켓피봇은 주가상승으로 이어지지 않았다. YHOO는 좀 더 시간을 필요로 했다. 5월 말부터 6월 중순까지 주가는 빡빡한 횡보세를 보였고, 거래량도 포켓피봇을 위한 건설적인 맥락을 만들어냈다. 그 결과 6월에는 적절한 포켓피봇이 만들어졌다. 차트를 보면 5월 말부터 6월 셋째 주까지 주가에 거의 변화가 없는 것을 확인할 수 있다. 이처럼 포켓피봇을 판단할 때는 반드시 전체 맥락에서 파악해야 한다. 3월 말부터 4월 초까지 지속된 상승쐐기형 패턴은 4월 7일 출현한 포켓피봇의 맥락으로 적절하지 않았다. 하지만 5월 말부터 6월 초까지 계속된 횡보세는 건설적이면서도 적절한 맥락을 제공했고, 6월 20일 완전한 포켓피봇 매수시점이 출현했다.

게임스탑GME도 마찬가지였다(그림 5.32 참조). GME는 2007년 1월 말부터 2월 대부분의 기간 동안 상승쐐기형 패턴을 형성했다. 그 후 주가는 50일 이동평균

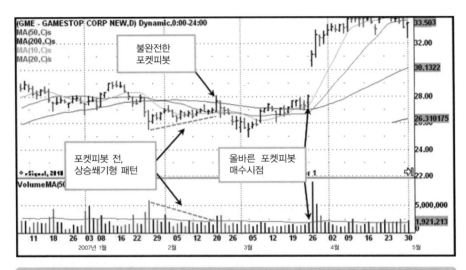

그림 5.32 | 2007년 게임스탑(GME) 일간차트. YHOO와 마찬가지로 GME도 포켓피봇의 맥락이 얼마나 중요한지를 보여주고 있다 (자료제공: 이시그널, 2010년).

선을 뚫고 상승했고, 거래량은 포켓피봇의 조건을 만족시켰다. 하지만 그림 5.31의 YHOO에서와 마찬가지로 상승쐐기형 패턴 직후의 포켓피봇은 실패했고, 주가는 곧 50일 이동평균선 밑까지 하락했다. 그 후 GME는 좀 더 오랜 시간을 들여 다시 저점을 형성했는데, 이 과정에서 2007년 3월 초 저점의 바닥보다 더 하락하기도 했다. 3월 말 주가는 다시 50일 이동평균선 위로 상승했고, 3월 26일에는 제대로 된 포켓피봇이 출현했다. 거래량은 평균보다 약간 늘었을 뿐이지만, 증가폭이 이전 10일간 거래량이 감소한 날의 감소폭보다 커서 거래량 조건을 만족시켰다. 당일 주가는 50일 이동평균선 위에서 10일 이동평균선을 뚫고 상승했다.

10일 이동평균선보다 위에서 포켓피봇이 나타나면, 주가가 이미 너무 높은 상태이기 때문에 매수에 위험이 따른다. 그림 5.33은 그림 5.30 이후의 GME 차트다. 그림 5.30에서 설명한대로 2007년 5월 15일 포켓피봇은 적절한 매수시점이었다. 한편, 그림 5.33에서 4일 후에 발생한 5월 21일 포켓피봇은 10일 이동평균선

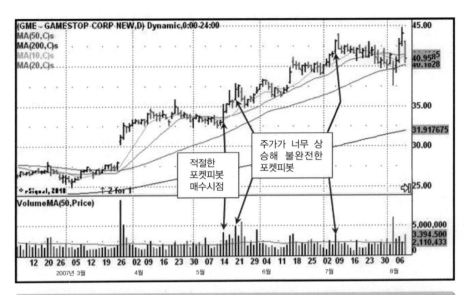

그림 5.33 | 2007년 게임스탑(GME) 일간차트. 10일 이동평균선보다 높은 곳에서 만들어진 불완전한 포켓피봇을 보여주고 있다(자료제공: 이시그널, 2010년).

보다 위에서 시작되어 너무 주가가 높은 상태였다. 3일 후 주가는 오히려 하락했다. 7월 9일 또 한 번 10일 이동평균선 위에서 불완전한 포켓피봇이 출현했다. 이때 역시 부족한 매수세로 주가상승에 실패하고 말았다.

앞서 2007년 퍼스트솔라^{FSLR} 차트를 통해 10일 이동평균선에서 포켓피봇이 성공한 사례를 설명했다. 같은 해 FSLR 차트에서 불완전한 포켓피봇의 예도 찾아볼 수 있는데(그림 5.34 참조), 3월 22일과 4월 16일 각각 10일 이동평균선보다 훨씬 위에서 '매수를 자제해야 할 포켓피봇'이 출현했다. 포켓피봇은 당일 거래범위의 최저 가격이 10일 이동평균선 밑이거나 혹은 적어도 이동평균선에 위치해야 한다. 만약 10일 이동평균선보다 눈에 띄게 높은 곳에서 포켓피봇이 출현하면, 주가가 이미 높은 상태이기 때문에 매수에 위험이 따른다.

이와 비슷하게, 2006년 9월 애플^{AAPL}도 주가가 과도하게 오른 상태에서 포켓

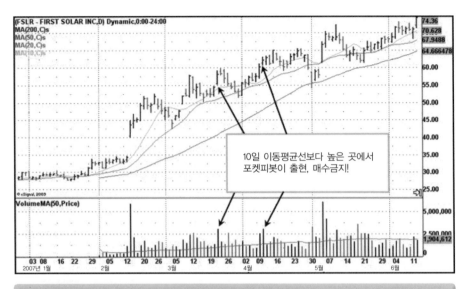

그림 5.34 | 2007년 퍼스트솔라(FSLR) 일간차트(자료제공: 이시그널, 2010년).

피봇이 나타났다(그림 5.35 참조). 이후 주가는 20일 이동평균선 아래까지 하락했
고, 지속적인 보합세를 보였다. 하지만 그나마 애플의 경우에는 맥락이 그리 나
쁘지 않아서 크게 하락하지는 않았다. 이런 경우를 제외하고는 주가가 높은 상
태에서 발생하는 포켓피봇은 무조건 피해야 한다.

또, 주가가 최고가에서 하락한 후 빠르게 반등하면서 그려내는 V자형 패턴
의 오른쪽에서 출현하는 포켓피봇도 주의해야 한다. 그림 5.36의 리버베드RVBD
차트를 보자. 2006년 12월 주가가 10일 및 20일 이동평균선 밑으로까지 떨어졌
다가 단번에 다시 이들 이동평균선 위로 상승하면서 포켓피봇이 형성되었다. 문
제는 지금까지의 주가상승분을 소화하기 위해 더 오랜 시간에 걸쳐 보합세가 지
속되어야 한다는 것이다. 단순히 주가가 10일 이동평균선과 20일 이동평균선 밑
으로 잠깐 떨어졌던 것만으로는 부족하다. 오히려 주가가 더욱 하락해 50일 이
동평균선까지 떨어졌다면 더욱 견실한 지지를 받았을 것이다. 항상 맥락에 유념

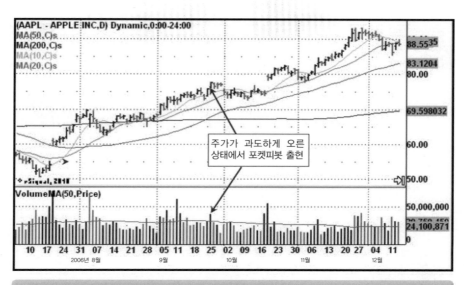

그림 5.35 | 2006년 애플(AAPL) 일간차트(자료제공: 이시그널, 2010년).

해야 한다. 이처럼 급격한 하락과 회복은 좋지 않다. 포켓피봇 전에는 주가가 좀
더 조용한 움직임을 보이는 것이 좋다.

당연하겠지만, 주가가 약간 하락한 상태로 건설적인 저점을 형성한 후가 아
니라 전반적인 하락세에서 포켓피봇이 나타날 때도 매수를 자제해야 한다. 2008
년 말에는 약세장이 몇 달간이나 지속된 탓에 바이두BIDU의 주가도 급락했는데,
이 과정에서 몇 번이나 급격한 상승 포켓피봇이 출현했다(그림 5.37 참조). 물론 그
즉시 반등에는 실패해, 주가하락 중에 나타나는 포켓피봇은 반드시 무시해야 한
다는 사실을 반증하고 있다. 주가하락이 멈추고 컵 모양의 저점을 형성하면서
반등한다고 해도, 포켓피봇이 저점의 바닥권에서 1/3 이내에 형성되면 무시하고,
반드시 저점 꼭대기나 적어도 50일 이동평균선보다 위에서 형성될 때 매수를 시
작해야 한다.

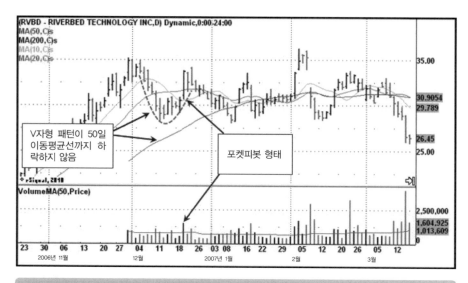

그림 5.36 │ 2006~2007년 리버베드(RVBD) 일간차트. V자형 패턴이 50일 이동평균선까지 하락하지는 않으면서 좋지 않은 맥락을 형성했다(자료제공: 이시그널, 2010년).

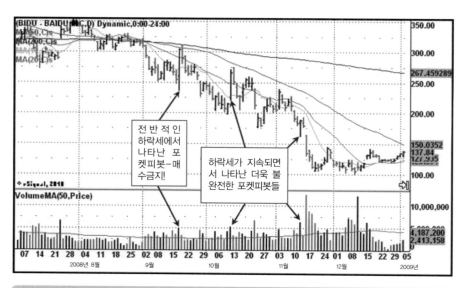

그림 5.37 │ 2008년 바이두(BIDU) 일간차트. 주가가 전반적으로 하락할 때 출현하는 포켓피봇은 무시해야 한다(자료제공: 이시그널, 2010년).

이동평균선을 매도기준으로 활용

7주 이상 10일 이동평균선을 지키면서 상승한 종목은 10일 이동평균선이 무너졌을 때 매도하도록 한다. 그렇지 않은 종목에 대해서는 50일 이동평균선을 기준으로 활용하도록 한다. '7주 규칙Seven-Week Rule'이라고 불리는 방법으로, 10일 이동평균선을 지키는 빈도가 높은 종목에 투자할 때 너무 일찍 매도하지 않도록 도움을 준다. 필자들은 연구를 통해 포켓피봇 후 7주 이상 10일 이동평균선을 지키면서 주가가 상승한 종목이 10일 이동평균선 밑으로 하락하면 바로 매도해야 한다는 결론을 얻었다. 10일 이동평균선이 무너졌다는 의미는 특정일 종가가 10일 이동평균선 밑으로 하락하고, 그 다음날 주가가 전날의 장중 최저가 밑을 하회할 때다. 그림 5.38에서 10일 이동평균선을 계속 지켜왔던 애플AAPL의 주가가 2004년 12월 초 처음 10일 이동평균선 아래로 하락한 것을 확인할 수 있

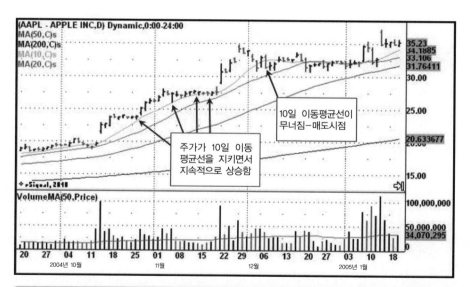

그림 5.38 | 2004년 애플(AAPL) 일간차트. AAPL은 계속해서 10일 이동평균선을 지켜내다가 12월 초 드디어 종가가 10일 이동평균선 밑으로 떨어졌다(자료제공: 이시그널, 2010년).

다. 차트를 보면 주가가 10일 이동평균선 아래로 하락하고 그 다음날에는 전날의 장중 최저가 밑을 하회한 부분이 화살표로 표시되어 있다. 7주 규칙의 기본적인 논리는 몇 주간이나 10일 이동평균선을 지켜낸 종목은 계속해서 같은 추세를 따를 가능성이 크다는 것이다. 연구결과에 따르면, 반대로 10일 이동평균선이 무너진 다음에는 주가가 한동안 정체기를 겪곤 했다. 이때가 발 빠른 투자자들에게는 수익실현의 기회다. 주가가 잠시 호흡을 가다듬으면서 보합세를 나타내다가 다시 상승세로 전환할 때까지 기다리도록 하자. 하지만 일부 강한 종목들은 다시 주가가 상승하는 데 오랜 시간이 걸리지 않기 때문에 새로운 포켓피봇이 나타나면 곧바로 편승하는 유연성을 가져야 한다.

Dr. K의 실험실: 주도주가 갭상승할 때 매수하기

거래량이 크게 늘면서 갭상승하는 종목만큼 투자자들을 유혹하는 것도 없다. 하지만 갭상승은 짧은 시간 동안 주가가 과도하게 상승한 결과이기 때문에 매수에는 위험이 따른다. 잠재적으로 강력한 주도주가 될 가능성이 있는 종목이 갭상승한 경우도 마찬가지다. 가끔 주가가 저점을 돌파해 갭상승으로 신고가를 경신하기도 하는데, 이때 갭상승이 이전 저점에서 5% 이내로 상승했다면 매수해도 좋다. 그림 5.39 게임스탑^{GME} 차트에서 2007년 8월 23일 발생한 갭상승을 보자. GME는 8월 초 처음 저점 돌파를 시도했으나 실패했고, 그 후 주가가 하락해 저점의 바닥을 확인했다. 이 때문에 저점이 엉성한 모양으로 형성되었다. 이후 드디어 주가가 갭상승으로 저점을 돌파하고 거래량도 크게 늘어나, 이전에 나타났던 미심쩍은 주가와 거래량의 움직임에 대한 의혹들을 해소시켰다. 이것이 바로 갭상승 브레이크아웃의 기본 규칙이다. GME의 불규칙하고 실패한 브레이크

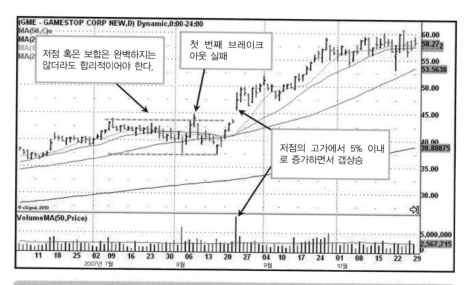

그림 5.39 | 2007년 8월 게임스탑(GME) 일간차트. 갭상승으로 저점을 돌파해 신고가를 경신했으며, 거래량도 크게 늘었다(자료제공: 이시그널, 2010년).

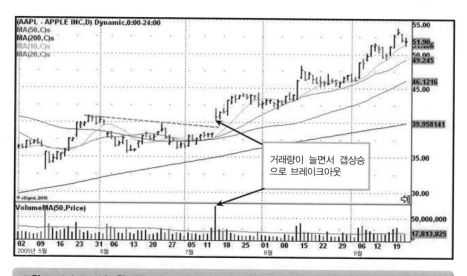

그림 5.40 | 2005년 7월 애플(AAPL) 일간차트(자료제공: 이시그널, 2010년).

아웃처럼 저점에서 나타났던 모든 부정적인 혹은 약한 움직임이 갭상승으로 깔끔하게 해소되어야 한다. 즉 주가가 하락하면서 갭상승이 나타나면 매수를 자제해야 한다. 두 번째의 예처럼 깔끔하게 신고가를 경신하는 갭상승에서 투자 포지션을 구축하도록 한다.

그림 5.40의 애플^{AAPL} 차트를 보자. 역시 갭상승으로 저점을 돌파해 신고가를 경신했으므로 좋은 매수시점이다. 갭상승은 가장 강력한 저점 돌파 방법이기 때문에 펀더멘털이 좋은 종목에서 나타날 때는 반드시 매수하도록 한다. 갭상승으로 저점을 돌파하는 종목은 상대적으로 쉬운 경우다. 하지만 전반적인 주가상승 추세에서 갭상승으로 주가가 5~10%까지 상승하는 경우에는 매수가 까다로운데, 필자들이 연구를 통해 찾아낸 몇 가지 규칙을 활용하면 도움이 될 것이다.

첫 번째 규칙은 반드시 펀더멘털이 좋은 우량종목일 경우에만 매수해야 한다는 것이다. 투기종목, 예를 들어 2달러짜리 바이오주나 캐나다 우라늄 광산회사 주식이 크게 갭상승했다고 아무생각 없이 매수해서는 안 된다. 정크^{junk}주식, 즉 펀더멘털이 좋은 주도주나 잠재적으로 주도주 될 가능성이 없는 주식은 갭상승했다고 매수해서는 안 된다. 또 일일 거래량이 평균 500만 달러 이상인 종목을 매수하도록 한다. 거래량은 클수록 좋다.

갭상승은 패턴에서 쉽게 분간할 수 있을 정도로 '분명한 갭상승'이어야 한다. 이를 위해서는 다음 두 가지 조건을 만족해야 한다. 첫째, 주가가 이전 거래일 40일 동안 기록한 ATR의 0.75배 이상 갭상승해야 한다. 하지만 갭상승 전 몇 주간 주가의 변동성이 컸다면 0.75배도 부족할 수 있다. 이처럼 패턴의 맥락에서 갭상승이 분명하게 드러날 정도가 아니라면 일단은 피하는 게 좋다. 둘째, 갭상승일의 거래량이 거래량 50일 이동평균보다 1.5배 혹은 150% 이상 커야 한다. ATR은 주가의 변동성을 측정하는 방법이다. 현재 고가에서 현재 저가를 뺀 값, 현재 고가의 절대값에서 이전 종가를 뺀 값, 현재 저가의 절대값에서 이전 종가를 뺀 값 중 가장 큰 수치를 활용해 계산할 수 있다. 예를 들어, 최근 40일간의 값을 기록해 이동평균을 구하면, 40일 동안의 ATR을 구할 수 있다. 따라서 변동성이 크면 갭상승 폭도 커야 한다.

하지만 IPO 직후의 종목은 거래가 시작된 지 얼마 지나지 않았기 때문에 이전 40일간의 ATR이나 거래량 50일 이동평균을 구할 수 없다. 그림 5.41의 리버베드RVBD 차트의 경우에서처럼 IPO 직후의 상황에서는 차트에서 ATR과 거래량 증가 수준을 눈으로 확인하고 매수한다.

주가가 많이 올라 매수가 꺼려지는 게 당연하지만, 우량 주도주가 크게 갭상승하면서 '분명한 갭상승'의 조건을 만족시키고 또 갭상승일 거래범위의 장중 저가를 지켜낸다면 매수해도 좋다. 그림 5.42에서 아마존AMZN은 2009년 10월 23일 엄청난 거래량 증가와 함께 갭상승했으며, 주가가 갭상승일의 장중 저가 밑으로 하락한 적도 없다. 갭상승일에 나타난 어마어마한 거래량 증가는 강한 상

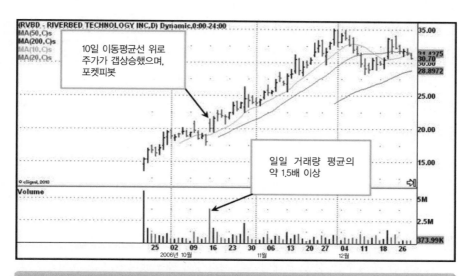

그림 5.41 | 2006년 10월 리버베드(RVBD) 일간차트 (자료제공: 이시그널, 2010년).

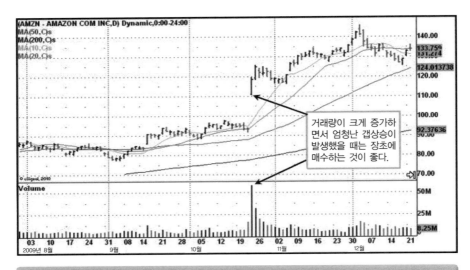

거래량이 크게 증가하면서 엄청난 갭상승이 발생했을 때는 장초에 매수하는 것이 좋다.

그림 5.42 | 2009년 10월 아마존(AMZN) 일간차트 (자료제공: 이시그널, 2010년).

승세를 의미한다. AMZN과 같은 우량주는 갭상승 당일에도 주가가 계속 상승해 높은 종가를 기록하는 일이 잦기 때문에, 장초에 매수하는 것도 좋다. 물론 장이 마감될 때 종가를 확인하고 매수하는 것도 아주 나쁘지는 않지만, 갭상승 매도규칙을 적용할 때 불리할 수 있다. 매도규칙에 대해서는 잠시 후에 설명하도록 하겠다. 또 다른 방법은 장초에 원래 생각했던 투자 포지션의 반 정도를 매수하고, 장이 마감할 때 나머지 반을 매수하는 것이다.

이처럼 매수의 기본규칙은 갭상승일의 장중 저가 밑으로 주가가 하락하지 않아야 한다는 것이다. 그렇다면 갭상승 이후 주가가 상승한 다음에는 언제, 어떤 기준에서 매도해야 할까? 그 답은 주식의 특성과 10일 및 50일 이동평균선 근처에서 주가의 행보에 따라 달라진다.

갭상승한 우량주를 장중 거래범위의 저가에서 매수했다면, 매도에서는 다음 두 가지 규칙을 따르도록 한다.

: 매도규칙 1

10일 이동평균선이 무너지면 매도한다. 즉 10일 이동평균선 밑에서 종가가 정해진 후, 해당일의 저가 밑으로 주가가 하회할 때다. 단 다음 세 가지는 예외로 한다. 첫째, 갭상승일 이전 주가가 7주 이내의 간격으로 10일 이동평균선 밑으로 하락했던 경우, 둘째, 반도체, 소매, 원유나 금속 등의 종목인 경우, 셋째, 시가총액이 50억 달러 이상인 경우. 이때는 10일 이동평균선이 아닌 50일 이동평균선을 기준으로 매도하도록 한다. 한편, 7주 이상 10일 이동평균선을 지켜왔던 종목은 7주 규칙을 적용해야 한다. 10일 이동평균선을 지키는 종목들이 그 아래로 하락하면 주식의 특성이 변했다고 생각하고 일단은 매도하도록 한다. 반대로, 10일 이동평균선 밑으로 곧잘 하락하면서 7주 규칙을 지키지 않던 종목들에 대해서는 50일 이동평균선을 매도기준으로 삼는다. 7주 규칙을 지키는 종목이 10일 이동평균선 아래로 하락하면 일단 투자 포지션의 반 이상을 매도하도록 한다. 그 후 50일 이동평균선마저 무너졌다면 투자 포지션을 모두 정리하도록 한다.

인튜이티브 서지컬^{ISRG}의 2009년 차트를 보면, 갭상승한 후 3주가 채 되지 않아 8월 11일에 10일 이동평균선이 무너지면서 7주 규칙을 지키지 못했다(그림 5.43 참조). 하지만 ISRG는 시가총액이 50억 달러를 훨씬 뛰어넘는 대형 우량주이기 때문에 50일 이동평균선을 매도기준으로 삼아야 한다. 2009년 10월 21일 실적 발표와 함께 ISRG의 주가는 갭하락하면서 빠르게 하락했지만, 50일 이동평균선에서 지지를 받았다. 그 이후 ISRG는 50일 이동평균선을 재확인한 다음 신고가 경신을 이어가서, 50일 이동평균선을 매도기준으로 활용하는 전략이 적중했다.

그림 5.44를 보면, 바이두^{BIDU}는 2009년 3월 4일 갭상승일 이후 약 3개월 동안이나 10일 이동평균선을 지켜냈다. 7주 규칙의 최소기준인 7주보다 훨씬 긴 시간 동안 10일 이동평균선을 지킨 것이다. 매도규칙에 따르면 BIDU가 10일 이동평

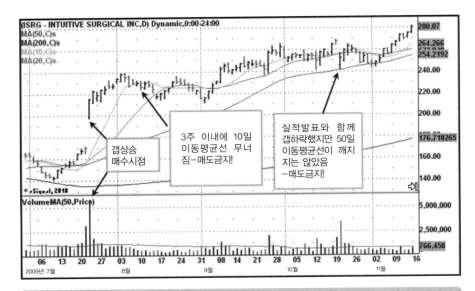

그림 5.43 | 2009년 인튜이티브 서지컬(ISRG) 일간차트. ISRG는 대형 주도주지만 7주 규칙을 지키지 않는 종목이었기 때문에 10일 이동평균선이 아닌 50일 이동평균선을 매도기준으로 삼아야 한다(자료제공: 이시그널, 2010년).

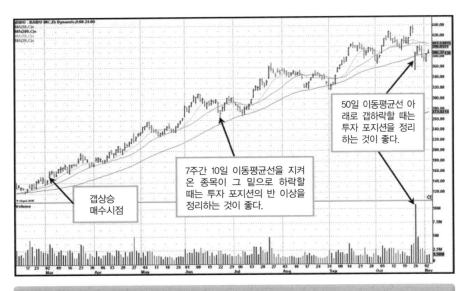

그림 5.44 | 2009년 바이두(BIDU) 일간차트(자료제공: 이시그널, 2010년).

균선이 밑으로 하락했을 때 주식을 반 이상 매도하고, 50일 이동평균선이 무너진 10월 27일에 투자 포지션을 완전히 정리해야 한다. 하지만 10일 이동평균선이 무너졌을 때 모두 매도하는 것도 나쁘지 않는데, 필자들은 오히려 이 방법을 선호한다. 이후 마음 편하게 사태를 지켜보다가 리스크가 적은 투자시점, 즉 포켓피봇과 같은 기회를 활용해 다시 매수하면 되기 때문이다. 덤불숲에 있는 두 마리 새보다는 내 손 안에 있는 한 마리 새가 더 중요하다. 버나드 바루크Bernard Baruch도 "내가 돈을 버는 비법은 과도하게 빨리 매도하는 것이다"라고 말했다.

: 매도규칙 2

주가가 갭상승일의 장중 저가 밑으로 하락하면 매도해야 한다. 장중에 주가가 갭상승일의 저가 밑으로 하락했을 때는 종가를 확인한 뒤에 매도해도 좋다. 변동성이 큰 종목은 그렇지 않은 종목에 비해 약간의 여지를 줄 수 있다. 또, 장중에 갭상승일의 저가 밑으로 주가가 하락하더라도 종가가 10일, 50일, 200일 이동평균선에서 지지를 받았다면 매도하지 않는다.

그림 5.45의 리버베드RVBD 차트를 보자. 주가가 갭상승일의 저가 밑으로 하락했지만 장 마감 전 10일 이동평균선과 20일 이동평균선에서 지지를 확인했다. 이 날은 포켓피봇 매수시점이다. 주가가 10일 이동평균선을 뚫고 상승했고, 동시에 거래량이 이전 10일 중 하락했던 날의 하락폭보다 더 크게 늘었기 때문이다. 그래서 10일 이동평균선을 뚫고 반등한 포켓피봇이다. 이럴 때를 대비해, 미리 정한 손절매 수준까지 주가가 하락해 투자 포지션을 정리한 뒤에도 경계를 늦추지 않도록 하자. 합리적인 이유로 주식을 매도했지만, 포켓피봇 같은 매수 신호가 발생할 가능성을 배제할 수 없기 때문이다. 혹 RVBD의 주가가 갭상승일의 저가 밑으로 하락하는 것을 보고 매도했다고 하더라도, 포켓피봇이 출현하면

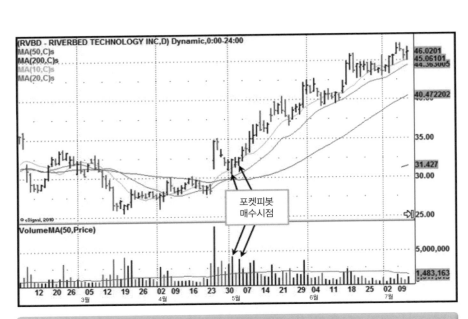

그림 5.45 | 리버베드(RVBD) 일간차트 (자료제공: 이시그널, 2010년).

다시 매수세로 전환하면 된다. 이처럼 주식을 관리할 때는 포켓피봇을 비롯해 모든 도구를 활용해야 한다.

　RVBD와 달리 애플^AAPL은 2009년 10월 20일 주가가 갭상승일의 저가보다 하락하면서 매도신호가 발생되었다(그림 5.46 참조). 또 갭상승 후 단 6일 만에 10일 이동평균선이 무너지면서 갭상승의 실패가 결정되었다. 이후 AAPL은 몇 주간 주가가 하락과 반등을 지속하다가 다행히 신고가를 경신했다. 하지만 일단 갭상승이 실패하면 계속 투자 포지션을 유지하면서 기다릴 필요는 없다. 상대적으로 손실이 적을 때 손절매해야 한다.

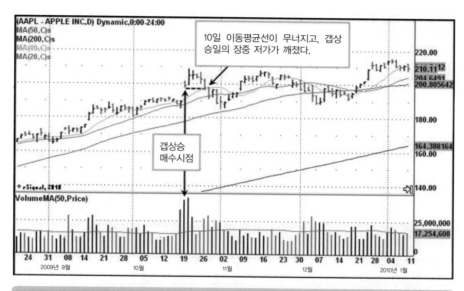

10일 이동평균선이 무너지고, 갭상
승일의 장중 저가가 깨졌다.

갭상승
매수시점

그림 5.46 | 2009년 10월 애플(AAPL) 일간차트 (자료제공: 이시그널, 2010년).

10일 이동평균선과 50일 이동평균선을 활용한 매도기술

눈치 빠른 독자들은 이미 포켓피봇의 매도규칙과 갭상승의 매도규칙이 동일하다는 사실을 깨달았을 것이다. 그 이유는 10일 이동평균선과 50일 이동평균선 중 어느 것을 활용할지 결정하는 '7주 규칙'이 모든 매도의 바탕이기 때문이다. 모든 추세, 상황, 종목에서 마찬가지다. 가끔 20일 이동평균선이 활용되기도 하지만, 대체적으로 10일 이동평균선과 50일 이동평균선이 매도와 투자 포지션 조절에 기준이 된다.

7주 이상 10일 이동평균선을 지키는 성향을 보이는 종목이 10일 이동평균선 아래로 하락하면 일단 매도하는 게 좋다는 7주 규칙은 반복해서 지킨다고 해도 전혀 손해볼 일이 없다. 반대로, 7주 규칙을 지키지 않는 종목은 50일 이동평균

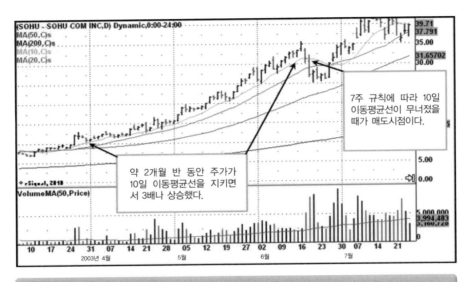

선이 무너지면 매도한다. 소후닷컴Sohu.com(SOHU)은 2003년 3월 말부터 6월 중순까지 약 2개월 반 동안 10일 이동평균선을 지켰고(그림 5.47 참조), 주가는 같은 기간 3배나 상승했다. 6월 중순 드디어 10일 이동평균선이 무너졌고, 7주 규칙에 따라 매도시점이었다. SOHU는 2003년 3월 브레이크아웃 이후로 10일 이동평균선을 7주 이상이나 지켰기 때문에 10일 이동평균선을 매도기준으로 활용해야 했다. 이때 10일 이동평균선이 무너지면 일단은 매도하고, 포켓피봇이나 브레이크아웃 매수시점이 나타날 때까지 느긋하게 기다리면 된다.

크록스Crocs, Inc.(CROX)는 2007년 5월 초 가파른 갭상승으로 장을 시작했고, 그 이후에도 상승세를 이어나갔다(그림 5.48 참조). 앞서 설명한 갭상승 규칙에 부합했기 때문에 적절한 매수대상이었고, 또 이후에는 10일 이동평균선을 7주 이상 지켜냈다. 따라서 7주 규칙을 적용해 10일 이동평균선을 매도기준으로 활용해야 하는 사례였다. CROX의 10일 이동평균선이 무너진 것은 2007년 6월 말이었다.

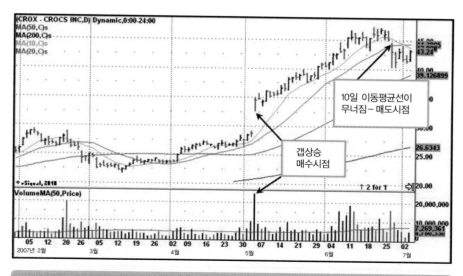

그림 5.48 | 2007년 크록스(CROX) 일간차트(자료제공: 이시그널, 2010년).

앞에서도 설명했지만, 이동평균선이 '무너졌다'는 기술적인 의미는 특정일의 종가가 10일 이동평균선 아래로 하락하고, 그 다음날에도 주가가 이전일의 저가 밑으로 하회한다는 뜻이다. 그림 5.48의 차트를 보면, 주가가 10일 이동평균선 밑으로 하락한 다음날에 20일 이동평균선 밑으로까지 하락해 확실히 10일 이동평균선이 무너진 것을 확인할 수 있다.

그림 5.49의 모자이크Mosaic Co.(MOS) 또한 2007년 8월 말 브레이크아웃 이후로 10일 이동평균선을 7주 이상 지켰기 때문에, 10일 이동평균선이 매도기준이었다. 차트를 보면 두 번씩이나 MOS의 주가가 10일 이동평균선 밑으로 떨어진 것을 확인할 수 있다. 하지만 10일 이동평균선 아래에서 종가를 기록한 다음날 주가는 다시 상승했기 때문에, 기술적으로 이동평균선이 무너졌다고 볼 수 없었다. 이처럼 특정일의 종가가 10일 이동평균선 아래로 하락했다고 무조건 7주 규칙을 활용해서는 안 된다. 그 다음날 주가가 이전일의 장중 저가 밑에서 유지되는지

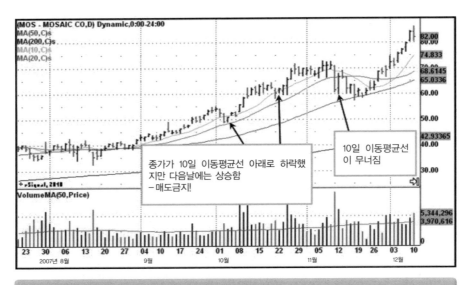

그림 5.49 | 2007년 모자이크(MOS) 일간차트 (자료제공: 이시그널, 2010년).

를 꼭 확인해야 한다. 이것이 바로 7주 규칙에 따라 10일 이동평균선을 매도기준으로 삼는 방법이다.

2006년 10월의 AK스틸홀딩AK Steel Holding Corp.(AKS)처럼 브레이크아웃 혹은 포켓피봇 매수시점 후 7주 이내에 10일 이동평균선이 무너졌을 때는 50일 이동평균선을 매도기준으로 활용한다(그림 5.50 참조). 규칙에 따라 2006년 10월 초 브레이크아웃에서 매수해 50일 이동평균선이 무너진 2007년 8월에 매도했다면 150%의 수익을 올릴 수 있었을 것이다.

7주 규칙은 간단하면서도 매우 효율적인 개념이다. 간단하게 말해, 브레이크아웃 혹은 포켓피봇 매수시점 후 7주간 10일 이동평균선을 지킨 종목에 대해서는 10일 이동평균선을 매도기준으로 삼아야 한다는 것이다. 10일 이동평균선이 무너지면, 전체 투자 포지션의 모두는 아니더라도 절반 이상을 매도해야 한다. 그리고 50일 이동평균선마저 무너진다면, 나머지 반을 매도한다. 매수시점이 발

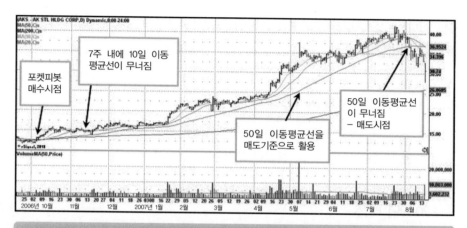

그림 5.50 | 2006~2007년 AK스틸홀딩(AKS) 일간차트(자료제공: 이시그널, 2010년).

생한 후 7주 이내에 10일 이동평균선이 무너졌다면 50일 이동평균선을 매도기준으로 삼는다. 10일 이동평균선을 활용할 때와 한 가지 다른 점은 50일 이동평균선이 무너진 날 거래량이 현저히 증가해야 한다는 것이다. 거래량이 크게 증가하면 가지고 있는 주식을 모두 매도하고, 그렇지 않다면 '이동평균선이 무너졌다'는 기술적 정의를 적용해 종가가 처음으로 50일 이동평균선 밑으로 하락한 다음 날 주가가 계속해서 50일 이동평균선 밑으로 하회하는지 살펴 매도하도록 한다.

투자에는 모든 기술을 총동원해야 한다

앞서 지적했듯이 포켓피봇과 갭상승 매수시점, 10일 이동평균선 및 50일 이동평균선의 매도기준 활용, 7주 규칙 등은 별개의 투자기술이 아니다. 그보다는 서로 긴밀히 연관되어 있는 유용한 투자공구 상자로 봐야 한다. 주도주에 적절하게 투자해 뛰어난 수익을 올리기 위해서는 이 모든 기술을 함께 사용해야 하기

때문이다. 이를 증명하기 위해서 2009년 3월부터 랠리를 시작한 애플AAPL, 서너
CERN, 그린마운틴커피GMCR 등 3종목에 대해 일종의 트레이딩 시뮬레이션을 해보
겠다. 적절한 용어가 없어서 트레이딩 시뮬레이션이라고 설명했을 뿐, 일반적인
투자 시뮬레이션과는 약간 다르다.

www.virtueofselfishinvesting.com의 개별종목 메뉴에서는 여타 종목에 대해
서 비슷한 분석을 실시간으로 제공하고 있다.

:2009년 애플

2009년 4월 16일은 애플AAPL의 포켓피봇 매수시점이었다(그림 5.51 참조). 그보
다 약 한 달쯤 전부터 시장은 팔로우스루로 반등을 이어가면서 새로운 랠리의
신호를 보내고 있었다. 포켓피봇일, 애플의 거래량은 그 이전 7일 중 최고였으며,
이전 16일 동안 거래량이 하락한 날의 하락폭보다 크게 상승해 포켓피봇의 거래
량 조건을 충족시켰다. 주가는 10일 이동평균선에서 합리적으로 가까운 수준에
서 상승해 적절한 매수시점으로 볼 수 있었다. 두 번째 포켓피봇은 5월 26일이었
다. 주가가 10일 이동평균선에서 상승했고, 투자 포지션을 완성하는 기회였다.
AAPL은 각 포켓피봇 후 상대적으로 빠른 속도로 10일 이동평균선까지 하락했
기 때문에 50일 이동평균선을 매도기준으로 삼아야 했다.

2009년 10월 2일과 19일에는 또 다시 포켓피봇이 출현했다(그림 5.52 참조). 10
월 19일 포켓피봇에서 거래량은 이전 10일 중 최고였고, 10월 2일 포켓피봇의 거
래량은 이전 $3^1/_2$주 중에서 거래량이 감소한 날의 감소폭보다 더욱 큰 증가세를
나타내 모두 포켓피봇의 거래량 조건을 충족시켰다. 특히 10월 19일 포켓피봇
다음날에는 주가가 갭상승으로 크게 상승했다. 만약 이후 주가가 갭상승일의
장중 저가 밑까지 하락한다면 바로 매도해야 한다. 7주 규칙에 따라 AAPL의 매

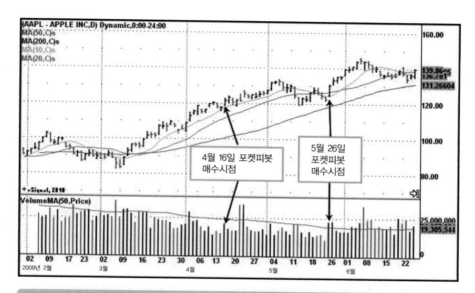

4월 16일 포켓피봇
매수시점

5월 26일
포켓피봇
매수시점

그림 5.51 | 2009년 상반기 애플(AAPL) 일간차트(자료제공: 이시그널, 2010년).

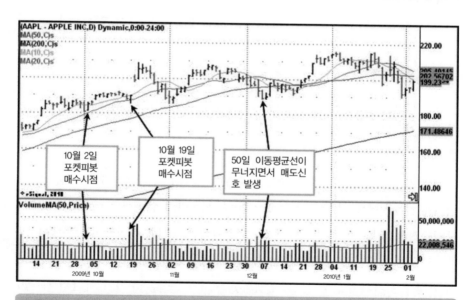

10월 2일
포켓피봇
매수시점

10월 19일
포켓피봇
매수시점

50일 이동평균선이
무너지면서 매도신
호 발생

그림 5.52 | 2009년 하반기 애플(AAPL) 일간차트(자료제공: 이시그널, 2010년).

도시기는 12월 7일 50일 이동평균선이 무너졌을 때였다. 2009년 강세장에서 애플은 최고의 주식이었다. 기관투자가들이 가장 선호하는 성장주 중 하나였고, 따라서 주가가 50일 이동평균선 근처까지 하락할 때마다 강력한 지지를 받곤 했다. 기관투자가들의 지원은 일종의 보험이나 마찬가지였다.

:2009년 서너

서너Cerner Corp.(CERN)는 2009년의 강세장에서 조용한 주도주였다. 저점을 돌파해 신고가를 경신하면서도 거래량이 확신을 줄 정도로 크게 늘지는 않았다. 의료 소프트웨어 제작회사인 서너의 주가는 성장잠재력과 IT산업에 대한 정부투자를 동력으로 상승세를 타기 시작했고, 포켓피봇도 빈번히 출현해 매수가 그다지 어렵지 않았다.

첫 번째 포켓피봇은 2009년 4월 24일이었는데(그림 5.53 참조), 7주가 채 지나지 않은 시점인 6월 3일에 10일 이동평균선이 무너졌다. 따라서 7주 규칙에 따라 50일 이동평균선을 매도기준으로 활용해야 했다. 또 CERN은 시가총액이 60억 달러에 육박하는 대형주이기 때문에 50일 이동평균선을 매도기준으로 삼기에 적절한 조건이었다. 7월 7일, 50일 이동평균선이 무너졌지만 거래량이 평균보다 22% 증가했을 뿐이었다. 그래서 종가가 50일 이동평균선까지 하락한 다음날, 전날의 장중 저가 밑으로 주가가 하락하는지 여부를 살펴보고 확실히 50일 이동평균선이 무너졌는지를 확인해야 했다. 하지만 주가는 다시 상승했다. 주가는 50일 이동평균선을 뚫고 상승했고, 2009년 7월 23일에는 다시 포켓피봇이 출현했다. 포켓피봇일의 거래량은 평균 수준이었지만 이전 11일 중에는 가장 커서 포켓피봇의 거래량 조건에 부합했다. 또 포켓피봇 전 4일 동안은 주가가 약간씩 하락하면서 거래량은 줄어들어 건설적인 맥락이 만들어졌다. 또 포켓피봇 6일 전인 7월

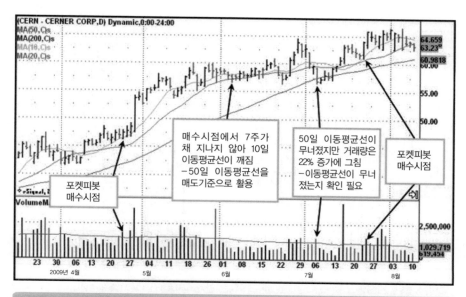

그림 5.53 | 2009년 4~8월까지 서너(CERN) 일간차트 (자료제공: 이시그널, 2010년).

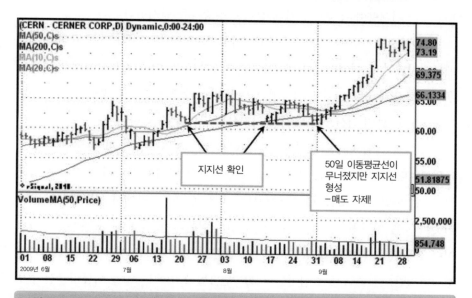

그림 5.54 | 2009년 6~9월 서너(CERN) 일간차트 (자료제공: 이시그널, 2010년).

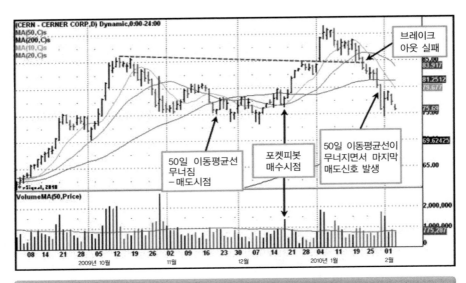

브레이크
아웃 실패

50일 이동평균선이
무너지면서 마지막
매도신호 발생

포켓피봇
매수시점

50일 이동평균선
무너짐
－매도시점

그림 5.55 | 2009년 10월~2010년 2월 서너(CERN) 일간차트(자료제공: 이시그널, 2010년).

16일에는 거래량이 갑자기 증가해 강력한 상승세를 암시했다.

2009년 9월 1일에는 CERN의 50일 이동평균선이 무너졌다. 7주 규칙이 정한 매도시기였지만, 이때만큼은 예외였다. 주가가 50일 이동평균선 아래로 하락한 후 7월 23일과 8월 19일에 기록했던 저점의 바닥에서 지지를 받았기 때문이다. 그림 5.54를 보면 점선으로 표시된 지지선을 확인할 수 있다.

CERN의 50일 이동평균선이 무너지면서 실제 매도신호가 발생한 것은 11월 11일이었다. 그 후 주가는 50일 이동평균선 약간 밑에서 상승과 반복을 거듭했고, 12월 18일에는 포켓피봇이 출현했다(그림 5.55 참조). 앞에서 설명했듯이 포켓피봇이 50일 이동평균선 밑에서 출현하면 위험한데, 12월 18일 포켓피봇이 바로 이런 경우였다. 다행히 CERN의 주가는 반등에 성공해 2010년 1월 5일 신고가를 경신했지만, 곧 하락세로 접어들어 2010년 1월 29일에는 50일 이동평균선이 또다시 무너졌다. 이때는 주가가 브레이크아웃 수준인 85달러까지 하락했기 때문에 반드시 투자 포지션을 줄이거나 정리해야 한다. 만약 2010년 1월 4일 작은 포켓피봇이 출현했을 때 매수한 경우에도 매도규칙에 따라 1월 29일에 매도해야 한다.

: 2009년 그린마운틴커피

2008년 11월부터 2009년 2월까지 주식시장은 역사적으로 최악의 조정을 겪고 있었지만, 그린마운틴커피Green Mountain Coffee Roasters(GMCR)는 회생의 움직임을 보이고 있었다. 2008년 11월부터 시작된 각종 시장지수의 하락세는 멈추지 않았지만, 2009년 2월 GMCR의 주가는 바닥을 확인하면서 시장의 하락세에 저항하고 있었다. 2009년 3월 12일에는 Dr. K의 시장방향모델이 매수신호를 발생시켰고, 곧 팔로우스루가 출현했다(그림 5.56 참조). 시장방향모델의 장점은 상황이 좋고 나쁘고를 떠나서 주요지수와 거래량의 변화에만 집중한다는 것이다. 여기에 대해서는 다음 장에서 다시 설명하겠다. 팔로우스루 이틀 후인 3월 16일, GMCR 차트에서는 포켓피봇과 신고가 브레이크아웃이 동시에 출현했다. 거래량이 평소보다 고작 12% 증가해 오닐식의 브레이크아웃 피봇포인트의 거래량 조건으로는 부족했지만, 이전 10일 중 거래량이 감소한 날의 감소폭보다 증가했으므로 포켓피봇의 거래량 조건은 만족했다. 거래량을 나타내는 막대그래프가 그다지 높지는 않았지만 어쨌거나 포켓피봇의 조건을 만족했기 때문에 작은 투자 포지션이라도 구축하는 것이 바람직하다.

2009년 3월 31일은 포켓피봇 매수시점이었다. 거래일의 저가가 10일 이동평균선 바로 위에서 유지되었고 거래량이 늘어난 점을 주목해야 한다. 게다가 포켓피봇 전 거래일에는 거래량이 평균 이하를 밑돌면서 건전한 보합세가 이어졌다. 하지만 4월 9일의 주가는 이미 높은 상태여서 포켓피봇 매수시점으로 볼 수 없

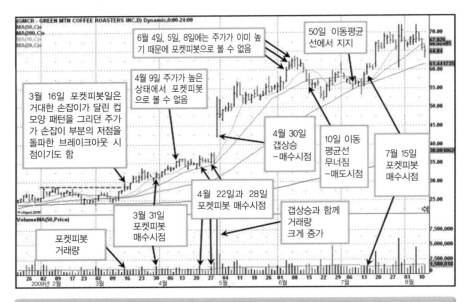

다음 그림에서 보이는 주요 포인트들:

- **6월 4일, 5일, 8일에는 주가가 이미 높기 때문에 포켓피봇으로 볼 수 없음**
- **50일 이동평균선에서 지지**
- **4월 9일 주가가 높은 상태에서 포켓피봇으로 볼 수 없음**
- **3월 16일 포켓피봇일은 거대한 손잡이가 달린 컵 모양 패턴을 그리던 주가가 손잡이 부분의 저점을 돌파한 브레이크아웃 시점이기도 함**
- **4월 30일 갭상승 -매수시점**
- **10일 이동평균선 무너짐 -매도시점**
- **7월 15일 포켓피봇 매수시점**
- **3월 31일 포켓피봇 매수시점**
- **4월 22일과 28일 포켓피봇 매수시점**
- **갭상승과 함께 거래량 크게 증가**
- **포켓피봇 거래량**

그림 5.56 | 2009년 그린마운틴커피(GMCR) 일간차트(자료제공: 이시그널, 2010년).

다. 겉보기에도 그렇지만 거래범위의 최저가가 10일 이동평균선보다 위에 위치하는 것으로도 확인할 수 있다. 4월 22일에는 매우 강력한 포켓피봇 매수시점인데, 거래량이 크게 늘었을 뿐만 아니라 바로 전 4일간 주가가 거의 변화하지 않으면서 건전한 맥락을 만들어냈기 때문이다. 4월 28일 포켓피봇 매수시점도 마찬가지다.

4월 30일 GMCR은 갭상승으로 장을 시작했다. 하지만 포켓피봇을 활용하는 투자자들이라면 이미 투자 포지션을 상당히 구축한 뒤였을 것이다. 갭상승일에는 투자자들이 각자 감당할 수 있는 리스크 정도에 따라 추가 매수를 할 수도 있고, 처음 투자를 시작하기에도 무리가 없다. 갭상승 매수와 관련한 거의 모든 조건이 만족되었으므로, 장초에 매수하는 것이 가장 좋다. 우량종목이 갭상승 조건을 모두 만족시킬 때는 장이 끝날 때까지 주가가 상승세를 유지하기 때문이

CHAPTER 5
254

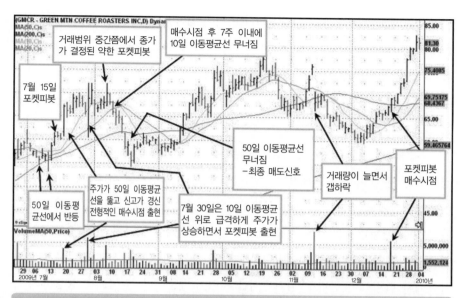

그림 5.57 | 2009년 그린마운틴커피(GMCR) 일간차트(자료제공: 이시그널, 2010년).

다. 갭상승 조건에는 시장방향모델이 매도신호를 발생시키지 않고, 주식은 최소 유동성 기준을 충족시켜야 하며, 주가가 전반적인 하락세를 보이지 않고 있고, 펀더멘털이 튼튼해야 한다는 것 등이 포함된다.

다시 차트로 돌아가서, 6월 4일은 포켓피봇 매수시점이 아니다. 당일 거래범위의 저가가 10일 이동평균선보다 높아서 주가가 이미 높은 상태이기 때문이다. 6월 5일과 6월 8일은 거래량이 엄청나지만 같은 이유로 포켓피봇이라고 볼 수 없다. 6월 16일에는 10일 이동평균선이 무너졌으므로, 투자 포지션의 반 이상을 매도해야 한다. 주가 약세에서 매수를 선호하는 투자자는 7월 8일 GMCR의 주가가 50일 이동평균선까지 하락했을 때를 매수기회로 활용할 수도 있다. 개인적인 투자성격에 따라 주가 강세일 때 매수하는 쪽을 선호하는 투자자도 있고, 그 반대인 경우도 있다. 7월 15일은 간발의 차이긴 하지만 어쨌거나 거래량 조건을 만족시켰기 때문에 포켓피봇이다. 거래범위의 저가가 10일 이동평균선보다 위에 위치하고 있긴 하지만, 저점이 돌파된 직후이기 때문에 주가가 과도하게 높다고 볼 수 없다. 따라서 6월 16일에 매도한 포지션 중 일부 혹은 전체를 재매수해도 좋다. 7월 15일의 주가가 6월 16일보다 약간 높은 수준이지만, 이런 횡보세에서는 리스크가 그다지 크지 않다.

그림 5.57로 넘어가서 7월 20일은 주가가 50일 이동평균선을 뚫고 신고가를 경신했을 뿐만 아니라 거래량도 늘어났기 때문에 전형적인 매수시점이다. 50일 이동평균선에서 저점을 돌파한 전형적인 브레이크아웃이었다. 7월 30일에는 주가가 10일 이동평균선 아래로 잠깐 하락했다가 거래량 증가와 함께 강하게 상승해 포켓피봇이 출현했다. 거래범위가 굉장히 넓은 이유는 당시 실적발표를 놓고 상승세와 하락세가 한바탕 힘겨루기를 치렀기 때문이다. 결국에는 상승세의 승리였다. 8월 7일에는 주가의 상승세가 꺾여 거래범위 중간쯤에서 종가가 결정되면서 약한 포켓피봇이 출현했다. 8월 18일 마침내 50일 이동평균선이 무너지면서 매도신호가 발생되었다.

여기서, 8월 11일은 10일 이동평균선이 무너졌지만 매도시점이 아니라는 점에 주목해야 한다. GMCR은 6월까지 7주 이상 10일 이동평균선을 지켰다. 6월, 10일 이동평균선이 처음 무너졌을 때는 당연히 매도시점이었다. 하지만 이후 3주 이상 저점을 형성하거나 50일 이동평균선이 무너지면, 추세가 바뀐 것으로 보고 다시 매도기준을 정해야 한다. GMCR은 7월 13일 상승세로 전환한 후 단 5주 만에 10일 이동평균선 밑으로 하락했기 때문에, 이때부터는 50일 이동평균선을 매도기준으로 활용해야 한다.

이후 9월 GMCR은 브레이크아웃을 시도했지만 실패하고 말았다. 흥미로운 점은, 이때부터 완전히 새로운 저점을 형성하고 2009년 12월 18일 포켓피봇을 만든 후 다음 해 1월까지 새로운 상승세를 이어나갔다는 것이다.

7월 15일 처음 GMCR을 매수하고, 7월 20일과 30일에 차근차근 포지션을 늘려나간 투자자들은 7%에서 8%로 정해놓은 손절매 기준에 유의해야 한다. 사흘간 매수했다고 가정하면 평균 매수비용이 65.45달러가 된다. 동일한 달러 조건에서 50일 이동평균선이 무너졌을 때의 주가는 평균 매수비용에서 11.2%나 하락해 58.13달러가 되는데, 투자자들이 감당하기 힘든 수준이다. GMCR의 변동성이 크기 때문에 손절매 수준을 10%로 잡으면 이상적이지만, 현실에서는 쉽지 않다. 될 수 있으면 손실을 줄이고 싶은 게 투자자들의 마음이기 때문이다.

결론

포켓피봇 매수, 갭상승 매수, 7주 규칙을 활용하고, 브레이크아웃 피봇포인트 등 전통적인 오닐의 기법을 혼용한다면 일반투자자들보다 더 유리한 매수기회를 잡아낼 수 있다. 뿐만 아니라 주식을 관리하는 과정에서도 크게 도움이 된다. 매수시점과 이동평균선을 보고 투자 포지션을 늘리거나 줄이면서 리스크는 최소화하고 수익은 극대화시킬 수 있기 때문이다.

5장에서는 시장의 굴곡을 헤쳐 나가면서 잠재적인 주도주를 관리하는 방법에 대해 설명했다. 향후 최고의 주식으로 부상할 종목을 매수한 다음 "이젠 어쩌지?"라는 질문에 직면한 수많은 투자자들에게 소중한 해결책이 되었기를 바라는 마음이다.

CHAPTER 6

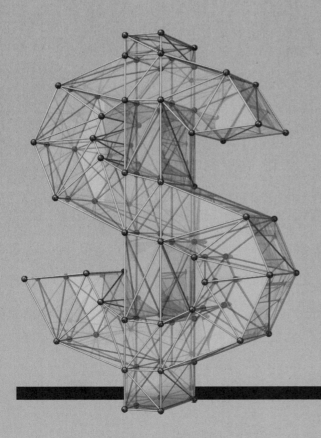

약세장의 물결을
타는 방법

6장은 오닐과 모랄레스가 공동 집필한 『윌리엄 오닐의 공매도 투자 기법』의 첫 번째 수정본이라고 할 수 있다(적어도 모랄레스가 쓴 부분에 대해서는 그렇다). 6장만 읽어도 상관없지만, 『윌리엄 오닐의 공매도 투자 기법』을 미리 읽어보면 내용을 이해하는 데 도움이 될 것이다.

오닐의 책에서는 주간차트를 활용해 공매도 기술을 설명하고, 실제 적용 방법을 설명할 때는 일간차트를 활용했다. 하지만 여기에서는 일간차트를 활용해 공매도 타이밍을 잡는 방법을 중점적으로 설명하려 한다. 공매도 투자 기회를 십분 활용하기 위해서는 언제, 어떻게 공매도해야 하는지가 관건이기 때문이다. 또 지금까지 알려진 머리어깨형head & shoulder과 불완전한 말기 저점late-stage-failed-base 외에 공매도에 적절한 패턴을 추가적으로 설명하고자 한다.

공매도 타이밍 기술

강세장에서 필자들의 투자철학은 최고의 주식을 선별해 주가가 상승할 때를 십분 활용하는 것이다. 공매도 철학은 강세장에서의 투자철학이 그대로 투영된 결과다. 공매도는 주식의 일생 중에서 중년기부터 황혼기를 십분 활용하는 방법이다.

젊고 혁신적인 기업은 강한 펀더멘털과 새로운 상품 및 서비스를 선보여 자연스럽게 뮤추얼펀드, 연금펀드, 헤지펀드 등의 기관투자가들의 주목을 받는다. 기관투자가들의 체계적이고 지속적인 매집이 시작되면, 이들은 주도주로 부각되고 주가는 크게 상승한다. 그 결과 오닐식 '최고의 주식'이 탄생한다. 하지만 시간이 지나면서 기업은 나이를 먹는다. 또, 더욱 새롭고 효율적이며 경쟁적인 기술이나 방식, 개념이 개발되면서 상황은 변하기도 한다. 그러면 기관투자가들의 유입 속도는 느려진다. 기업은 굼떠지고, 전만 못한 '한때 잘나가던 기업'이 되어버린다. 혁신적인 신생기업이라며 유입되었던 기관투자가들의 자산이 빠르게 빠져나가기 시작하면서 주가가 크게 하락하기도 하는데, 이때가 필자들이 가장 관심 있어 하는 시기다. 기관투자가들이 뭉칫돈을 회수하기 시작하면, 심각하고 지속적인 분산이 시작된다. 그리고 한때의 주도주였던 만큼 높았던 주가는 그만큼 폭락하기 시작하고 주식의 일생은 마감된다.

공매도 황금률

지금까지 필자들은 오닐식 공매도 접근방식의 기본철학이나 마찬가지인 6가지 기본원칙과 규칙에 따라 공매도를 해왔다. 그래서 우리는 이들을 '공매도 황금률'이라고 부르고 있는데, 공매도 대상과 시기, 손절매 시기, 수익실현 규칙에 관한 내용들이다.

시장을 주도하던 최고의 주식이 최고점을 기록한 후 하락하기 시작하면, 전체 주식시장은 굉장한 파급효과에 시달린다. 또 이때가 약세장 진입을 알리는 신호탄이다. 일반적으로 시장의 상승을 주도했던 주도주들은 돈이 빠져나가는 약세장에서는 시장의 하락을 주도한다. 따라서 이들을 가장 먼저 공매도 대상으로 주목해야 한다. 주가가 가장 빠르게 상승했던 종목들이 약세장에서는 가장 빠르게 하락한다는 사실로부터 처음의 두 개 황금률을 얻어낼 수 있었다.

1. 확실한 약세장 신호가 발생된 후 공매도를 시작하되, 가능하면 빨리 시작하라 약세장이 시작되고 수개월이 지난 후에 공매도를 시작하면 너무 늦다. 공매도는 타이밍이 늦으면 오히려 큰 손해로 이어질 가능성이 크기 때문에 명심해야 한다. 특히 주식시장이 너무 많이 하락했고, 누구나 공매도를 말할 때는 주의해야 한다.

2. 바로 이전 강세장에서 가장 주가가 많이 상승한 주도주가 천정권이라는 신호를 보낼 때를 주목하라 몇 개 안 되는 이 종목들이 최적의 공매도 대상이다. 나중에 자세히 설명하겠지만, 주가가 최고가에 도달한 후 머리어깨형같은 천정형 패

턴이 형성되기 위해서는 8~12주 이상이 소요되며, 가끔은 시간이 더 걸리기도 한다. 몇 주 만에 주가가 곤두박질치는 경우는 매우 드물다. 강력한 주도주의 주가가 하락할 때에는 반드시 저항이 발생한다는 사실을 명심하자. 현재와 과거에 집착하는 인간의 본능 때문이다. 로켓처럼 주가가 상승했던 시절을 그리워하거나, 주가상승을 멍하니 지켜보았던 투자자들은 주도주가 하락하기 시작하면 투자기회라고 인식한다. 애널리스트들도 저가매수 기회라면서 주가가 하락한 주도주를 강력매수 종목으로 추천하기도 한다. 이렇게 주도주에 남겨져 있는 상승세의 분위기는 한동안 투자자를 끌어들이고, 반등을 해낸다. 상승세의 분위기가 완전히 가시기까지는 약간의 시간이 필요하기 때문에 공매도 대상 종목들이 실제 하락세에 접어들 때까지 8~12주 혹은 그 이상의 시간이 소요된다. 주도주 중에서도 기관투자가들이 많은 대형주는 더 오랜 시간이 걸리고, 소형주는 상대적으로 주가하락이 빨리 시작되어 12주 내에 최고점에서 하락이 시작된다.

3. 주도주가 최고가를 기록한 뒤 약 8~12주 후 공매도를 시도하라 주도주들은 대부분 일일 평균거래량이 100만~200만 주 이상으로 유동성이 큰 종목들이다. 우리는 이 중에서도 일일 평균거래량이 적어도 200만 주 이상인 종목을 공매도 대상으로 선호한다. 하루에 고작 수십만 주 정도 거래되는 종목은 피하도록 하고, 설사 공매도를 한다고 해도 전체 투자자산 중 작은 부분을 할애하도록 한다. 일일 평균거래량이 100만 주 이하인 종목이라면, 일일 거래량의 0.5% 이상을 투자해서는 안 된다. 예를 들어, 아주 숙련된 투자자가 아니라면 일일거래량이 30만 주인 종목을 공매도할 때 1,500주 이하 혹은 투자자산의 5% 이하 중 더 적은 쪽을 선택해 공매도하도록 한다. 일일 평균거래량이 수십만 주에 불과할 정도로 유동성이 작은 종목은 급격하게 주가가 상승할 가능성을 배제할 수 없기 때문에 포트폴리오에서 차지하는 비중이 적어도 손실이 커질 수 있다.

4. 일일 평균거래량이 적어도 100만~200만 주 이상 혹은 많을수록 좋다 거래량

이 적은 종목은 될 수 있으면 피해야 한다. 리스크는 유동성과 반비례한다. 공매도에서는 손절매 기준을 3~5%로 정해놓도록 하자. 손실이 3%를 기록하고 있는데 처음보다 거래량이 늘어났다면 곧바로 손절매한다. 주가가 다시 하락하기 시작할 때 다시 공매도 포지션을 구축해도 늦지 않다. 또, 포켓피봇 매수시점이 출현해도 공매도를 중단하도록 한다. 주가가 약한 상승세를 보일 때는 5%까지 손실을 허용할 수 있으며, 아주 예외적인 경우에는 1~3% 정도의 추가 손실을 허용할 수도 있다. 공매도에서도 투자 포지션의 크기, 개인적인 심리, 리스크를 감당할 수 있는 정도 등에 따라 손절매 시점이 달라진다. 공매도를 시작한 이후에 주가가 상승한다면, 반등 정도에 따라 투자 포지션을 조금씩 정리하는 방법을 활용할 수도 있다. 예를 들어, 자신이 공매도를 시작했을 때보다 주가가 3% 상승하면 전체 투자 포지션의 1/3을 정리하고, 5% 상승하면 추가적으로 1/3을 정리, 7% 상승하면 나머지 1/3을 정리하는 식이다. 순열을 활용할 수도 있는데, 예를 들어 3% 상승하면 1/3을 정리하고, 5% 상승하면 나머지 중 1/2를, 7% 상승했을 때 모두 정리하는 식이다. 공매도 경험이 쌓이면, 자연스럽게 선호하는 방식이 생겨난다. 어떤 방식을 활용하든, 확실한 출구전략exit plan과 시기를 미리 정해놓아야 한다. 결정을 내리지 못해서 혹은 망설이느라 '얼어버린 상태'에서 시장이 급격한 반등으로 전환되면 손실은 걷잡을 수 없이 커진다.

5. 거래량이 평균 이상으로 늘어나면서 주가가 상승하면 손절매 기준을 엄격하게 적용해 3~5%가 아니라 3%에서 손절매해야 한다 예측과 달리 주가가 상승하기 시작하면, 미리 정해진 기준에 따라 순차적으로 숏커버링에 들어간다. 손절매는 투자자들의 개인적인 심리, 리스크 허용 정도에 따라 달라지므로 각자 자신에게 맞는 수준을 선택하도록 한다.

또 전반적인 하락장에서 주가가 가끔 가파르게 반등하는 경우가 있기 때문에 공매도의 수익목표도 미리 정해놓는 것이 현명하다. 대부분의 환경에서 수익목표는 20~30% 정도다. 수익이 15~20% 수준까지 늘어났다면 시장의 랠리가 시작되어 수익이 줄어들 때를 대비해 공매도 포지션을 조금씩 분할해 정리하도록 한다. 수익이 15~20%일 때 전체 포지션의 반을, 그리고 20~30%가 되면 나머지 반을 숏커버링한다.

　　20일 이동평균선을 추적청산 trailing stop● 기준으로 활용할 수도 있다. 공매도 포지션을 제때 구축했다면 주가가 20일 이동평균선까지 하락했을 때는 이미 수익이 꽤 발생한 상태가 된다. 주가가 적절한 천정형 패턴을 형성한 후 며칠 혹은 몇 주간 하락한 후 20일 이동평균선에서 반등할 가능성이 있기 때문에, 20일 이동평균선이 추적청산 기준이 된다. 그림 6.1에서 퍼스트솔라 FSLR는 크고 느슨하며 손잡이가 달린 컵 모양 말기 저점 패턴을 형성한 직후 하락하기 시작했다. 손잡이 부분이 주간 종가가 거의 변화가 없는 상태로 굉장히 오래 유지된 점에 주목하기 바란다. 2008년 말, FSLR이 천정권에 도달했을 때 형성된 차트다.

　　그림 6.2의 일간차트는 FSLR의 주가하락을 상세하게 보여준다. 그림 6.1의 주간차트에서도 확인했듯이 주가는 250달러 선에 형성된 저점에서 계속 지지를 받다가 하락하기 시작했다. 주가가 급락한 후 FSLR은 저항선인 250달러 위로 단 한 번 반등했다. 그 이유는 다음 두 가지 때문이다. 첫째, 주가가 20일 이동평균선 위로 반등한 날의 장중 고가보다 상승하지 않았다. 둘째, 20일 이동평균선 위로 주가가 상승하면서 과거 손잡이가 형성되었던 250달러 선에서 저항을 받았다. 따라서 이때는 확실한 숏커버링 시점으로는 볼 수 없다. 하지만 주가가 250달러에서 200달러까지 하락했을 때는 수익목표 20~30%의 규칙에 따라 일부 혹은 전체 수익을 실현해야 하는 시기다. 공매도수익이 20% 이상이 된 지점이기

●고점 대비 하락률을 정해서 자동으로 손절매하는 것을 말한다. TS매도, 또는 추적 손절매라고도 한다.
ㅡ편집자주

약세장의 물결을 타는 방법
265

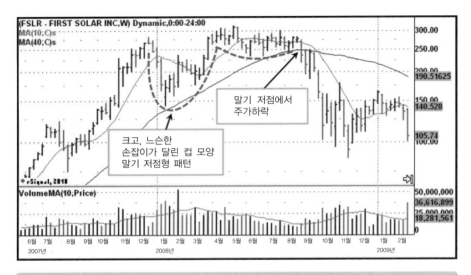

그림 6.1 | 2007~2008년 퍼스트솔라(FSLR) 주간차트. 천정에서 공매도에 적합한 불완전한 말기 저점형 패턴이 만들어졌다(자료제공: 이시그널, 2010년).

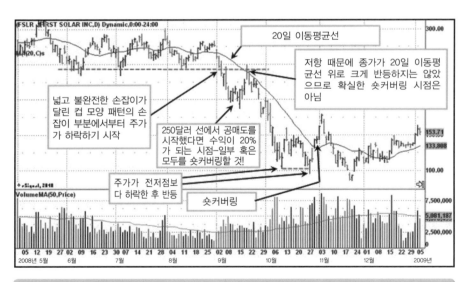

그림 6.2 | 2008년 퍼스트솔라(FSLR) 일간차트. 주가가 빠르게 하락할 때는 20일 이동평균선을 추적청산 기준으로 활용할 수 있다(자료제공: 이시그널, 2010년).

때문이다. 그 후 강력한 저항선인 250달러, 즉 20일 이동평균선으로 반등했을 때 다시 공매도 포지션을 구축할 수도 있다.

FSLR의 주가가 100달러까지 하락했다가 반등한 후, 다시 그 밑으로 하락하면서 바닥을 확인하는 부분에 주목하자. 주가가 전저점보다 더 하락한 후 다시 반등한 것인데, 역시 숏커버링으로 수익실현이 가능한 시점이다. 주가가 바닥을 확인하고 과도하게 하락하는지 여부를 관찰하면 숏커버링에 도움이 된다. 주가가 얼마 전(1~2주 전) 혹은 약간 오래 전(7주~수개월 전) 기록한 전저점보다 더욱 하락하면 지지선이 무너지는 듯 보여 투자자들이 깜빡 속곤 한다. 하지만 전반적인 하락세에서 흔히 발생하는 현상으로 주가는 다시 반등한다. 따라서 주가가 전저점보다 더 떨어지면 꼼꼼히 살펴보고 공매도 포지션을 일부 혹은 완전히 정리할지 여부를 결정하도록 한다. 필자들은 여기에서 여섯 번째 황금률을 얻어냈다.

6. 공매도의 수익목표를 20~30%로 정한다 일단 15~20% 수익이 발생하면 투자 포지션의 반을 커버링하고, 수익이 20~30%가 되면 공매도 포지션을 완전히 정리한다. 20일 이동평균선을 추적청산의 기준으로 삼을 수도 있다. 현재 주가에 50일 혹은 200일 이동평균선이 더 가깝다면, 20일 이동평균선 대신 이들을 활용하도록 한다. 또 주가가 전저점보다 더욱 낮게 하락했다면 반등의 가능성이 있으므로 공매도 포지션의 일부 혹은 전체를 정리한다.

공매도 패턴

공매도 성공의 비결은 적절한 기회가 생길 때까지 기다리는 것이다. 이를 위해서는 공매도에 적절한 차트 패턴이 완전히 형성되는지를 살피면서 기다려야 한다. 필자들은 머리어깨형, 불완전한 말기 저점형, 죽음의 펀치볼 모양 이중 천정형punchbowl of death double-top 등 3가지 패턴이 형성될 때 공매도를 시작한다. 이 3가지는 각각 독특한 특성을 가지고 있는데, 가끔 이들 중 2가지 이상이 겹치는 혼합형 패턴이 형성되기도 한다. 여기에서 대해서는 이 장의 마지막 부분에서 상세하게 설명하겠다. 하지만 각 천정형 패턴의 모양이나 이름에만 좌우되지 말고, 패턴 내에서 실제 주가와 거래량의 변화가 체계적이고 지속적인 분산을 나타내는지도 반드시 살펴봐야 한다.

모든 천정형 패턴의 공통점은 몇 개월 이상이나 고공행진을 하던 주가가 최고점을 기록한 후 갑자기 하락세로 접어들고 동시에 거래량은 크게 늘어날 때 형성된다는 것이다. 상승세를 지속해나가던 주도주가 갑자기 하락하면서 거래량이 크게 늘면, 주도주가 분산되기 시작했다는 신호다. 이들은 앞으로 천정을 형성할 가능성이 크기 때문에 공매도 대상 1순위로 생각해야 한다. 가장 효율적인 방법은 주가하락과 함께 거래량 증가세를 나타내는 종목이 없는지를 매일 혹은 매주 꼼꼼히 살펴 잠재적 공매도 대상을 찾는 것이다. 하지만 과거의 주도주가 최고가를 기록했다고 무조건 천정을 만든 뒤 크게 하락하지는 않는다는 점을 명심해야 한다. 주도주들은 조정을 겪거나 새로운 저점을 만들다가도 곧 다시 반등을 시작하는 일이 잦기 때문이다. 머리어깨형 패턴이 형성되는지 여부를 감시할 수 있는 정교한 컴퓨터 프로그램을 만드느라 노력할 필요도 없다. 직전의 강세장에서 빠른 상승세를 보이다가 갑자기 하락하고 거래량이 늘어나는 '망가진' 주도주들을 리스트로 만들고 살펴보는 것만으로도 충분하다.

: 머리어깨형

2007년부터 2008년까지의 크록스CROX 차트는 머리어깨형 천정 패턴의 전형적인 예를 보여주고 있다(그림 6.3 참조). 이처럼 머리어깨형 천정 패턴을 정확하게 보여주는 교과서 같은 사례를 찾기도 쉽지 않을 정도다. 공매도를 하기에 적절한 천정 패턴의 전제조건은 가파른 주가상승이다. CROX 역시 2006년 말부터 2007년에 걸쳐 약 13개월간 주가가 크게 상승했다. 2007년 10월 드디어 CROX의 주가는 최고점에서 크게 하락했고, 매도세도 엄청났다. 그 후 주가는 짧은 시간 동안 40주(200일) 이동평균선까지 반등해 오른쪽어깨를 만든 후 다시 하락했다. 특히 머리어깨형 패턴에서 오른쪽어깨가 왼쪽어깨보다 낮게 형성되어, 전형적인 약세 형국을 나타낸다는 점을 명심해야 한다. 이럴 경우 왼쪽어깨는 강력한 저항 구간을 나타내기도 한다.

    머리어깨형 패턴에서는 왼쪽어깨, 머리, 오른쪽어깨를 잇는 목선을 그릴 수

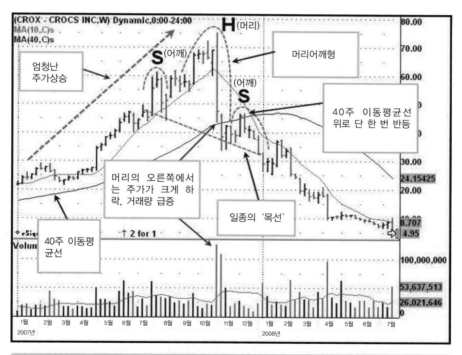

그림 6.3 | 2007~2008년 크록스(CROX) 주간차트. 머리어깨형의 전형적인 모델이다(자료제공: 이시 그널, 2010년).

있는데, CROX의 차트에서는 목선이 아래로 향하는 '기울어진 목선'이 되었다. 이 또한 공매도에 적절한 패턴인데, 목선이 평평하거나 오른쪽 위로 향하는 것보다(즉 상승하는 것보다), 아래로 하락하는 경우가 훨씬 약세인 경우다. 목선이 처음 깨진 후에는 주가가 짧은 시간 동안 다시 반등하는 일종의 '눈속임'이 나타나곤 한다. CROX도 예외는 아니어서 2008년 1월 오른쪽어깨를 만든 후 목선이 깨졌지만 3주 후 주가가 목선 아래에서 반등해 10주(50일) 이동평균선을 회복했다. 하지만 곧 주가는 다시 하락세로 접어들어 두 번째로 목선을 뚫은 뒤에는 다시 상승하지 않았다. 천정 패턴에서 지지선이 무너질 때는 분명하게 눈으로 확인이 가능하다. 가끔 주간차트에서는 분명하게 보이지 않을 때도 있지만 일간차트에서는 갭하락이 발생하기 때문이다. 필자들은 주가가 50일 혹은 200일 이동평균선 같은 논리적 저항이나 이동평균선 위로 약하게 반등할 때를 공매도시점으로 선

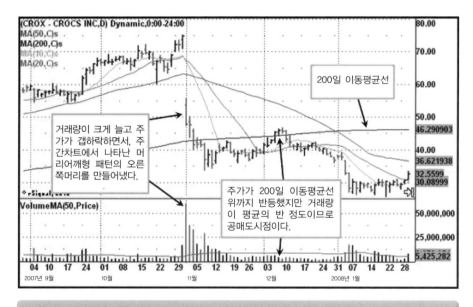

그림 6.4 | 2007년 크로스(CROX) 일간차트 (자료제공: 이시그널, 2010년).

호한다(그림 6.4 참조).

    CROX가 머리어깨형 패턴을 형성할 때의 시장상황을 설명하기 위해 같은 시기에 역시 머리어깨형 패턴을 형성했던 가민Garmin, Ltd.(GRMN)의 차트를 예로 들어보겠다. 그림 6.5는 2007년 GRMN의 주간차트다. CROX와 비슷하게 주가가 크게 상승하다가 갑자기 하락하고 거래량도 늘어나면서 머리어깨형 패턴이 형성된 것을 확인할 수 있다. 특히 GRMN은 머리 부분이 아니라 왼쪽어깨를 형성할 때부터 주가가 120달러로 최고점을 찍은 후 크게 하락하고 거래량도 급증한 점이 상당히 흥미롭다. 덕분에 GRMN 차트의 머리 부분에서는 주가하락의 증거들이 여실히 드러나기 시작했다. 2007년 말 전체 주식시장이 천정에 도달했을 때 즈음 GRMN은 이미 왼쪽어깨와 머리를 형성하면서 분산되기 시작했기 때문에 최적의 공매도 대상이었다. 두 번째로 주가가 하락한 후, 즉 머리 부분을 형성한 후 GRMN은 거래량이 줄어든 상황에서 10주(50일) 이동평균선 위로 반등하면서 오른쪽어깨를 만들기 시작했다. 하지만 이처럼 거래량이 줄어든 상태에서 반등할 때는 주가상승 여력이 없다고 판단한다.

    그림 6.6에서 GRMN의 일간차트를 살펴보면, 2007년 11월 중순부터 주가가 반등하기 시작해 12월 초 50일 이동평균선(주간차트에서는 10주 이동평균선) 위까지 상승한 것을 확인할 수 있다. 이때 오른쪽어깨가 형성되었는데, 거래량은 상당히 줄어든 상태다. 대부분 오른쪽어깨가 형성될 때는 주가상승과 함께 평균거래량이 35~40% 정도 줄거나, 혹은 평균거래량의 1/3이나 1/2 이하로 하락하곤 한다. 이를 가리켜 흔히 거래량이 '말라버렸다'volume dry-up'라거나 약자로 'VDU'라고 하는데, 필자들은 '부두일VooDoo day'이라고 부른다. 부두일이 나타나면 주가상승의 여력은 사라지고 하락세로 돌아설 확률이 증가한다. 특히 거래량이 감소하면서 반등한 다음날 매도세가 급증하면 거의 확실하다. 전형적인 경우, 거래량이 줄어든 상태에서 오른쪽어깨의 고점이 형성되고 곧 주가는 하락해 오른쪽어깨 패턴

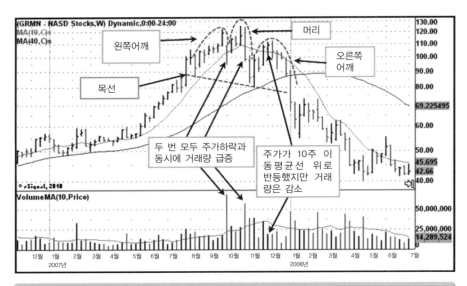

그림 6.5 | 2007~2008년 가민(GRMN) 주간차트. GRMN은 머리어깨형 천정 패턴을 만들었다(자료 제공: 이시그널, 2010년).

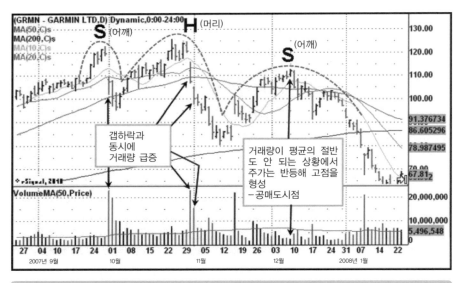

그림 6.6 | 2007~2008년 가민(GRMN) 일간차트. 거래량이 매우 적은 오른쪽어깨의 고점이 최적의 공매도시점이다(자료제공: 이시그널, 2010년).

을 완성하게 된다. 주간차트에서 설명했던 것처럼, GRMN의 주가는 오른쪽어깨의 고점에서 하락해 50일 이동평균선 밑으로까지 떨어졌지만 머리어깨형의 목선을 뚫고 완전히 하락하기 전까지 한두 번 정도 50일 이동평균선 위로 반등했다.

공매도 타이밍은 전체 주식시장의 상황과도 맞아떨어지곤 한다. CROX와 GRMN이 아무 이유도 없이 머리어깨형 패턴을 형성하지는 않았다는 점을 명심해야 한다. 시장이 천정을 형성하고 있을 때를 맞추어 이들 역시 천정을 만들고 공매도 패턴을 만들어냈다. 그림 6.7을 보면, 2007년 말 나스닥 지수는 천정을 만들고 2008년 초부터 급격하게 하락했다. 그림 6.7의 나스닥 지수 차트와 그림 6.4의 CROX 일간차트, 그림 6.6의 GRMN 차트를 비교하면 이들이 모두 같은 시기에 하락하기 시작한 것을 확인할 수 있다. 나스닥 지수는 2007년 10월 말 최고점을 기록한 후 약 2개월간 상승과 하락을 반복했는데, 같은 기간 CROX와 GRMN도 머리어깨형 패턴의 오른쪽어깨를 형성했다.

각 종목이 천정 패턴을 형성하는 과정은 전반적으로 전체 시장에 좌우된다. 예를 들어, 머리어깨형 패턴의 오른쪽어깨의 고점이 만들어질 때는 전체 시장이 하락세로 접어든 뒤 첫 번째 랠리를 할 때와 시기를 같이한다. CROX와 GRMN의 패턴도 나스닥 종합지수 및 시장의 패턴과 거의 일치했다. 이런 연관성 때문에 공매도 대상 종목이 오른쪽어깨를 형성하는지 여부에 주목할 때는 전체 시장의 맥락을 함께 고려해야 한다. 2007년 10월 말 시장이 천정을 형성했을 때, 2007년 강세장의 주도주였던 CROX와 GRMN 역시 천정을 만들어낸 것은 당연했다.

CROX와 GRMN은 모두 대표적인 머리어깨형 패턴이다. 그래서 머리어깨형 천정 패턴 여부를 확인할 때 반드시 점검해야 하는 특성을 모두 갖추고 있었다. 그런데 이들과 달리 오른쪽어깨가 두 번 이상 형성되는 경우도 있다. 전체 시장이 더욱 하락할 때까지, 또 기관투자가들이 주도주를 완전히 포기할 때까지 주가가 상승과 하락을 반복하기 때문이다. 대형 우량주일수록 주가하락에 오랜 시

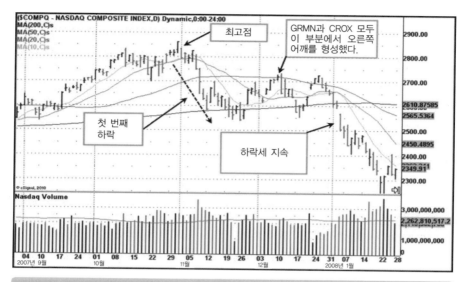

그림 6.7 | 2007년 나스닥 종합지수 일간차트. 시장이 최고점을 기록했을 때, CROX나 GRMN 같은 주도주 역시 천정을 형성했다 (자료제공: 이시그널, 2010년).

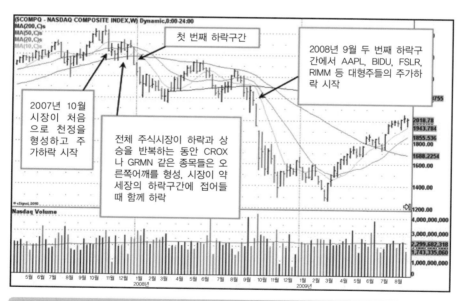

그림 6.8 | 2007~2009년 나스닥 종합지수 주간차트. 전체 주식시장이 하락구간에 접어들 때마다 일부 주도주들이 차례로 천정을 형성했다 (자료제공: 이시그널, 2010년).

간이 소요된다. 이들은 오른쪽어깨를 두 개 이상 만들어내다가 시장이 새로운 하락구간에 접어들 때 머리어깨형의 목선을 뚫고 하락한다. CROX와 GRMN은 2007년 말 천정을 만들었지만, 애플AAPL이나 바이두BIDU 같은 대형주들은 2007년 10월 시장이 천정을 형성한 이후 약 1년에 걸쳐 천정권을 만들었다. 이들 대형주가 하락하기 시작한 것은 주식시장이 두 번째 하락구간(그림 6.8 참조)에 접어들었을 때인 2008년 9월이었다. 시장은 2007년 말 최고점을 기록했고 이후 약 두 달간 등락을 거듭하다가 첫 번째 하락구간에 접어들었는데, CROX와 GRMN은 이때 시장과 함께 하락했다. 그 후 시장은 계속 상승과 하락을 거듭하다가 2008년 9월부터 두 번째 하락구간에 접어들었는데, 이때 또 다른 주도주 무리들이 함께 하락했다. 이는 대부분의 약세장에서 나타나는 전형적인 현상으로, 주도주들은 한꺼번에 하락하지 않고 시장이 새로운 하락구간에 접어들 때마다 차례로 하락한다. 앞으로 살펴보게 될 공매도 패턴과 관련해 꼭 명심해야 할 개념이다. 시장은 전체 약세장 속에서 몇 번의 하락구간을 거치는데, 이때마다 투자자들에게 최적의 기회를 제공한다. 투자자들은 인내심과 경계심을 가지고 시장이 새로운 하락세를 시작할 때를 기다려 최적의 투자기회를 잡기 위해 노력해야 한다.

몬산토Monsanto Co.(MON)는 예외적으로 시장이 천정을 형성했던 2007년 10월이 아니라 2008년과 2009년에 머리어깨형 패턴을 형성했다(그림 6.9 참조). 2007년 10월에는 천정을 형성하기는커녕 상승세를 이어나갔고, 2007~2009년 약세장의 중간쯤이던 2008년 여름까지 주가는 두 배나 상승했다.

하지만 2008년 6월에는 MON도 최고점을 찍은 후 머리어깨형 천정 패턴을 만들기 시작했다. 그림 6.9의 차트를 보면 6월 거래량이 늘면서 주가가 하락해 머리의 오른쪽이 형성되는 것을 확인할 수 있다. 그 후 주가는 두 번의 어깨를 만들다가, 목선을 뚫고 하락했다. 이때가 정확하게 전체 주식시장이 약세장의 두 번째 하락구간에 접어들었던 시점이다. MON의 일간차트를 보면(그림 6.10 참조),

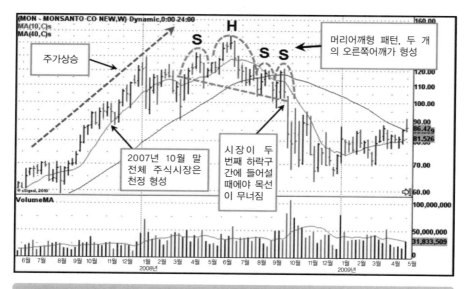

그림 6.9 | 2007~2009년 몬산토(MON) 주간차트 (자료제공: 이시그널, 2010년).

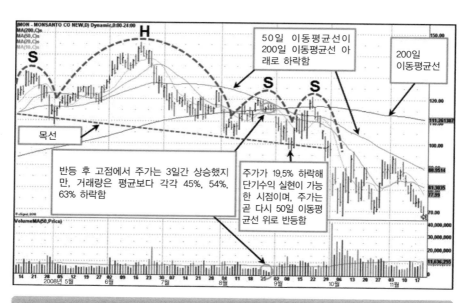

그림 6.10 | 2008년 몬산토(MON) 일간차트 (자료제공: 이시그널, 2010년).

첫 번째 오른쪽어깨의 고점에서 주가가 3일간 상승했지만 거래량은 평균보다 각각 45%, 54%, 63% 하락한 것을 확인할 수 있다. 이는 MON에 대한 수요가 잠재적으로 말라가고 있다는 증거다. 그 후 주가는 50일 이동평균선을 뚫고 19.5%나 하락해, 머리어깨형 패턴의 목선까지 하락했다. 앞에서 설명했듯이, 목선이 처음 무너질 때는 일종의 속임수인 경우가 많다. 목선이 무너지기 직전 공매도투자자 및 매도세가 진입해 주가가 하락하지만 곧 반등하기 때문이다. MON의 경우 목선이 뚫린 후 다시 50일 이동평균선 위로 반등하면서 두 번째 오른쪽어깨를 만들어냈다.

그런데 두 번째 어깨가 형성되기 시작하는 부분에서 50일 이동평균선이 200일 이동평균선보다(즉 10주 이동평균선이 40주 이동평균선보다) 하락해 블랙크로스black cross 혹은 데드크로스dead cross가 나타난 점을 주목해야 한다. MON이 첫 번째 어깨를 형성하면서 거래량이 말라가기 시작할 때부터 공매도 포지션을 구축한 투자자라면 주가가 이동평균선까지 하락했을 때 일단 수익을 실현하고, 이후 반등을 꼼꼼하게 모니터했을 것이다. 일반적으로 주가가 오른쪽어깨를 만들면서 50일 혹은 200일 이동평균선 위까지 반등할 가능성이 큰데, 이때 해당 이동평균선에서 공매도가 가능하다. MON 또한 주가가 두 번째 어깨의 최고점에서 다시 목선까지 하락했고, 며칠 동안 목선에서 지지를 받은 후 다시 크게 하락했다.

CROX나 GRMN 같은 상대적인 소형주들은 더욱 빠르게 하락하는 경향이 있어서 머리어깨형 패턴 중 오른쪽어깨를 하나만 만들곤 한다. 하지만 MON같은 대형주들은 두세 개 혹은 그 이상을 만들어내기도 한다. 그러나 주식시장에서 새로운 하락구간이 시작되었을 때를 버티지 못하고 역시 하락세에 접어든다. 따라서 공매도를 할 때에는 시장이 새로운 주가하락 구간에 접어들 때를 맞추어 포지션을 구축하도록 한다.

: 불완전한 말기 저점형

두 번째로 설명할 공매도에 적절한 천정 패턴은 불완전한 말기 저점형이다. 머리어깨형의 결과로 나타나곤 하지만, 머리어깨형보다 더욱 자주 만들어지고 또 머리어깨형의 일부로 볼 수도 있다. 여기에 대해서는 6장 마지막 부분에서 더욱 자세하게 설명하겠다.

불완전한 말기 저점형은 이름에서도 짐작할 수 있듯이 주가가 저점의 말기에 하락하면서 만들어지는 패턴으로, 브레이크아웃이 실패하거나 혹은 단순히 저점 말기에서 주가가 하락하기 때문에 형성된다. 천정 패턴이 모두 그렇듯 불완전한 말기 저점형 패턴도 급격한 주가상승 이후에 나타난다. 주도주는 주가가 상승하는 과정에서 명확한 저점을 계속해서 만들어낸다. 일반적으로 주가상승이 처음 시작된 후 몇 개월에 걸쳐서 세 번 이상의 저점이 만들어진 뒤에야 말기 저점이 출현한다. 하지만 말기 저점도 완벽한 저점의 모양새를 갖추고 있기 때문에 속기 쉽다.

불완전한 말기 저점에서는 유독 주가가 빠르게 하락한다. 하지만 실제적인 하락이 시작되기 전까지 20일 이동평균선 혹은 50일 이동평균선 등 주요 이동평균선은 무너졌다가 회복되기를 반복하곤 한다. 2007년 썬파워^{SPWRA} 차트가 매우 전형적인 예다. 당시 SPWRA는 V자 모양의 손잡이가 달린 컵 모양 말기 저점 패턴을 형성했다가 곧 빠르게 하락하기 시작했다. 주간차트(그림 6.11 참조)를 보면 손잡이가 달린 컵 모양 패턴이 형성되었고, 거래량이 적은 상태에서 브레이크아웃이 시도된 것을 확인할 수 있다. 주가는 크게 상승하지 못했고, 주간 거래범위의 저가 근처에서 종가가 정해졌다. 2주 후, SPWRA는 10주 이동평균선, 즉 50일 이동평균선을 뚫고 급락했으며, 단 3주 만에 주가는 반토막이 됐다.

항상 그렇듯이 일간차트를 보면 브레이크아웃 실패과정을 더욱 명확하게 알

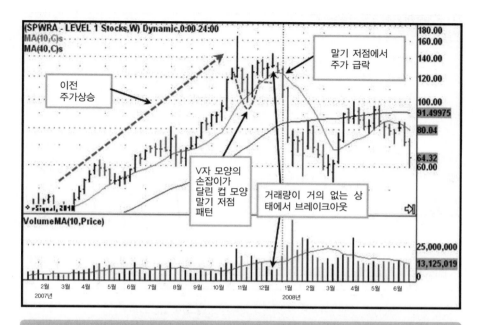

그림 6.11 | 2007~2008년 썬파워(SPWRA) 주간차트 (자료제공: 이시그널, 2010년).

수 있다(그림 6.12 참조). SPWRA는 최고점을 기록한 후 V자 모양의 손잡이가 달린 컵 모양의 저점을 형성했다. 손잡이가 형성된 후, 브레이크아웃이 출현했지만 거래량이 평균 정도밖에 되지 않아 의심스러웠다. 아니나 다를까 며칠 후 주가는 하락하고 거래량은 말라버렸다.

7일간, 주가는 50일 이동평균선까지 조금씩 하락하더니, 갑자기 거래량이 늘어나면서 매우 빠른 속도로 50일 이동평균선을 뚫고 급락해버렸다. 이때는 50일 이동평균선이 뚫리기 직전이 바로 공매도기회다. 주가가 빠르게 하락하는 중 약 3일간 짧고 거꾸로 된 모양의 하락깃발형^{bear flag}이 나타났다. 필자들은 거꾸로 된 하락깃발형을 '널빤지를 걷는 것처럼 위태위태한 모양'이라고 부르기도 한다. 널빤지, 혹은 거꾸로 된 하락깃발형이 출현한 지 3일째 되던 날, 거래량이 평균에

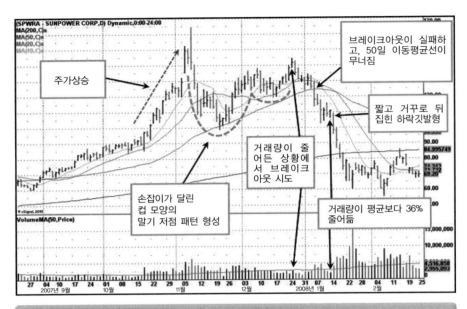

그림 6.12 | 2007~2008년 썬파워(SPWRA) 일간차트 (자료제공: 이시그널, 2010년).

비해 36%나 하락해 부두일을 기록했다. 만약 그 바로 직전일 반등을 노려 숏커 버링을 했던 투자자라면 부두일에 다시 공매도 포지션을 늘려도 좋았을 것이다. 이후 SPWRA는 조금의 시간도 지체하지 않고 바로 하향 직선을 그리면서 200일 이동평균선 밑까지 하락했다. 200일 이동평균선 밑에서는 주가가 몇 주간 안정 세를 나타냈다. SPWRA는 매우 빠르게 하락했기 때문에 공매도 목표인 25~30% 수익을 달성하는 데 오랜 시간이 걸리지 않았다. 하지만 그 후에도 주가는 크게 하락했다. 따라서 수익률이 25~30%를 기록했을 때 숏커버링을 했다면 확실히 시기상조였다. 여기에서는 주가하락의 속도를 평가하는 것이 열쇠다. 이렇게 엄 청난 거래량 증가와 함께 주가가 크게 하락할 때는 10일 이동평균선을 매도기준 으로 활용해야 한다. SPWRA의 경우, 50일 이동평균선이 무너진 뒤로 주가는 10 일 이동평균선 밑을 계속해서 하회했다.

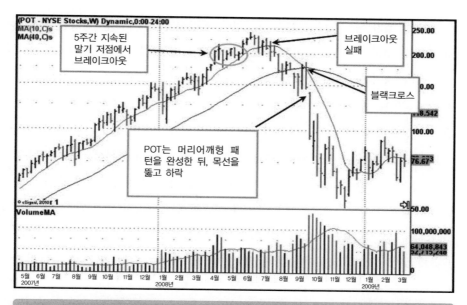

대형주로 비료회사인 포타쉬코프Potash Corp. Saskatchewan(POT)는 불완전한 말기 저점 패턴이 머리어깨형 패턴으로 이어진 흥미로운 예다(그림 6.13 참조). POT의 경우 불완전한 말기 저점형 패턴이 출현하자마자 덥석 공매도를 시작했다가는 너무 일찍 투자에 뛰어든 꼴이 되었을 것이다. POT는 2008년 6월 약 5주간에 걸쳐 말기 저점을 형성했고, 브레이크아웃이 시도되었다. 이후 거래량은 감소했고, 주가는 약간 상승하는 것처럼 보였다. 하지만 곧 하락해 10주 이동평균선, 즉 50일 이동평균선까지 떨어졌다. 그 후 약 3주간 POT는 10주 이동평균선을 시험한 후 급락했고, 40주 이동평균선, 즉 200일 이동평균선마저 무너져버렸다. 마지막으로 주가가 40주 이동평균선 위로 반등했을 때는 10주 이동평균선이 40주 이동평균선 밑으로 하락하는 블랙크로스가 나타났다. 이후 POT의 주가는 급락해 단 4주 만에 산산조각이 났다.

POT의 주간차트는 나름 쉬워 보이지만, 일간차트(그림 6.14)는 정확한 시점까지 기다려 공매도에 성공하기 위해서는 얼마나 큰 인내심이 필요한지를 잘 보여주고 있다. POT가 5주간의 말기 저점을 돌파했을 때는 실제 짧은 추세선이 돌파된 순간이기도 했고 또 거래량도 합리적으로 많았다. 브레이크아웃에서 POT는 주가가 상승했을 뿐만 아니라 거래량도 늘어났기 때문에 앞으로 상승세를 이어나갈 수도 있을 것 같이 보였다. 하지만 결국 주가는 다시 추세선 브레이크아웃 지점, 즉 50일 이동평균선이자 주간차트의 10주 이동평균선까지 하락하면서 상황은 달라졌다. 그림 6.14를 보면 주가가 지속적으로 하락하는 과정에서 저항이 심했다는 것을 확인할 수 있다. 1번을 보면, 50일 이동평균선에서 주가는 약하게 반등해 20일 이동평균선 위를 기록했다. 2번 지점에서는 주가가 하루 동안이지

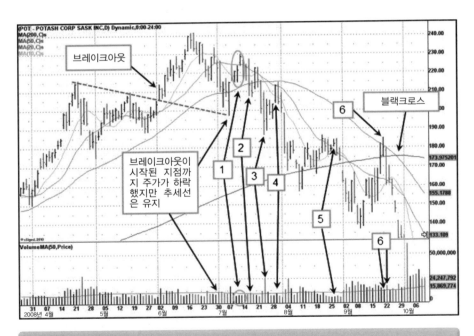

그림 6.14 | 2008년 포타쉬코프(POT) 일간차트 (자료제공: 이시그널, 2010년).

만 50일 이동평균선에서 유지되면서 반등에 성공하는 것처럼 보였다. 이때 주가는 5주 전 돌파한 저점 부근인 3번 지점에서 지지를 받는 것처럼 보인다. 거래량은 평균보다 적었지만 주가가 반등해 50일 이동평균선을 회복하는 것이 4번에서 확인되기 때문이다. 그 다음날 주가는 장중 50일 이동평균선을 회복하기는 했지만 거래량이 매우 적어 주가상승에 필요한 여력이 없다는 것을 보여주었다. POT는 결국 이후 크게 하락했다가, 200일 이동평균선을 지지선으로 겨우 반등해 20일 이동평균선을 회복했다. 앞에서도 언급했지만 20일 이동평균선은 추적청산 기준으로 활용되곤 한다. 한편 POT는 여전히 20일 이동평균선을 뚫고 상승할 여력이 없었을 뿐만 아니라 5번에서는 거래량이 평균보다 44% 하락해 부두일이 출현하기까지 했다. 주가는 다시 200일 이동평균선을 뚫고 하락했다. 그 후 다시 50일 이동평균선까지 격하게 반등했는데, 당시는 전체 주식시장이 반등할 때였다.

그림 6.15는 POT의 차트에 붙여진 1~6번까지를 S&P500 차트에 표시한 것으로, POT의 주가하락과 전체 주식시장과의 연관성을 확인하는 데 도움이 된다. POT가 저점을 돌파했을 때는 S&P500지수가 실제적인 천정을 형성하고 2주 후였다. 2008년 6월 내내 주식시장은 하락세를 지속했는데, POT 역시 브레이크아웃에 실패했고, 주가는 50일 이동평균선 주위를 맴돌았다. 또 1번부터 4번까지 나타난 복잡한 POT의 주가 변화도 전체 주식시장이 복잡했기 때문이었다. 5번과 6번도 주식시장의 여파 때문이었는데, 당시 짧은 주가하락 및 반등을 S&P500 차트에서도 확인할 수 있다. POT에서 공매도 투자 기회가 활짝 열렸던 것은 6번이었는데, 역시 주식시장이 크게 하락하기 시작한 시점이었다.

따라서 특정 종목에 대한 공매도 목표를 세울 때는 전체 주식시장을 반드시 고려해야 한다. 사소한 차이가 있긴 하지만 대부분의 모든 종목이 결국 시장과 때를 같이해 천정을 만들어나가기 때문이다.

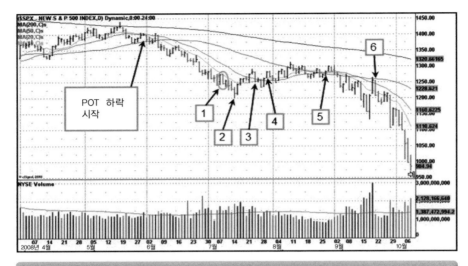

그림 6.15 | 2008년 S&P500지수 일간차트 (자료제공: 이시그널, 2010년).

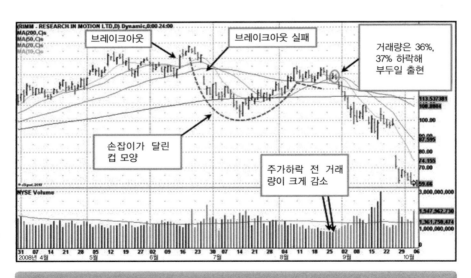

그림 6.16 | 2008년 리서치인모션(RIMM) 일간차트 (자료제공: 이시그널, 2010년).

앞에서도 설명했듯이, 여러 개의 공매도 및 천정 패턴은 겹쳐서 발생하기도 한다. 필자들은 몇 개의 패턴이 겹쳐져서 전체 천정 패턴을 만들어내는 경우를 몇 번이나 경험했다. 2008년 리서치인모션^{RIMM}을 예로 들어보자. 그림 6.16은 RIMM의 일간차트로, 2008년 5월 초와 8월 말 각각 다른 모양의 패턴이 형성된 것을 확인할 수 있다.

오랫동안 주가가 상승했던 RIMM은 6월 약 4~5주 동안 저점을 형성했다. 6월 중순 브레이크아웃이 출현했지만 실패했고, 6월 말 주가는 하락하기 시작했다. 주가가 브레이크아웃에 실패하면서 바로 갭하락했을 때는 이미 50일 이동평균선 밑으로 하락했기 때문에 공매도 포지션을 구축하기가 불가능해 보였다. 하지만 같은 종목에서도 공매도 기회는 몇 번이나 찾아오곤 한다. 이후 RIMM은 주가를 어느 정도 회복하면서 손잡이가 달린 컵 모양을 형성했다. 하지만 손잡이 부분이 약간 아래로 처진 이상적인 모양(『최고의 주식 최적의 타이밍』 참조)이 아니라 직선형이었다. 손잡이의 마지막 부분에서 나타난 작은 상승쐐기형 패턴을 주목해야 한다. 이때 거래량은 평균보다 36%와 37% 하락해 부두일이기도 했다.

앞의 그림 6.15에서 알 수 있듯이, 8월 말 RIMM의 주가하락은 전체 시장의 하락과 때를 같이한다. RIMM이 만들어낸 손잡이가 달린 컵 모양 말기 저점형 패턴의 취약성은 컵이 형성되기 시작한 6월 말에 거래량 증가와 함께 갭하락한 부분에서도 확인할 수 있다. 또 컵 부분이 완성되고 손잡이가 만들어지는 동안 거래량이 지속적으로 줄어들었고, 손잡이 마지막 부분에서는 부두일까지 출현했다. 이때가 바로 공매도의 적기였다. 실제 주가는 이후 급락하기 시작했다.

RIMM에서 가장 흥미로운 점은 두 개의 불완전한 말기 저점형 패턴이 합쳐져 전반적인 머리어깨형 패턴을 만들어냈다는 점이다. 5주간 지속된 말기 저점에서 브레이크아웃이 발생하고 주가가 6월 최고가를 기록하면서 머리어깨형 패턴의 머리가 만들어졌는데, 1주일 만에 주가가 하락해 머리 부분이 못대가리처럼 납

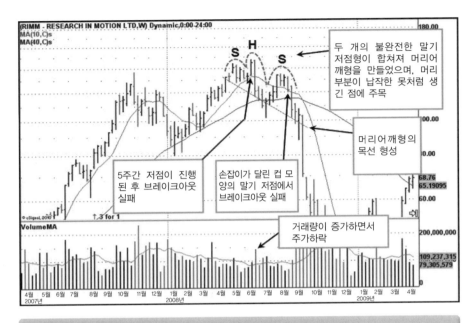

두 개의 불완전한 말기 저점형이 합쳐져 머리어깨형을 만들었으며, 머리 부분이 납작한 못처럼 생긴 점에 주목

머리어깨형의 목선 형성

5주간 저점이 진행된 후 브레이크아웃 실패

손잡이가 달린 컵 모양의 말기 저점에서 브레이크아웃 실패

거래량이 증가하면서 주가하락

그림 6.17 | 2008년 리서치인모션(RIMM) 주간차트 (자료제공: 이시그널, 2010년).

작하게 되고 말았다. 그 다음 만들어진 손잡이가 달린 컵 모양의 손잡이부분이 오른쪽어깨가 되었고, 곧 목선이 무너지면서 주가는 급락했다(그림 6.17 참조).

RIMM의 예는 패턴의 정확한 모양이나 이름에 집착하기 보다는 주가가 약간의 상승세 혹은 보합세를 보일 때 잠재적인 부두일 신호가 발생하지 않는지 유념하면서 주가와 거래량의 변화에 주목하는 것이 얼마나 중요한지를 보여주고 있다. 모든 공매도 패턴은 다음의 공통점을 갖는다. 첫째, 패턴이 나타나기 전 몇 주 혹은 몇 개월간 주가가 크게 상승했다. 둘째, 주가가 50일 혹은 200일 등 주요 이동평균선 밑으로 하락하는 것과 동시에 거래량은 크게 증가한다. 셋째, 이동평균선이 무너진 후, 주가가 몇 번씩 이동평균선을 회복하곤 한다. 이때 부두일이 나타나는지를 확인하면서 최적의 공매도시점을 찾아야 한다.

: 죽음의 펀치볼 모양

불완전한 말기 저점형 패턴은 손잡이가 달린 컵 모양 패턴이 넓고 느슨하게 형성되면서 만들어지곤 한다. 최고가에서부터 깊이가 50%를 넘는 컵을 형성할 정도로 주가하락의 속도가 가파르다면, 단순한 컵이 아닐 가능성이 크다. 그래서 컵보다는 펀치볼 모양에 더 가까운데, 필자들은 이점에서 착안해 이때 형성되는 공매도 패턴을 죽음의 펀치볼 모양Punchbowl of Death(POD)이라고 부르고 있다.

지금까지 급격하게 주가가 상승해온 주도주가 역시 빠른 속도로 하락해 50% 이상 깊이의 기울기를 보일 때 죽음의 펀치볼형이 만들어진다. 처음 주가가 급하게 하락하면 지금까지의 주가상승을 구경만 하던 투자자들은 주가가 싸다는 생각에 매수를 시작하고 덕분에 주가는 다시 가파른 상승세를 보인다. 이렇게 만들어지는 이중 천정은 컵처럼 생긴 패턴을 형성하는데, 앞에서 말했듯이 필자들은 이 컵을 펀치볼이라고 부른다. 펀치볼의 오른쪽 부분은 너무 급하게 만들어졌기 때문에 주가가 계속 지지될 수 없다. 결국 주가는 다시 빠른 하락세에 접어든다. 그림 6.18의 아리바Ariba,Corp.(ARBA) 차트에서 볼 수 있듯이, 펀치볼의 오른쪽 최고점에서 주가가 하락하면서 거래량이 늘면 드디어 주가가 하락세에 접어들었다는 신호다.

ARBA 차트를 보면, 죽음의 펀치볼 모양 패턴의 출현과 함께 10주 이동평균선(50일 이동평균선)이 무너지면서 거래량도 급증한 것을 확인할 수 있다. 이후 10주 이동평균선 바로 윗부분까지 주가가 반등한 적도 있지만 결국에는 하락해 40주 이동평균선(200일 이동평균선)이 무너졌다. 그 다음 주가는 더욱 빠르게 급락했다. 죽음의 펀치볼형 패턴은 주기가 짧은 편이어서 26주에서 28주 혹은 그보다 약간 긴 기간에 걸쳐 형성된다. 가끔 찰스슈왑SCHW처럼 주기가 1년까지 길어지기도 하는데, 역시 펀치볼의 오른쪽이 형성될 때는 주가가 매우 빠르게 상승해야

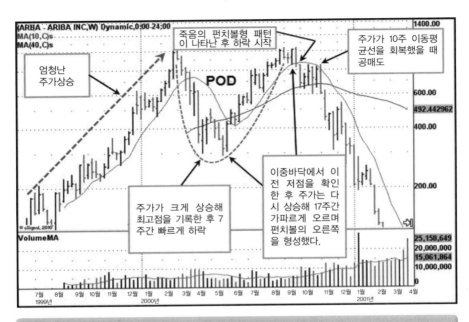

그림 6.18 | 2001년 아리바(ARBA) 주간차트 (자료제공: 이시그널, 2010년).

한다. 망가져버린 과거의 주도주들은 주가가 하락하기 전의 고점까지 빠르게 상승하는데, 이때가 바로 향후 주가가 얼마나 빠르게 하락할지를 가늠하는 열쇠가 된다. 펀치볼이 길고 들쭉날쭉하게 형성되고 컵의 오른쪽이 완만한 경사를 이룬다면 공매도에 적합하지 않다.

　ARBA 일간차트(그림 6.19)를 보면 알 수 있듯이, 죽음의 펀치볼형 패턴에서의 공매도 기술은 앞서 설명했던 머리어깨형이나 불완전한 말기 저점형에서와 비슷하다. 본질적으로 이 세 가지 패턴이 크게 다르지 않기 때문이다. ARBA는 거래량 증가와 함께 주가가 크게 하락하기 시작하면서 50일 이동평균선이 무너졌다. 주가는 계속 하락하다가 200일 이동평균선에서 지지를 받고 반등해 50일 이동평균선을 회복하면서 1번의 지점에서 죽음의 펀치볼형을 완성했다. 하지만 곧

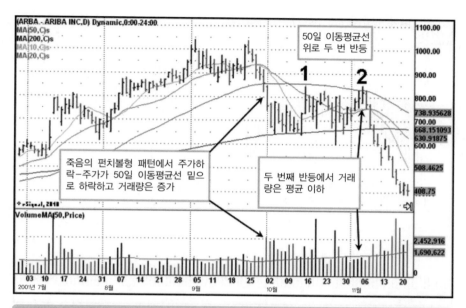

그림 6.19 | 2001년 아리바(ARBA) 일간차트. 죽음의 펀치볼형 패턴에서의 공매도를 보여주고 있다 (자료제공: 이시그널, 2010년).

다시 하락해 200일 이동평균선을 시험한 후, 2번 지점인 50일 이동평균선까지 반등했고, 이 과정에서 거래량이 평균 이하로 줄어든 날이 종종 있었다. 1번과 2번은 모두 공매도에 적절한 시점이다. 다만 공매도 규칙에 따라 주가가 200일 이동평균선까지 하락했을 때 일단 숏커버링을 했다가, 다시 공매도를 시작해야 한다. ARBA에서는 주가가 50일 이동평균선까지 반등했다가 더 이상 상승하지 못하고 꺾이곤 했지만, 다른 머리어깨형이나 불완전한 말기 저점형에서는 펀치볼을 만든 후 주가가 50일 이동평균선 위까지 상승하기도 한다.

1999년부터 2000년까지 찰스슈왑SCHW은 1년 이상의 기간에 걸쳐 죽음의 펀치볼형 패턴을 만들었다(그림 6.20 참조). 하지만 단 4주 만에 주가가 급상승하면서 펀치볼의 오른쪽을 만들어냈기 때문에 역시 공매도에 적절한 패턴이었다. 펀치

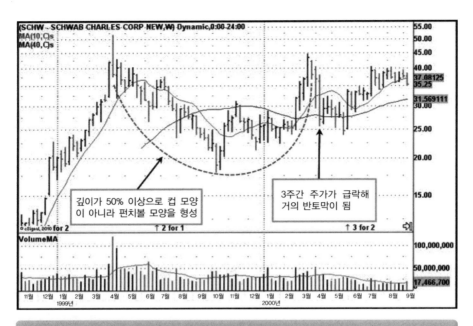

볼의 오른쪽 부분에서 SCHW는 주간차트 기준으로 신고점을 경신했다. 하지만
그 다음주 바로 갭하락했고, 주가가 40% 이상 빠르게 하락했다. 만약 SCHW가
좀 더 천천히, 좀 더 높은 곳까지 상승했다면 이후에 주가급락은 없었을지도 모
른다. 펀치볼의 오른쪽에서는 보합세가 전혀 형성되지 않아서 마음 약한 투자자
들은 솎아내고, 강력한 신규투자자들을 끌어들일 기회가 없었다. 보합세가 형성
되면 주가는 중간중간 저점을 형성하면서 천천히 상승해 나간다. 반대로 SCHW
는 주가가 너무 빠르게 상승했기 때문에 펀치볼의 바닥에서 매수한 투자자들은
곧 수익실현에 나설 기세였고 1999년 3월의 최고점에서 유입된 투기 성향의 투
자자들도 섞여 있었다. 게다가 2000년 3월은 주식시장도 천정을 형성하고 있었
기 때문에 SCHW의 죽음의 펀치볼형은 공매도 기회였다.

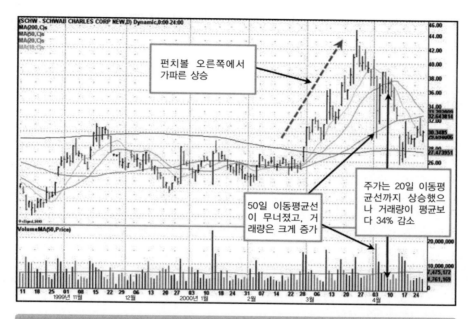

그림 속 텍스트:
- 펀치볼 오른쪽에서 가파른 상승
- 50일 이동평균선이 무너졌고, 거래량은 크게 증가
- 주가는 20일 이동평균선까지 상승했으나 거래량이 평균보다 34% 감소

그림 6.21 | 2000년 찰스슈왑(SCHW) 일간차트 (자료제공: 이시그널, 2010년).

　　SCHW의 일간차트(그림 6.21)를 보면 죽음의 펀치볼형에서 오른쪽이 매우 가파르게 형성되고, 그 이후에는 주가가 20일 이동평균선을 뚫고 빠르게 하락하는 것을 확인할 수 있다. 이후 주가는 50일 이동평균선까지 하락했기 때문에, 다시 급격한 반등세로 전환되어 20일 이동평균선 바로 윗부분까지 상승했다. 곧 20일 이동평균선 약간 밑까지 하락했다가 3일째 되는 날 다시 20일 이동평균선 근처로 주가가 상승했는데, 이때 거래량이 평균보다 34% 하락하면서 부두일이 나타났다. 이때가 공매도 기회였다. 그림 6.21에서 오른쪽 끝부분을 보면 확인할 수 있는 것처럼, 이후 주가는 50일 이동평균선 밑까지 떨어졌다가 다시 공매도가 가능한 지점인 50일 이동평균선까지 상승했다. 같은 시기에 SCHW와 비슷한 모양의 패턴을 형성한 종목으로는 아메리카온라인AOL이 있다. 이 부분은 독자들의

몫으로 남겨놓으려 한다. 타임워너와의 합병 이후의 차트를 찾아보면 당시 AOL
이 그려낸 공매도 패턴을 직접 확인할 수 있을 것이다.

　　2007년 주식시장의 랠리에서는 평상시에 지루한 기업으로 치부되던 선박기
업들의 주가가 크게 상승했다. 그 중 대표적인 기업이 2007년 내내 가파른 주
가상승을 기록한 드라이쉽Dryships, Inc.(DRYS)이다(그림 6.22 참조). 하지만 2007년 10
월 주식시장이 천정을 형성하자, 이들 선박종목들도 역시 천정을 만들기 시작했
다. DRYS의 주간차트에 나타난 것처럼 관련주들의 주가는 50% 이상 하락했다.
2008년 1월이 되자 DRYS는 바닥을 확인했고 주간차트상으로 바닥을 한 번 더
시험한 후 8주간 상승하면서 죽음의 펀치볼형의 오른쪽을 완성했다. 이때 DRYS
는 매우 가파른 상승곡선을 그려내면서 최후의 정점을 기록해, 죽음의 차트볼의
오른쪽이 위로 상승하는 형태의 천정 패턴이 완성되었다. 차트볼의 오른쪽에서

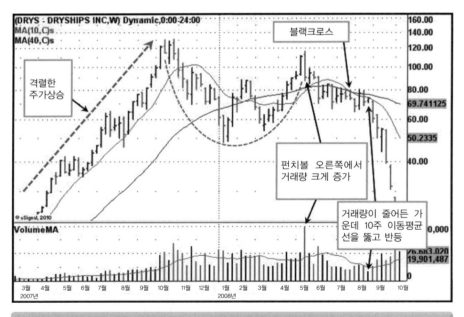

그림 6.22 | 2007~2008년 드라이쉽(DRYS) 주간차트 (자료제공: 이시그널, 2010년).

주가가 최고점을 기록했을 때 갑자기 거래량이 증가한다면 공매도를 시작해도 좋다는 신호다.

DRYS의 주간차트는 리딩철도회사Reading Railroad가 1907년에 만들어낸 죽음의 펀치볼형 패턴과 꼭 닮아있다. 저작권 문제로 리딩철도회사의 차트는 책에 싣지 못했지만, 약 100년 전 기업의 패턴이 그대로 반복되었다는 사실이 정말 놀랍다. 오닐을 비롯한 뛰어난 선배투자자들이 입을 모아 이야기하듯 주식시장은 인간의 심리가 반영되는 곳이어서 사람들의 심리가 변하지 않는 한 같은 패턴이 지금도 그리고 앞으로도 계속해서 반복될 수밖에 없다.

죽음의 펀치볼의 오른쪽 최고점까지 주가가 빠르게 상승했던 DRYS는 상승 여력이 소진돼 하락하면서 거래량이 크게 늘었다. 주가는 결국 10주(50일) 이동평균선과 40주(200일) 이동평균선을 뚫고 하락했다. 이후 이들 이동평균선을 회복하면서 약 11주간 주가가 유지되었지만, 2008년 9월 전체 시장(그림 6.15 참조)의 붕괴와 함께 DRYS의 주가도 나락으로 떨어졌다.

그림 6.23의 DRYS 일간차트를 보면 ARBA나 SCHW에서와 마찬가지로 죽음의 펀치볼 오른쪽에서 거래량이 크게 늘면서 주가가 최고점에서 급락하고, 곧 20일 이동평균선이 무너진 것을 확인할 수 있다. 주가는 20일 이동평균선을 뚫고 다시 반등했지만 거래량은 말라버린 상태였고, 부두일이 출현했다. 두 번째 반등에서 주가는 20일 이동평균선까지 상승했지만, 거래량이 평균보다 40% 줄어 수요가 크게 부족하다는 사실을 보여주고 있다. 그 다음날 주가는 갭하락했고, 거래량은 눈에 띄게 늘었다. 일단 주가가 50일 이동평균선과 200일 이동평균선 아래로 하락하면, 이들 이동평균선은 공매도투자의 기준이 된다. DRYS는 2008년 7월 초 다시 하락하기 전까지 200일 이동평균선 위로 두 번 반등했다. 죽음의 펀치볼형에서 주목해야 할 점은 양 축을 이루는 두 개의 고점까지 미친 듯이 급격하게 주가가 상승한다는 것이다. 왼쪽의 주가상승은 일상적이고, 강세장이 만들

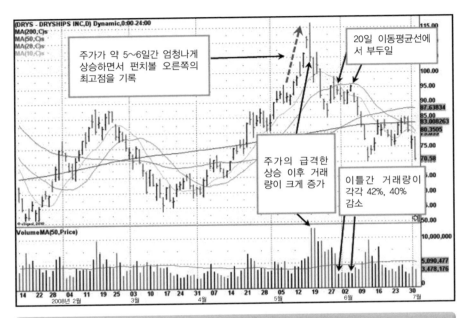

주가가 약 5~6일간 엄청나게 상승하면서 펀치볼 오른쪽의 최고점을 기록

20일 이동평균선에서 부두일

주가의 급격한 상승 이후 거래량이 크게 증가

이틀간 거래량이 각각 42%, 40% 감소

그림 6.23 | 2008년 드라이쉽(DRYS) 일간차트 (자료제공: 이시그널, 2010년).

어낸 결과다. 즉 전체 시장이 강세장일 때, 주도주들에게 나타나는 일반적인 상승 곡선이다. 두 번째 상승은 펀치볼의 오른쪽을 형성하는데 주가가 너무 빠르게 상승했기 때문에 계속 유지되기 힘들다. 마음 약한 투자자들은 떠나고, 강력한 세력이 유입될 시간적 여유가 없기 때문이다. DRYS도 역시 죽음의 펀치볼의 오른쪽 부분에서 5~6일간 폭발적인 주가상승을 기록했고, 통제 불능 상태의 주가는 곧 하락하기 시작했다. 일간차트상으로 처음 거래량이 늘면서 주가가 꺾이기 시작할 때 공매도를 시작하면 된다. 주가하락이 이미 시작되었다면, DRYS에서처럼 거래량이 줄어들면서, 특히 부두일이면서 주가가 20일 이동평균선까지 상승했을 때 공매도를 시작하면 된다.

2007년 말부터 2008년 9월까지의 애플^{AAPL} 차트에서도 공매도에 적합한 죽

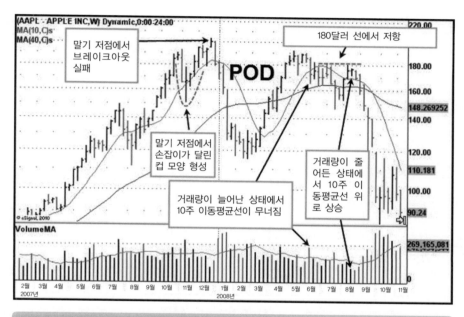

말기 저점에서
브레이크아웃
실패

180달러 선에서 저항

POD

말기 저점에서
손잡이가 달린
컵 모양 형성

거래량이 줄
어든 상태에
서 10주 이
동평균선 위
로 상승

거래량이 늘어난 상태에서
10주 이동평균선이 무너짐

그림 6.24 | 2007~2008년 애플(AAPL) 주간차트 (자료제공: 이시그널, 2010년).

음의 펀치볼형을 찾아볼 수 있다. 2007년 말부터 AAPL의 주간차트는 말기 저
점형 패턴을 형성하기 시작했다(그림 6.24 참조). 같은 기간 동안 2007년 말 강세장
의 또 다른 주도주였던 바이두BIDU와 퍼스트솔라FSLR도 역시 천정을 형성했다.
여기에서는 이들 중 AAPL를 살펴보기로 하겠다. 2007년 말부터 2008년 초까지
AAPL의 주가는 말기 저점을 형성한 후 하락하기 시작했고, 단 6주 만에 주가는
거의 반토막이 됐다. 12주 후 AAPL은 바닥을 빠져나왔고, 단 8주 만에 200일 이
동평균선을 회복했다. 따라서 죽음의 펀치볼형 전체 패턴이 만들어지는 데 모두
20주가 소요되었다. AAPL은 바로 이전 강세장에서 대형주로 주목을 받았기 때
문에 50일 이동평균선과 180달러 저항선, 200일 이동평균선 사이를 오락가락하
다가 2008년 9월 주식시장이 급락할 때에서야 본격적인 하락세에 돌입했다.

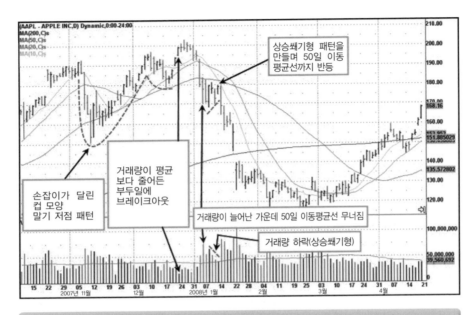

상승쐐기형 패턴을
만들며 50일 이동
평균선까지 반등

거래량이 평균
보다 줄어든
부두일에
브레이크아웃

손잡이가 달린
컵 모양
말기 저점 패턴

거래량이 늘어난 가운데 50일 이동평균선 무너짐

거래량 하락(상승쐐기형)

그림 6.25 | 2007~2008년 애플(AAPL) 일간차트 (자료제공: 이시그널, 2010년).

　　지금부터는 그림 6.24의 AAPL의 주간차트에 나타난 펀치볼의 오른쪽과 왼쪽 부분을 두 개의 일간차트로 나누어 주가와 거래량의 변화를 더욱 상세하게 살펴보겠다. 그림 6.25는 2007년 말 형성된 AAPL의 손잡이가 달린 컵 모양 말기 저점 패턴의 일부분이다. 2007년 10월 당시 전체 주식시장은 천정 패턴을 만들었지만, AAPL의 주가는 오히려 상승하고 있다. AAPL이 천정을 형성한 것은 그 이후인 12월 말이었다. AAPL의 주가는 20일 이동평균선과 50일 이동평균선을 뚫고 하락한 뒤 단 6일 만에 다시 반등했고, 거래량이 줄어든 상태에서 50일 이동평균선을 회복했다. 이때가 공매도 적기로, 만약 이때 공매도 포지션을 구축했다면 2008년 2월까지 지속되는 주가하락으로 많은 돈을 벌었을 것이다. 브레이크아웃에서는 거래량이 평균보다 56% 이상 줄어든 부두일인 점에 주목해야 한다.

브레이크아웃으로 주가가 신고가를 기록했지만 AAPL 종목에 대한 수요가 크게 줄어들었다는 명확한 신호였다. 이후 AAPL의 주가는 200달러를 유지하지 못하고 하락했다.

AAPL의 주가가 200달러 선을 넘어섰을 때의 상황은 리버모어가 1907년에 투자했던 아나콘다 구리Anaconda Copper를 연상시킨다. 당시 리버모어는 "내가 오랫동안 유지해왔던 투자이론 중 하나는 주가가 100달러, 200달러, 300달러 선을 처음 돌파했다면, 거기에서 멈추지 않고 더욱 상승할 가능성이 크다는 것이다. 따라서 이때 해당 종목을 매수하면 수익을 올릴 수 있다"고 말했다. 그리고는 주가가 막 300달러를 넘어선 아나콘다 구리를 가리켜 "주가가 300달러를 넘어섰기 때문에 더욱 상승할 것이다. 아마 곧 340달러 선에 육박할 것 같다"고 평가했다. 하지만 사실은 그렇지 않았다. 그러자 리버모어는 "아나콘다 구리가 298달러에서 시작해 302.75달러까지 상승했다. 하지만 곧 주가는 하락하기 시작했다. 만약 주가가 다시 301달러가 된다면 이제는 속임수라고 생각하겠다. 주가 상승이 견실하려면 310달러까지 쉬지 않고 상승해야 했다. 그렇지 않았다는 건 과거의 선례와는 다르고, 따라서 내가 틀렸다는 의미다. 틀렸을 때는 잘못을 바로잡아야 한다(『어느 주식투자자의 회상』)"고 강조했다. 아나콘다 구리의 현대판인 AAPL은 2007년 12월 200달러 선을 유지하는 데 실패한 뒤 약세로 전환되어 천정 패턴을 형성했고, 이후 주가는 급격하게 하락하기 시작했다.

2008년 2월이 되자 AAPL의 주가는 바닥을 확인했고, 3월부터 반등을 시작했다. 그 후 8주간 상승해 죽음의 펀치볼형에서 오른쪽을 형성했다(그림 6.26 참조). 주가상승 과정에서 거래량은 평균에 못 미쳤고, 매도세가 평균보다 증가한 날도 이틀이나 있었다. 결국 190달러 근처에서 작은 이중 천정이 형성되었고, 두 번째 천정에서는 거래량이 평균보다 36%나 감소했다.

2008년 9월, AAPL은 죽음의 펀치볼형 패턴의 오른쪽에서 하락하기 시작했

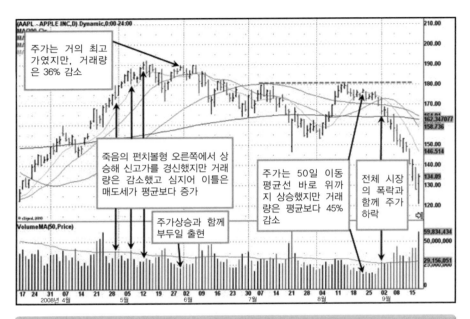

그림 6.26 | 2008년 애플(AAPL) 일간차트 (자료제공: 이시그널, 2010년).

고, 몇 주 후 시장의 급락과 함께 본격적인 하락세로 접어들었다. AAPL이 마지막으로 반등했을 때 180달러에서 논리적인 저항선이 확인되었는데, 이때가 공매도의 적기다. 또 작은 상승쐐기형 패턴이 나타난 날은 거래량이 평균보다 45%나 하락한 부두일이라는 것에 주목해야 한다. 그 직후 주가는 하락하기 시작해 단며칠 만에 모든 이동평균선이 무너졌다. 당시 9월은 시장 전체가 새로운 하락구간에 접어들었을 때였다. AAPL의 경우에는 6월 말부터 9월 본격적인 하락세가 시작되기 전까지 주가가 상승과 하락을 반복한 시기를 공매도 기준으로 삼아야 한다는 점을 명심하길 바란다. 대부분 거래량이 감소하면서 중요한 이동평균선 위로 주가가 상승할 때는 해당 이동평균선이 합리적인 지지선이다. AAPL의 일간차트에서는 180달러가 합리적인 지지선으로 공매도를 시작하기에 적절한 지점이다.

죽음의 펀치볼형이 만들어진 후 가장 빠르게 수익을 올릴 수 있는 종목은 따끈따끈한 IPO 주식들이다. 2007년부터 2008년에는 단연 태양에너지주들이 대표적이다. IPO 종목들 중 특히 투자자들의 시선을 사로잡는 테마주들은 IPO와 동시에 날개 돋친 듯이 팔리곤 한다. 1999년부터 2000년까지는 IT주들이 그랬고, 2007년부터 2008년까지는 앞에서도 언급했듯이 태양에너지주식들이 그랬다. 그런데 이들은 가파른 성장세를 보인만큼 가파른 하락세를 보이는 고약한 성향이 있다. 특히 테마주에 대한 열기가 사그라질 때쯤 상장한 종목들이 취약하다. 대표적인 예로 2007년 트리나솔라^{Trina Solar Ltd.(TSL)}를 들 수 있다(그림 6.27 참조). TSL은 2006년 말 IPO 직후부터 엄청난 주가 상승을 기록했다. 하지만 그 후 몇 번이나 브레이크아웃에 실패했고, IPO 종목들 사이에서 출현하곤 하던 가파르게 생긴 죽음의 펀치볼형 패턴을 형성했다. 주가가 로켓처럼 빠르게 급상승했던 덕분에 주가가 급락했다가 다시 급상승하는 불안정하고 투기적인 형태의 가파른 패턴이 형성되는 것이다.

TSL의 주간차트를 보면 공매도가 가능한 죽음의 펀치볼형이 두 개가 반복되는 '더블 죽음의 펀치볼'이 나타났다. 두 번 모두 8주에서 12주 사이의 짧은 기간 동안 형성되었고, 각 패턴의 오른쪽 부분에서 주간 거래량은 크게 증가했다.

트리나솔라에 출현한 죽음의 펀치볼 차트들을 하나씩 나누어 살펴보면(그림 6.28과 6.29) 앞에서 보았던 ARBA, SCHW, AAPL에서 나타났던 죽음의 펀치볼과 대략 비슷하다는 사실을 확인할 수 있다. 그림 6.28의 첫 번째 죽음의 펀치볼을 보자. 죽음의 펀치볼형의 오른쪽 고점에서 역시 갑작스럽게 거래량이 증가했고, 결국 주가상승도 끝이 났다. 그 이후 주가는 32달러 선 위로 몇 번씩 반등하면서 저항선을 확인했다. 세 번째와 네 번째로 반등했을 때는 거래량도 하락해 공매도를 시작하기에 적절한 시점이었다. 그 이후 주가는 급락했다.

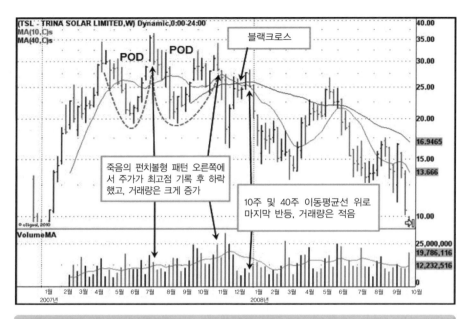

그림 6.27 | 2007년 트리나솔라(TSL) 주간차트 (자료제공: 이시그널, 2010년).

그림 6.28 차트 이후 TSL의 주가는 갑자기 급등했다. 하지만, 곧 상승세가 꺾이면서 2008년 10월 내내 손잡이가 형성되었다(그림 6.29 참조). 손잡이에서 돌파가 시도되었지만 실패했고 거래량도 늘어나면서 죽음의 펀치볼형 패턴이 조금씩 형성되기 시작했다. 이후 주가는 다시 20일, 50일, 200일 이동평균선을 뚫고 하락했는데, 모든 이동평균선이 무너지는 데 단 3일밖에 걸리지 않았다. 그 후 약하게 50일 이동평균선까지 반등한 후 갭하락을 거치면서 더욱 크게 하락했다. TSL을 보면 주가가 급락한 뒤에는 일단 공매도 수익을 실현해야 하는 이유를 이해하게 된다. TSL은 11월 중순 크게 갭하락한 후, 50일과 200일 이동평균선 위로 다시 반등했다. 12월 말, 부두일에 고점을 기록한 뒤에야 주가는 다시 하락하기 시작했다.

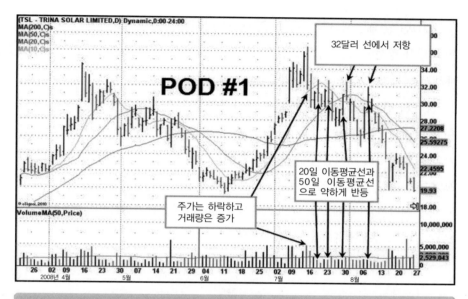

그림 6.28 | 2008년 트리나솔라(TSL) 일간차트 (자료제공: 이시그널, 2010년).

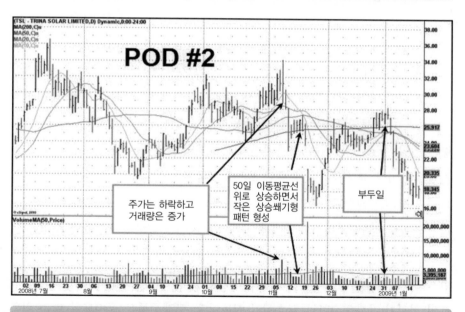

그림 6.29 | 2008년 트리나솔라(TSL) 일간차트 (자료제공: 이시그널, 2010년).

2007년 말 태양에너지 테마주 중 TSL과 비슷하게 IPO 직후에 죽음의 차트볼형 패턴을 형성한 예로 잉리 그린 에너지^{YGE}와 LDK솔라^{LDK}를 들 수 있다. 이들에 대해서는 독자 여러분이 직접 연구해보기 바란다.

죽음의 펀치볼형의 천정 패턴은 투자자들에게 큰 보상을 안겨주곤 한다. 특히 투자자가 죽음의 펀치볼형의 오른쪽이 형성되었다는 사실을 분별해내고 주가가 하락하면서 거래량이 증가하는 순간을 기다릴 수 있다면 앞의 예에서 살펴보았듯이 짧은 시간 동안 꽤 많은 수익을 얻을 수 있다. 하지만 주가가 일단 하락하기 시작한 다음에도 공매도로 수익을 올릴 수 있는 기회는 몇 번이나 있으므로 공매도 신호에 주의를 기울이도록 한다.

로켓종목 공매도

지금까지 설명한 머리어깨형, 말기 저점형, 죽음의 펀치볼형은 일반적인 공매도 상황이다. 이와 달리 필자들이 '폭발적인 로켓종목'이라고 부르는 예외적인 공매도 사례가 있는데, 짧은 시기에 엄청난 수익을 남길 수 있는 방법이다. 먼저 로켓종목이란 보합세에서 브레이크아웃으로 주가는 4.5배 이상 상승하고, 거래량은 일일 평균보다 2배 이상 증가한 급등종목을 뜻한다. 이들은 4주 내에 주가가 4.5배 이상 핵폭탄처럼 솟아오르다가 결국에는 폭발하듯 주가가 하락한다. 과거의 사례를 보았을 때, 주가상승이 시작되고 폭발하기까지는 채 몇 주가 걸리지 않았다. 따라서 적절한 시기에 공매도 포지션을 취한다면 엄청난 수익을 올릴 수 있는데, 무엇보다 타이밍이 중요하다. 거래량이 크게 늘면서 주가가 급등한 직후, 이전일의 장중 저가 밑으로 하락하기 시작하면 공매도가 가능하다. 최후의 정점이 가까워졌다는 신호이기 때문이다. 로켓종목을 공매도할 때는 위험하고 변동성이 큰 기술이 요구되지만 성공했을 때는 그만큼의 보상이 따른다. 1991년부터 2008년까지 공매도 패턴을 형성한 모든 로켓종목 중 95.7%가 수익을 안겨주었다. 또 그 중 84.2%는 최고점에서부터 50%가 넘는 수익을 만들어냈다. 따라서 로켓종목이 하락하기 시작하면 바로 공매도를 시작하고, 수익이 50%가 될 때까지 조금씩 그 비율을 늘려나가는 것이 좋다.

　로켓종목 공매도에서 실패할 확률은 4.3%다. 이들은 주가가 하락하지 않고 우리가 정해놓은 손절매지점, 즉 패턴 중 최고가까지 상승한 경우다. 투자자들은 실패확률을 정확하게 파악하고, 그에 따라 투자 포지션을 조절해야 한다. 또, 공매도를 시작한 이후에 주가가 잠깐 동안 상승할 가능성도 염두에 두어야 한다. 통계적으로 로켓종목에 대해 공매도 포지션을 구축하고 나서 15.8%는 17% 이상 손실을 기록했다가 수익으로 돌아선다. 나머지 84.2%는 17% 이내의 손실을 기록한 후 수익으로 바뀐다. 따라서 수익이 나기 시작할 때까지 버티기가 힘들 수도 있다. 하지만 로켓종목 공매도 중에서 95.7%가 수익을 올리고, 84.2%는 엄청난 수익으로 이어졌다는 사실을 되새기면서 자신감을 잃지 않도록 하라.

　일단 주가가 50% 이상 하락하면 숏커버링을 시작하는 것이 안전하다. 일반적으로 주가가 50% 이상 하락하면 반등이 시작되곤 하기 때문이다. 더욱 많은 수익을 벌어들이기 위해 리스크를 견딜 수 있다면 전체 포지션의 반 정도만 숏커버링하고, 주가의 변화를 살피는 것이 좋다.

　필자들의 연구에 따르면 6.5배 이상 주가가 상승한 로켓종목 66개 중 65개는 주가가 50% 이상 하락했다. 2000년 3월 최후의 정점을 기록한 종목을 포함하면 77개 로켓종목 중 73개가 50% 이상 하락했다.

　검은 백조 같은 이례적인 사건이 많았던 2009년에 주가가 바닥에서 4.5배 이상 상승한 종목들의 경우, 주가가 상승하는 데에는 4주 이상 소요되었다. 따라서 이들은 로켓종목이 아니었다. 다시 한번 강조하지만 핵폭탄을 쏘아올린 것처럼 주가가 상승해야 한다. 즉 4주 이내에 주가가 4.5배 이상 상승한 종목이어야만 한다. 매 년 한두 개 종목밖에 찾아볼 수 없을 정도로 드물지만, 일단 발견만 한다면 리스크 대비 큰 수익을 기대할 수 있다. 게다가 이들 대부분이 거래량이 적은 소형주들이어서 공매도를 위해 주식을 빌리기도 쉽지 않다. 실제 로켓종목 중 반 정도만 공매도가 가능했다. 하지만 공매도가 가능한 로켓종목을 제때 발견하기만 한다면, 그 다음은 공짜로 돈을 버는 셈이다.

1999년부터 2000년까지 인터디지털^{Interdigital, Inc.(IDCC)} 차트를 보자(그림 6.30 참조). 매우 드문 경우지만, 주가가 4주 내에 4.5배 이상 급상승한 다음에는 진정국면에 접어들면서 건설적인 횡보세를 형성하기도 한다. 이때를 주가가 로켓같이 상승한 구간의 일부분으로 인식해서는 안 된다. IDCC는 1999년 11월 말부터 12월 초까지 주가가 크게 상승했지만 그 이후 2주가 넘는 기간 동안 횡보세를 유지했다. 따라서 주가상승이 시작된 지점을 다시 고려해야 한다. 따라서 처음 주가가 상승하기 시작했던 지점은 5.44달러가 아니라 11월의 2/3기간 동안 IDCC가 형성한 보합세의 고점인 10.94달러다.

로켓종목 공매도에서는 주가가 최고가를 기록하고 하락하기 시작한 날을 기준으로 삼는다. 처음 주가가 하락하기 시작한 날 거래범위의 저가가 공매도 신호가 된다. IDCC의 예에서는 주가가 최고점을 기록한 후 이틀째 되는 날이다. 첫번째로 주가가 하락한 날의 장중 저가 밑으로 주가가 떨어진 날이기 때문이다.

또 하나 명심할 점은 로켓종목은 강력한 상승세를 타고 상승하기 때문에 저가주들이 많다는 사실이다. 과거의 사례를 보면 필자들이 평상시에는 매수를 꺼릴 정도의 저가 종목들도 공매도로 큰 돈벌이가 되곤 했다. 또 주가가 갑자기 상승하기 시작하면 거래량이 늘기 때문에 공매도를 위해 주식을 빌리는데도 무리가 없었다.

표 6.1은 1998년부터 2004년까지 공매도에 적절한 패턴을 형성한 로켓종목

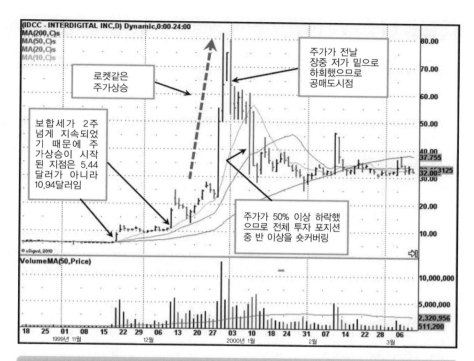

그림 6.30 | 1999~2000년 인터디지털(IDCC) 일간차트. 로켓종목 공매도 사례다 (자료제공: 이시그널, 2010년).

들을 나열한 것이다. 앞에서 설명한 IDCC도 포함되어 있다. 물론 짧은 시간 내에 많은 수익을 올릴 수 있고, 수익을 얻을 확률도 크긴 하지만 일반적인 공매도보다 변동성이 크다는 사실에 주목해야 한다. 따라서 자신의 투자 포지션을 조절하고, 미리 겁을 먹고 포지션을 정리하지 않도록 주의하자.

표 6.1 | 1998년부터 2004년까지 로켓종목 공매도 사례

종목	주가상승 시작일	주가상승 시작 가격	최고가	상승 비율(배)	공매도 시작일	공매도시점의 주가
IDCC	1999년 12월 10일	10.94	82.00	7.5	2000년 1월 3일	62.90
OXGN	2003년 5월 20일	2.30	19.40	8.4	2003년 6월 11일	11.25
SIEB	1999년 2월 1일	12.31	70.63	5.7	1999년 2월 5일	42.69
MACE	2004년 4월 5일	2.11	14.80	7.0	2004년 4월 14일	9.61
IDSA	2004년 2월 6일	2.38	23.75	10.0	2004년 3월 3일	19.70
UBID	1998년 12월 18일	36.94	189.00	5.1	1998년 12월 24일	147.90

종목	공매도 손절매 시점	손절매 시점에서 예상되는 손실*	수익이 발생하기 전까지 기록했던 실제 손실**	최고가에서 주가가 50% 이상 하락했는지 여부	50%까지 하락했을 때 수익 (%)	50%까지 하락하는 데 소요된 일수
IDCC	82.10	30.52%	25.60%	y	34.8	7
OXGN	19.50	73.33%	14.60%	y	13.8	7
SIEB	70.73	65.68%	0.00%	y	17.3	〈 1
MACE	14.90	55.05%	0.00%	y	23.0	〈 1
IDSA	23.85	21.07%	9.00%	y	39.7	54
UBID	189.10	27.86%	8.40%	y	36.1	12

•공매도를 시작한 후 손절매 시기로 정한 패턴의 최고가까지 주가가 상승할 때 예상되는 최대 손실
••수익으로 전환되기 전 기록되었던 실제 손실, 예상 최대 손실보다 훨씬 적은 수치다. 그만큼 리스크는 관리가 가능하다. 특히 이들의 주가가 50% 이상 하락했다는 사실을 감안하면 확실히 감당할 수 있는 리스크다.

결론

앞에서 여러 차례 설명했듯이 공매도를 통해 약세장에서 짧은 시간 내에 수익을 얻을 수 있다. 하지만 본질적으로 약세장에서의 공매도는 강세장에서의 매수보다 위험하다. 약세장은 어느 순간 갑작스럽게 반등세로 돌아서기 때문에, 늦

게 공매도에 뛰어든 투자자들에게 손실을 입히기 일쑤다. 따라서 공매도에서는 타이밍이 중요하다. 주식시장의 하락과 함께 특정 종목이 공매도 투자 기회를 제공할 때를 기다려야 한다. 강세장에서 매수 포지션을 구축할 때보다 공매도를 시작할 때가 타이밍이 더 중요하다. 따라서 공매도 경험이 적은 투자자들은 전체 자본금의 5~10% 정도의 비율로 공매도를 시작하고, 경험이 쌓인 다음에 비율을 늘리도록 하자. 처음에는 스마트하게 시작하자!

CHAPTER 7

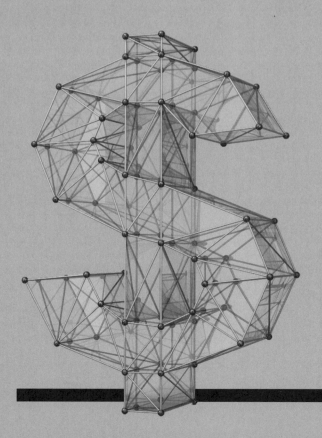

Dr. K의
시장방향모델

매수 혹은 매도 신호를 발생시키는 체계적인 장치인 시장방향모델은 오닐식 투자와는 맞지 않는 듯 보인다. 또 시장의 타이밍을 잡는 일종의 타이밍모델로 생각될 수도 있지만 필자들은 타이밍모델이라는 용어를 사용하지는 않는다. 우리에게 시장방향모델은 시장의 타이밍을 잡기 위한 도구라기보다는 투자방향을 결정하는데 필요한 도구이기 때문이다. 즉, 매수 포지션을 구축해야 할 강세장은 언제 시작되는지, 반대로 공매도 포지션을 취해야 하는 하락장은 언제부터인지를 이해하도록 도움을 주는 도구라는 뜻이다. 7장에서는 필자들이 만든 시장방향모델의 기본이 되는 오닐의 팔로우 스루 및 분산일 개념을 재정비하게 될 것이다. 또 주식시장의 방향을 확인하는 데 도움이 되는 주가 및 거래량 변화와 관련하여 투자자들의 혼란을 해소시켜 주기 위한 내용이 담겨 있다. 추가적인 의문 사항에 대해서는 chris@mokainvestors.com으로 이메일을 보내거나 www.virtueofselfishinvesting.com을 참조하길 바란다.

시장의 타이밍

타이밍체계는 무엇보다 합리적인 논리에서 출발해야 한다. 즉 합리적인 논리를 바탕으로 타이밍체계가 구축되어야 한다. 이를 위해서는 오랜 시장 경험이 요구된다. 데이터에만 과도하게 의존해 과거 사례에는 정확하게 들어맞지만 예측적인 가치는 별로 없는 체계를 구축해서는 곤란하다. 그런데 인터넷에서 수수료를 내고 사용하는 타이밍체계 중 상당수가 여기에 속한다. 이들은 이론적으로는 높은 수익률을 보장하지만, 논리적으로 빈약한 경우가 많다. 과거의 데이터에 과도하게 의존해서 만들어졌기 때문이다. 그래서 과거 사례에는 정확하게 들어맞곤 하지만 실시간 시장 조건에서 시험했을 때는 오류를 남발하곤 한다. 이 때문에 타이밍모델은 쓸모가 없다거나, 시장에서 타이밍을 잡을 수는 없다는 회의적인 시각이 팽배하게 됐는지도 모르겠다. 하지만 모든 타이밍체계가 쓸모없는 것은 아니다. 로버트 코플Robert Koppel이 쓴 『강세장, 약세장, 그리고 백만장자Bulls, Bears & Millionaires』라는 책에는 타이밍모델의 디자인과 과거 자료에 과도하게 의존할 때의 위험성에 대해 논의되어 있다.

필자가 처음 시장방향모델을 활용하기 시작한 건 1991년이었다. 덕분에 이

때 처음으로 시장평균보다 높은 수익을 올리기도 했다. 필자의 시장방향모델은 나스닥 종합지수 및 S&P500지수와 거래량의 관계를 통계화한 뒤 공식으로 만들고, 여기에 수년간의 트레이딩 경험을 통해 얻은 규칙들을 적용해 개발되었다. 회계 법인에 의해 공인된 필자의 높은 투자수익률은 바로 이 시장방향모델 덕분이며, 시장에서 매도 및 매수 포지션의 노출 정도를 결정할 때도 이 모델이 적용된다. 이 시장방향모델은 중기적인 추세를 잡아내는 데 뛰어나기 때문에 시장에서 올바른 방향을 잡는 데 많은 도움을 주곤 했다. 1997년 10월을 비롯해 주가 하락으로 인한 투자기회도 놓치지 않을 수 있었고, 강세장에서는 시작과 거의 동시에 매수에 뛰어들 수 있었다. 2009년처럼 투자가 까다로운 장에서도 2009년 3월 12일 시장방향모델이 매수신호를 발생시킨 덕분에 수익을 올릴 수 있었다. 물론 들쭉날쭉한 횡보장세에서는 모델을 적용하기가 어렵고, 이럴 때는 마이너스 수익을 기록하기도 했다. 하지만 시장방향모델 적용이 어려울 정도로 이례적인 시장은 지금까지 매우 드물었다.

시장방향모델은 오닐의 CAN SLIM 중에서 시장의 방향을 나타내는 M에서 영감을 받았다. 독자 여러분에게 오닐의 『최고의 주식 최적의 타이밍』은 꼭 읽어보라고 권하고 싶다. CAN SLIM에 대해 매우 상세하게 설명되어 있으므로 많은 도움이 될 것이다. CAN SLIM은 최고의 주식들이 공유했던 특성을 가진 종목을 선별하기 위한 방법이다. 그 중에서 M은 시장 타이밍과 관련되어 있다. 과거에는 분산일과 팔로우스루데이를 구성하는 요소에 대해 혼동이 있었다. 심지어 오닐 휘하에 있는 최고의 투자전문가들까지도 이 두 개념을 혼동하곤 했다. 오닐과 함께 세미나에 참석하다보면, 『최고의 주식 최적의 타이밍』에서 이들 두 개념에 대해 읽은 독자들이 좀 더 확연한 구분방법을 물어오곤 했다.

혼란의 원인은 아마도 일봉의 모양, 전날과 비교해 일봉이 끝난 지점, 팔로우스루데이가 발생한 날, 팔로우스루데이를 계산하기 위해서 기준으로 삼아야 하는 나스닥 종합지수나 S&P500지수 하락 정도 등 주가와 거래량의 변화를 파악하는 데 애를 먹기 때문인 것 같다. 또 다른 이유는 이들에 관한 정확한 규칙이 없기 때문이다. 예를 들어, 일부에서는 2009년 8월 28일이 분산일이 아니라고 주장한다. 당일 시장 지표가 0.2% 이상 하락하지 않았기 때문이다. 이런 혼동이 발생하는 이유는 일봉의 모양을 고려하지 않았기 때문이다. 8월 28일에는 일봉에 긴 윗꼬리가 달렸다. 거래량이 늘면서 윗꼬리가 달리면 나스닥 종합지수가 크게 하락하지 않더라도 분산일로 봐야 한다. 장 초반에 지수가 상승하려고 했지만 결국 거래범위의 바닥부분에서 종가가 결정되었기 때문이다. 장중에 주가상승을 시도했지만 매도세에 막혀 상승하지 못한 결과다. 이처럼 일봉의 모양을 고려하지 않고 지수가 0.2% 이상 하락했는지 아닌지 여부만을 따져 분산일을 판단하는 것은 논리에 어긋난다.

또 단기매매가 늘어날 때도 혼동이 발생한다. 주가가 조정을 받거나 하락할 때 단기매매가 늘어나면 거래량이 늘어나는 것처럼 보여 잘못된 매도신호를 발

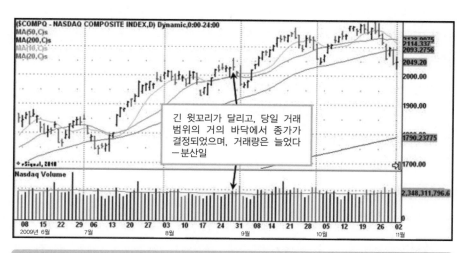

그림 7.1 | 2009년 나스닥 종합지수. 거래량이 많은 상황에서 긴 윗꼬리가 달리고 종가가 당일 거래범위의 바닥에서 결정되며 거래량이 늘어나면 분산일이다(자료제공: 이시그널, 2010년).

생하게 된다. 따라서 단기매매로 인한 거래량을 제외하면 잘못된 매도신호를 어느 정도 걸러낼 수 있다. 하지만 결과를 어느 정도 개선한다고 하더라도 2009년처럼 시장이 상승하면서 매도신호가 발생되는 경우 타이밍체계로 수익을 남길 수 없다. 마찬가지로 2008년에도 타이밍체계가 발생시킨 매도신호에 따랐다가는 손실을 보았을 것이다. 그래서 좋은 타이밍체계는 제대로 신호가 발생할 때 수익을 극대화시키고, 잘못된 신호에서는 손실을 줄여주어야 한다. 까다로운 장에서 제대로 신호가 발생했을 때 얻은 수익이 잘못된 신호로 인한 손실을 만회하고도 남아야 하기 때문이다. 그래야만 대개 3년에서 5년 주기인 시장의 사이클에서 평균보다 높은 수익을 얻을 수 있다.

: 분산일

분산일distribution day이란 매도세가 매수세보다 더 강한 날이다. 그래서 분산일에는 거래량이 증가하는 동시에 부정적인 주가 변화가 나타난다. 부정적인 주가 변화란 주가가 하락하거나, 지수가 과도거래churning●의 조짐을 보이는 것이다. 일반적으로 20일 이하의 거래일 동안 분산일이 5일 이상 발생하면 매도신호가 발생된다. 분산일의 거래량은 전날보다 늘어야 하지만 종가는 전날의 종가보다 하락하지 않아도 상관없다. 긴 윗꼬리가 달리고, 종가가 0.1% 이상 상승하지 않았으며, 일일 거래범위의 하위 25% 이내에서 종가가 결정되고, 거래량이 늘면 분산일로 봐야 한다. 그래서 그림 7.1은 분산일의 좋은 예를 보여주고 있다.

또 주가가 약간 증가하고 거래량이 크게 늘었다면 역시 분산일이다. 당일 매

●장내 브로커(floor broker)들이 거래수수료를 늘릴 목적으로 거래량을 늘려 주식이나 선물계약을 빈번하게 매수하고 매도하는 것을 일컫는다. 불법거래이자 비윤리적인 거래이기도 하다. —편집자주

도세가 매수세보다 많았지만 종가가 전일에 비해 약간 높기 때문에 간과하기 쉬울 뿐이다. 다만 거래량이 늘어난 이유가 옵션 만기나 일시적인 지수 불균형이 해소되었기 때문은 아닌지 주의해야 한다. 그림 7.2에서 2009년 9월 18일은 분산일이 아니다. 거래량이 왜곡되지만 않았다면 물론 분산일이다. 하지만 옵션 만기일인 덕분에 거래량이 늘었고, 주가가 약간 상승했기 때문에 분산일이라고 할 수는 없다. 만약 주가가 하락하고 당일 거래범위가 더욱 컸더라면, 거래량이 왜곡되었더라도 분산일로 볼 수 있었을 것이다. 그림 7.2에서처럼 거래범위가 좁은 상황에서는 매도세가 매수세보다 강했다고 하더라도 불확실하다. 이런 경우 필자들은 판단을 보류하곤 한다. 대신, 그 이후 거래일의 변화를 관찰하면 옵션만기일에 대해 정확한 판단을 내릴 수 있다.

이전 거래일보다 종가가 하락하고 거래량이 늘었는데 분산일이 아닐 수도 있다. 그림 7.3처럼 당일 거래범위의 상위 50% 내에서 종가가 결정되었고, 이전일보다 0.1% 이상 하락하지 않은 경우다. 3월 8일, 나스닥 종합지수는 하락했고 거래량은 크게 늘었다. 하지만 지수가 하락한 정도가 0.04%밖에 되지 않았고, 또 당일 거래범위의 상위 50% 이내에 충분히 들었으므로 분산일이 아니다. 일부에서는 이 경우를 오히려 건설적이라고 평가하기도 한다. 그 정도까지는 아니더라도 일단 거래범위의 상위 50% 이내에서 지수가 결정되면 분산일처럼 보여도 분산일이 아니다. 또 거래범위가 매우 좁고 빡빡한 날 지수가 0.1% 이내로 하락하면 분산일로 보지 않는다. 분산일의 기준을 만족시키기 위해서는 시장지수가 0.1% 이상 하락해야 한다. −0.2%를 조건으로 활용했을 때보다 −0.1%를 기준으로 활용했을 때 더 신뢰할 수 있는 결과를 얻었다. 지금까지 설명한 분산일 기준은 필자들의 의견이 아니라, 통계적인 결과라는 사실을 명심하기 바란다.

필자들은 나스닥 종합지수만을 활용해 분산일을 판단한다. 지난 몇 년간의 연구 결과에 따르면 S&P500지수는 잘못된 매도신호를 발생시키곤 했기 때문이

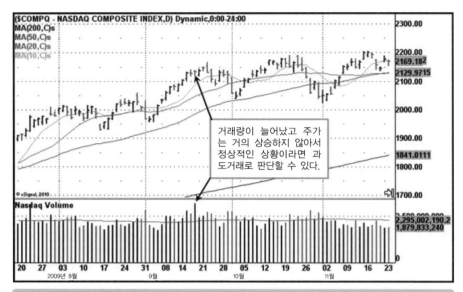

그림 7.2 | 나스닥 종합지수(자료제공: 이시그널, 2010년).

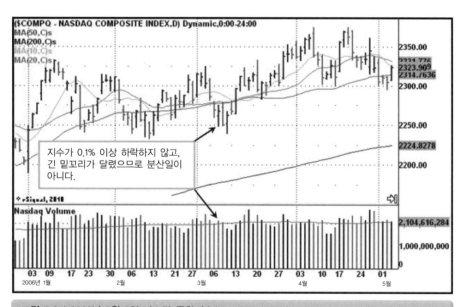

그림 7.3 | 2006년 3월 8일 나스닥 종합지수(자료제공: 이시그널, 2010년).

다. S&P500지수는 상승장에서 상대적으로 적은 수익을, 하락장에서 상대적으로 적은 손실을 기록한다. 하지만 시장의 노이즈의 영향을 받곤 해서, 잘못된 매도 신호를 발생시킬 가능성도 컸다. 같은 이유로 다우존스 지수도 활용하지 않는다. 게다가 다우존스 지수는 30대 대형주만을 포함하기 때문에 강세장의 주도주를 반영하지 못한다는 문제점도 있다.

: 팔로우스루데이

팔로우스루데이는 반등시도가 시작된 뒤 4일 이후에 발생되는 매수신호다. 오닐은 바닥에서 반등이 시도되기 시작한 후 4~7일 사이에 주요 시장지수 중 하나가 기준값인 1% 이상 상승하고 거래량이 늘어나면 팔로우스루라고 정의했다. 반등시도는 나스닥 종합지수 혹은 S&P500지수가 조정을 겪은 후에 나타난다. 시장이 신저가를 기록한 후, 그보다 높은 곳에서 종가가 결정된 날을 반등시도가 시작된 날로 친다. 또 지수가 신저가를 기록한 날의 종가가 당일 거래범위의 중간보다 높게 결정된 경우에는 주가가 지지되고 있다고 생각해 반등이 시작된 날로 고려한다. 일례로, 1998년 10월 8일은 거래량이 크게 늘어난 가운데 종가가 거래범위의 중간쯤에서 결정되었다(그림 7.4 참조). 시장지수가 0.1% 이상 하락했으며 거래량이 늘어나 분산일이라고 생각할 수도 있지만 사실은 반등이 처음 시도된 날로 고려해야 한다. 거래량이 늘어났고, 지수가 거래범위의 중간 이상에서 마감되었으므로 분산이 아니라 매집의 신호로 봐야 하기 때문이다.

매우 드문 경우지만, 반등시도가 있고 3일째 되는 날을 팔로우스루데이로 고려할 때도 있다. 하지만 1991년 1월 15일부터 17일까지 나스닥 지수처럼 3일간 거래량이 꾸준한 증가세를 나타내거나, 1987년 1월 5일 팔로우스루 때처럼 3주간이나 지수가 거의 변동이 없어야 한다.

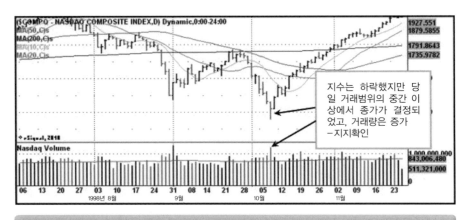

지수는 하락했지만 당일 거래범위의 중간 이상에서 종가가 결정되었고, 거래량은 증가 ―지지확인

그림 7.4 | 나스닥 종합지수 일간차트. 1998년 10월 8일에는 일일 거래범위의 중간에서 종가가 결정되었고, 거래량은 늘어나 강력한 지지를 확인할 수 있었다. 이때 반등이 처음 시도된 것으로 보인다 (자료제공: 이시그널, 2010년).

: 기준값

기준값은 팔로우스루데이를 만족시키기 위해서 나스닥 종합지수 혹은 S&P500지수가 바닥권에서(꼭 필요한 조건은 아니다) 반등하기 시작한 뒤 4일부터 7일 중 하루 동안 상승해야 하는 최소기준을 뜻한다. 나스닥 종합지수 및 S&P500지수의 기준값은 그다지 자주 바뀌는 편은 아니며, 오닐은 지수의 변동성 정도에 따라 기준값을 1.7% 혹은 2%로 조정해 적용한다. 지수의 변동성은 몇 주간에 걸쳐 나타나기 때문에, 오닐은 변동성 정도를 세심히 살펴 기준값을 수정한다. 필자들 역시 지수의 변동성에 따라 기준값을 수정하는 것이 옳다고 생각한다. 과거 시장의 변동성과 팔로우스루데이를 통계적으로 연구한 결과, 1974년부터 1998년까지는 나스닥 및 S&P500지수 모두 기준값이 1%, 1998년 1월부터 2002년 12월까지는 1.7%인 것으로 나타났다. 기준값이 상승한 이유는 1998년 1월까지 변동성이 높아졌기 때문이다. 하지만 2003년까지도 변동성은 여전히 높은 편이었고, 따라서 기준값은 1.4%로 조정되었다.

나스닥지수와 S&P500지수의 기준값이 항상 동일한 것은 아니다. 2004년 1월 S&P500지수의 기준값은 1.1%였는데, 지수의 변동성이 줄었기 때문이었다. 한편 나스닥 종합지수의 기준값은 1.4%였다. 2008년 시장의 변동성이 크게 늘어나자, 나스닥 종합지수의 기준값은 2.1%로, S&P500지수의 기준값은 2%로 상승했다. 이 책이 집필된 2010년 초반에는 나스닥 종합지수와 S&P500지수의 기준값이 모두 1.5%였다. 따라서 2010년에는 시장이 바닥권에서 반등을 시도한 뒤 4일에서 7일 동안 사이에 지수가 적어도 1.5% 이상 상승하면서 거래량이 늘 때가 팔로우 스루다. 변동성이 커지면 기준값도 상향수정해야 한다.

: 안전장치

시장방향모델이 잘못된 신호를 발생시킬 때가 있기 때문에 안전장치를 만들어 손실 가능성을 최소화해야 한다. 1974년 7월부터 2009년 12월까지 약 35년간 시장방향모델의 최대 예상 손실률이 고작 −15.7%였고, 연평균 수익률이 33.1%였던 것도 바로 안전장치 덕분이었다.

: 시장방향모델 시스템 vs. 자율적 적용

1974년 7월부터 2009년 12월까지 시장방향모델을 백테스트한 결과 연평균 수익률은 33.1%였고, 최고 손실가능성은 −15.7%였다. 이들은 이론적인 수익률로 매수신호 발생시에는 나스닥 종합지수 매수 100%, 매도신호가 발생하면 나스닥 종합지수 100% 매도, 현금신호가 발생하면 100% 현금화의 조건으로 얻은 결과다. 신호는 순전히 시장방향모델에 의존했으며, 투자 포지션 조절이나 예외적인 경우는 고려되지 않았다. 나스닥 종합지수가 반영된 나스닥 100지수^{QQQQ} ETF는 1999년에 처음 만들어졌기 때문에, 일관성을 유지하기 위해 나스닥 종합지수를 활용해 시장방향모델을 평가했다.

자율적 적용이란 시장방향모델의 신호보다 더 우선하는 증거에 따라 다양한 조건을 고려해 적용하는 것이다. ETF를 활용할 때도 자율적인 적용이 허용된다. 예를 들어 시장방향모델이 발생시킨 신호의 정도에 따라 주가지수의 2배 내지 3배씩 상승하는 레버리지 ETF를 적용할 수 있다. 즉 매수신호가 강하면, SPXU같은 3배 레버리지 ETF를 적용한다.

차트 실례

지금부터는 시장방향모델이 발생시킨 실제적인 매수 및 매도 신호 사례를 자세한 설명과 함께 소개하도록 하겠다. 여기에는 필자들이 가장 어렵다고 느꼈던 2008~2009년의 시장도 포함되어 있다. 독자 여러분은 시장이 까다로울 때 시장방향모델이 어떻게 작용하는지를 이해할 수 있게 될 것이다. 뿐만 아니라 1929년부터 1930년까지의 대공황의 사례도 포함되어 있는데, 완전히 달라진 시장조건에서 시장방향모델의 작용을 이해하기 위해서다. 앞으로 소개될 차트들은 팔로우스루데이와 분산일에 대한 이해 또한 높이는데 도움이 될 것이다. 추가적인 의문사항에 대해서는 chris@mokainvestors.com으로 이메일을 보내거나 www.virtueofselfishinvesting.com을 참조하길 바란다.

주의사항
• 차트의 봉 위의 검은색 표식은 분산일을 나타낸다(분산일이 아니라는 설명이 달

려 있는 경우 제외). B는 매수신호, S는 매도신호, N은 바로 이전의 매수 혹은 매도신호가 무효라는 뜻이다.

- 매수신호가 발생된 다음날 나스닥 지수가 신호 발생일의 저가보다 하락하면 신호는 무효가 된다. 갭상승과 함께 매수신호가 발생된 경우에는, 갭상승일의 종가가 전날의 종가보다 하락하면 무효다. 이후에 매도신호가 발생하면, 앞에서 발생한 매수신호는 무효가 된다. 매수신호 이후 나스닥 종합지수가 5일 이상 장중 신고가를 경신하다가 하락한 날의 종가가 매수신호가 발생된 지점보다 밑이면 매수신호는 무효가 된다.

- 장중 매도신호가 무효가 되는 경우는 '매도신호 발생 준비일'의 고가보다 지수가 상승하거나, 매도신호 발생 직전 매수신호가 먼저 발생했을 때다.

- '매도신호 발생 준비일'이란 20일 동안 분산일이 5번 이상 나타났을 때다. 이때, '매도신호 발생 준비일'의 저가보다 하락하면 매도신호가 발생된다.

- 매수신호가 발생된 다음에는 분산일이 몇 번이나 출현하곤 한다. 따라서 새로운 매수신호가 발생하기 전에는 '매도신호 발생 준비일'이 며칠이나 지속되곤 한다. 20일 이내에 새로운 분산일이 나타나곤 하기 때문이다. 이런 오류를 줄이기 위해서는 매수신호 이후 첫 번째 분산일은 '매도신호 발생 준비일'로 고려하지 않는다. 다만 매수신호가 발행된 날의 저가 이하로 분산일이 출현하면 예외다.

: 2009년 상반기 시장방향모델 분석

그림 7.5는 2009년 상반기 차트다. 지금부터 당시의 시장 변화에 대한 시장방향모델에 대해 해석해보기로 한다.

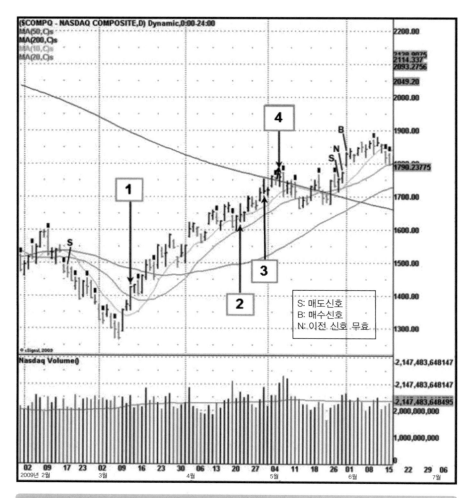

그림 7.5 | 2009년 상반기 나스닥 종합지수 일간차트 (자료제공: 이시그널, 2010년).

1. **3월 12일** 나스닥 종합지수가 반등을 시도한 지 3일째 되는 날이다. 대부분의 경우 팔로우스루로 보기에는 너무 빠른 시점이다. 하지만 당시 S&P500 지수는 5일째 반등을 시도했기 때문에 팔로우스루데이로 볼 수 있다. 당시 S&P500의 기준값은 2%였고, 나스닥은 2.1%였는데, 모두 충족했다.

2. 4월 22일 과도거래가 발생하면 지수는 거의 상승하지 않으면서 거래량만 크게 늘어난다. 따라서 일종의 분산일로 볼 수 있다. 4월 22일의 거래량은 과도거래로 볼 만큼 늘지 않아서 분산일이라고 할 수 없다.

3. 4월 30일 이전일의 종가보다 0.1% 이상 지수가 상승했기 때문에 분산일이 아니다. 게다가 일봉의 윗꼬리가 충분히 길지 않다.

4. 5월 6일 거래량도 늘고 주가는 거의 변화가 없었지만 과도거래는 아니며, 따라서 분산일도 아니다. 일봉의 아랫꼬리가 충분히 길기 때문이다.

:2009년 하반기 시장방향모델 분석

1. 6월 26일 거래량이 늘고 주가 변화가 거의 없었지만 과도거래는 아니다. 따라서 분산일이 아니다. 미국의 3000개 대기업의 주가지수를 포함하는 러셀 Russell지수가 당시 재편성된 결과였다. 투자자들이 러셀지수에 편입되는 기업과 제외되는 기업들의 주식을 빠르게 사고파는 바람에 거래량이 왜곡되었다.

2. 8월 28일 분산일이다. 지수가 상승했지만 전날의 종가보다 0.1% 이내의 상승폭을 나타냈고, 당일 거래범위의 하위 25%에서 장을 마감했으며 긴 윗꼬리가 달렸기 때문이다.

3. 9월 16일 나스닥 종합지수는 겨우 1.45% 상승했지만, S&P500지수가 1.53% 상승했다. 둘 중 하나지만 기준값을 만족시켰다.

4. 9월 18일 지수는 거의 변화가 없고, 거래량만 늘었다면 과도거래로 볼 수 있다. 과도거래는 분산일이다. 그런데 과도거래가 발생하면 장중 주가범위도 커지기 마련이다. 하지만 9월 18일은 주가범위가 크지 않기 때문에 과도거래 및 분산일로 볼 수 없다. 당일 거래량이 늘어난 이유는 옵션만기 때문이었다.

5. 10월 6일 나스닥 종합지수가 조정을 받기는 했지만 그 범위가 6% 이내였

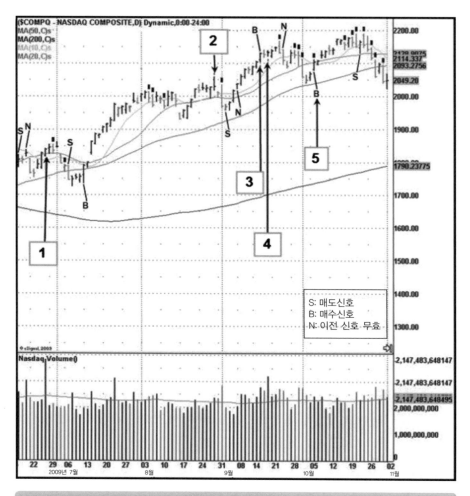

그림 7.6 | 2009년 하반기 나스닥 종합지수 일간차트(자료제공: 이시그널, 2010년).

다. 따라서 반등이 시도된 일수를 다시 계산할 필요가 없으며 여전히 반등이
시도되고 있는 중으로 고려해야 한다. 따라서 팔로우스루데이의 조건은 만
족한다. 10월 6일은 반등이 시도된 뒤 7일 이후에 나타나 이례적인 팔로우스
루데이다.

: 2009년 설명

오늘마저도 반세기가 넘는 자신의 투자 경력 중 2009년만큼 어려운 장은 없었다고 평가한다! 2009년은 바닥에서 반등한 이른바 '정크주식'들이 시장을 주도하고, 반면 우량주들은 그다지 상승하지 못한 해였다. 과거에는 유용했던 기술적인 지표들이 2009년에는 전혀 들어맞지 않았다. 연방준비위원회와 세계중앙은행들이 엄청난 유동성을 투입하고, 금리를 거의 0으로 유지했기 때문이다. '눈먼 돈'이 넘쳐났고, 그 결과 시장은 조정을 받을 것 같다가도 다시 반등해 신고가를 경신하면서 들쭉날쭉하고 불안정한 상승세를 지속해나갔다.

윌리엄 딜람^{William Dirlam}이 운영하는 타이밍예측 웹사이트로 신뢰할 만한 실적을 기록해온 디시전무스^{Decision Moose} 마저도 2010년 1월 15일 다음과 같은 주간평을 남겼다.

> 2009년은 우리 웹사이트에게는 최악의 해였다. S&P500지수는 26%나 상승했지만 우리 모델은 고작 1% 수익률을 기록했다. 2008년 주식시장 하락 후 양적완화를 위한 비현금성 장치 4개 중 미 재무부 채권과 금은 별 재미를 보지 못했고, 아시아 인덱스인 EPP만 수익이 났으며, 라틴아메리카펀드인 ILF는 약간 하락했다. 정부가 채권 이자는 내리고 금값은 떨어뜨리면서 추세를 바꾸었을 때 시장이 얼마나 왜곡되는지를 잘 보여주고 있다. 게다가 엄청난 변동성 때문에 중기적인 추세에 따르는 체계가 단기적으로 전혀 효용가치가 없어졌다(www.decisionmoose.com/uploads/2010.01.15.pdf).

표 7.1은 잭 슈웨거의 『시장의 마법사들』, 마이클 코벨의 『추세추종전략』, 터틀 트레이딩 투자자들이 꼽은 최고의 추세추종 펀드들을 나열한 것이다. 터틀

표 7.1 | 추세추종 펀드매니저들의 2009년 실적

펀드 이름	운용자금(단위: 백만 달러)	2009년 실적(%)
아브라함 트레이딩	–	−5.56
애스펙트 캐피탈	473	−9.91
체서피크 캐피탈	–	+0.41
클라크 캐피탈	1,046	−29.78
드루어리 캐피탈	18	+9.05
던 캐피탈	151	−0.58
에크하르트 트레이딩	220	−4.80
EMC 캐피탈	445	−14.29
혹스빌 캐피탈	212	−15.32
하이먼벡앤컴퍼니	51	+3.96
JWH앤컴퍼니	462	−17.28
Man AHL Diversified	18	−16.40
밀번 리지필드	1,414	−8.66
M Rabar Market Res.	1,137	+6.93
색슨 인베스트먼트	222	+10.37
슈퍼펀드	11	−24.46
트랜스트렌드	–	−11.28
윈턴 캐피탈	4,768	−4.63

(자료제공: 제즈리버티Jez Liberty, www.automated-trading-system.com/)

트레이딩이란 리처드 데니스Richard Dennis와 윌리엄 에크하르트William Eckhardt가 고안한 것으로, 특별한 심리적 특성을 가진 사람들이 매매를 좀 더 효과적으로 배울 수 있다는 사실을 증명하는 프로그램이다. 실제 프로그램 참가자 중 상당수가 성공적이고 존경받는 트레이더가 되었다. 표 7.1을 보면 뛰어난 실적을 기록했던 펀드들도 2009년에는 고전을 면치 못했음을 알 수 있다.

오닐은 새로운 강세장이 항상 코앞에 있다고 말하곤 했다. 그만큼 기회의 창은 곧 다시 열리곤 한다는 뜻이다. 따라서 시장에서 눈을 떼지 않은 채 인내심을 가지고 기다려야 한다. 일례로, 필자들이 2009년 1월 1일에 만든 시장방향테스트펀드Market Direction Test Fund는 2009년 말까지 수수료 제외했을 때 수익률이 30%에 육박했으며, 2010년 5월 31일까지는 수수료를 제외한 수익률은 53.8%를 기록했다. 2009년에 Dr. K의 시장방향모델이 잘못된 신호를 몇 번이나 발생시키긴 했지만, 잘못된 신호로 인한 손실보다 올바른 신호가 발생되었을 때 올린 수익이 훨씬 더 많았기 때문이다. 그 이유는 앞에서 설명했던 대로 시장방향모델의 안전장치 덕분이다.

2009년 처음 시장방향모델이 수익신호를 발생시킨 대상은 금이었다. 2009년 9월 2일 금ETF는 2년 전 금값이 상승하기 직전에 출현했던 포켓피봇 및 전통적인 브레이크아웃과 비슷한 형태의 패턴을 만들어냈다(그림 7.7 참조).

이때 시장방향모델을 자율적으로 적용해, 매수신호의 강도와 맥락에 따라 ETF를 선택적으로 사용했다. 그래서 레버리지 ETF인 Market Vectors Gold Miners 인덱스 ETF^GDX와 GLD 등 다양한 상품들이 활용되었다. 또 7월 나스닥 종합지수와 S&P500에 대해 매수신호가 발생되었을 때도, 나스닥 종합지수에 대

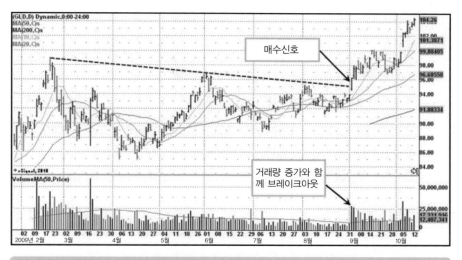

그림 7.7 | 2009년 SPDR Gold Trust ETF(GLD) 일간차트. 2009년 9월 초, 금은 저점을 돌파하면서 매수신호를 발생시켰고, 이후 금값이 크게 올랐다 (자료제공: 이시그널, 2010년).

해서는 2배 레버리지 ETF인 NASDAQ 100 인덱스 ETF^{QLD}를, S&P500에 대해서는 3배 레버리지인 S&P500 인덱스 ETF^{UPRO}를 활용했다. 사실 2009년 6월 1일부터 12월 31일까지 신호가 제대로 발생했던 때보다 오히려 잘못 발생된 때가 더 많았다. 하지만 신호가 잘못 발생되더라도 손실률을 적은 수준으로 제한할 수 있었고, 덕분에 시장방향모델펀드의 수익률은 수수료를 제외하고 30%를 기록할 수 있었다.

참고로, 7장의 FAQ 부분에 2009년 동안 시장방향모델의 매수, 매도, 중립 신호에 따라 3배 레버리지 ETF인 Direxion Technology Bull ETF^{TYH}를 100% 활용했을 때의 예상 수익률이 자세하게 소개되어 있다. 2009년 3월 12일부터 8월 24일 팔로우스루데이까지 예상수익률은 90%이며, 수익이 나기 시작하기 전까지 18.4%의 손실이 발생했다(그림 7.12 참조).

:2008년 상반기 시장방향모델 분석

1. **1월 2일** 나스닥 종합지수가 2007년 12월 20일의 종가 이하로 하락하면서 장중에 발생되었던 매수신호가 무효가 되었다(N으로 표시됨). 2007년 12월 21일은 갭상승일이었다. 1월 2일은 20일 동안 5번째 발생한 분산일이므로 매도신호 발생 준비일이다. 1월 3일에는 나스닥 종합지수가 매도신호 발생 준비일의 저가 밑으로 하락하면서 매도신호가 발생되었다.
2. **5월 14일** 나스닥 지수가 전날의 종가보다 0.1% 내로 상승했으며, 일일 거래 범위의 하위 25% 내이므로 분산일이다.

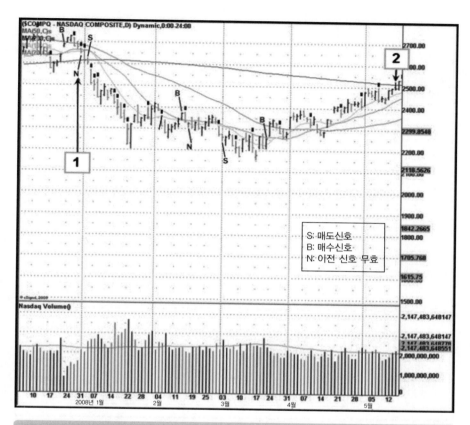

그림 7.8 | 2008년 상반기 나스닥 종합지수 일간차트 (자료제공: 이시그널, 2010년).

: 2008년 하반기 시장방향모델 분석

1. 5월 16일 종가가 0.19% 하락했기 때문에 분산일이다.

2. 6월 12일 다음 두 가지 이유 때문에 분산일로 볼 수 없다. 첫째, 당일 거래범위의 상위 75% 이내에서 종가가 결정되었다. 둘째, 지수가 0.1% 이상 상승했다. 하지만 매도신호는 발생되었다. 전날 매도신호 발생 준비일의 장중 저가

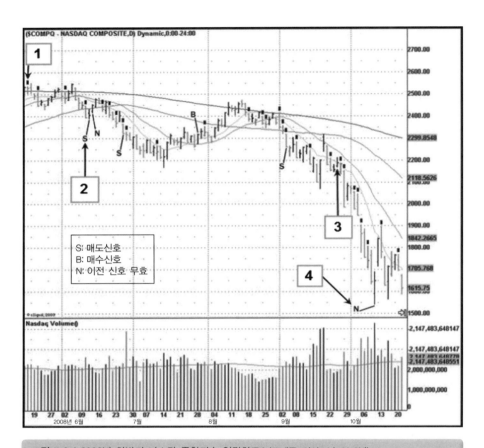

그림 7.9 | 2008년 하반기 나스닥 종합지수 일간차트(자료제공: 이시그널, 2010년).

가 깨졌기 때문이다.

3. **9월 25일** 나스닥 지수와 S&P500지수 모두 기준값인 1.5를 만족시키지 못했기 때문에 팔로우스루데이가 아니다.

4. **10월 10일** 당일 거래범위의 상위 50% 내에 종가가 결정되었고, 거래량은 최고를 기록했기 때문에 매도신호가 무효가 되었다.

:1929~1930년 시장방향모델 분석

1. **1929년 9월 25일** 길게 아랫꼬리가 달렸고, 지수가 0.1% 이하의 하락세를 기록했기 때문에 분산일이 아니다.

2. **1929년 10월 15일** 10월 15일은 매도신호 발생 준비일이다. 매수신호 이후 첫 번째 분산일이지만, 매수신호가 발생한 거래일의 장중 저가 밑으로 지수가 하락했기 때문이다(앞부분의 주의사항 참조).

3. **1930년 1월 16일** 매도신호 발생 준비일이 아니다. 매수신호 발생 후 첫 번째 분산일이기 때문이다(앞부분의 주의사항 참조).

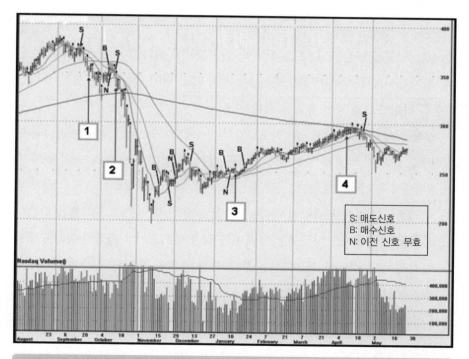

그림 7.10 | 1929~1930년 다우존스 산업지수 일간차트 (자료제공: 이시그널, 2010년).

4. 1930년 4월 11일 과도거래 때문에 거래량이 증가했으므로 분산일이다.

시장방향모델의 비결 훔치기

시장방향모델을 분석해 좀 더 폭넓게 적용하는 것도 가능하다. 더 많은 사람들이 시장방향모델을 활용한다고 하더라도 ETF는 워낙 유동성이 크기 때문에 별다른 영향을 받지 못할 것이다. 시장방향모델은 엄청난 바닷물을 구성하고 있는 하나의 작은 물방울에 불과할 뿐이다. 하지만 컴퓨터 프로그램으로 만들려면 상당히 어려운 과정이 될 것 같다. 가장 중요한 것은 공식에 적용될 나스닥 종합지수와 S&P500지수와 거래량 정보의 질이다. 아무리 까다롭고 빠르게 적용할 수 있는 규칙을 만든다고 해도, 정보의 질이 좋아야 한다는 사실에는 변함이 없다. 필자들이 만든 시장방향모델은 1989년부터 20년이 넘는 시간 동안 쌓아온 경험을 바탕으로 훌륭한 품질을 자랑한다.

경험은 매우 중요하다. 윌리엄오닐컴퍼니에서 일하는 동안 필자는 저점을 분별해내는 오닐의 탁월한 능력에 감탄하곤 했다. 그런데 이 능력은 수십 년에 걸친 경험에서 우러나온다. 오닐처럼 훌륭한 저점, 그냥 좋은 저점, 그저 그런 저점 등 각 저점들의 차이를 맥락에 따라 분석 및 분별할 수 있는 프로그램을 만든다고 생각해보자. 아마도 아주 불가능하지는 않을지 모르지만 굉장히 어려울 것이다. 아쉬운 대로 컴퓨터 프로그램을 통해 특정 종류의 차트를 추려내고, 세부적인 부분은 사람이 확인하는 방법이 있다. 하지만 그 정도는 적절한 차트를 그려내고 있는 종목을 모니터하는 것으로도 대체할 수 있다.

타이밍모델 FAQ

필자의 경험에 의하면 가장 훌륭한 교육방법은 소크라테스식 문답법이다. 그래서 지금부터는 Dr. K의 시장방향모델과 관련해 필자가 지난 몇 년 동안 가장 많이 받아온 질문과 그에 대한 답을 소개하려고 한다. 이외 추가적인 질문이 있는 독자들은 chris@mokainvestros.com으로 직접 문의하거나, www.virtueofselfishinvesting.com에 제공되는 업데이트를 참고하길 바란다.

: 시장방향모델의 수익률 수준의
투자수익률을 기대해도 좋을까?

먼저 앞서 설명한 시장방향모델의 수익률은 2009년 6월 1일까지 백테스트를 실시해 얻은 이론적인 수익률이라는 점을 명심하길 바란다. 게다가 최종 수익을 얻기 전까지 손실이 발생할 수도 있고, 또 손실률이 독자들이 허용할 수 있는 수준을 넘어설 가능성도 있다. 따라서 자신이 감수할 수 있는 리스크 정도에 따라 지수를 그대로 반영하는 ETF에 투자할지 혹은 2배나 3배 레버리지 ETF에 투자할지를 결정해야 한다.

필자들이 실제 투자자산을 가지고 2009년 6월 1일부터 2010년 5월 31일까지 운용했던 시장방향모델펀드는 1년간 53.8%의 수익을 기록했다. 하지만 해당 펀드가 실제 시장에 투자된 기간은 6개월 정도에 불과했다. 이와는 별도로 변동성이 큰 상황에서 시장방향모델의 효율성을 평가하기 위해서 매수신호, 매도신호, 중립신호에 따라 100% 매수, 매도, 현금화 하는 조건으로 3배 레버리지 ETF인 TYH를 활용해 테스트를 실시했다. 3배 레버리지 상품은 2009년에 처음 만들어졌기 때문에 새로운 투자기회를 제공하고 있다. 어쨌거나 3배 레버리지 상품에 필자들의 모델을 적용한 결과, 2009년 6월 1일부터 2010년 5월 14일까지 수익률은 183.9%, 2010년 5월 31일 기준으로는 215.1%의 수익을 기록했다. 물론 공격적인 투자방법인 만큼, 최종 수익이 나기 전까지 손실률은 −18.5%나 되었다. 단순히 지수를 반영하는 ETF에 투자했다면 수익과 손실은 모두 1/3 수준에 그쳤을 것이다. 1999년까지 나스닥 지수를 기반으로 필자의 타이밍모델이 기록한 최악의 손실은 −15.7%였는데, 시장지수를 1대1로 반영하는 ETF를 적용한 결과다. 또 나스닥 지수 기준으로 1974년 7월부터 2010년 1월까지 필자들의 시장방향모델이 기록한 연평균 수익률 33.1%도 역시 같은 ETF를 적용한 결과다. 만약 3배 레버리지 ETF에 투자한다면 수익률은 그보다 3배 증가하고, 손실가능성도 3배나 늘어난다.

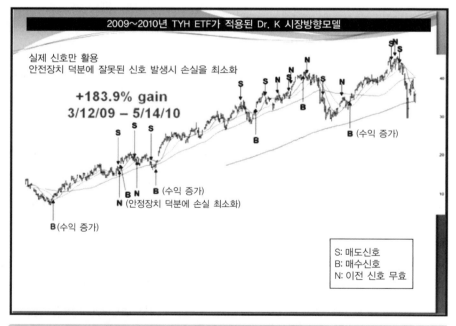

그림 7.11 | 2009년 Direxion Daily Technology Bull ETF(TYH) 일간차트

그림 7.11는 시장방향모델의 작용원리를 보여주는 그래프다. B(수익 증가)라고 표시된 부분은 신호가 제대로 발생해 많은 수익을 올린 경우다. 신호가 잘못 발생되면 안전장치가 작동해 손실을 줄이게 된다.

필자들이 약 20년간 주식매매에 성공할 수 있었던 동력은 시장방향모델이다. 덕분에 시장의 흐름에 맞는 투자 포지션을 유지할 수 있었다. 1974년 7월부터 시장방향모델을 그대로 적용했을 때 연평균 수익률은 33.1%였다. 최근 몇 년간은 시장에서 추세가 사라지고 들쭉날쭉한 횡보세가 많이 나타나 투자가 까다로웠다. 하지만 필자의 시장방향모델은 2005년 1월 이후 17.3%의 연평균 수익률을 기록했다. 시장평균 뿐만 아니라 타이밍예측 서비스를 제공하는 어떤 웹사이트보다도 높은 수준이다. 게다가 2006년과 2007년을 비롯해 강세장에서는 매수신호가 발생할 때면 최고의 주도주에 투자했기 때문에 실제 수익률은 그보다 훨씬 높았다. 또 최근 소개된 TYH나 TYP 등의 3배 레버리지 ETF를 활용했다면 수익률은 51.9%가 된다. 이들 상품은 실제 나스닥 종합지수보다 3배 높은 수익을 안겨주기 때문이다. 2009년 3월 12일부터 8월 24일까지 진행된 관련 연구에서(다음 FAQ 참조) 매수신호에 따라 TYH 혹은 TYP에 투자했다면 예상 수익률은 90.2%이며, 단기 예상 손실은 18.4%다. 리스크가 적은 쪽을 선호하는 투자자들은 2배 레버리지 ETF인 QLD나 QID, 단순히 지수를 반영하는 QQQQ나 PSQ 등의 ETF를 활용하면 된다.

단 여기에는 수임료, 세금, 배당금, 중립신호에 따라 투자자산을 현금화해 예금으로 보관했을 때 붙는 이자는 고려되지 않았다. 또, 과거의 결과가 반드시 미래의 수익을 보장하지는 않는다는 점을 명심하길 바란다.

: 시장방향모델의 장점은 무엇인가?

1. 지난 35년간 필자의 시장방향모델이 기록한 수익률은 나스닥 및 S&P500지수 상승률보다 훨씬 높았다. 1974년 7월부터 2009년 12월까지 연평균 수익률은 33.1%였다. 특히 상승세든 하락세든 중기적인 시장의 추세를 잡는데 뛰어났다.

2. 이 모델은 손해를 최소화할 수 있는 안전장치가 내재되어 있다. 안전장치 때문에 신호가 잘못 발생될 가능성도 커지긴 하지만, 그때마다 손해를 1~1.5%로 제한할 수 있다. 이처럼 타이밍모델의 예상 수익률에 비해 손실 가능성은 굉장히 적다. 게다가 지난 35년간 모든 시장 사이클에서 타이밍모델은 평균보다 높은 수익률을 기록했으며, 가장 크게 손실을 기록한 경우가 15.7%였다. 당시 나스닥 종합지수는 78.4% 하락했다.

3. 매수신호가 발생하면, 펀더멘털이 좋은 종목을 포켓피봇이나 브레이크아웃에서 매수한다. 1년에 100% 수익을 꿈꾸는 이 세상 모든 투자자를 위해 www.virtueofselfishinvesting.com에서는 수익률을 높이는 데 도움이 될 만한 투자제안을 제공하고 있다.

4. 매도신호에서는 인버스 ETF*를 매수하거나, ETF를 공매도한다.

5. 까다로운 장에서는 2~3배 레버리지 ETF에 투자해 수익률을 더욱 올릴 수 있다.

●주식관련 장내외 파생상품 투자 및 증권차입매도 등을 통해 기초지수의 일일 변동률(일별 수익률)을 음의 1배수, 즉 역방향으로 추적하는 ETF를 말한다. -편집자주

: 시장방향모델의 단점은 무엇인가?

시장방향모델의 단점은 2가지다.

첫째, 추세가 없고 변동성이 큰 시장이 가장 까다롭다. 예를 들면 다음과 같다.

1. 2009년 5월 4일~2009년 7월 10일 잘못된 신호가 4번이나 계속해서 발생되었다.

2. 1999년 2월~1999년 8월 잘못된 신호가 5번 연속으로 발생되었고, 단 한 번 신호가 제대로 발생된 뒤, 또 다시 5번 연속으로 잘못된 신호가 발생했다. 당시 타이밍모델은 35년 중 최악인 15.7%의 손실을 기록했다. 하지만 앞에서 설명했던 대로 전체 수익률에 비해서는 적은 수준이다. 한편 당시 나스닥 종합지수는 78.4% 하락했다.

흥미롭게도 당시 필자는 최고의 수익을 기록했다. 개인적인 투자수익률은 451%였고, 윌리엄오닐컴퍼니에서 관리했던 계좌도 566.1%의 수익을 기록했다. 매수신호가 발생되었을 때 좋은 종목을 매수한 덕분이었다. 게다가 실제 투자수익률은 451%보다도 훨씬 높았는데, 세금을 내기 위해 일정 금액은 투자하지 않고 계좌에 보관만 하고 있었기 때문이다. 연방정부와 주정부에 내야 하는 세금과 여타 모든 세금을 합쳐서 약 50.5% 정도를 세금으로 지불해야 했다. 따라서 1997년, 1998년, 1999년, 2000년 실제 투자에 활용된 돈은 훨씬 적었다. 회계상으로 당시 필자의 정확한 투자수익률을 확인할 방법은 없고, 케빈 마더Kevin Marder 가 쓴 『최고의 트레이더들The Best: Conversations with Top Traders』을 참고하길 바란다.

2009년 시장의 변동성이 커지면서 시장방향모델이 잘못된 신호를 발생했을 때는 손실이 1~1.5%가 아니라 1.5~2.5%로 증가했다.

관련연구: 연구가 진행되었던 2009년 3월 12일부터 8월 24일까지 시장은 두 번의 상승세가 출현했을 뿐 전반적으로는 추세가 사라지고 변동성만 큰 기간이었다. 당시 시장방향모델은 잘못된 신호를 4번이나 연속으로 발생시켰다(매수신호에서 100% 매수, 매도신호에서 100% 매도, 중립신호에서 현금화 조건).

	나스닥 종합지수	1달러에서 증가	TYH (3배 레버리지 ETF)	1달러에서 증가
3/12 매수	1426.0	1.21	45.3	1.63
5/28 매도	1728.9	1.18	73.8	1.50
5/29 중립	1768.2	1.18	79.9	1.50
6/1 매수	1828.6	1.16	88.1	1.46
6/17 매도	1795.5	1.14	85.3	1.39
6/19 중립	1831.1	1.14	89.4	1.39
7/7 매도	1770.1	1.13	81.3	1.33
7/13 매수	1793.2	1.27	85.0	1.90
8/24	2018.0(close)	**+27%**	121.4	**+90%**

그림 7.12는 이 표를 그래프로 나타낸 것이다.

2009년 3월 12일부터 8월 24일까지 TYH를 활용해 진행된 연구에서 90.2%라는 눈부신 투자수익률을 기록했다. 하지만 이 과정에서 최대 18.4%의 손실이 나기도 했다. 나스닥 지수를 그대로 반영하는 QQQQ를 활용했다면 최종 수익은 27%이고, 이 과정에서 6.6%의 손실을 버텨야 했을 것이다. 투자자들은 각자 자신이 감당할 수 있는 리스크 정도에 따라 결정을 내려야 한다. 다만, 필자의 타이밍모델은 1974년부터 35년간뿐만 아니라 1929년과 1932년 대공황에서까지 시장의 평균을 훨씬 뛰어넘었다. 손실을 기록한 경우는 1993년과 2007년 단 두 번뿐이었고, 35년간 33.1%의 연평균 수익률을 기록했다. 이 점을 잊지 말자.

시장방향모델의 두 번째 단점은, 아주 드문 경우지만 일부 우량주들이 건설적인 저점을 돌파하는 순간에도 시장방향모델이 매도신호를 발생시킬 때가 있

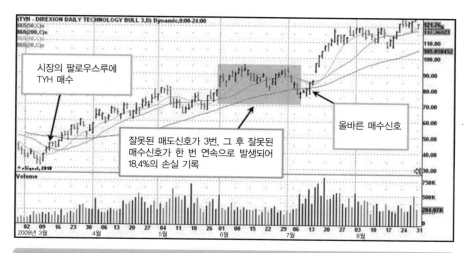

그림 7.12 | 2009년 Direxion Daily Technology Bull ETF(TYH) 일간차트 (자료제공: 이시그널, 2010년).

다는 것이다. 일례로, 1996년 3월 아이오메가^{IOM}가 브레이크아웃에 성공했을 때를 들 수 있다. 당시 필자는 매도신호를 무시하고 우량종목 매수에 나섰다. 다행인 것은 그나마 매우 드문 경우라는 것이다. 따라서 투자종목을 선택할 때는 개별 종목에 집중해야 한다. 우량종목이 건전한 저점을 돌파하면 매수해도 좋다. 자신이 매수한 종목이 매도신호를 발생시킬 때는 여지없이 매도에 나서야 한다.

: 요즘처럼 까다로운 주식시장에서
시장방향모델을 어떻게 활용해야 수익을 늘릴 수 있을까?

나스닥 종합지수를 철저하게 반영하면서도 2~3배 높은 수익을 안겨주는 레버리지 ETF로 수익을 높일 수 있다. ETF는 서로 복잡하게 얽혀있을 뿐만 아니라, 브라질 지수를 반영하는 EWZ, 중국지수를 반영하는 FXI, 싱가폴 주식시장에서 거래되는 India MSCI ETF 등 종류도 다양하다. www.virtueofselfishinvesting.

com에서는 가장 뛰어난 수익률을 기록할 것으로 예측되는 ETF를 추천하고 있다. 나스닥 지수 ETF 외에는 투자를 꺼리는 사람들을 위해서는 나스닥 100 종목에 대한 2배 레버리지 ETF인 QLD, 2배 인버스 ETF인 QID, 3배 레버리지 ETF인 TYH와 3배 인버스 ETF인 TYP를 추천한다.

또, 필자가 처음으로 시장보다 앞선 수익률을 올렸던 1991년 이후로 이용해 왔던 투자방식을 추천한다. 매수신호가 발생되면 최고의 산업 중에서 최고의 주식을 매수하는 방법이다. 예외적으로 2009년은 CAN SLIM에 맞는 최고의 우량 종목은 크게 상승하지 못하고, 바닥에서 상승한 이른바 '정크주식'들이 가장 가파른 상승곡선을 그렸다. 하지만 포켓피봇 혹은 일반적인 브레이크아웃을 돌파한 우량 종목에 투자하는 것이 가장 안전하게 수익을 올리는 방법이다. 2009년 3월, 4월, 5월에도 샨다게임즈Shanda Interactive Games(SNDA), 넷이즈닷컴NetEase.com(NTES), 바이두, 그린마운틴커피, STEC, Inc.STEC 같은 우량주들이 꽤 짭짤한 투자수익을 안겨주었다. 시장이 잠깐 이례적으로 움직인다고 해서 정크주식을 매수하는 좋지 않은 투자습관을 들여서는 안 된다.

: 인터넷에서 제공되는 타이밍예측 웹사이트 서비스와 Dr. K의 시장방향모델을 비교하면?

인터넷에서 제공되는 타이밍예측 서비스 중 지난 5년간 가장 실적이 좋았던 두 개의 수익률을 평가하도록 하겠다. 하지만 그보다 먼저 타이머트랙TimerTrac이 뽑은 최고의 타이밍예측 웹사이트 중 5년 넘게 서비스를 제공해온 23개를 살펴보도록 하자. 5년 이상 된 웹사이트로만 추려낸 이유는 2008년 중반부터 공매도로 엄청난 수익을 기록한 서비스들을 제외하기 위해서다. 검은 백조가 나타난 것과 같은 이례적인 2008년과 2009년의 주식시장이 아니라면, 이들의 타이밍모델은 효력을 잃을 가능성이 있다. 다음 표는 23개 웹사이트의 2009년 6월까지 5년 간 기록한 총수익률이다(연평균 수익률이 아니다).

순위	웹사이트명	수익/손실(%)	매매횟수
1	PsiTrade	128.04	445
2	Market Systems II-DD	105.81	634
3	Premium Trust NDX Trader	53.75	153
4	Premium Trust SPX Trader	42.41	135
5	KT QQQ-a	41.71	504
6	Premium Trust RUT Trader	35.10	109
7	TimingCube	15.93	23
8	Bonner Mutual Fund Signal	13.60	0
9	Performance Signal Short Term	13.22	107
10	Vinny Index VM Allocation	4.01	61
11	FundSpectrum	2.20	15
12	Q5TrackerLT	-4.80	21
13	Highlight QQQQ (Pre-Close)	-10.86	59
14	Q5TrackerST	-13.06	84
15	Highlight QQQQ (After Close)	-14.27	59
16	Highlight SPDRs (Pre-Close)	-14.72	62
17	Highlight DOW (Pre-Close)	-18.33	56
18	Highlight SPDRs (After Close)	-22.22	62
19	Highlight DOW (After Close)	-25.77	55
20	Vinny S&P Index	-26.95	35
21	Stockbarometer.com QQQ Trader	-31.79	124
22	KT Mid Term	-33.78	91
23	Q5TrackerIT	-43.20	34

표에서 보는 것처럼 5년 이상 된 웹사이트들 상당수가 시장 평균 이상의 수익을 올리지 못했다. 그뿐만이 아니다. 표에서 가장 높은 수익을 기록한 두 개 웹사이트는 2008년 수익이 크게 늘어난 덕분에 최고 자리를 차지했고, 다음 표에서 보는 것처럼 연평균 수익률도 크게 개선되었다. 하지만 2008년 전까지는 이

들의 수익률은 그다지 높지 않았다. 다음 표는 이들 두 개 웹사이트와 필자들이 개발한 Dr. K 시장방향모델의 연평균 수익률을 비교한 결과다.

2000년 5월 ~ 2009년 7월	PsiTrade	연 17.04%	서비스 개시일: 2000년 5월	**Dr. K 시장방향 모델을 그대로 적용했을 때** 수익: 연 20.8%	10만 달러가 56만 5,650달러로 증가
2003년 4월 ~ 2009년 7월	Market Systems II−DD	연 10.40%	서비스 개시일: 2003년 4월	**Dr. K 시장방향 모델을 그대로 적용했을 때** 수익: 연 20.7%	10만 달러가 32만 4,090달러로 증가

게다가 Dr. K 시장방향모델은 최대 손실을 기록했을 때도 이들보다는 손실률이 낮아서, 절대적인 수익률뿐만 아니라 리스크 대비 수익률 측면에서도 이들 모델을 앞질렀다. 이들 웹사이트가 지금까지 발생시킨 신호는 TimerTrac으로 실시간 기록되기 때문에 확인이 가능하다. Dr. K의 시장방향모델이 발생시킨 신호는 이론적으로만 추론할 수 있지만, 지난 20년간 필자의 거래계좌에 대한 회계감사의 결과로 입증할 수 있다. 다시 한번 설명하지만, Dr. K의 시장방향모델의 수익률은 매수신호에서는 나스닥 종합지수 기준(현재는 QQQQ가 가장 근접하다)으로 매수신호에서는 100% 매수, 매도신호에서는 100% 매도, 중립신호에서는 100% 현금화를 조건으로 계산되었다.

지금부터는 필자가 추천하고 싶은 웹사이트 3개를 살펴보겠다. 타이밍큐브 Timing Cube, 디시전무스Decision Moose, 《인베스터즈 비즈니스 데일리》의 빅픽처마켓 Big Picture/market이 여기에 속한다. 이 중에서도 《인베스터즈 비즈니스 데일리》는 매우 훌륭한 참고자료이며, 필자 역시 여전히 활용하고 있다. 여기에서는 2005년 1월부터 2009년 7월까지 약 4년 반 동안을 중점적으로 살펴보겠다. 이때는 전반적으로 추세가 사라지고 횡보세가 지속되었으며, 특히 2007년에는 혼란스러운 주가 및 거래량 신호가 많아 종잡을 수 없었다.

엔지니어였던 마이크 스콧^{Mike Scott}은 현재 전업투자자로 일하고 있으며, 시장 조사와 데이터 활용에 뛰어난 사람이다. 그는 필자에게 1994년부터 인베스터즈 비즈니스 데일리의 시장주문 내역을 스프레드시트로 만들어 보여주었다. 빅픽 처컬럼은 2003년에 처음 만들어졌기 때문에 그 이전 정보는 《인베스터즈 비즈니스 데일리》 정보지를 꼼꼼하게 조사해 수집했다고 한다. 덕분에 빅픽처컬럼이 만들어진 후 약 4년 반 동안뿐만 아니라 1994년부터 인베스터즈 비즈니스 데일리의 실적까지 비교할 수 있었다.

비교 결과는 다음 페이지의 표와 같다(2009년 8월 기준).

Dr. K의 시장방향모델을 그대로 적용했을 때보다 인베스터즈 비즈니스 데일리 모델의 수익률이 낮은 이유는 다음과 같다.

- 인베스터즈 비즈니스 데일리의 시장주문 내역은 ETF를 활용하는 타이밍모델이 아니기 때문이다. 독자들에게 매수신호가 발생되면 올바른 종목을 매수하고, 시장이 압력을 받는다는 신호가 발생하면 손절매를 하며, 매도신호가 발생하면 매도를 하거나 혹은 새로운 종목 매수를 자제하라는 신호일 뿐이다. 필자는 《인베스터즈 비즈니스 데일리》의 빅픽처칼럼이 매일 참고해야 할 최고의 금융전문지라고 생각한다. 한편, Dr. K의 시장방향모델은 매수신호 발생시 나스닥 종합지수 기준 100% 매수(QQQQ ETF가 가장 근접하다), 매도신호가 발생하면 나스닥 종합지수 기준 100% 매도(PSQ가 가장 근접하다), 중립신호 발생에서는 100% 현금화를 기준으로 한다. 물론 매수신호가 발생했을 때 올바른 종목을 매수하면 수익률을 더욱 높일 수 있다.
- Dr. K의 시장방향모델은 어떤 주가 및 거래량 변화에서도 손실을 줄이는 방어 장치를 가지고 있다.

기간	웹사이트명	수익률	적용환경	Dr. K 시장방향 모델이 기록한 수익률	Dr. K 시장방향모델을 적용했을 때 투자증가액
2005.1~2009.7	타이밍큐브	연 11.5%	100%매수/매도(나스닥 지수를 100% 매수 및 매도, 혹은 현금화)	연 17.3% •	10만 달러가 20만 7,680달러로 증가
2005.1~2009.7	디시전무스	연 13.4%	100%매수만(EPP, EWJ, ILF, 채권, GLD 등 다양한 ETF를 100% 매수)	연 17.3% •	10만 달러가 20만 7,680달러로 증가
2005.1~2009.7	인베스티즈 비즈니스 데일리 빅픽처	연 8.4%	시장이 반등할 때 나스닥 지수 100% 매수 조정에서는 나스닥 지수 100% 매도 시장이 압력을 받을 때는 100% 현금화•	연 17.3% •	10만 달러가 20만 7,680달러로 증가
1994.12~2009.7	인베스티즈 비즈니스 데일리 빅픽처	연 14.8%	시장이 반등할 때 나스닥 지수 100% 매수 조정에서는 나스닥 지수 100% 매도 시장이 압력을 받을 때는 100% 현금화•	연 31.1%	10만 달러가 518만 3,788달러로 증가
1974.7~2009.7	Dr.K시장방향모델	연 33.4%•	매수신호에서는 100% 매수 매도신호에서는 100% 매도 중립신호에서는 100% 현금화••	연 33.4%	어마어마하게 증가 - 오늘도 엄청난 수익을 기록한 방법•••

•시장이 압력을 받을 때에는 현금화하지 않을 때보다 현금화했을 때 수익이 훨씬 높아진다. Dr. K 시장방향모델은 같은 변수를 활용했지만, 1974년 7월부터 연 33.1%를 기록한 것에 비해 수익률이 크게 낮았다. 그 이유는 지난 몇 년간 시장의 특성 때문이었다. 이때는 타이밍모델에 특히 유리한 시기였다. 추세가 사라졌고, 지속적으로 횡보세를 나타냈으며, 2007년에는 혼란스러운 주가 및 거래량 신호가 발생하곤 했다.

••다우존스 산업지수를 활용해 1920년대에 말과 1930년대 초 시장에 대해 스마티스트를 실시했는데, 그 결과 아주 다른 시대지만 필자의 Dr. K 시장방향모델을 그대로 적용해도 효과가 뛰어났다. 차트에는 인간의 본성이 나타난다. 또 매일매일의 주가와 거래량 변화가 차트를 만들어낸다. 따라서 인간의 본성이 변하지 않는 한 차트는 반복될 것이다.

•••오늘은 1958년부터 부를 늘려왔다. 오늘처럼 언제나 자신의 전략을 지키는 것이 중요하다. 전략이 먹히지 않을 것 같은 어려운 장에서도 마찬가지다. 존 헨리, 빌 던 같은 25년 경력을 자랑하는 추세추종 트레이더들은 어렵고 돌부냉복하며 추세가 사라진 시장에서도 자신들의 전략을 지켜낸 몇 안 되는 사람들이다.

•단, Dr. K의 시장방향모델의 자율적 적용은 고려하지 않았다. 오닐과 일하는 동안 최고의 투자자들도 시장에서 낭패를 보곤 한다는 사실을 알게 되었다. 오랜 경험을 가진 투자자마저도 시장에서 실패할 가능성이 있다면, 주요 시장지수 및 거래량에 기반을 두고 통계적으로 증명된 규칙을 철저하게 지키는 쪽이 낫겠다 싶어서였다. 오닐은 언제나 의견보다는 사실이, 실제 시장에서의 주가와 거래량의 변화가 중요하다고 강조하곤 했다. Dr. K의 시장방향모델의 자율적 적용은 2009년 중반에 시작되었다. 필자는 자율적 적용을 통해 시장방향모델의 수익률을 더욱 개선할 수 있을 거라고 생각한다. 하지만 오닐이 말했듯 의견은 중요하지 않다. 필자의 의견도 마찬가지다. 시간이 증명해주기를 기다릴 뿐이다. 주식투자에 어느 정도 소신이 생겼지만, 절대로 실패하는 일은 없을 거라고 자신하지는 않기 때문이다.

(누구나 오닐을 단연 최고까지는 아니더라도 최고의 투자자 중 한 명이라고 손꼽게 되었다. 잠재적으로 성장 가능성이 큰 종목을 초기에 매수해 점차 투자 포지션을 늘려나가는 투자방식 때문이다. 덕분에 오닐은 차별화된 성과를 올렸고, 오랫동안 세 자릿수 수익률을 기록할 수 있었다.)

•분산일과 팔로우스루데이와 관련해 Dr. K의 시장방향모델은 모호한 부분이 없다. 오닐이 책에서 설명한 방식은 약간의 혼동을 일으킨다. 그래서 일부 투자자들은 종가가 약간 상승했는데 유성형 꼬리가 나타나면 어떻게 해야 하나? 과도거래 때문에 분산일이 출현하면 어떻게 정의해야 할까? 어느 정도의 기간 동안 몇 번의 분산일이 출현해야 매도신호로 볼 수 있는가? 팔로우스루데이에 요구되는 기준값은 얼마인가? 거래량이 평균보다는 적지만 전날보다 늘었다면 팔로우스루데이로 볼 수 있을까? 하는 등의 질문을 하곤 한다.

: 최근 몇 년간 Dr. K의 시장방향모델이
상대적으로 적은 수익률을 기록한 이유는?

모든 타이밍체계에 있어 지난 몇 년간은 특히 어려운 기간이었다. 추세는 사라진 채 횡보장이 지속되었고, 2007년에는 특히 혼란스러운 지수 및 거래량 신호가 빈번히 발생한 까닭이다. 하지만 이렇게 까다로운 장에서도 수익을 개선할 수 있는 방법은 있다. 나스닥 종합지수를 그대로 반영하면서 2~3배 레버리지된 수익을 보장하는 ETF를 매수 혹은 매도해 수익을 높일 수 있다. ETF는 대부분 서로 긴밀히 연결되어 있어서 선택의 폭도 넓다. 하지만 나스닥 종합지수를 선호하는 투자자들을 위해 2배 레버리지 ETF인 QID와 QLD, 3배 레버리지 ETF인 TYH와 TYP를 추천한다. '시장방향모델의 단점은 무엇인가?' 부분에서 2009년에 TYH를 활용해 실시한 연구결과를 참고하기 바란다.

: 훌륭한 타이밍서비스 웹사이트를 선별하는 방법은?

인상적인 수익률을 자랑하는 타이밍예측 웹사이트들에 대해 다음 질문을 활용해 꼼꼼히 따져보도록 한다.

• 2005년 1월 이후부터 연간 수익률을 고려한다. 대부분이 기대에 못 미칠 것이다. 지난 몇 년간의 주식시장은 타이밍체계를 적용하기에 매우 까다로웠다. 그래서 전체 수익률은 높지만, 2005~2007년까지는 그저 그렇다가 갑자기 2008년에 높은 수익률을 기록한 웹사이트가 많다. 이렇게 들쭉날쭉한 웹사이트를 믿다가는 위궤양에 걸리기 십상이다!
• 투자 포지션은 몇 번이나 바뀌었나? 일부 웹사이트는 1년 동안 75번에서

100번이나 투자 포지션을 변경하기도 한다. 이럴 경우 내야 할 수수료만 해도 엄청나다.

- 전략이 중간에 수정되지는 않았나? 작은 글씨를 꼼꼼히 읽어보도록 하자. 연평균 수익률이 높은 일부 웹사이트 중에는 전략을 중간에 최적화하는 경우가 있다. 즉 실적을 높게 기록하기 위해 전략을 수정한 것이다. 당연히 왜곡된 결과다. 전략을 수정하기 전의 수익률만을 고려해야 한다.

- 총수익이 엄청나다. 총수익은 의미가 없으므로 무시하라. 총수익은 원래 높기 마련이어서 투자자들의 마음을 쉽게 동요시킨다. Dr. K의 시장방향모델을 예로 들어보자. 연평균 33.1% 수익률이면 1974년 7월부터 지금까지 계산했을 때 2,560,467%다. 즉 1달러가 2만 5,605달러로 불어난 것이다. 시간이 지날수록 엄청나게 늘어나는 복리의 힘 덕분이다. 이 책의 부제 역시 18,000%라는 수익을 강조해 잠재적인 독자들의 시선을 끌고 있다. 하지만 18,000%는 연평균으로 나누어도 110.5%나 되어 역시 매우 높은 수익률임에는 분명하다. 게다가 필자의 실제 연평균 수익률은 이보다 훨씬 높다. 앞에서도 설명했듯이 1997년부터 2000년까지 연방, 주정부, 기타 세금을 내기 위해 해당 비율인 50.5%만큼은 투자하지 않고 계좌에 보관만 해놓았기 때문이다. 공식적인 회계방식으로는 측정할 수 없지만, 케빈 마더와 마크 듀피 Mark Dupee가 함께 저술한 『최고의 트레이더들』에서 밝힌 필자의 실제 투자수익률은 70,000%나 된다.

- 해당 웹사이트가 이론적 신호를 기록한 것은 꽤 오래전부터지만, 실제적인 신호를 기록한 것은 1년이 채 못 되지는 않는가?
필자들이 만든 www.virtueofselfishinvesting.com도 마찬가지다. 지금까지 Dr. K의 시장방향모델을 대중에 공개하지 않았기 때문이다. 이때는 각자의 노력이 필요하다. 독자들이 스스로 각 웹사이트의 타이밍모델을 만든 사람들의 투자기록과 역량을 확인해보기 바란다. 구글로 검색해보면 도움이 되는 정보를 얻을 수 있을 것이다.

또 오랜 기간에 걸쳐 이론적인 수익률만을 강조하지 않는지 살펴야 한다. 수익률을 높게 보이려고 과거의 정보를 끼워 맞추지는 않았는지를 점검해야 한다. 앞에서도 설명했지만 과거의 정보에만 너무 의존하고 예측능력은 떨어지는 경우가 있다. 모든 타이밍모델이 빠질 수 있는 함정이기 때문에, 이 부분에 취약한 타이밍모델들이 상당수다. 지난 20년 간 인상적인 수익을 올린 이유가 혹시 변수를 최적화했기 때문은 아닌지 살펴보자. 만약 그렇다면 향후에는 수익률이 하락할 가능성이 크다.

: 자율적인 적용이란 무엇이고, 어떻게 하는 것일까?

지금까지 필자는 Dr. K의 시장방향모델을 그대로 적용해 높은 수익을 올릴 수 있었다. 하지만 가끔은 www.virtueofselfishinvesting.com의 회원들에게 자율적인 적용과 관련된 신호를 알려주기도 한다. 시장방향모델을 자율적으로 적용하면 투자수익률을 더욱 높일 수 있을 거라고 생각한다. 하지만 한편으로는 오닐처럼 오랜 경험을 가진 투자자마저도 시장에서 실패할 가능성이 있다면, 주요 시장지수 및 거래량에 기반을 두고 통계적으로 증명된 규칙을 철저하게 지키는 쪽이 낫겠다는 생각도 든다. 오닐은 언제나 의견보다는 사실이, 실제 시장에서의 주가와 거래량의 변화가 중요하다고 강조하곤 했다.

자율적인 적용의 예를 살펴보자.

•상당수의 주도주들이 건설적인 저점을 돌파할 때, 예를 들어 1996년 3월 아이오메가IOM가 신고가를 향해 저점을 돌파했을 때

- 이차적이긴 하지만 믿을 만한 수많은 지표들이 지금의 시장 추세 혹은 Dr. K 시장방향모델의 방향과 상반될 때
- 미래지향적이면서 이례적인 사건 때문에 Dr. K의 시장방향모델을 그대로 적용하는 것보다 나을 때

: 시장방향모델을 그대로 활용할까? 아니면 자율적으로 적용할까?

Dr. K의 시장방향모델은 그대로 적용했을 때도 35년간 수익을 기록했다. 자율적인 적용이란 투자 포지션 크기를 변경하거나, 신호를 무시하는 것이다. 투자 포지션 크기는 발생된 신호의 강도에 따라 조절할 수 있다. 실패 사례 하나를 예로 들어 타이밍모델 적용의 어려움에 대해 설명해보겠다. 성공적인 사례를 찾기가 훨씬 쉽지만, 어려운 조건에서 더 많이 배울 수 있다는 생각 때문이다.

2009년 11월 9일, 약한 매수신호가 발생해 QQQQ ETF를 전체 자산의 50%만큼 매수했다. 하지만 그 후 분산일이 계속 출현하다가 매도신호 발생 준비일이 되었으며 결국 11월 19일 매도신호가 발생되었다. 그래서 필자는 QQQQ를 전량매도하고 3배 레버리지 금융 인버스 ETF인 FAZ를 30% 매수했다. 금융지표가 몇 달 동안이나 시장지수를 따라오지 못하는 상황이었고, FAZ를 30% 매수하면 일반적인 금융 ETF인 XLF에 대해 공매도 포지션을 90% 구축하는 셈이었다. 나스닥 종합지수가 2009년 11월 19일의 저가를 뚫었을 때는 FAZ에 대한 포지션을 30% 늘렸다. 11월 27일 나스닥은 다시 한번 신저가를 경신했고, 필자는 나스닥 지수에 대해 3배 레버리지 인버스 ETF인 TYP를 30% 매수했다. 당시 미국의 금융권이 매우 좋지 않은 상황이었지만 TYP로 투자를 다변화했는데, 3배 인버스 ETF 한 종목에 과도하게 투자 포지션을 집중하고 싶지 않았기 때문이었다. 주가지수를 3배씩 레버리지하기 때문에, 투자자산의 90%를 하나의 ETF에 집중했을

때의 공매도 노출도는 270%나 되었다. 따라서 합리적인 완충장치가 필요했다.

투자자는 레버리지 ETF를 이용할지 아니면 단순하게 QQQQ를 100% 매수 혹은 매도하는 쪽을 선택할지, 혹은 현금으로 보유할지를 결정할 수 있다. 한편, 2009년 11월 29일 전체시장은 다시 상승세로 돌아섰다. 2009년 3월과 마찬가지로 연방준비위원회가 양적완화를 실시했기 때문이었다. 11월 27일 이후 Dr. K의 시장방향모델의 안정장치가 작동했고, 덕분에 수익을 올리지는 못했지만 자산을 보호할 수는 있었다. 당시 손실은 3%였다.

: 다음날 장이 시작할 때만 신호를 활용할 수 있다면?

신호는 장중에도 발생되지만, 다음날 장이 시작될 때만 거래를 할 수 있는 투자자들이 있다. 사실 그렇다고 하더라도 며칠 후에는 어느 정도 균형이 맞추어진다. 시장이 상승한다면, 장초에만 매매를 할 수 있는 투자자들은 장중에 매매한 투자자들보다 약간 나은 매수시점을 얻은 셈이고, 반대라면 그보다 약간 나쁜 매수시점을 잡은 데 불과하다.

: Dr. K의 시장방향모델의 지침이 되는 규칙이 계속 들어맞는다고 확신할 수 있을까?

Dr. K의 시장방향모델은 필자들이 만든 규칙도, 월스트리트의 규칙도 아닌 시장의 규칙을 따른다. 1920년대부터 지금까지 20번이 넘는 시장 사이클과 주도주들의 동향, 부차적인 시장지표들의 영향력에 대해 충분히 연구하고 통계적으로 도출해낸 규칙들이다.

물론 시장이 과거와는 다르고 매매 빈도가 높아지고 있지만 주가와 거래량의 변화, 시장의 추세를 활용하는 전략이 여전히 효과적이라는 사실에는 변함이 없다. 7장 앞부분에서도 언급했듯이, 2009년 6월 1일부터 2010년 5월 31일까지 운용된 시장방향모델펀드는 실제 시장에 노출된 시간이 6개월도 채 안 되었지만 53.8%의 수익을 기록했다. 게다가 3배 레버리지 IT ETF인 TYH 등 변동성이 더욱 큰 투자상품을 활용할 때 시장방향모델이 어떻게 작용하는지 점검하기 위해 별도의 계좌를 만들어 가상으로 운용했는데, 매수신호에서는 100% 매수, 매도신호 발생시 100% 매도, 중립신호에서 100% 현금화의 조건으로 2009년 6월 1일부터 2010년 5월 14일까지 수익률은 183.9%였으며, 2010년 5월 31일 기준으로는 수익률이 215.1%였다.

이처럼 굉장히 이례적인 장에서도 추세는 여전히 존재한다. 뛰어난 추세추종 트레이더들인 존 헨리, 빌 던, 에드 세이코타를 인터뷰해 『추세추종전략』이라는 책을 펴낸 마이클 코벨에게 물어도 '당연히 그렇다'고 답할 것이다. 뛰어난 추세추종 트레이더들에게도 2009년 이후 시장이 어려운 건 마찬가지였다. 하지만 25년의 투자경력 동안 언제나 그랬듯이 이들은 곧 손실을 회복하고 수익을 만들어냈고, 언제나처럼 장기적으로 뛰어난 실적을 이어나갈 수 있었다. 시장에서는 몇 번이나 추세나 주가와 거래량의 변화를 활용하는 투자는 이제 한물갔다는 소리가 떠돌곤 했다. 뛰어난 추세추종 투자자들이 특별한 이유는 추세가 언젠가는 살아난다는 믿음을 가지고 자신들의 투자방식을 적절하게 조절해냈기 때문이다.

：Dr. K의 시장방향모델을 그대로 적용하려면 프로그램으로 만들 수도 있지 않을까?

꼭 그렇지만은 않다. 필자가 적용한 규칙은 나스닥 종합지수와 S&P500지수와 거래량 정보의 질에 상당부분 의지한다. 아무리 까다롭고 빠른 규칙을 만든다고 하더라도, 정보의 질이 좋아야 한다는 사실에는 변함이 없다. 필자들이 만든 시장방향모델의 품질은 1989년부터 20년이 넘는 시간 동안 수백만 개의 차트를 분석한 경험 덕분에 훌륭하다.

오닐을 예로 들어 설명해보겠다. 오닐은 저점의 내재적인 질을 알아내는 데 있어서 따라올 사람이 없을 정도다. 수십 년간 쌓아온 경험 덕분이다. 하지만 훌륭한 저점, 그냥 좋은 저점, 그저 그런 저점 등 각 저점들의 차이를 맥락에 따라 분석하고 분별하도록 컴퓨터 프로그램을 만든다면, 아마 아주 불가능하지는 않아도 굉장히 어려울 것이다.

결론

Dr. K의 시장방향모델은 시장의 규칙을 따른다. 1920년대부터 지금까지 20번이 넘는 시장 사이클과 주도주들의 동향, 부차적인 시장지표들의 영향력에 대해 충분히 연구하고 통계적으로 도출해낸 규칙들이다.

어떤 타이밍모델을 만들어내든, 반드시 객관적인 시각으로 시장의 목소리에 귀를 기울이면서 데이터를 연구해야 한다. 자존심을 세우거나, 자신의 생각이 옳다는 사실을 굳이 증명할 필요는 없다. 주식매매의 지침으로 활용할 타이밍모델을 만들려고 마음먹었다면, 먼저 타이밍모델이 갖는 약점을 충분히 이해하고 중간에 포기하는 일이 없어야 한다. 2004~2006년, 1993~1994년, 1976~1977년처럼 추세추종전략을 따르던 투자자들마저도 시장의 추세가 사라졌다고 말하던 시기가 있었다. 하지만 200년 주식시장의 역사를 돌이켜 보건대, 시장이 잠깐 추세를 따르지 않은 적은 있지만 추세가 아예 사라져버린 적은 없었다. 덕분에 오닐,

에드 세이코타, 존 헨리, 빌 던 같은 뛰어난 투자자들의 명맥이 이어지고 있는 것이다.

CHAPTER 8

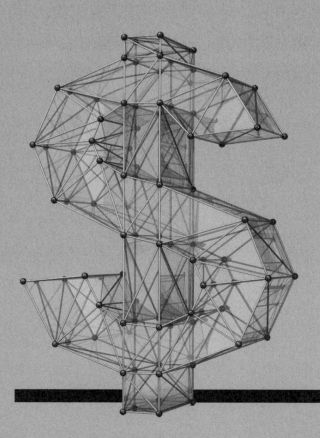

오닐
십계명

십계명이 새겨진 두 개의 석판을 나누어준 모세처럼 오닐이 실제 '오닐 십계명'을 만들고 가르친 건 아니다. 다만 우리가 십계명이라고 부르고 있을 뿐이다. 오닐이 책이나 세미나에서 언급하지는 않았지만 거의 매일 이야기하다시피 하는 중요한 내용 중에서 필자들이 가장 좋아하는 것으로 뽑아서 만들었고, 명확한 규칙이나 원칙은 아니다.

필자들의 투자 다이어리에는 주식시장뿐만 아니라 삶에서도 적용할 수 있는 기본적인 교훈들이 많이 적혀 있다. 오닐처럼 특정 산업분야의 세계적인 기업에서 중심축 역할을 50년도 넘게 해온 사람이라면 타인과 비즈니스, 삶의 모든 분야를 대하는 방법에 대해 일가견이 있을 것이다. 우리는 이들 정보를 독자들에게 제공하기 위해서 기본적인 아이디어와 개념, 규칙, 원칙으로 추려내고 여기에 '오닐 십계명'이라는 이름을 붙였다.

오해

    오닐과 오닐 조직에 대해 말도 안 되는 오해와 소문이 꽤나 많이 퍼져 있는 것 같다. 그 중에는 무조건 오닐을 깎아내리려는 의도도 있다. 상당수는 부러워서 그리고 또 상당수는 오닐에 대해 무지하거나 알려고 하지 않기 때문에 생겨난 오해다. 닷컴버블이 꺼진 후 2000년부터 2002년까지 주식시장이 고전을 면치 못하고 있을 때, 한 금융케이블 TV에서 전문 포트폴리오 매니저에게 언제쯤이면 잔인한 약세장이 끝이 날 것 같은지를 물어보았다. 그러자 그는 "모멘텀 투자자들의 정보지인 《인베스터즈 비즈니스 데일리》가 파산하는 날이요!"라고 외쳤다. 모르는 게 약이라는 말이 있긴 하지만 이 정도면 그냥 무지의 소치일 뿐이다. 당시 인터뷰 내용은 《인베스터즈 비즈니스 데일리》, 기관투자 자문 및 리서치 기업인 윌리엄오닐컴퍼니, 주식 차트뿐만 아니라 여타 다른 정보도 제공해 미국 내에서 꽤 인정을 받고 있는 오닐 데이터 시스템즈^{O'Neil Data Systems}, 여타 작지만 그다지 또 작지는 않은 기업들로 이루어진 오닐의 조직과 오닐에 대한 수많은 오해가 투영되어 있다.

    필자들처럼 윌리엄오닐컴퍼니에서 포트폴리오 매니저로 일했던 사람이라면

2000년부터 2002년까지의 약세장에서도 《인베스터즈 비즈니스 데일리》가 파산할 가능성은 전혀 없다는 사실을 알고 있었을 것이다. 오닐의 조직은 다양한 기업으로 구성되어 있다. 그 중에서도 유수 출판업체인 오닐 데이터 시스템즈와 몇몇 기업은 현금을 벌어들이는 기계다. 덕분에 조직 내 일부 기업이 힘든 시기를 겪고 있다고 하더라도, 충분히 그 자리를 메울 수 있다. 게다가 당시 약세장에서도 오닐 조직의 자본을 관리하는 경영그룹은 여전히 높은 수익을 내고 있었다. 오닐도 『윌리엄 오닐의 성공하는 주식투자의 5단계 원칙』에서 "오닐 조직의 지주회사인 데이터 어낼리시스Data Analysis의 자본관리 부서는 2003년 6월까지 약 5년간 1,356%의 수익을 기록했다"고 적었을 정도다. 오닐이 주식시장에서 승승장구하는 한, 오닐의 기업들도 승승장구할 수밖에 없다. 덕분에 오닐 조직은 수익률 저하로 문을 닫는 기업이 늘어나는 시기에도 힘든 경제 및 시장 사이클을 이겨내는 한편 당시 막 만들어진 벤처 서비스이던 《인베스터즈 비즈니스 데일리》를 유지할 수 있을 만큼의 수익을 창출하고 있었다.

'모멘텀 투자자*'라는 용어를 사용해 오닐, 윌리엄오닐컴퍼니, 인베스터즈 비즈니스 데일리를 언급하는 이유는 오닐과 그의 투자방식을 일축하고 깎아내리기 편리한 방법이기 때문이다. 또 그 저변에는 오닐이 위험도가 큰 종목들이 상승할 때 무조건 매수하고 본다는 인식이 깔려 있다. 어처구니없는 생각이다.

●모멘텀 투자(momentum investing)란 장세가 상승세인가 하락세인가 하는 기술적 분석과 시장심리 및 분위기 변화에 따라 추격매매하는 투자방식을 말한다. 모멘텀 투자는 기관 또는 외국인 투자가 등이 시장분위기에 따라 '과도매수' 또는 '과도매도' 하는 투자방식으로, 예를 들면 지난 몇개월간 이미 상승세를 보인 주식을 매수하는 투자를 말한다. 모멘텀 투자가 유행하면 대개 기업 펀더멘털과 관계없이 '투자심리'에 의해 주가가 결정되는 경우가 많다. 주가가 오르는 주식은 무조건 사들이는 반면 반대의 경우는 이유를 불문하고 내던지는 경향이 강하기 때문이다. 상반되는 개념으로는, '가치투자'를 들 수 있는데, 이는 기업의 자산가치, 수익가치, 성장가치 등을 분석하고, 이에 비해 가격이 낮을 때 사서 적정한 가격에 다다르면 매도하는 투자법이다. 워렌 버핏, 피터 린치 등이 대표적인 가치투자자로 꼽힌다. —편집자주

지난 100년 동안 25개가 넘는 시장 사이클만 훑어보아도 수많은 예를 찾을 수 있지만, 그 중 하나만 들어 설명해보겠다.

1999년 퀄컴Qualcomm, Inc.(QCOM)은 시장에서 가장 주가가 크게 오른 주도주 중 하나였다. 그림 8.1에서 보는 것처럼 QCOM은 14개월 동안 보합세를 이어가다가 손잡이가 달린 컵 모양의 저점을 돌파하고 주가상승을 시작했다. 하지만 오닐이 지목한 매수시점에서는 딱히 모멘텀 투자자들이 노릴 만한 모멘텀은 형성되지 않았고 다만 오랜 기간에 걸친 보합세 후 주가가 상승할 준비를 마쳤을 뿐

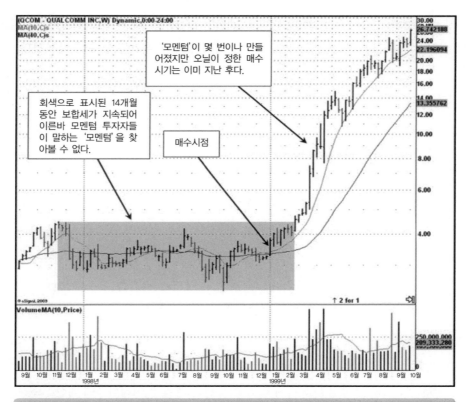

그림 8.1 | 1998~1999년 퀄컴(QCOM) 주간차트 (자료제공: 이시그널, 2010년).

이었다. 이때 QCOM의 영업이익과 판매는 크게 늘었고, 수익성도 매우 좋았으며, 매력적인 상품 덕에 기관투자가들의 지원이 눈에 띄게 커지고 있었다. 다시 말하자면 펀더멘털과 기술적으로 모두 주가상승의 요건이 갖추어졌다. 오닐의 투자기법에 따르면 이때부터 투자 포지션을 조금씩 늘리라고 조언한다. 아무 생각 없이 주가가 상승하기 때문에 무조건 매수하고 본다는 모멘텀 투자와는 다르며, 주가상승 속도는 처음 매수시점에서만 고려된다. 모멘텀 투자의 의미가 강력하고 펀더멘털도 좋으며 기관투자가들이 선호하는 종목이 적절한 저점 혹은 횡보세를 돌파할 때 매수해 이후의 주가상승에서 수익을 노리는 것이라면, 오닐을 모멘텀 투자자라고 불러도 좋다. 하지만 그렇지는 않으므로 '《인베스터즈 비즈니스 데일리》가 모멘텀 투자자들의 정보지'라는 발언은 억측에 불과하다. 오닐도 아마 동의할 것이다.

자존심을 버리고 살아남기

정의를 내려보면, 오닐은 전문투자 비즈니스 세계에서 뛰어난 실력으로 50년 이상 살아남은 생존자다. 하지만 그 과정에서 수많은 전문투자자와 기업들이 생겨나고 또 사라지는 것을 목격했다. 오닐이 목격한 투자 실패의 주요 원인은 과도한 자존심이었다. 또 갑작스러운 부유함이 가져온 위험한 심리로 인해 돈과 스스로를 통제하지 못했기 때문이었다. 돈은 모든 악의 근원이다. 사람들을 불안정한 방종의 길로 인도하기 때문이다. 3장에서도 언급했듯이, 주식시장에서 엄청난 성공을 거둔 투자자들이 돈 때문에 자멸하곤 한다.

50년이 넘는 투자경험을 가지고 있는 오닐은 과욕과 어리석음에 대한 교훈이 담긴 이야기를 수도 없이 많이 알고 있다. 필자들이 기억하는 것 중 하나는 헤이

든스톤Hayden Stone의 주식중개인에 관한 이야기다. 이 주식중개인은 예일 대학교를 졸업한 수재로 브런즈윅Brunswick, 아메리칸 포토카피American Photocopy 등 1960년대 주도주들에 투자해 엄청난 돈을 벌었다. 하지만 이들의 주가가 하락하기 시작했을 때도 자신은 절대 틀리지 않는다면서 일종의 '장기투자'를 하고 있다고 부르짖었다. 쉽게 말해 그는 자신이 투자한 주도주들의 주가상승세 뿐만 아니라 하락세까지 그대로 탄 셈이었고, 결국 일자리를 잃고 말았다. 또 다른 주식중개인은 15만 달러를 빌려(1960년대 당시에는 매우 큰돈이었다), 1960년대 따끈따끈한 IT 주식이었던 솔로트론Solotron에 레버리지 투자를 했다. 주가는 275달러까지 상승했지만 곧 천정을 형성했고, 8달러까지 하락했다. 이 주식중개인은 일자리와 부인을 잃었고, 솔로트론이 도산했을 때는 심장마비에 걸리고 말았다. 이들의 사례를 통해 우리는 주식시장에서 처음부터 큰 성공을 거두어 분별력을 잃어버렸을 때 생길 수 있는 일에 대한 교훈을 얻어야 한다.

1999년 6월 오닐은 아메리카온라인AOL의 CEO 스티브 케이스Steve Case가 찍힌 사진을 지목했다. 당시 AOL은 한창 잘 나가던 IT주식으로 모든 금융전문지에서 한 번씩은 기사를 썼을 정도였다. 사진에 찍힌 케이스는 마이크로소프트Microsoft, Inc.(MSFT)에 대해 미국 정부가 추진하고 있던 독과점반대 특별법 때문에 정부건물에서 증언을 마치고 나오는 중이었는데, 얼굴에는 득의양양한 미소가 가득했다. 엄청난 성공이 사람들에게 미치는 영향을 누구보다 잘 알고 있던 오닐은 기업의 CEO들이 과도한 자신감에 휩싸였을 때를 짚어내는 데도 도가 터 있었다. 사진을 보고 오닐은 AOL의 전성기가 이미 지나버렸다고 예측했다. 그리고 정말 AOL의 주가는 1999년 말 신고가를 한 번 확인하더니 하락하기 시작했다. 1999년 12월 267.76달러이던 AOL의 주가는 계속 하락해 2002년 약세장에서 24.31달러를 기록했다. 그나마 2000년에 타임워너Time Warner가 인수해 기업명이 바뀌어서 다행이었다. 당시 합병은 현명한 판단은 아니었지만, 자만에 빠진 기업들 사이에서는 흔한 일이었다.

기업에 대한 오닐의 접근방법은 주식투자뿐만 아니라 삶에서 살아남기 위해서는 올바른 판단력을 유지해야 하고, 또 자신의 성공과 돈에 휩쓸려서는 안 된다는 윤리에서 시작되었다. 그는 주식시장에서 돈을 많이 벌었을 때의 심리와 행동을 누구보다 잘 이해하고 있다. 어느 순간 트레이더들은 지금까지의 성공이 앞으로는 지속되지 않을지도 모르고, 또 마음대로 되지 않을지도 모른다는 사실을 깨닫게 된다. 지금까지 성공해왔던 이유는 추세를 잘 따랐던 덕분이어서, 시장의 협력이 없으면 돈을 벌 수 없기 때문이다. 그러면 트레이더들은 돈을 계속 불려나가겠다거나 지금까지의 사치스러운 소비를 유지해야 한다는 욕심에 더욱 위험한 투자에 기대거나, 변형된 '장기투자'에 나서거나, 레버리지 투자를 시작한다.

오닐의 윤리는 그의 조직 전체에 반영되어 있다. 그래서 데이터 어낼리시스, 인베스터즈 비즈니스 데일리, 윌리엄오닐컴퍼니, 오닐 시큐리티O'Neil Securities, Inc., 등 오닐의 기업들은 검소하다 못해 스파르타식이기까지 하다. 윌리엄오닐컴퍼니에서 높은 자리를 차지하고 있다는 상징은 사무실에 새로 깔린 카펫이 아니라 찢어진 카펫을 붙이려고 새로 구입한 테이프라는 농담이 있을 정도다. 농담이 아니더라도, 실제 오닐의 조직에서는 구글 본사 같은 호화스럽고 자유로운 분위기는 전혀 찾아볼 수 없다. 시장에서 돈을 버는 방법을 배우기 위해 오닐의 조직에서 일하고 있는 것이지, 개인 메일이나 확인하고 빨래를 하려고 출근한 것도 아닌데 PC실이나 빨래방 같은 복지시설을 갖출 필요는 없지 않느냐는 식이다. 이처럼 검소한 기업 분위기는 오닐이 대공황을 겪은 세대이기 때문이기도 하지만, 또 이성적이면서 성공적인 투자자들도 시장에서의 성공 때문에 자만심과 허영의 함정에 빠지기 쉽다는 사실을 오랫동안 알고 있었기 때문이다. 그렇다고 무조건 돈을 쓰지 말라는 것은 아니다. 차를 새로 바꾸어도 좋고(다만 페라리 같은 사치스러운 차는 피하라는 것이다), 다른 것도 좋다. 또 투자실적을 개선하기 위해서 돈을 쓰는 것도 나쁘지 않다. 다만 언제나 균형을 잡고, 검소함을 추구하라는 것뿐이다. 이는 비단 투자자나 트레이더들뿐 아니라, 미국 전체가 교훈으로 삼을 만하다. 특히 2009년의 금융위기는 '모든 이들에게 자유와 돈을' 이라는 미국적 사고방식이 만들어낸 결과였기 때문이다.

1. 절대 휘둘리지 마라

먼저, 첫 번째 계명은 '절대 휘둘리지 마라'는 것이다. 이는 필자들이 오닐에게 수도 없이 들었던 소리로, 좁게는 주식투자에, 넓게는 모든 사람들에게 적용할 수 있는 개념이다. 돈이 주는 환영이나 함정에 휘둘리다가는 곧 정도를 넘어서고, 결국에는 파멸에 이르곤 한다. 반드시 명심해야 한다.

그런데, 다른 투자자들의 실수를 통해 자신의 실패와 파멸을 피하려고 노력하기는커녕 의기양양하게 오닐의 파멸을 점치는 이들이 있었다. 물론 빗나간 예측이었다. 앞에서 《인베스터즈 비즈니스 데일리》가 도산하는 날이 2000~2002년까지의 약세장이 끝나는 날이라고 언급했던 포트폴리오 매니저가 바로 그런 사람이다. 무지에서 나온 불확실한 바람이었지만, 그 외에도 오닐을 폄하하는 사람은 많았다. 이처럼 성공한 사람들은 부정적인 인간심리, 즉 질투심의 대상이 되곤 한다.

한 번은 오닐이 반도체산업의 총아였던 사이머Cymer, Inc.(CYMI)에 투자해 큰 손해를 입었다는 소문이 돌았다. 실제 사이머의 주가가 크게 하락했기 때문에(그림 8.2 참조) 오닐이 투자했다면 큰 손해를 입었을 것이고, 잠재적으로 치명적일 수도 있었다. 소문이 사실이었는지는 필자들도 알 수 없다. 중요한 것은 오닐이 어떤

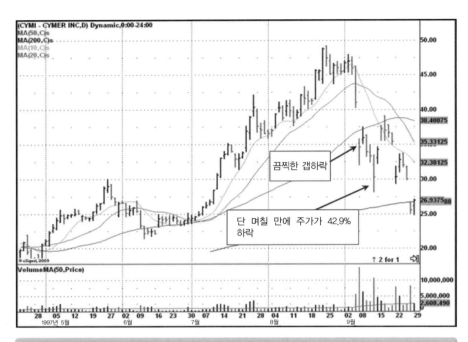

그림 8.2 | 1997년 사이머(CYMI) 일간차트. 오닐이 손해를 봤다는 소문이 돌았다. 만약 사실이라면 오닐은 훌륭하게 복구에 성공했다!(자료제공: 이시그널, 2010년).

상황에서도 집중력을 잃지 않는다는 사실이다. 실제 손실을 입었든 그렇지 않았든, 장기적으로 CYMI는 오닐에게 흠집을 내지 못했다. 설사 엄청난 손해를 보았더라도, 오닐은 언제나처럼 손실을 복구해냈을 것이다. 지금도 소문이 사실인지, 아니면 오닐이 실패하는 것을 보고 싶어 안달이 난 누군가가 만들어낸 말인지는 알지 못한다. 확실한 것은 그로부터 2년 후 오닐과 그의 포트폴리오 매니저들이 네 자릿수 수익을 만들어냈다는 것이다. 필자들은 한때 오닐의 포트폴리오 매니저였다는 사실이 너무나 자랑스럽다.

2. 공포에 질려서 매매하지 말라

용기와 인내로 어려운 시장을 이겨내는 능력이 바로 오닐의 두 번째 계명에 담겨 있다. 두 번째 계명은 '공포에 질려서 매매하지 말라'이다. 최근의 손실이나 실수 때문에 시장이 두렵거나, 직면한 리스크 때문에 불안할 때는 불명확하고 잘못된 결정을 내리게 된다. 따라서 두려움이 없어질 만큼 투자 포지션을 줄이는 것이 좋다. 만약 늘 시장이 두렵다면, 투자를 포기하라.

기업을 경영할 때도 공포에 질리지 않도록 유리한 조건을 확보해야 한다는 것이 오닐의 생각이다. 윌리엄오닐컴퍼니는 주식시장을 예측하는 도구를 경영에도 활용한다. 시장이 천정을 형성하고 약세장에 진입하면, 곧 경기둔화가 시작된다는 의미이기 때문에 오닐은 모든 부서에서 비용을 10%씩 줄이라고 주문한다. 기업이 어려움에 빠지지 않도록 막고, 유리한 경영조건을 확보해 다가올 경제위기에 대처하는 것이었다. 유리한 경영조건을 확보하기 위해서는 일단 빚이 없어야 한다는 뜻이다. 기업은 빚으로 경영해서는 안 된다. 현금이 최고다. 오닐기업은 기업 내 포트폴리오 관리조직이 주기적이면서도 성공적으로 주식시장에 투자하고 있기 때문에 매우 유리하다. 기업의 경영조건이 튼튼하지 않다면, 즉각 수정해 기업의 경영상태를 개선해야 한다.

3. 친구보다 적을 더 가까이하라

오닐은 자신을 폄하하고 비평하는 사람들의 부정적인 시각을 긍정적으로 변화시킨다. 무조건 반대하고 등 뒤에서 욕하는 사람들을 대할 때면, 필자들이 정한 세 번째 계명, '친구보다 적을 더 가까이하라'는 원칙으로 일관한다. 이런 태도 때문에 부정적인 시각은 곧 긍정적인 시각으로 바뀌고, 제3자의 비판은 오히려 잠재적인 배움의 기회로 생각된다.

실제 적들은 도움을 주곤 한다. 이들은 비판적인 시각으로 작은 흠이라도 찾아내려 한다. 작은 흠들은 우리의 목적 달성을 방해하고 우리를 무너뜨리기도 한다. 따라서 꼬투리를 잡으려는 적들의 행동은 오히려 자신의 약점이나 흠, 오닐의 표현을 빌리면 '부족함'을 미리 알아내는 데 도움이 되곤 한다. 반대로 좋은 점만 보려 하는 친구들에 의존하면서 얻는 자기만족은 별 도움이 되지 않는다. 그래서 오닐은 잘한 부분은 무시하고 까다롭게 실수만 지적하는 비판론자의 역할을 자처하곤 한다.

투자회사들이 대부분 그렇듯 윌리엄오닐컴퍼니는 포트폴리오 매니저들에게 각자 벌어들인 수익의 일정 부분을 지급했다. 예를 들어, 200만 달러의 투자자산을 3,000만 달러로 불렸다면, 수익인 2,800만 달러 중 일부를 받게 된다. 1999년 필자들은 엄청난 수익을 올렸고, 오닐이 두둑한 보너스와 함께 칭찬과 찬사를 아끼지 않을 거라고 생각했다. 하지만 그런 행운은 없었다. 오닐은 자신이 꼼꼼하게 기록한 내용을 보면서 우리의 잘못과 실수를 하나씩 짚어주었다. 그리고 마지막으로 내린 결론은 "만약 실수를 전혀 하지 않았다면 수익이 1,000%는 됐을 거야!"라는 평가였다.

4. 배우고 개선하기를 멈추지 말라

그래서 만들어진 것이 오닐의 네 번째 계명, '배우고 개선하기를 멈추지 말라. 최선의 방법은 자신의 실수를 끊임없이 분석하고 수정하는 것이다'이다. 주식시장에서는 누구나 자신의 성공스토리를 늘어놓지만, 잘못을 되새기는 사람은 거의 없다. 오닐의 주장에는 일리가 있다.

5. 절대 자신의 주식에 대해 이야기하지 말라

ㅣ

이를 위해서는 '절대 자신의 주식에 대해 이야기하지 말라'는 것이 오닐의 다섯 번째 계명이다. 오닐은 투자기록에 흥분하고 떠벌리는 행동을 혐오한다. 이 단순한 철칙으로 자신의 성공을 여기저기 소문내고 싶은 충동을 억누를 수 있다. 일단 한 번 해보라. 그러면 투자에 대한 시각이 바뀔 것이다.

6. 최고의 위치에서 너무 좋아하지 말라

ㅣ

다섯 번째 계명은 여섯 번째 계명을 실천하는 데 도움이 된다. 여섯 번째 계명은 '최고의 위치에서 너무 좋아하지 말라'는 것이다. 오히려 그때가 매도해야 할 순간이다.

언젠가 오닐은 단 한 종류의 차트만 보도록 허락된다면, 자신은 주간차트를 선택하겠다고 말한 적이 있다. 그 이유는 뉴스나 시장의 잡음을 피할 수 있기 때문이다. 여기에는 장중에 발생하는 이례적인 주가 변화도 포함된다. 오닐에게 장중차트는 무용지물이다. 실시간 정보는 오히려 방해가 되며, 20분 지연 정보만 참고해도 전혀 문제될 것이 없다고 생각하기도 했다. 오닐은 기관투자가들이 매수하는 최고의 주식을 노리곤 한다. 이들이 지속적으로 매수하는 종목들은 시장 사이클을 거치면서 주가가 크게 상승하기 때문이다. 그런데 기관투자가들이 매수 혹은 매도에 걸리는 기간은 수주에서 수개월까지 걸린다. 따라서 이들의 움직임이 장중차트에 나타날 리는 거의 없고, 일간차트에 나타날 가능성도 적다. 이런 이유로 주간차트가 선호된다.

7. 먼저 주간차트를 보라. 그 다음 일간차트를 보라. 장중차트는 무시하라

'먼저 주간차트를 보라. 그 다음 일간차트를 보라. 장중차트는 무시하라' 는 것이 일곱 번째 계명이다. 주간차트는 단기 변동에 내재된 시장의 잡음을 다수 제거하고, 기관투자가들의 잠재적 매집에 대한 힌트를 제공한다.

8. 최고의 주식을 찾아라. 그 다음에는 크게 매수할 수 있는 방법을 찾아라

특정 종목이 지속적으로 매수되고 있는지 여부를 살피기 위한 방법으로 주간차트를 활용하라는 조언은 '최고 주식의 원칙'과도 일맥상통한다. 이 원칙은 오닐의 투자기법을 가장 기본적인 동력 요소로 승화시킨 것이고 또 여덟 번째 계명이기도 하다. 그것은 바로 '최고의 주식을 찾아라. 그 다음에는 크게 매수할 수 있는 방법을 찾아라'이다.

9. 누군가와 동침할 때는 항상 주의하라

　필자들이 오닐에게 얻은 가장 중요한 규칙 중 하나로, 지키기 늘 힘든 것이 바로 아홉 번째 계명 '누군가와 동침할 때는 항상 주의하라'는 것이다. 이는 남녀 관계를 의미하는 것이 아니라, 철저하게 비즈니스에 국한된다. 오닐은 삶에서나 비즈니스에서 두 사람 사이의 신뢰와 진심이 가장 중요한 변수라고 믿었다. 하지만 다른 타인과 관계를 형성하거나 대할 때, 이들 변수를 찾기는 쉽지 않다. 버나드 매이도프Bernie Madoff● 같은 희대의 사기꾼들과, 그 정도까지는 아닐지라도 어느 분야에서나 찾아볼 수 있는 거짓말쟁이들로 가득 차 있는 투자 산업에서는 특히 중요한 가르침이다. 그래서 진실하고 신뢰할 수 있는 동료가 있다면 평생 소중하게 아껴야 한다. 신뢰와 진실을 찾기 힘든 도전적인 세상에서 돛처럼 의지할 수 있는 대상이기 때문이다. 오닐은 일에서뿐만 아니라 삶에서도 적과 비판론자들이 넘쳐나고 있기 때문에, 친구와 파트너는 조심스럽고 현명하게 고르고 협력해야 한다고 충고하곤 했다.

10. 항상 미친 듯이 집중하라

　시장에 대한 헌신과 열정은 오닐의 트레이드마크 중 하나다. 여기에서 필자

●버나드 매이도프(1938년 4월 29일~)는 전직 미국 증권중개인이자 투자 상담사다. 나스닥 외부 이사를 역임하였으며 역사상 최대 규모의 폰지 사기 주동자로 알려져 있다. 2009년 3월, 매이도프는 연방법 중 11가지를 위반했다는 혐의와 수천 명의 투자자들에게서 수십 억 달러에 이르는 돈을 폰지 사기를 통해 경영 자산으로 만들었다는 혐의에 대해 유죄 판결을 받았다. 같은 해 6월 29일 그는 최고 150년 형을 선고받았다. -편집자주

들은 마지막인 열 번째 계명을 만들어냈다. '항상 미친 듯이 집중하라'는 것이다. 그렇다고 워커홀릭이 되라는 뜻은 아니다. 워커홀릭은 그저 일의 노예일 뿐이다. 그보다는 삶에서 열정을 찾으라는 의미다. 그리고 일할 때도 마치 일이 아닌 것처럼 열정을 쏟아 부으라는 것이다. 물론 좋아하는 일을 직업으로 갖는 행운을 누구나 누리지는 못한다. 하지만 언제나 열정을 추구해야 한다는 것이 오닐의 생각이다. 미친 듯이 집중하는 것이 열정을 추구하는 하나의 방법이다. 그래야만 삶은 계속 살아갈 가치가 있고, 또 그 과정에서 엄청난 성공을 이룰 수 있다. 오닐은 맥주를 마시며 앉아서 TV를 보거나 비디오 게임을 하면서 시간을 보내는 것은 가치도 없고, 재미도 없다고 생각한다. 그래서 "인생은 설렁설렁 사는 게 아니다. 인생에 풍덩 뛰어들어라!"라고 말하곤 했다.

오닐은 휴가를 가야 할 이유를 지금까지 느껴보지 못했다고 한다. 휴가는 자신의 직업을 싫어하는 사람들을 위한 것이며, 3주간이나 사무실을 비울 수 있다면 직장에서 별로 중요한 사람은 아니라는 게 오닐의 생각이다. 오닐의 마지막 휴가는 1982년이었다고 한다. 당시 가족들과 오레곤의 한 시골로 여행을 갔는데, 전화와 TV도 없고, 외부 세상과 완전히 단절된 통나무집에서 머물렀다고 한다. 오닐의 아들과 부인은 당시 그가 차트를 하나 가득 짊어지고 휴가를 왔으며, 휴가기간 내내 차트에 코를 박고 지냈다고 말해주었다. 곧 오닐은 휴가가 지겨워졌고, 며칠 만에 자신의 열정인 시장, 즉 문명사회로 돌아왔다. 오닐은 한적한 시골에서도 마음의 안정을 얻지 못했다. 자신의 열정이 없는 곳이기 때문이었다. 이것이 바로 오닐식으로 '미친 듯이 집중하는 것'이다. 반대로 야생사진 포토그래퍼로 유명한 안셀 아담스Ansel Adams처럼 캘리포니아 동쪽에 있는 시에라네바다 Sierra-Nevada 요세미티 계곡Yosemite Valley에서 삶의 열정을 찾는 이들도 있다. 아담스가 트레이딩에서 열정을 발견할 가능성이 없듯이, 오닐도 야생에서 캠핑을 하면서 열정을 느끼지는 못했다. 이것이 바로 열 번째 계명의 핵심이다.

결론
|

  오닐이 자주 강조하는 규칙과 십계명을 압도하는 가장 중요한 원칙은 '언제나 단순하고 순수한 매매를 추구해야 한다'는 것이다. 오닐은 시장의 지표에 빠져서 허우적댄 적이 없다. 시장의 돈줄이 어디로 흘러들어 가는지 알아내기 위해 티커테이프를 꼼꼼하게 살펴보면서 선배투자자들처럼, 그는 주가와 거래량의 변화에 집중한다. 풍부한 경험과 연구를 통해 오닐은 일부 시장지표들의 수명이 15년에 불과하다는 사실을 알아냈다. 전체 주식시장의 역사에 비해 너무 짧은 시간이다. 그래서 오닐은 자신의 체계를 깨끗하고 단순하게 유지하고 있다. 세세한 정보에 좌우되지 않으면서, 수많은 시장 사이클 속에서 정당성이 입증된 지표들만을 활용하고 있다. 이들은 변하지 않는 인간의 본성을 기반으로 하고 있기 때문에 지금 시장에서는 물론 1920년대 시장에서도 효용성이 아주 크다.

  가장 기본은 주도주와 시장지수의 주가 및 거래량의 변화를 나타낸 주간차트다. 그 다음으로는 일간차트와 주도주들의 패턴모양, 지수의 변화, 상대적인 주가강도, 신고가를 확인시켜주는 상대강도 기준선, 기관투자가들의 지원, 매집과 분산정도, 기업의 순위, 50일 이동평균선을 참고한다. 오닐과 함께 일해보면, 그의 간결한 투자방식을 실제 확인할 수 있다. 수많은 시장지표, 도구, 알 수도 없는 신기한 방법들은 시장에서 돈을 버는 데 별 필요가 없다.

  필자들은 오닐의 둥지를 떠나 바깥세상을 경험하면서 십계명에 담긴 진실을 더욱 절실하게 깨닫게 되었다. 오닐 십계명은 어떤 상황에서나 투자자들이 행동과 태도, 활동을 결정할 때 유용한 지침을 제공할 것이다. 또 투자자들이 집중하고, 올바른 투자를 지속하고, 오닐의 표현처럼 나쁜 투자에 물들지 않게 도움을 줄 것이다. 물론 필자들은 오닐이 만든 참호 속에서 오닐과 함께 일할 때, 오닐의 십계명을 배웠다. 다음 장에서는 여기에 대해서 자세하게 설명하게 될 것이다.

CHAPTER 9

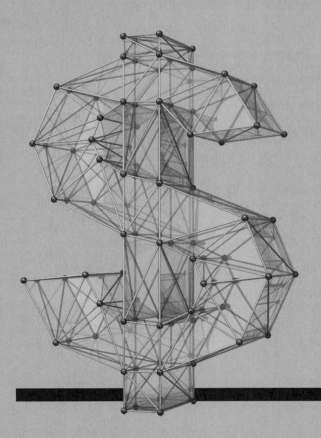

오닐의
참호 속에서

1998년부터 2005년까지, 그 중에서도 특히 닷컴버블과 거품이 꺼지기 시작했던 시기 동안, 윌리엄오닐컴퍼니에서 일했던 것은 정말 특별한 경험이었다. 당시 필자들은 오닐뿐만 아니라 1994년 전미 투자 챔피언인 리 프리스톤Lee Freestone, 알 사보이언Al Savoyan, 로스 하버Ross Haber, 찰스 해리스Charles Harris, 마이크 웹스터Mike Webster 등 그 외에도 박식하고 뛰어난 수많은 트레이더들과 함께 일했다. 이들은 모두 시장의 타이밍이 중요하다고 입을 모았다. 필자들은 운이 좋게도 주식시장이 거대한 포물선을 그렸던 1990년대 하반기 동안 윌리엄오닐컴퍼니의 포트폴리오 매니저로 일했다.

이 놀라운 시기에, 그리고 이후에 이어진 2000~2002년까지의 약세장과 2003년에 시작된 새로운 '회복형 강세장' 동안 오닐 가까이에서 일하면서 거의 매일 실시간으로 오닐과 시장에 대해 토론하고 오닐의 이야기를 들으면서 정말 귀중한 교훈을 얻을 수 있었다.

1997~1998년

1997년 말은 돈을 벌기 힘든 시기였다. 10월 27일에는 다우존스 산업지수가 무려 554.26포인트나 하락해 당시 최고의 하락폭을 보일 만큼 시장은 폭락과 조정을 겪었다. 그리고 1998년 초 시장은 신고가를 향해 달리기 시작했다. 2월 오닐은 당시 시장의 랠리에서 주도주들이 성장주와 지속적인 수익을 창출하는 튼튼한 대형주로 나뉜다고 지목했다. 그래서 "지금의 시장은 두 가지 힘이 이끌어가고 있네. 하지만 지속적인 수익창출 능력에 집중하도록 하게. 기관투자가들이 매수할 가능성이 큰 기업들이기 때문이지"라고 필자들에게 충고해주었다. 수익 성장률이 10~15%이며, 장기적으로 수익을 창출해온 탄탄한 대형주는 CAN SLIM이 추구하는 고수익종목은 아니지만 그래도 기관투자가들에게 선호되는 시기가 있다.

오닐은 필자들이 '최고 주식의 원칙'이라고 부르는 기준을 가지고 1998년 시장 환경 속에서 기관투자가들이 매수할 만한 종목을 추론해냈다. 오닐은 특정 시장 사이클에서 주도주를 분간해내는 가장 간단하고 확실한 방법은 신고가를 경신하는 종목들을 리스트로 만들고, 지속적으로 리스트에 자주 오르는 종목에

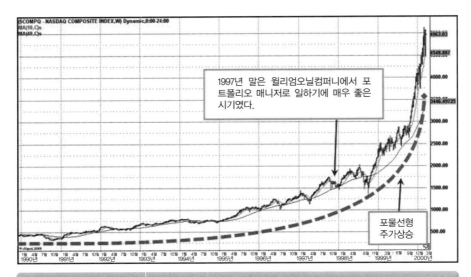

집중하는 것이라고 강조했다. 특정 산업군의 주가가 얼마나 빨리 상승하는지를 차트로 만든다거나, 그 변화를 특별한 색깔로 표시하거나, 소위 말하는 탑다운 방식[●]의 분석에 의존할 필요는 없다.

: 산업별 대조는 불필요하다

1998년 초 가장 두드러졌던 산업 중 하나는 컴퓨터소프트웨어 및 서비스 분야였다. 덕분에 PC제조업체인 델Dell, Inc.(DELL)에 대해 더욱 확신을 갖게 되었다.

[●]주식의 가치를 분석하는 방법 중 하나로, 탑(top: 높은 곳)에서 다운(down: 낮은 곳)으로 내려가면서 분석하는 기법이다. 물가 및 환율 등의 거시적 지표에서 시작해서 세계경제의 흐름을 파악하고, 미시적 지표인 산업동향을 파악한 후에 더 미시적으로 해당기업의 가치를 분석하는 것이다. -편집자주

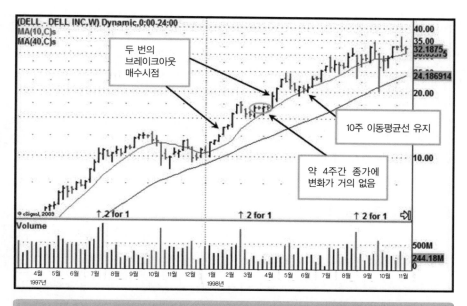

그림 9.2 | 1997~1998년 델(DELL) 주간차트 (자료제공: 이시그널, 2010년).

1997년 말 시장이 바닥을 치고 난 다음인 1998년 4월 DELL은 두 번의 브레이크아웃을 만들어냈다(그림 9.2 참조).

　　DELL은 1995년부터 시작해 2000년 3월까지 지속적으로 주가상승을 이어갔다. 1995년의 DELL의 강력한 주가상승은 같은 산업군의 컴퓨터 비즈니스 솔루션즈Computer Business Solutions(CBSL), 컴퓨웨어Compuware(CPWR), 컴퓨터 사이언스Computer Sciences(CSC) 등 비슷한 기업들로 이어졌다. 기업을 비롯해 여타 분야에서 컴퓨터 사용이 크게 늘어나면서 관련 기술 및 서비스를 제공하는 기업들은 향후 성장의 비옥한 기반을 닦고 있었다. 많은 전문가들이 당시 컴퓨터 관련 주식들이 1950년대와 1960년대 모토로라Motorola(MOT)를 비롯해 여타 TV관련 종목과 비슷하다고 평가했다. 그리고 비교 및 과거의 선례 분석에 따라 컴퓨터업종의 주가상승이 얼마 지나지 않아 멈출 것이라고 예측했다. 하지만 오닐의 생각은 달랐다. TV는 엔터테인먼트일 뿐이지만 PC는 '지식'을 얻기 위한 도구로 개인들의 일터와 삶에서 능률을 창출하기 때문이었다. 그래서 오닐은 1950년대와 1960년대 TV주식과 1990년대 컴퓨터주식들의 비교가 과도하게 단순한 발상이며, 단순 비교는 불가능하다고 생각했다.

1998년 상반기 DELL의 주간차트는 오닐의 생각이 맞았다는 것을 확인시켜 주었다. 또, 주가와 거래량의 변화만으로도 주식에 대한 정보를 충분히 얻을 수 있으며, 1950년대와 60년대의 TV주식과의 비교를 통해 1990년대 컴퓨터주식의 향후 주가를 점치려 했던 전문가들의 노력이 완전히 무익했다는 반증이기도 했다. 그림 9.2를 보면 알 수 있듯이, 1998년 4월 DELL의 주가가 상승하기 전 약 4주 동안 주가와 거래량은 거의 변화를 보이지 않았다. 그림에서 동그라미로 표시된 부분인데, 4주 중 2주는 주가가 약간이지만 상승했고, 나머지 2주 동안에는 약간이지만 주가가 하락했다. 또 주가가 상승한 주에는 거래량도 증가했고 10주 이동평균선에서 지지를 받은 반면, 주가가 하락한 주에는 거래량이 줄고 빡빡한 보합세가 나타났다. 당시 오닐은 주가의 변화가 거의 없고 10주, 즉 50일 이동평균선에서 지지를 받았기 때문에 적절한 매수타이밍이라고 평가했다.

: 시장에서 발휘되는 놀라운 감각

1998년 2월과 3월 아주 조금씩이지만 꾸준한 성장세를 이어가던 주식시장이 4월에 접어들었다. 오닐은 2월과 3월이 건설적이었다고 평가했다. "지수가 빡빡하면서도 약간씩의 상승세를 보이는 게 건설적"이라는 설명이었다. 그림 9.3은 다우존스 산업지수의 당시 추세를 잘 보여주고 있다.

여기에서 반드시 주목해야 할 점은 시장의 성격이 변했다는 것이다. 빡빡하고 꾸준한 추세를 보이던 시장에서 주가의 변동성이 커지고 들쭉날쭉해졌으며,

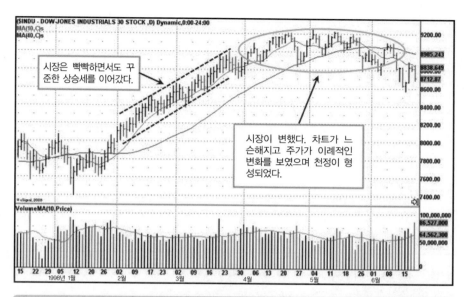

시장은 빡빡하면서도 꾸준한 상승세를 이어갔다.

시장이 변했다. 차트가 느슨해지고 주가가 이례적인 변화를 보였으며 천정이 형성되었다.

그림 9.3 | 1998년 다우존스 산업지수 일간차트. 2월과 3월은 빡빡하고 건설적인 추세를 보여주고 있지만 시장의 특성이 변하고 있었다(자료제공: 이시그널, 2010년).

추세도 사라졌다. 무언가 잘못되고 있다는 확실한 실마리였다. 실제 시장이 흔들리기 시작한 건 1998년 여름이었다. 시장지수는 7월 중순까지 상승해 신고가를 경신했지만, 일종의 함정이었다. 이후 시장은 크게 하락했고, 1997년 10월 27일의 폭락의 원인이었던 1997년 아시아 외환위기의 파장이 시장에 나타나기 시작했다는 기사가 연일 신문 지면을 장식했다.

　오닐은 무언가가 잘못되고 있다고 느끼고 있었다. 그래서 5월 28일에는 "오늘 은행과 주식중개인들이 큰 타격을 받았고, 랠리는 중단되었다. 아시아 외환위기가 확산될 가능성이 생겼다. 위기는 여전히 존재한다는 뜻이며, 만약 그렇다면 단순한 단발성 뉴스거리가 아니라 심각한 상황이다"라고 말했다. 아시아 국가들 중에서도 필리핀과 인도네시아의 상황이 시장의 혼란을 만들어내고 있었다. 2월과 3월 중 빡빡하고 일관적인 추세를 지속했던 시장이 크게 하락하지는

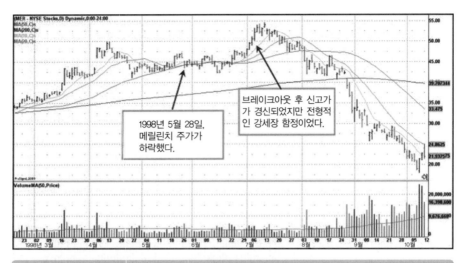

그림 9.4 | 1998년 메릴린치(MER) 일간차트. 전형적인 강세장의 함정을 보여주고 있다(자료제공: 이시 그널, 2010년).

않았지만 계속 흔들리는 와중에, 투자기업들과 은행업종이 크게 하락한 점을 특히 주목해야 한다.

그림 9.4의 메릴린치Merrill Lynch(MER) 차트를 보면 5월 28일 갭하락을 확인할 수 있다. 이후 주가는 반등했고, 7월 초에는 브레이크아웃이 출현해 더 큰 주가하락으로 이어지지는 않았다. 하지만 오닐은 감이 좋지 않았다. MER와 리먼 브라더스Lehman Brothers(LEH), 모건 스탠리Morgan Stanley(MS)는 1998년 7월 초 모두 브레이크아웃으로 신고가를 경신했지만, 곧 크게 하락하기 시작했다. 전형적인 '강세장의 함정'이었다. MER의 차트를 보면 8월 말에는 주가가 200일 이동평균선 밑까지 하락한 것을 확인할 수 있다. 2008년 3월 금융주의 급락을 경험했던 투자자들은 1998년 상황이 매우 비슷했다는 사실을 알 수 있을 것이다.

8월 중순이 되자 오닐은 최근의 주식시장에서 12년 단위의 주가하락, 즉 1962년, 1974년, 1987년의 주가폭락에 주목했다. 그리고 1998년 8월 주가가 하락하기 시작하자, 12년의 시장주기로 찾아오는 주가하락이 시작되었다고 평가했다. 그래서 "다우존스 산업지수가 7500 밑으로 떨어질 것이다. 7000~7500 수준까지 하락할 위험이 있다. 뮤추얼 펀드는 투자 포지션이 엄청나 어쩌지도 못하는 상태다. 이들의 성과에 대해 의문이 제기되기 시작하면, 공포가 퍼지기 시작할 것이다. NYSE 공매도잔고를 일일거래량으로 나눈 비율NYSE short interest ratio이 거의 제로에 가깝고, 하락하고 있다는 데 주목하자. 불길하다"고 예측했다.

티커테이프를 읽으면서 주식을 배웠던 오닐은 시장에서 믿기지 않을 정도의 감각을 발휘하곤 했다. 게다가 다년간의 경험과 세밀한 관찰로 얻어낸 육감 덕분에 시장의 변화를 감지할 수 있는 능력이 있었다. 당시 불길한 조짐을 보면서, 오닐은 시장이 곧 엄청나게 하락할 신호라고 결론내렸다.

오닐은 언제나 장기적인 맥락에서 주가하락과 그 속도를 가늠한다. 따라서 1998년 8월 말 주가하락이 시작되자, 1998년 초의 저점에서 바닥이 형성될 것이라고 추론했다(그림 9.5 참조). 1998년 1월 종가가 가장 낮은 날의 장중 저가는 7500포인트 근처였다. 그래서 오닐은 7500포인트 근처에서 시장이 일차적으로 안정되고 바닥을 형성할 것으로 결론내렸다. 다양한 지지선이 무너지면서 주가가 하락하는 구간에서 투자자들은 종종 골탕을 먹곤 한다. 투자자들은 공격적으로 주식을 매도하고 심지어 공매도에 나서기 때문이다. 알려진 대로, 투자자들이 모두 하나의 방향으로 향할 때 시장은 반대의 방향으로 움직인다.

시장지수가 200일 이동평균선 부근에서 저항을 받자 오닐은 "200일 이동평균선에서 지지를 받는 건 당연하다. 주가는 더욱 하락할 것이다"라고 설명했다. 그리고 시장지수가 아니라 투자하고 있는 개별 종목에 주목해야 한다면서 "자신의 매도규칙을 꼭 지켜야 한다"고 강조했다. 이때의 투자 다이어리에는 언제나 낙관적이면서도 긍정적인 오닐의 성격을 보여주는 내용도 적혀 있다. "매수를 시작할 때는 반드시 규칙을 세워야 한다. 예를 들어, 브레이크아웃에서 주식

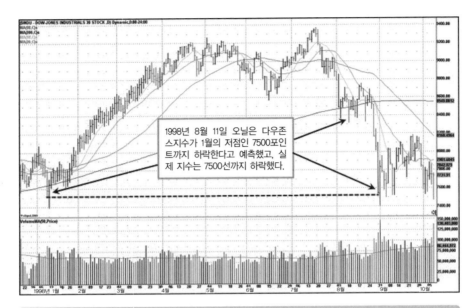

1998년 8월 11일 오닐은 다우존
스지수가 1월의 저점인 7500포인
트까지 하락한다고 예측했고, 실
제 지수는 7500선까지 하락했다.

그림 9.5 | 1998년 다우존스 산업지수 일간차트. 오닐은 1998년 말 시장이 얼마나 하락할지에 대해 정확하게 예측했다(자료제공: 이시그널, 2010년).

을 매수했다면 6주 이상 혹은 손실이 손절매 시점인 8%가 될 때까지는 보유하도록 한다"고 덧붙였다. 당시 시장 상황과는 전혀 관계가 없는 언급이었다. 오닐은 시장이 하락하는 순간에도 시장의 강세장을 염두에 두고 너무 일찍 매도해 돈을 벌 기회를 놓칠까를 염려하는 낙천주의자였다!

그림 9.6에서 보듯이, 다우존스 지수가 7500포인트까지 하락할 것이라는 오닐의 예측은 정확했다. 9월 초, 시장지수는 5일간 상승했고, 팔로우스루데이가 출현했다. 오닐은 시장이 고작 6주 동안 하락했을 뿐이지만 조정은 끝났을 가능성이 높다고 판단했다. "시장의 조정이 고작 6주뿐이었지만, 20% 이상 하락했기 때문에 약세장이다. 조정이 어느 정도 끝났고, 한동안은 다시 주가가 상승할 가능성이 있다"고 평가를 내렸다. 하락이 일정 기간 이상 지속되어야 확실한 약세

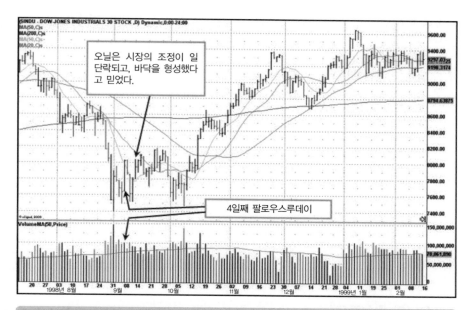

오닐은 시장의 조정이 일
단락되고, 바닥을 형성했다
고 믿었다.

4일째 팔로우스루데이

그림 9.6 | 1998~1999년 다우존스 산업지수 일간차트. 6주간 지수가 20% 하락한 약세장이었다
(자료제공: 이시그널, 2010년).

장이라는 것이 지배적인 의견이지만, 오닐은 하락의 강도와 속도가 강해 투자자
들을 공포에 몰아넣고 흔들어댄다면, 충분히 약세장으로 볼 수 있다고 이해하고
있었다.

:LTCM의 파산 후

미국을 대표하는 헤지펀드였던 롱텀캐피탈Long-Term Capital(LTCM)의 파산은 10월
까지 시장을 뒤죽박죽으로 만들었다. LTCM은 투자계의 거물과 노벨상 수상 경
력의 경제학자가 만든 투자전략을 내세워 여러 은행과 투자회사로부터 엄청난
돈을 빌려 레버리지 투자를 하고 있었다. 따라서 LTCM의 파산으로 세계 금융

시장이 도미노처럼 무너질지 모른다는 우려가 시장을 엄습했다. 결국 10월 14일 연방준비위원회가 금리를 0.25% 내리면서 시장에 개입했다. 시장은 즉각 반응을 보여 랠리를 시작했다. 하지만 대부분의 시장 참여자들이 충격에서 벗어나지 못하고 있었고, 시장이 이렇게 빨리 회복할 리는 없다고 믿었다. 게다가 대부분의 전문가들은 6주 혹은 20%의 조정은 약세장으로 보기에는 부족하다고 생각하는 치명적인 실수를 저질렀다. 그래서 하락구간에서 시장의 보합이 끝났을 때도 약세장이 지속될 것으로 판단하고 추가적인 주가하락을 경고했다.

다른 사람들은 회의적이었지만, 오닐은 리버모어식 사고방식에 입각해 "현재 경제의 조건이 과거의 약세장 때만큼 나쁘지 않다" 면서 시장의 조건이 반등을 견딜 만큼 충분히 긍정적이라고 주장했다.

: 오닐의 추천종목

오닐은 때때로 윌리엄오닐컴퍼니의 기관고객들에게 최근의 매수목록을 공개하곤 하는데, 여기에 대해 찬반의견이 들끓곤 한다. 이 리스트는 1998년 당시에는 '오닐이 선택한 리스트O'Neil's Select List'라고 불렸지만 대다수의 투자자들에게는 '새로운 주식시장 아이디어New Stock Market Ideas' 혹은 NSMI라는 이름으로 더 많이 알려져 있다. 오닐이 매수한 종목 이외에도 투자를 꺼려야 하는 종목도 소개되며, 6만 5,000달러 이상을 지불하는 기관고객들에게만 제공되는 정보다. 이때 오닐은 대담하게도 소매업체인 TJX컴퍼니TJX Companies(TJX)를 추천했다. 그림 9.7에서 보는 것처럼 TJX는 직전 약세장의 저점에서 막 벗어나던 참이라 상당히 충격적이었다. 필자들도 '전형적인 오닐식 사고방식'이라고 불리는 오닐만의 시각에 따라 선별된 결과라고 추측하는 게 고작이었다. 오닐은 미국경제가 소비자 중심이며, 미국 주식시장의 역사 속에서 소비자 중심 기업의 주식이 가장 크게 성장했

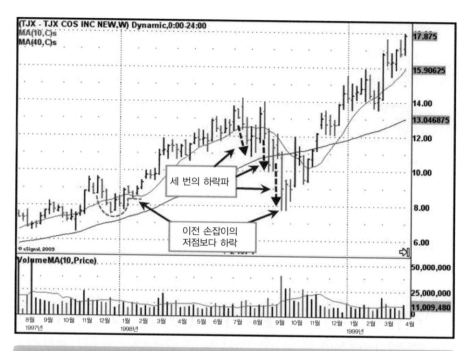

그림 9.7 │ 1998년 TJX 컴퍼니(TJX) 주간차트. 오닐은 세 번째 하락파의 바닥에서 매수하는 투자방식을 소개했다(자료제공: 이시그널, 2010년).

었다는 사실을 알고 있었다.

　1998년 2월 필자들의 투자 다이어리에 언급된 오닐의 설명은 TJX 컴퍼니를 추천한 배경을 이해하는 데 도움을 준다. "소비재(즉 소매업체의 주식)에 주목할 때다. 지난 4~5년간은 기술 관련 종목이 매력적이었고, 주가도 크게 상승했다. 반면, 월마트Wal-Mart나 홈 디포Home Depot 같은 소매업체 종목들은 그저 버티는 수준이었다. 오닐은 전반적인 경제와 베이비부머 세대들의 소비 덕분에 주도주가 바뀌고 있으며, 소비재 종목이 1990년대 초반처럼 빠르게 상승할 거라고 예측하고 있다. 그런데 찰스슈왑, 메릴린치, 모건 스탠리 같은 투자기업들도 소매기업으로 포함된다. 교육 수준이 높은 베이비부머들이 금융생활의 중요성에 눈뜨면서 투자회사를 찾고 있기 때문이다. 이 때문에 투자기업들도 일종의 소비재의 성격을 띠게 되었다. 인터넷주식도 요즘에는 일종의 소비재 종목으로 볼 수 있는데, 이들의 주가상승이 소비재 종목의 주가상승 가능성을 더욱 확실하게 보여준다."

오닐이 TJX 종목을 기관투자가들에게 추천하자 한바탕 소동이 일어났고, 제정신이 아닌 것 같다는 말을 듣기도 했다. 하지만 오닐은 개의치 않고 "주가가 바닥이니까 무조건 매수하라는 것 같이 들릴 수도 있다. 하지만 TJX는 할인 소매기업 중 최고다. 게다가 세 번째 하락파wave down에서 주가가 50%나 조정을 받았다. 하락파가 세 번이나 있었기 때문에 매도해야 할 것 같지만, 주가가 1998년 1월 형성된 손잡이가 달린 컵 형 패턴의 손잡이 부근보다 더 하락했으므로 바닥이라고 보는 게 논리적이다. 약세장에서는 좋은 종목도 이전 저점까지 하락하곤 한다"고 설명했다.

그림 9.7에서 보듯이, 오닐은 당시 정신이 나가기는커녕 멀쩡했다. TJX의 주가는 상승하기 시작했고, 오닐이 추천했던 시점에 비해 2배나 올랐다. 당시 사건이 중요한 이유는 두 가지다. 첫째는 오닐의 예상이 정확하게 들어맞았기 때문이고, 둘째는 주식을 바닥에서 매수하는 투자방식을 소개했기 때문이다. 대부분의 기관투자가들은 주가가 하락하면 주식을 매수하곤 했다. 주도주가 저점을 형성하면, 바닥에서 지지를 확인할 수 있다는 개념을 처음 개발해낸 사람이 누구라고 생각하는가?

: 기관고객을 통해 통찰력을 얻는다

시장이 어렵거나 불안할 때면 오닐과 거대 기관고객들은 곧잘 회의를 갖곤 한다. 그 중 하나가 보스턴에 본사를 두고 있는 피델리티 매니지먼트 앤 리서치 Fidelity Management & Research로, 오닐에게 처음 돈을 맡긴 기관고객이기도 하다. 오닐은 아직도 그때 이야기를 즐겨하곤 한다. 당시 헤이든 스톤에서 일하는 고작 26세의 주식중개인이었던 오닐은 당시 '피델리티 펀드Fidelity Fund'라는 이름으로 불렸던 피델리티 매니지먼트 앤 리서치의 투자매니저 제리 차이Jerry Tsai에게 전화를 걸어 투자 아이디어를 제공하기 시작했다고 한다. 일은 잘 풀렸고, 차이는 오닐에게 당시로는 엄청난 규모인 5,000주를 맡기기로 했다. 물론 헤이든 스톤에게도 엄청난 투자 수수료를 벌 수 있는 기회였다. 오닐은 자신보다 경력이 많은 중견 중개인이 투자를 맡을 것이라고 생각해, 판매 담당자에 피델리티의 주문 내용을 보고했다. 헤이든 스톤으로는 거절할 이유가 전혀 없는 기회였다. 그래서 판매 담당자는 오닐에게 주문을 행사하기 위해 접수를 하라고 했다. 그런데 헤이든 스톤에서는 약간의 소동이 일어났다. 피델리티의 차이 매니저가 오닐이 주문을 직접 담당하고 수수료도 받아야 한다고 고집했기 때문이다. 주문을 성사시킨 이유가 오닐의 아이디어 덕분이었다는 사실을 감안하면 당연한 일이다.

필자들은 윌리엄오닐컴퍼니에 입사하기 전인 1995년에 《인베스터즈 비즈니스 데일리》에서 주최한 워크숍에 참여했다. 당시 오닐은 청중 앞에서 두 손을 약 60센티미터 정도 벌리더니 "우리는 피델리티에 매주 이 정도 되는 분량의 리서치 자료를 제공하고 있습니다"라고 설명했다. 그는 거대 기관고객들 사이에서 평이 아주 좋기 때문에 1,000억 달러가 넘는 투자 자산을 관리하는 펀드매니저를 만나는 일이 다반사다. 그때마다 오닐은 땅딸막한 펀드매니저에게 투자를 집중하고 있는 종목과 자신의 투자 아이디어를 설명한다. 그런데 이때가 오닐에게는 당면한 도전과제와 목표에 관련해 기관고객들의 생각과 사고방식을 이해할 수 있는 기회이기도 하다. 1998년 10월에 투자자산 1,000억 달러를 운용하고 있던 펀드매니저와 만났을 때를 예로 들 수 있다. 오닐은 그 정도의 투자자산이라면 단 3%만 매도하는 데에도 3개월에서 6개월이 소요된다는 점에 주목했다. 또 펀드 수익률이 S&P500지수를 기준으로 평가되는 경우, 해당 지수에서 상당부분을 차지하는 마이크로소프트^{Microsoft(MSFT)}같은 종목에 투자를 집중하고, 또 더욱 매수하고 싶은 충동에 빠질 수 있다는 점을 지적했다. 이는 다시 해당 주식의 주가를 더욱 상승시키는 결과로 이어진다.

: 월스트리트에 반대하기

1998년 12월까지는 상승장이었다. 12월 2일에 발표된 보고서에서 한 유명 시장전문가는 변동폭을 기준으로 신고가가 아직 확인되지 않았고, 30개 다우 종목 중 단 6개만 신고가를 기록했다면서 시장의 랠리가 오랫동안 지속되지는 않을 것이라고 예측했다. 또한 전체 시장이 다우 지수의 상승을 따라잡지 못하고 있고, 미국시장과 달리 유럽시장이 상승하지 못하고 있는 점을 지적하면서 주가가 10월 기록한 바닥까지 하락할지 모른다고 설명했다. 오닐은 신고가를 확인하기 위해서는 변동폭에 의존하지 않아야 하고, 유럽시장은 좌파적인 경제정책의 악영향을 겪고 있기 때문에 미국시장과의 연관성이 떨어진다고 주장했다. 게다가 다우존스에 편입된 종목이 시장을 주도해오지 않았으므로(그림 9.8 참조), 다우 지수와는 상관이 없다고 설명했다. 그보다는 연방준비위원회의 금리 인하에 더 주목했고, 그에 따라 윌리엄오닐컴퍼니의 투자전략을 짜나갔다.

오닐은 월스트리트가 다우 지수와 변동폭에 과도하게 집착하는 이유를 이해하지 못했다. 그래서 전화통화 중 정확한 자신의 의견을 피력하느라 언성을 높일 때도 있었다. 오닐은 시장의 향방을 점치기 위해서는 주도적인 시장지수를 주목해야 한다고 생각했고, 당시에는 나스닥 지수가 다우 지수를 압도했다(그림 9.8과 9.9 참조). 해당 차트에 상승선 및 하락선을 표시하시는 않았지만 확실히 변동폭은 바닥을 벗어나고 있었다. 즉 변동폭이 크게 개선되고 있는 상태였다. 다우 지수에 대해서도 오닐의 의견은 달랐다. 강세장이라면 인터넷관련 주식이 크게

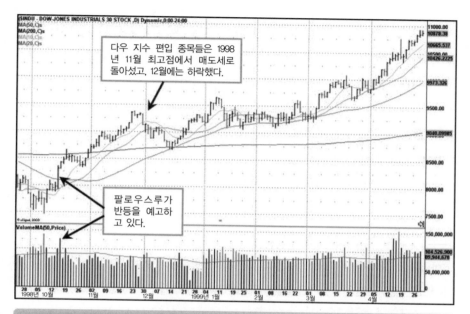

다우 지수 편입 종목들은 1998
년 11월 최고점에서 매도세로
돌아섰고, 12월에는 하락했다.

팔로우스루가
반등을 예고하
고 있다.

그림 9.8 │ 다우 지수는 뒤처지고 있었다(자료제공: 이시그널, 2010년).

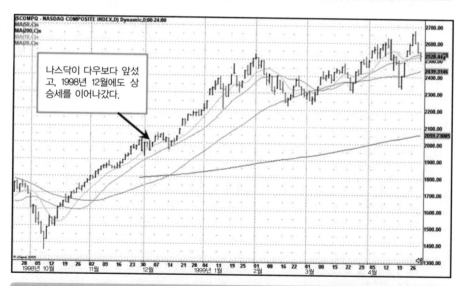

나스닥이 다우보다 앞섰
고, 1998년 12월에도 상
승세를 이어나갔다.

그림 9.9 │ 나스닥 지수는 시장을 선도하고 있었다(자료제공: 이시그널, 2010년).

상승하고 휴대전화 관련주는 맥을 못추고 있을 새로운 시장에서 뜬금없이 '구 경제'를 대표하는 다우 지수 30개 종목을 들먹이는 건 전혀 말이 안 된다고 생각했다. 그래서 오닐은 문제의 전문가가 경제의 깊이를 과소평가하고 있다고 생각했다. 언제나처럼 시장을 바라보는 오닐의 관점은 확신에 차 있었다. 그는 알 수 없는 강한 기류가 꿈틀거리고 있다고 판단했고, 시장이 강력한 힘과 강도로 바닥을 벗어나 추세를 형성하는 것이 그 증거라고 생각했다. 나중에서야 알게 되었지만, 이것이 바로 1999년 닷컴버블의 시작이었다. 나스닥이 기어를 바꾸어 넣고 크게 상승할 준비를 하는 중이었고, 대형주들로 구성된 '구 경제'의 S&P500과 다우존스 산업지수는 빠르게 뒤처지고 있었다.

1998년 10~12월까지는 이례적으로 차트가 깊게 형성되었다가 주가상승으로 이어지곤 했다. 하지만, 바로 직전 단 6주 만에 주가가 20%나 하락했기 때문에 조정과 변동성이 나타나는 건 당연했다. 게다가 과거 주식시장에서도 차트, 그 중에서도 손잡이 부분의 차트가 들쭉날쭉하게 형성된 예가 있다. 그 중 하나가 지금은 오라클에 인수된 피플소프트^{Peoplesoft}(PSFT)의 1994년 차트다(그림 9.10 참조). PSFT는 당시 작은 저점 여러 개로 구성된 거대한 크기의 저점을 형성했다. 부적

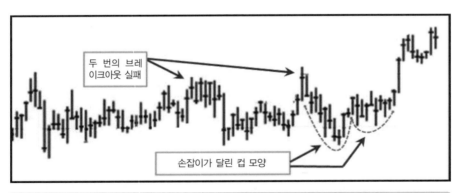

그림 9.10 | 1994년 피플소프트(PSFT) 주간차트. 전통적인 시각에서 보면 피플소프트의 세 번째 저점은 손잡이가 달린 컵 모양 패턴이지만 손잡이 부분이 들쭉날쭉했다 (자료제공: 이시그널, 2010년).

절한 모양의 작은 저점이 형성되고, 브레이크아웃에 실패하는 사례가 두 번이나 발생했다. 세 번째는 이전에 형성된 두 개 저점보다 건설적이었지만 손잡이가 달린 컵 모양 패턴의 손잡이 부분이 깊게 형성돼 좋아보이지는 않았다. 하지만 세 번째 저점에서 시작된 브레이크아웃은 성공적이어서 주가는 그 이후 크게 상승했다. 1998년에는 그림 9.11의 아메리카온라인AOL, 찰스슈왑SCHW, 선마이크로시스템즈Sun Microsystems(1998년에는 SUNW, 현재는 JAVA)가 비슷하게 들쭉날쭉한 차트를 형성했다. 처음엔 오닐도 반신반의했다. 하지만 1998년 12월 상당수의 종목들이 브레이크아웃에 성공하자, 이들 차트에서 나타나는 과장된 주가 범위는 단 6주만에 20%나 조정을 겪었기 때문이라는 확신을 갖게 되었다.

PSFT는 '삼세번의 법칙Rule of Three'을 보여주는 사례였다. 삼세번의 법칙이란 거대한 저점을 형성하는 작은 크기의 저점에서 브레이크아웃이 두 번 실패했다

그림 9.11 | 찰스슈왑(SCHW). 들쭉날쭉한 손잡이가 달린 컵 모양 차트가 형성되었고, 삼세번의 법칙을 증명이나 하듯이 세 번째 브레이크아웃 시도가 성공했다 (자료제공: 이시그널, 2010년).

면 세 번째는 성공한다는 법칙이다. 오닐은 삼세번의 법칙을 믿었다. 브레이크아웃이 두 번이나 실패한 만큼 대다수의 투자자들은 세 번째 브레이크아웃에서도 실패를 예상하기 쉽다. 하지만 언제나 투자자를 골탕 먹이는 시장의 특성대로 세 번째는 주가상승으로 이어지곤 한다. 1998년 10월 찰스슈왑도 역시 비슷한 패턴을 형성했다. 세 번째로 손잡이가 달린 컵 모양 패턴이 나타났고, 이때 주가는 브레이크아웃에 성공해 상승하기 시작했다. 손잡이 부분의 모양이 V로 형성되었던 이유는 주식시장이 급격한 조정을 겪고 있던 탓이었다.

따라서 저점의 모양에 너무 집착하지 말고 전체 시장의 맥락에서 저점을 이해하는 것이 중요하다. 변동성이 큰 장세에서는 개별적인 종목들도 과장되거나 들쭉날쭉한 모양의 차트를 형성할 가능성이 높다.

1999~2000년

눈썰미가 좋은 독자들은 8장 앞부분에서 소개한 1999년 퀄컴QCOM 차트와(그림 8.1 참조) 그림 9.10의 PSFT 및 그림 9.11의 SCHW 차트가 매우 유사하다는 사실을 눈치챘을 것이다. 그림 9.12의 AMZN 역시 삼세번의 법칙이 적용되는 차트를 형성했다. 거대한 저점이 형성되었고, 두 번의 브레이크아웃은 주가를 약간 상승시키기는 했지만 전반적으로 실패했다. 마지막으로 세 번째 저점은 손잡이가 달린 컵 모양의 패턴을 형성했고, 결국 큰 주가상승으로 이어졌다. 대부분의 투자자들은 AMZN이 세 번째 브레이크아웃에서도 실패할 것이라고 생각했고, 언제나 그렇듯이 시장은 투자자들을 보기 좋게 속였다. AMZN의 주가는 2009년 9월 말 손잡이가 달린 컵 모양 저점의 상단을 돌파한 후, 10주 혹은 50일 이동평균선을 한 번도 깨지 않으면서 100달러를 돌파했고, 그 이후로 단 한 번도 100달

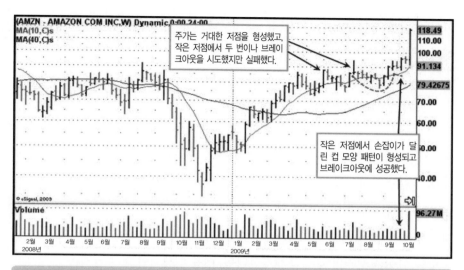

그림 9.12 | 2009년 아마존(AMZN) 주간차트. 2009년 9월 브레이크아웃에서 삼세번의 법칙이 작용했다 (자료제공: 이시그널, 2010년).

러 이하로 떨어지지 않았다.

1994년 PSFT의 선례는 들쭉날쭉한 저점을 분간하는데 도움이 되었고, AOL과 SCHW의 주가는 고공행진을 시작했다. 1999년 3월 16일, 우리는 과거 선례 및 SCHW의 수익성장, 향후 수익 예측, 잠재적 P/E 증가를 분석해 주가목표를 정했다. 당시 SCHW의 주가는 액면분할 기준으로 90달러였는데, 오닐은 140달러까지 상승할 것으로 예측했다. 한편 대부분의 기관투자가들은 SCHW의 주가가 너무 빨리 너무 크게 상승했다며 믿지 않았다. 압도적인 상승추세로 주가가 너무 높아졌기 때문에 앞으로 더 이상은 상승하지 않을 거라는 부정적인 오해가 작용하고 있었다. 이때 SCHW의 주가는 약 4개월 만에 액면분할 기준으로 28달러에서 거의 90달러까지 상승한 상태였다. 오닐은 1979년 주가가 크게 상승한 쿼트론 시스템즈Quotron Systems가 SCHW와 비슷한 저점을 형성했다는 점에 주목했고, 상승강도를 고려해 주가가 140달러까지 상승할 것이라고 예측했다. 실제 주가는 오닐의 목표보다도 약간 더 높은 155달러까지 상승한 후에야 천정을 형성했다.

: 과거의 선례 활용

오닐이 주도주의 주가상승을 예측할 때 사용하는 기술 중 하나는 과거의 선례를 활용해 주가목표를 세우는 것이다. 오닐은 차트가 기본적으로 투자자의 심리를 나타내는 지도이고, 인간의 심리는 변하지 않기 때문에 차트를 언제나 유용하게 활용할 수 있다고 믿고 있다. 같은 이유로 자신이 투자한 종목이 과거의 주도주와 비슷한 성격의 차트를 형성한다면, 이를 역사적인 선례로 삼아 지침으로 활용한다. 실제, 1979년 퀘트론 시스템즈과 비슷한 차트를 형성한 SCHW는 비슷한 주가 행보를 보였다.

오닐은 시장을 움직이는 힘이 거대 기관투자가들이라는 사실을 알고 있었다. 펀드매니저들은 대부분 생각이 비슷하고, 따라서 이들이 매매하는 종목의 차트에는 이들의 심리가 반영된다. 기관투자가들의 지원을 좇던 오닐은 주가가 상승하다가 보합세를 형성할 때는 지금까지의 상승분을 소화하기 위해 저점 형태를 만들면서 5주 이상 하락한다는 것을 발견해냈다. 매집을 멈추는 기관투자가도 있고, 투자 포지션 중 일부를 정리하는 기관투자가들도 생겨나기 때문이다. 기관투자가들은 주가가 과대평가되었다는 생각이 들거나, 혹은 빠른 주가상승 때문에 전체 포트폴리오에서 너무 많은 부분을 할애하게 되면 투자 포지션을 조정한다. 예를 들어, A라는 펀드매니저가 특정 종목에 2% 이상 투자하지 않는다고 가정해보자. 그런데 XYZ 종목에 2%를 투자했는데 주가가 2배가 되었다면 전체 포트폴리오 중 4%를 차지하게 된다. 그러면 펀드매니저는 포트폴리오의 균형을 맞추기 위해 투자 포지션을 2%로 조정한다. 이때 주가는 보합세를 겪게 되고, 해당 종목에 관심이 있는 다른 기관투자가는 주가하락을 기회로 삼아 매집에 나선다. 그래서 오닐의 투자 규칙 중 하나는 5주 이상 저점을 형성하던 종목이 6주째혹은 그 이후에 전저점 근처까지 혹은 저점보다 더 떨어지면 매수하는 것이다.또 5주 이상 저점이 형성된 후, 50일 혹은 10주 이동평균선을 기준으로 매수하기도 한다. 중요한 지지선이기 때문이다.

1999년 4월 말 오닐은 시장에 대해 의구심을 갖기 시작했다. 당시 다우 지수가 11,000포인트 선을 뚫고 상승을 시도하면서 시장은 조금씩 힘겹게 상승하고있었다. 다우가 11,000포인트에 접근할수록 거래량이 늘고 분산이 출현했기 때문에 불안정해 보였다. 특히 주도주의 변화가 심상치 않았다. 당시 필자들의 투자 다이어리에 적힌 내용을 보면 "모두는 아닐지라도 대부분의 주도주들이 분산과 조정을 겪는 게 문제다. 심지어 지속적이고 안정적인 소매업 주식들도 심각한 타격을 받고 있다"라는 오닐의 말이 적혀 있다. 홈 디포^{HD}의 주간차트(그림9.13 참조)를 보고, 오닐은 재빨리 문제점을 파악했다. "1998년 초 주가가 20달러선 근처에서 브레이크아웃을 시도해 25~30달러까지 상승했다. 그리고 1998년여름과 가을에는 크고 느슨한 저점이 형성되었다. 10월에 다시 한번 저점을 돌파하긴 했지만 주가는 40달러 선까지 상승한 후 35~40달러 근처에서 다시 한번저점을 만들었다. 두 번째 저점이 형성되기 전 주가가 하락한 기간이 고작 2주에불과한 점이 문제다. 마음 약한 투자자들을 모두 솎아내기 위해서는 4주 혹은 5주 이상 조정을 받아야 한다. 브레이크아웃 전 3주 동안은 주가가 약간 상승했다."

필자의 주: 오닐은 제자들의 재능을 개발해내는 데 뛰어난 스승이다. 그는 우리에게 전화를 걸어 시장에 대해 실시간으로 토론하면서 일종의 '짧은 수업'을진행하곤 했다. 시장에서 실시간으로 일어나는 사건은 오닐이 책과 워크숍에서

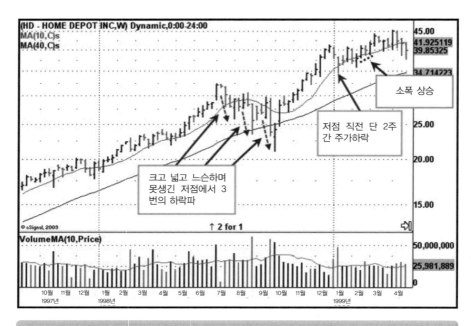

(HD - HOME DEPOT INC,W) Dynamic,0:00-24:00
MA(10,C)s
MA(40,C)s

45.00
41.925119
39.85325
34.714223

소폭 상승

저점 직전 단 2주
간 주가하락

25.00

크고 넓고 느슨하며
못생긴 저점에서 3
번의 하락파

20.00

15.00

© eSignal, 2003

↑ 2 for 1

VolumeMA(10,Price)

50,000,000

25,981,889

0

10월 11월 12월 1월 2월 3월 4월 5월 6월 7월 8월 9월 10월 11월 12월 1월 2월 3월 4월
1997년   1998년   1999년

그림 9.13 | 1998~1999년 홈 디포(HD) 주간차트 (자료제공: 이시그널, 2010년).

가르친 수많은 개념들을 보여주었다. 덕분에 우리는 오닐에게 실시간으로 1대1 가르침을 받는 혜택을 누릴 수 있었다.

완전한 저점을 이해하기 위해서 매우 중요한 개념이다. 오닐은 HD처럼 불완전한 저점에서 브레이크아웃이 실패했을 때를 우려했다. 전체 시장의 측면에서도 좋지 않은 신호였다. 게다가 그림 9.7의 TJX컴퍼니^{TJX} 차트에서와 마찬가지로 3번의 하락파가 나타난 점을 주목해야 한다. 1999년 초에 HD가 저점을 형성하기 전 주가가 하락한 기간이 고작 2주밖에 되지 않으며, 그 이후에는 다시 상승하기 시작한 점도 문제가 있었다. 2월 말 브레이크아웃에서 HD의 주가는 하락은커녕 오히려 저점을 따라 3주간 조금씩 상승했다. 그리고 거래량은 적은 편이었다. 일반적으로 저점을 빠져나가기 전에는 주가는 약간 하락하면서 거래량이 말라버려야 한다. 이처럼 불완전한 저점을 형성했던 HD는 1999년 4월부터 하락하기 시작했다.

: 1999년 – 까다로운 시장!?!

1999년 내내 시장은 느리고 들쭉날쭉하며 힘겹게 조금씩 상승세를 이어갔다. 신고가를 경신한 후 다시 하락하기를 몇 번이나 반복했다. 그때마다 약세장 혹은 강세장을 형성하는 합리적인 이유가 있었다. 이렇게 주가가 상승과 하락을 거듭하는 동안에도 일부 종목은 건설적인 저점을 돌파해 상승하고 또다시 저점을 형성하고 브레이크아웃하면서 주가를 상승시켜 나갔다. 1999년 말, 이들 종목의 대부분은 느리고 간헐적인 움직임을 보이면서 계단식 상승을 하고 있었다. 그해 봄까지만 해도 누구도 예상하지 못했던 일이었다.

5월 20일 오닐은 주도주로 부상하던 브로드컴Broadcom(BRCM)과 큐로직Qlogic(QLGC)에 대해 이야기를 나누고, BRCM의 예상 주가를 되짚어보기 위해 필자들에게 전화를 걸었다. 그는 주가가 상승하는 과정에서 PER와 관련 정보를 활용해 주가목표를 세우는 방법에 대해 자주 이야기하곤 했다. 앞에서 1979년 쿼트론 시스템즈의 선례를 활용해 비슷한 차트 패턴을 형성하던 SCHW의 목표주가를 예측했던 일을 소개했다. 또 다른 방법은 이보다도 더 간단하다. 그림 9.14의 BRCM 차트를 놓고 오닐은 이렇게 설명했다(그림 9.14는 액면분할이 적용되지 않은 차트다. 액면분할을 적용한 오닐의 설명은 차트의 금액보다 3배가 크다. 차트의 금액은 괄호 안에 표시되었다). "만약 BRCM에 투자해 적절하게 투자 포지션을 늘려왔다면, 이제는 주가목표를 정해야 한다. 매수 후의 관리는 쉽지 않다. 오히려 주도주를 선별해 매수하기까지가 더 쉽곤 하다. 두 가지 방법 중 먼저 하나를 적용해보자. 1998년 7월부터 9월까지 형성된 저점을 보면, 주가가 40달러(13.33달러)에서 저점을 돌파

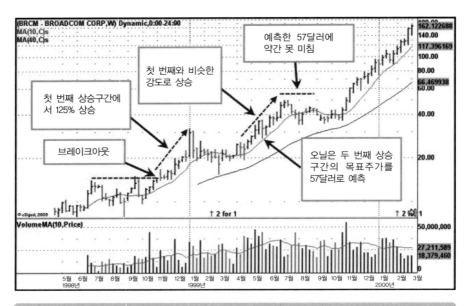

첫 번째 상승구간에서 125% 상승

브레이크아웃

첫 번째와 비슷한 강도로 상승

예측한 57달러에 약간 못 미침

오닐은 두 번째 상승 구간의 목표주가를 57달러로 예측

그림 9.14 | 1998~1999년 브로드컴(BRCM) 주간차트. 첫 번째 상승구간을 측정해 그 다음 주가상승을 가늠한다 (자료제공: 이시그널, 2010년).

해 90달러(30달러)까지 125% 상승한 것을 확인할 수 있다. BRCM의 가장 최근 브레이크아웃은 77달러(25.67달러)에서 이루어졌으며, 1999년 1월부터 4월까지 형성된 저점을 돌파하면서 이루어졌다. 첫 번째 브레이크아웃과 같은 추세라면 주가는 173달러(57.66달러)까지 상승할 것이다. 또 주목할 것은 주가가 40달러(13.33달러)에서 90달러(30달러)까지 상승하는 데 11주가 걸렸다는 점이다. 따라서 77달러(25.67달러)에서부터도 비슷한 기간 동안 비슷한 수준으로 주가가 상승해야 한다. 예를 들어, 단 5주 만에 57.60달러까지 주가가 올랐다면, 매도해서는 안 된다. 주가상승 속도가 엄청나고, 또 5~7주 내에 주가상승이 멈출 가능성이 없는 주도주라는 의미이기 때문이다. 중요한 것은 주가상승 속도가 반드시 이전의 상승속도와 비슷해야 한다는 점이다. 그렇다면 BRCM은 기관투자가들의 지원을 받는 주도주이며, 잠깐 주가가 상승했다가 폭락해 반짝하면서 사라지는 종목이 아니다. 실제 반짝하고 사라지는 주식들도 있지만 기관투자가들의 지원을 받는 주도주들은 다르다."

그 다음 오닐은 앞에서처럼 과거의 선례를 적용하는 방법으로 다시 주가를 예측했다. 오닐은 1880년대까지 시장 사이클에서 주가가 크게 상승한 주도주들을 모아 놓은 모델북을 활용해 과거의 비슷한 선례를 찾아 실시간으로 적용하곤 했다. 오닐은 "또 다른 방법은 모델북에서 비슷한 주도주를 찾아 잠재적인 주가 상승을 측정하는 것이다. BRCM이 77달러(25.67달러)에서 저점을 돌파하고 단 5주만에 33%나 주가가 상승했으므로, 비슷한 속도로 상승한 예를 찾도록 하자. 단 2순위를 골라서는 안 된다. 비슷한 저점을 형성하고 돌파한 최고의 주도주를 골라야 한다. 과거의 선례는 지금의 종목과 산업적 특성이 유사할 가능성은 있지만, 반드시 꼭 그런 것만은 아니다"라고 설명했다.

6월 6일, 오닐은 시장이 천정을 형성하고 있다고 판단하고, 약세장으로 진입하고 있지는 않은지를 관찰하기 시작했다. 그래서 시장상황이 자신이 판단한대로 움직이고 있는지 다시 점검하면서, "지난 4월 SCHW와 AOL이 천정을 형성했고, 시장도 마찬가지였다는 점을 주목해야 한다. 당시 다우 지수는 상승하기 시작했는데, 시장의 사이클에서 매수세가 유입되는 순서였기 때문이다. 시장은 아마 다음 두 가지 방식으로 천정을 형성하게 될 것이다. 첫째, 공매도가 늘어 다우 지수가 하락해 분산이 발생하면, 다시 매수가 시작되어 신고가를 경신할 것이다. 하지만 곧 하락세로 돌아서 천정이 형성될 것이다. 둘째, 주도주들은 분산되는 반면, 다른 지수는 계속 상승해 투자자들을 속일 것이다. 덕분에 시장이 실제 천정을 형성하고 있다는 사실이 잘 보이지 않게 된다"고 설명했다. 그림 9.15를 보면 약세장의 신호가 속속 나타나다가 6월 중순 지수가 안정되더니 신고가를 향해 반등한 것을 확인할 수 있다.

그림 9.15 │ 1999년 나스닥 종합지수 일간차트 (자료제공: 이시그널, 2010년).

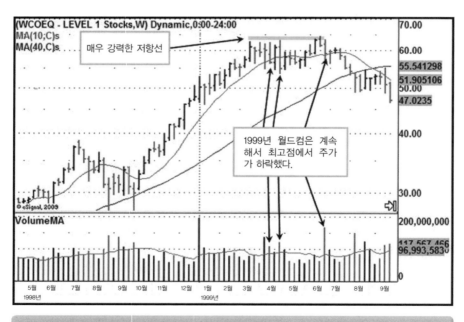

그림 9.16 │ 1998~1999년 월드컴(WCOEQ) 주간차트. 월드컴의 경우 최소저항선이 아니라 강력한 저항선이 존재했다 (자료제공: 이시그널, 2010년).

1장에서도 언급했듯이, IT붐으로 알려진 1999년에는 어려운 장이 오랫동안 지속되다가 연말이 되어서야 주가가 포물선을 그리기 시작했다. 또 다양한 혼선이 생겨 투자자들이 시장에서 낭패를 보는 경우도 많았다. 당시 필자들은 월드컴WorldCom, Inc. 주식을 다량으로 매수하려 했다. 2002년 약세장이 한창일 때 월드컴은 파산했고, CEO였던 버니 에버스Bernie Ebbers는 감옥에 갇히는 등 오명을 뒤집어쓰게 되었는데, 실은 1999년 6월부터 그 징후가 나타나고 있었다. 당시 필자들은 월드컴을 매수하려던 중에 주가가 하락하고 있다는 사실을 발견했다(그림 9.16 참조). 오닐은 매수중에 주가가 하락하는 종목에 크게 투자해서는 안 된다고 말하곤 했다. 수천 주를 매수하는 것도 쉽지 않아야 바람직한데, 월드컴의 경우 필자들이 매수주문을 낼 때마다 누군가가 적정 수준의 주식을 매도했고, 결국 주가가 조금씩 하락하고 있었다. 그래서 우리는 30분 만에 매도주문을 내버렸다. 하지만 주가는 이미 0.5포인트 하락한 뒤였고, 우리는 아예 모든 투자 포지션을 정리해버렸다. 몇 시간 후 오닐이 전화를 걸어 월드컴에 대한 이야기를 물었다. 우리는 매수주문을 내고 있는 와중에 주가가 지속적으로 하락하고 있어서, 모두 매도해버렸다고 설명했다. 아마도 월드컴이 미 연방거래위원회Federal Trust Commission가 조사하고 있는 해저 광케이블 기업들 중 하나라는 사실이 악재로 작용하고 있는 것 같다는 결론을 내렸다. 오닐은 필자들의 의견과 생각이 달랐다. 월드컴이 저점을 돌파하려고 할 때마다 매도세가 유입돼 돌파에 실패하고 있다면서 "어떤 대형 투자자가 주식을 매도하고 있기 때문이겠지. 그런데 그 이유가 뭘까?"라며 궁금해 했다.

　우리는 2002년에서야 이 질문에 대한 확실한 답을 얻을 수 있었다. 하지만 1999년 말에도 주가와 거래량의 변화를 보고 무언가 잘못되고 있다는 힌트는 얻을 수 있었다. 오닐의 '5만 주 법칙50,000 share rule'을 지킨 덕분에 필자들은 운이 좋게 미리 월드컴에 대한 투자 포지션을 정리할 수 있었다. '5만 주 법칙'이란 5만

주 이상 매수하려면 쉽지 않은 좋은 주식에만 투자하라는 의미다. 최소저항선에 대한 오닐의 생각이 잘 드러난 조언인데, 1999년 월드컴은 최소저항선이 아니라 강력한 저항선에 막혀 신고가 경신에 실패했다.

: "저것 봐, 빌리 오의 주문이야!"

오닐의 이론을 활용하는 많은 투자자들이 오르막모양 차트에 대해서는 다들 알고 있다. 하지만 오르막 차트가 상당히 들쭉날쭉하게 이어진다는 사실은 잘 모르는 경우가 많다. 오르막모양 패턴은 주가가 9~18주간에 걸쳐 전반적인 상승세를 타면서 3번 가파르게 하락하고, 그때마다 바닥이 조금씩 높아진다. HD의 오르막 패턴은 1998년 2분기에 형성되었다(그림 9.17 참조). 오닐은 당시 HD에

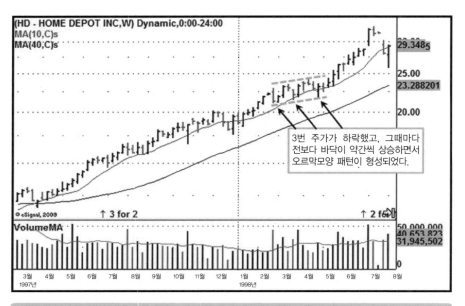

그림 9.17 | 1998년 홈 디포(HD) 주간차트. HD는 1998년 중반 주가가 크게 상승하기 전 오르막모양 차트를 형성했다(자료제공: 이시그널, 2010년).

상당한 돈을 투자하고 있어서 필자들은 뉴욕증권거래소 거래장에 가보곤 했다. 오닐은 당시 뉴욕거래소에 좌석을 한 개 보유하고 있었고, 나머지 하나는 대여 중이었다. 언젠가 오닐은 자신이 고용한 비즈니스 컨설턴트가 좌석 중 하나를 팔아버리고, 하나는 계속 대여를 하라고 제안했다면서 투덜거렸다. 얼마 지나지 않아 증권거래소의 좌석은 가격이 크게 올라, 이후 오닐은 모든 컨설턴트를 믿지 않게 되었다.

당시 오닐의 중개인이던 루이 술센티Louie Sulsenti와 거래장을 돌아보는 일은 언제나 재미있으면서도 유익한 경험이었다. 뉴욕증권거래소 회원 기업의 주문을 뜻하는 'G'를 외치며 HD 매수주문을 내던 루이의 모습이 아직도 기억 속에 생생하다. 루이가 기둥에 올라 "HD 5만 주, G!"라고 소리치면, HD 전문가들은 눈동자를 굴리면서 "오닐은 HD를 더 사는 거야? 그럼 HD 주가가 더 오른단 말이야?!?"라면서 거래소에서 오닐의 강력한 영향력을 몸소 보여주곤 했다. 객장에 있던 HD 공매도 투자자들도 오닐의 주문을 보면서 "저것 봐, 빌리 오의 주문이야! 빌리 오의 주문이라고!"라며 서로에게 알리느라 바빴다. 거래소에서 오닐의 명성은 물론 뛰어난 투자능력 때문이기도 했지만, 인간적인 부분도 무시할 수는 없었다. 우리가 '밥Bob'이라고 부르는 한 주식중개인이 있었다. 어느 주말 밥은 자신의 집 지붕을 수리하다 떨어져 심각한 부상을 입었고 허리 아래가 마비되는 사고를 당했다. 오닐은 밥을 캘리포니아로 데려와 로스앤젤레스에 있는 본사에 일자리를 마련해주는 등 신경을 써주었다. 그래서 우리가 뉴욕증권거래소를 방문할 때면 언제나 밥에 대한 안부를 묻는 사람들이 있었다. 거래소 직원들은 모두 한가족이나 마찬가지였기 때문에, 오닐의 마음씀씀이를 다들 알고 있었다. 덕분에 오닐에 대한 증권거래소 사람들의 존경심은 더욱 커졌다.

HD가 오르막모양의 패턴을 돌파하자(그림 9.17 참조), 오닐은 HD 주식을 정신 없이 매수했다. 매우 강력한 매수 패턴이었고, 오닐은 당연히 이 사실을 알고 있었다. 물론 오닐이 뉴욕증권거래소에서 G주문으로 HD를 매수한 후에 주가는 더욱 상승했다. 게다가 HD 전문가들도 오닐의 지속적인 매수를 보면서 주식을 매도하려 들지 않았을 것이고, 매도를 하다가도 다시 매수로 돌아섰을 것이다.

: 지루해 보이지만 전혀 지루하지 않은 저점

오닐은 오르막모양과 비슷하게 생긴 또 다른 패턴에 대해 언급하곤 했다. 이 패턴은 이전의 저점 상단 부근에서 또 다른 저점이 형성되면서, 전체적으로 세 개의 저점이 형성되기 때문에 HD의 오르막모양 차트보다 덜 들쭉날쭉해 보인다는 것이다. 브레이크아웃 후 주가는 약간 상승해 작은 저점을 만들고, 또 다시 브레이크아웃으로 상승해 또 다른 저점을 만들기 때문에, 전반적으로 주가는 거의 상승하지 않는 것처럼 보인다. 그래서 투자자들이 앞으로 주가가 상승하지 않을 거라고 생각하게 된다. 하지만 오닐은 "지루하고, 주가가 상승하지 않을 것 같다가 갑자기 상승하는 패턴이다. 주의 깊게 살펴야 한다"고 설명했다.

1999년 말 닷컴버블과 함께 기업 간 전자상거래가 크게 성장했는데, 관련업종인 아리바Ariba, Inc.(ARBA)가 바로 오닐이 말하는 지루한 듯 보이면서 전혀 지루하지 않은 패턴을 형성했다. 세 개의 저점이 계단 모양으로 만들어졌고, 각 저점은 3~4주간 지속되어 평평한 모양flat base 패턴으로 보기에는 부족했다. 평평한 모양의 저점은 5주 이상 지속되기 때문이다(그림 9.18 참조). 1999년 8월부터 11월까지 ARBA의 주가는 천천히 상승하다가, 갑자기 상승하기 시작해 2000년 3월까지 3배나 올랐다.

기본적으로 이런 패턴은 상승여력이 있기 때문에 나타난다. 꼬불꼬불한 코일처럼 주가가 압축되어 있다가 스프링처럼 위로 솟아오를 준비를 하는 것이다. 하지만 이에 관한 지식이 없어 주의 깊게 살펴보지 않으면, 겉보기엔 전혀 상승

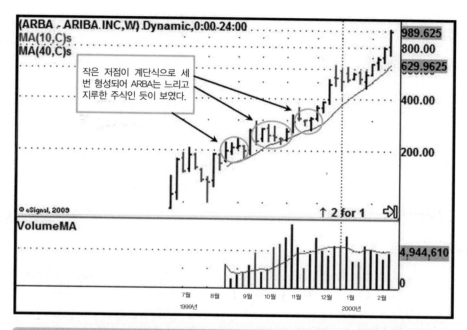

(ARBA - ARIBA.INC,W) Dynamic,0:00-24:00
MA(10,C)s
MA(40,C)s

작은 저점이 계단식으로 세 번 형성되어 ARBA는 느리고 지루한 주식인 듯이 보였다.

989.625
800.00
629.9625
400.00
200.00

© eSignal, 2009

↑ 2 for 1

VolumeMA

4,944,610
0

7월 8월 9월 10월 11월 12월 1월 2월
1999년   2000년

그림 9.18 ㅣ 1999~2000년 아리바(ARBA) 주간차트. 지루한 듯이 보이는 작은 저점들이 계단식으로 형성되다가 갑작스러운 주가상승으로 이어졌다(자료제공: 이시그널, 2010년).

할 것 같지 않아 보이는 패턴이다. 특히 세 번의 계단식 저점 중 첫 번째에서 주식을 매수한 투자자들은 기다리다 맥이 빠져 작은 수익만 남기고 매도한 후 잊어버리기 쉽다. 그래서 정말 엄청난 수익을 올릴 기회는 놓치게 된다. 물론 최소 저항선이 무너지고 주가가 크게 상승하는 시점을 알아내야 하지만, 또한 패턴에 대해서도 알아야 한다. 오르막모양 패턴에서 세 번 주가가 가파르게 하락하는 것처럼, 이런 계단식 패턴도 하락까지는 아니지만 짧은 저점이 세 번 형성된다. 지루한 듯 보이는 패턴은 실은 주가가 튀어 오를 준비를 하는 중일 수도 있으므로 주의 깊게 살펴야 한다.

윌리엄 오닐 다이렉트 액세스William O'Neil Direct Access(WONDA)를 비롯한 온라인 서

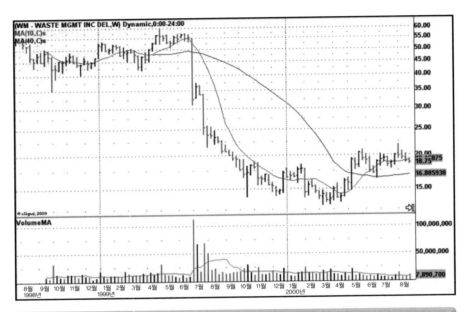

그림 9.19 | 1999년 웨이스트 매니지먼트(WM) 주간차트. 수익 성장세가 약화되면서 초기 매도신호 가 발생된 후, 주가는 크게 하락했다(자료제공: 이시그널, 2010년).

비스가 시작되기 전, 오닐의 기관고객들에게 가장 인기 있는 상품은 데이터 모 니터Data Monitor였다. 각 기관고객의 포트폴리오에 최적화된 차트북으로, 책 안에 는 각 고객의 포트폴리오를 구성하는 종목들의 주간차트O'Neil Data Graph가 들어 있 다. 원하는 고객에게는(물론 추가 수수료를 내야 한다) 책의 왼쪽 면에 일간차트도 함 께 제공된다. 이를 통해 기관고객의 포트폴리오 매니저들은 투자종목을 쉽게 참 고하고, 리뷰 및 모니터할 수 있다. 또 맨 앞부분에는 '알림' 목록을 삽입하여, 투자종목의 펀더멘털 및 기술적인 부분에서 발생한 긍정적 혹은 부정적 변화를 알리곤 했다. 예를 들어, 1999년 초에는 웨이스트 매니지먼트 인더스트리Waste Management Industries(WMI)에 대한 부정적인 경고를 실었는데, 해당 종목에 투자한 고 객들이 매도를 고려하거나, 적어도 투자 포지션을 조절하도록 조언하기 위해서였다. 그림 9.19에서 보듯이 오닐의 경고를 무시한 투자자들은 불행한 결과를 감당해야만 했다.

: 시장의 소리에 귀를 기울여라

오닐은 언제나 시장을 일종의 피드백으로 활용한다. 그래서 실시간으로 시장의 반응과 자신의 결정이 일치하는지, 혹은 그렇지 않은지 여부를 살핀다. 예를 들어, 어떤 주식을 매수했는데 그 주식의 주가가 상승했다면, 시장은 매수 결정이 옳다는 확증을 내려준 셈이었다. 오닐이 가진 최대의 강점은 시장의 피드백을 받아들이는 자세였다. 그는 언제나 시장이 실시간으로 보여주는 증거를 따르곤 했다. 자신의 처음 생각과 완전히 달라져도 상관없었다. 일례로, 그림 9.20의 베스트 바이Best Buy(BBY) 차트를 들 수 있다. 당시 베스트 바이는 7주간 지속된 저점을 돌파해 단 한 주 동안 상승세를 멈추었다가, 다시 4주간 상승세를 이어나가던 중이었다. 당연히 우리는 지속적인 주가상승을 자신하고 있었다. 그런데 BBY의 주가가 갑자기 하락하기 시작했다. 시장이 요동치기 시작했고, 오닐은 전반적인 환경에 대해 의구심을 갖기 시작했다.

9월 24일, 오닐은 "시장이 두 동강이 난 것 같다"라고 단언했다. 또 "완전히 끝난 것 같군"이라고 덧붙였다. 연방준비위원회가 금리를 올린 후, 시장은 확실히 약세장으로 전환된 것처럼 보였다(그림 9.21 참조). 주도주와 시장지수도 오닐의 시각을 입증하는 것처럼 보였다. 그러나 오닐은 언제나 시장의 조건은 급변한다는 사실을 누구보다 잘 알고 있어서, 어떤 상황에서도 유연한 태도를 유지했다. 투자자들은 반드시 이 점을 명심해야 한다. 시장은 영원불변하지 않다. 언제나 변화하고 어떤 때는 매우 급변하는 것이 주식시장의 생리다. 현대의 토목기사들은 건물이 강력한 힘을 받았을 때 흔들리고, 움직이고, 휘어지도록 디자인한다.

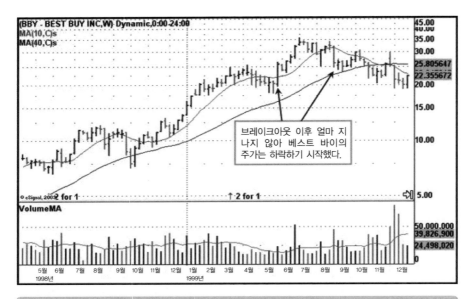

그림 9.20 | 1998~1999년 베스트 바이(BBY) 주간차트. 베스트 바이의 주가는 신고가를 경신했다. 하지만 곧 전체 시장의 하락세와 함께 베스트 바이의 주가도 하락하기 시작했다(자료제공: 이시그널, 2010년).

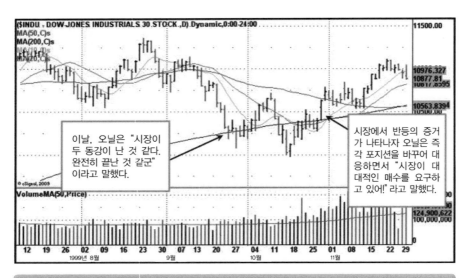

그림 9.21 | 1999년 다우존스 산업지수 일간차트. 10월 28일 강력한 팔로우스루데이가 출현해 오닐은 대대한 매수공세를 폈다(자료제공: 이시그널, 2010년).

그래야만 허리케인같은 강도의 바람이나 지진 등의 강력한 자연재해가 닥치더라도 건물이 쓰러지지 않고 견딜 수 있기 때문이다. 투자자도 마찬가지다. 경직된 사고를 가지고 시장에 맞서려고 하다가는 작은 막대기처럼 두 동강이 날지도 모른다.

10월 중순, 시장은 계속 하락했고 바닥이라는 증거는 어디에서도 찾을 수 없었다. 그러던 어느 날 시장은 9월에 기록한 전저점보다 하락한 후 반등에 성공했다. 그리고 반등을 시도한 지 9일째 되는 날 엄청난 팔로우스루데이가 출현했다. 시장의 반등을 알리는 신호를 본 오닐은 역시 망설임 없이 단호하게 "시장이 우리에게 매수하라고 말하는 거야!"라고 선언했다. 매수할 만한 종목은 넘쳐났고, 주가상승은 이어져 필자와 오닐은 또 한 번 많은 돈을 벌 수 있었다.

하지만 그 과정에서, 랠리가 워낙 빠르고 급해 일부 주도주들은 상당한 변동성을 나타냈다. 그래서 며칠 동안 주가가 급상승했다가 급락하고, 다시 반등해 새로운 신고가를 경신하기를 반복했다. 오닐은 예의 '짧은 수업'에서 주가가 급상승하는 종목의 변동성에 대해서 이뮤넥스Immunex(IMNX)를 예로 들어 설명했다. "해당 종목이 과거 랠리에서 얼마나 하락했었는지 확인해보는 게 좋을 걸세. 몇 퍼센트나 며칠 동안 하락했었는지 확인해봐야 하지. 그러면 주가의 정상적인 상승범위를 파악할 수 있게 되고, 빠르게 조정을 겪을 때도 견딜 수 있다네"라고 조언했다. 단순한 방법이지만 변동성이 큰 종목에 투자할 때 상당히 도움이 되었다. IMNX의 주간차트(그림 9.22)를 보면, 12월부터 2월까지의 랠리에서 주가가 자주 1주일 정도 하락했다가 반등하는 것을 확인할 수 있다. 그런데 2000년 3월의 주가는 지금까지보다 더 오래 하락세를 유지해 상승여력이 어느 정도는 소진되었다는 것을 짐작할 수 있었다. 따라서 더욱 주가가 상승해 신고가를 경신하기 위해서는 적절한 저점을 형성할 필요가 있었다.

그림 9.22 | 1999~2000년 이뮤넥스(IMNX) 주간차트 (자료제공: 이시그널, 2010년).

: "잘못한 거야!"

2000년 2월, 오닐이 윌리엄오닐컴퍼니의 포트폴리오 매니저들에게 성과급을 지급하는 날이 왔다. 포트폴리오 매니저들이 대부분 그렇듯, 윌리엄오닐컴퍼니에서도 각자 해당 연도에 벌어들인 수익에 따라 일정금액을 성과급으로 받았다. 필자들은 모두 1999년 500% 초반대의 실적을 기록했기 때문에 칭찬을 받았을 것 같았지만, 실상은 전혀 달랐다. 오닐은 가져온 수표책을 건네준 다음 악명 높은 자신의 메모장을 뒤적이기 시작했다. 우리는 오닐의 두툼한 메모장을 '개인정보 비서'라고 농담조로 부르곤 했는데, 각 면에는 몇 밀리미터의 공간도 남아 있지 않을 만큼 빼곡하게 메모가 적혀 있었다.

오닐은 자신의 포트폴리오 매니저들을 꼼꼼하게 살폈고, 특히 실수라도 하면 메모장에 빼곡히 기록했다. 메모장이 오닐에겐 일종의 PDA인 셈이었다. 실적이 훌륭한 경우에는 그만큼 존중을 해주었지만, 신뢰를 얻기 위해서는 높은 수준의 기준에 부합해야 했다. 물론 돈을 많이 벌면 기쁜 일이었지만, 오랫동안 실적을 떠벌리거나 자만해서는 안 되었다. 오닐은 실수를 점검해보는 쪽을 선호해서, 30페이지나 되는 메모장을 뒤적여 실수를 기록해놓은 부분을 정확하게 찾아 조언을 해주곤 했다. 당시에도 500%가 넘는 수익을 기록한 필자에게 오닐은 중요한 실수를 되짚어주면서 "정말 잘못한 거야! 실수만 안 했다면 수익이 1,000%도 넘었을 텐데 말이지"라고 평가했다.

: 또 거품은 꺼지고

2000년 2월 말에 접어든 시장은 더욱 거품이 끼어갔고, 상당수의 주도주들은 최후의 정점을 형성하고 있었다. 거품이 커지기 시작하면 늘 그렇듯이, 시장의 자금은 투기성 종목으로 흘러들어갔다. 이들 중 대다수는 매출도, 순이익도, 실제적인 사업계획도 없으면서 IPO를 한 지 얼마 안 된 수많은 IT기업들이었다. 주도주들이 최후의 정점으로 접어들고 동시에 투기성 매매가 증가하자, 오닐은 곧 위험한 하락장이 시작될 명확한 신호라고 판단했다. 그렇다고 모든 주식을 가장 가까운 중개인에게 당장 팔아달라고 부탁하고 산으로 도망가야 한다는 뜻은 아니다. 다만 시장이 기술적인 천정을 기록하면, 즉각 반응을 하도록 준비하는 일종의 최종 경계태세라고 할 수 있다. 흥청대는 것 같은 강세장의 분위기도 곧 있을 하락장을 알리는 중요한 신호 중 하나다. 하지만 이것만으로는 실제 시장이 정점을 기록했다고 평가하기엔 부족하다. 시장이 최고조로 접어들다가 드디어 최후의 정점을 찍었다는 기술적인 증거가 여기저기에서 속속 나타나면서 동시에 시장이 심각하게 분산되기 시작하면, 그때는 정말 시장을 빠져 나가야 한다는 결론에 확신을 갖게 된다.

3월 17일 시장이 천정을 기록했고, 오닐은 현명하게 "지금까지 주가가 크게 상승했던 종목을 봐야 해. 이제 곧 급락했다가 다시 반등할 거야. 그러고 나서 다시 급락할 텐데 그때 덤벼들면 된다고"라면서 필자들에게 3개월 이상 시장을 떠나 있으라고 조언했다. 그리고 과거의 시장 사이클을 떠올리면서 "요즘 미친 듯이 상승하는 테마주 몇 개가 있었지? 자네들이 달랑 몇 달 사이에 200~300%나 벌지 않았나? 그만큼 시장에 투기 혹은 거품이 넘쳐난다는 뜻이지. 둘 중 어느 쪽일지는 마음대로 생각하도록 하게. 다만 그 강도를 보았을 때 이제는 잠깐 시장에서 물러나 있을 때일세"라고 말했다.

당시 시장의 급락은 오닐에게 1962년 약세장을 상기시켰다. 1962년 주식시장은 10월 쿠바미사일위기Cuban Missile Crisis에서 최후의 저점climax low을 기록하면서 약세장을 마감했다. 2000년 6월 초 필자들은 그 주 토요일에 뉴욕 하얏트 리젠시 회의실에서 열릴 《인베스터즈 비즈니스 데일리》 워크숍에 참석하기 위해 비행기에 올랐다. 그때만 해도 얼마나 흥미진진한 여행이 될지는 전혀 짐작도 못하고 있었다.

: 애널리스트들의 지나친 임금

우리는 워크숍의 오후 프로그램에서 데일리 그래프 투자기술과 관련해 발표를 하기로 되어 있었다. 그래서 수요일 밤, 발표를 도와주던 윌리엄오닐컴퍼니의 새내기 포트폴리오 매니저 마이크 웹스터Mike Webster와 함께 뉴욕에 도착했다. 5번 가에 있는 페닌슐라 호텔에 여장을 풀고, 주말에 있을 회의와 바로 다음날부터 잡혀 있는 투자고객과의 미팅준비를 시작했다. 6월 1일 목요일에는 최근 최고의 IT애널리스트를 백만 달러에 채용했다는 투자고객과 약속이 있었다. 이미 닷컴버블이 천정을 형성한 뒤였기 때문에, 몸값이 엄청난 IT애널리스트를 고용한다는 게 선뜻 이해가 되지 않았지만, 인터넷에 대해서는 모르는 게 없는 전문가라고 해서 한편으로는 기대에 부풀었다.

번화가인 파크애비뉴에 위치한 투자고객의 사무실에 들어서자마자 따뜻한 환대가 쏟아졌다. 당시 시장 상황에 대해 간단한 이야기를 나눈 후, 우리는 투자고객의 포트폴리오 구성에 대해 듣게 될 회의장소로 안내되었다. 회의장소에는 우리 일행과 투자고객의 임원들, 그리고 백만 달러를 받는다는 IT애널리스트가 참석했다. 회의가 시작되고, IT애널리스트는 긴 회의테이블 끝에 설치된 스크린에 비친 프로젝트 영상으로 차트를 설명하기 시작했다. 웹스터는 경력이 짧아 실제 회의에는 참석하지 못하고, 뒷좌석에 앉아 보기만 하고 있었다. IT애널리스트가 주식에 대한 설명을 이어나갈수록 회의는 예상치 못한 우스운 분위기로 변해 갔다. 차트가 바뀔 때마다 뒷좌석에 앉아 있던 웹스터가 본능적으로 "천정이고, 천정이고, 천정이고" 라며 중얼거렸던 것이다. 혼잣말이었지만, 워낙 주위가 조용해 참석한 사람들이 모두 들을 수 있었다. 간단하면서도 정확한 평가였지만, 백만 달러짜리 IT애널리스트는 헛기침을 하면서 조용하게 웃었다. 이제 갓 주식 시장에 발을 내딛은 풋내기가 감히 자신의 IT포트폴리오를 보고 평가를 내리는 게 어이가 없는 듯 했다. 필자들은 여러 종목 중 인포스페이스Infospace(INSP)만큼은 매도하는 것이 좋겠다고 제안했다(그림 9.23 참조). 우리의 제안에 IT애널리스트는 왜 INSP가 과소평가되었는지를 장황하게 설명했다.

당시 웹스터는 포트폴리오 매니저가 된 지 얼마 지나지 않았을 때지만, 백만 달러를 버는 IT애널리스트의 문제점을 단박에 짚어내 매우 인상적이었다. 유명 신용카드사의 광고 카피처럼 '값을 매길 수 없을' 정도의 뛰어난 판단이었다. 오만하고 무지한 애널리스트와 달리 투자고객인 CEO는 매우 온화하고 사려 깊은 사람이었다. 당시 미팅에서 필자는 나스닥 종합지수가 2500포인트 밑으로까

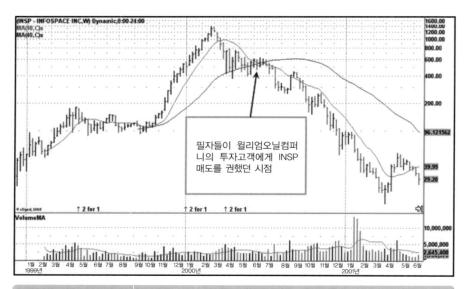

그림 9.23 | 2000년 인포스페이스(INSP) 주간차트 (자료제공: 이시그널, 2010년).

지 하락할 가능성을 언급했는데, 2001년 정말 예측이 맞아 떨어졌다. 그러자 이 CEO는 우리 부서 전체에 값비싼 돔 페리뇽 와인을 선물하고, 당시에는 믿기 힘 들었지만 아주 정확한 예측이었다면서 축하해주었다.

: 노키아 피하기

6월 2일 금요일, 우리 일행은 뉴욕증권거래소 오찬장에서 아침약속이 있었 다. 윌리엄오닐컴퍼니가 뉴욕증권거래소 회원이기 때문이었다. 거래소에 도착 하자 오늘의 담당 중개인 술센티가 우리를 맞았다. 오찬을 위해 위층으로 올라 가고 얼마 지나지 않아 2층 담당 중개인인 스티브 포르포라Steve Porpora가 합류했 다. 포르포라는 CNBC방송사의 뉴욕증권거래소 분석가로 알려져 있으며, 2000

년부터 오닐이 거래소 2층 매매를 중단한 2008년까지 윌리엄오닐컴퍼니의 매매를 담당했다. 오전 8시 반 오찬이 시작되었고, 핫케이크와 오믈렛, 베이컨을 먹고 있는데, 월별 고용지표가 5월에 비해 13만 1,855명 늘어났다는 뉴스가 발표되었다. 당시는 시장이 천정을 형성하고 있고, 3월부터 시작된 시장의 거품이 꺼지려 한다면서 우려가 상당했다. 사실 고용지표는 시장보다 후행하는 성향이 있지만, 고용지표 발표 후 선물지수가 치솟기 시작했다. 대부분의 중개인들이 재빨리 거래소 플로어floor로 내려갔고, 방은 한산해졌다. 개장과 함께 매수주문이 밀려들 가능성이 높아서, 포르포라도 가버리고 우리 일행만 남았다. 하루를 활기차게 시작하기 위해 아침을 먹고 있던 중개인들로 가득 차 있던 방이 단 몇 분 만에 텅텅 비어버리자 이상한 기분마저 들었다. 테이블에는 먹다 남은 음식들이 가득했다. 일하느라 곧잘 끼니를 거르곤 하는 증권거래소 직원들의 열의만큼은 존중해줘야 한다. 축구 경기장 반 정도 크기의 거래소를 이쪽 끝에서 저쪽 끝까지 가로지르며 하루 종일 일하려면 양질의 식사가 필요하기 때문이다. 하지만 생각해보면 깡마른 중개인은 본 적이 없다.

어쨌거나 아침을 다 먹은 우리 일행은 아래층으로 내려가기 위해 엘리베이터로 향했다. 하지만 그 전에 한 가지 할 일이 있었다. 바로 남자화장실에 들러 머리빗을 일종의 기념품으로 챙기는 일이었다. 뉴욕증권거래소 오찬장 화장실에는 언제나 '뉴욕증권거래소'라는 금색 글씨가 찍힌 검은색 빗이 담긴 바구니가 놓여 있었다. 그래서 오찬장에서 밥을 먹을 때면, 반드시 빗을 챙기는 관례가 생겼다. 각자의 집에 빗을 몇 개씩이나 가져다 놓았는지는 아무도 몰랐다. 플로어로 내려오자 넘치는 활기를 느낄 수 있었다. 모든 매매과정이 전자식으로 처리되는 요즘과 달리 당시 거래소는 그렇지 않아서, 분주한 아침은 좋은 의미였다. 거래소 중개인들은 주문을 처리하면서, 스페셜리스트들은 매수호가와 매도호가를 보면서 바쁘게 가격을 체결시키면서 돈을 벌기 때문이었다.

NOK 매수를 포기

매수 포기를
기뻐한 날

그림 9.24 | 2000년 노키아(NOK) 일간차트. 기관이 매도하는 장면을 뉴욕증권거래소 거래장에서 직접 목격했다(자료제공: 이시그널, 2010년).

　거래일의 시작을 알리는 종소리가 울리면, 웅성웅성하던 소리는 와자지껄하게 바뀌었다. 거래소에 주문이 들어오면서 시끄러워지기 때문이었다. 윌리엄오닐컴퍼니에 할당된 플로어부스floor booth에서 노키아Nokia(NOK)를 살펴보고 있던 우리는 윌리엄오닐컴퍼니 본사에 있는 트레이딩데스크trading desk로 전화를 걸어 트레이더에게 외쳤다. "잭, 노키아 5만 주 주문하라고." 그리고는 옆에 있던 술센티에게 전화를 바꿔주었다. 데스크 트레이더인 잭 하지Jack Hodge가 술센티에게 직접 주문을 내도록 하기 위해서였다. 거래소에서 플로어부스에 술센티와 함께 있던 우리가 바로 매수주문을 내지 않고, 번잡스러운 방법을 택하는 이유는 주문을 낼 때는 반드시 지켜야 할 순서가 있기 때문이었다. 주문을 내고 우리 일행은 노키아 기둥post으로 향했다(그림 9.24 참조).

　NOK의 기둥에 도착하자 증권거래인 서너 명이 서서, 바로 매수하지 않고 적절한 가격에 주문을 걸어놓고 기다리고 있었다. 그런데, 거래에 도가 튼 술센티가 약간 떨어진 곳에 서 있는 한 남자를 발견하고, 매수를 하러 나서는 우리를

그림 9.25 | 2000년 나스닥 종합지수 일간차트. 나스닥 지수는 4월의 저점보다 더 하락해 바닥을 형성하고 6월 2일 팔로우스루를 출현시키면서 새로운 반등을 예고했다(자료제공: 이시그널, 2010년).

말리면서 "잠깐, 저기 저 남자 보이지? 기다려봐"라고 외쳤다. 그 남자는 도널드 슨 러프킨 앤 젠렛Donaldson, Lufkin & Jenrette, 즉 DLJ의 중개인이었다. 술센티의 직감은 맞았다. DLJ의 중개인은 갑자기 무리 속으로 들어가더니, 호가에 NOK 5만 주를 매수했다. 그러자 적절한 매도자가 나타나길 기다리고 있던 중개인들이 매수를 못하게 될지 모른다는 위기감에 앞다투어 매수주문을 내기 시작했다. DLJ의 중개인은 갑자기 돌아서더니 매수주문을 낸 중개인들을 가리키며 "체결, 체결, 체결!"이라고 외쳤다. 술센티는 "나가자고"라며 짤막하게 말했고, 우리 또한 뒤도 돌아보지 않고 NOK의 기둥을 떠났다. 술센티가 우리를 살린 셈이었다. 차트상 으로 이해할 수는 없었지만, 당시 노키아는 3월에 최고가를 기록한 후 단 3% 떨 어진 수준에서 주가를 유지하고 있었다. 차트가 이해할 수 없이 그려지는 이유 는 기관이 매도에 나섰기 때문이라는 사실을 직접 경험한 재미있는 여행이었다. 게다가 실제 매매가 이루어지는 거래소에서 그 장면을 직접 목격했다. 2000년 6월 2일은 팔로우스루가 출현해 새로운 시장의 반등을 예고했다(그림 9.25 참조).

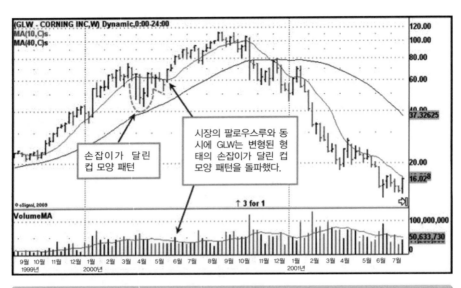

손잡이가 달린 컵 모양 패턴

시장의 팔로우스루와 동시에 GLW는 변형된 형태의 손잡이가 달린 컵 모양 패턴을 돌파했다.

↑ 3 for 1

그림 9.26 | 2000년 코닝(GLW) 주간차트. 6월 2일 저점을 돌파한 몇 안 되는 종목 중 하나였다(자료제공: 이시그널, 2010년).

오닐은 2000년 6월 시장의 바닥을 보면서 그 즉시 1962년 10월의 약세장을 떠올렸다. 2000년 3월 시장이 천정을 형성한 후 나스닥 지수의 하락속도가 더뎠는데, 1962년의 약세장도 마찬가지였다. 나스닥 시장은 닷컴버블이 집중되었기 때문에, 빠르게 하락하지 않고 5월 말 바닥에서 크게 반등했다. 5월은 4월 기록한 전저점보다 더 하락했지만, 곧 상승세로 전환하면서 공매도투자자들을 골탕먹였다. 5월 24일에는 시장이 바닥을 기록했고, 7일 후인 6월 2일에는 크게 갭상승했다. 거래량도 전날보다 크게 늘어, 어느 모로 보아도 팔로우스루데이가 분명했다.

팔로우스루가 출현했지만, 저점을 돌파해 신고가를 경신하는 종목은 찾아보기 힘들었다. 전체 시장지수가 상승한 이유는 2000년 3월 천정을 형성하고 하락한 주도주들이 바닥에서 크게 급상승한 덕분이었다. 필자들은 6월 2일 팔로우스루를 보고 매수할 만한 종목을 추려냈다. 이 과정에서 NOK를 주목했지만, 뉴욕증권거래소 NOK의 기둥에서 기관투자가의 매도세를 목격하고 투자를 포기했다. 필자들과 달리 오닐은 초고속 인터넷서비스 광케이블을 만들기 시작한 유리제조업체 코닝Corning(GLW)에 주목했다. 그림 9.26에서 확인할 수 있듯이, 손잡이가 달린 컵 모양 저점을 돌파하긴 했지만, 저점의 모양이 일반적인 형태와 달랐다.

: "오닐은 스타야!"

6월 3일 토요일 아침, 우리 일행은 아침 일찍 일어나 워크숍 장소로 향했다. 하얏트 리젠시 회의장에 도착하자 한 무리의 군중이 눈에 들어왔다. 그때까지 윌리엄오닐컴퍼니의 워크숍은 한 곳의 회의장에서 진행되었고, 200~300명 정도 참석했다. 하지만 그 날은 어림잡아 800명이 넘는 투자자들이 참석해 역사상 윌리엄오닐컴퍼니가 개최한 워크숍 중 최대 규모였다. 돌이켜보건대, 당시 주식투자 열풍을 생각하면 당연한 일이었다. 게다가 바로 전날 출현한 팔로우스루데이에 사람들은 완전히 들떠 흥분해 있었고, 분위기도 한껏 고조되어 있었다. 오닐의 뉴욕증권거래소 담당 중개인이던 포르포라는 "오닐은 스타야!"라고 외쳤다.

참석자가 너무 많아 워크숍은 평상시와 달리 두 개 회의장에서 진행되었다. 지금 생각해보면, 당시 워크숍의 열기는 2000년 약세장이 끝나려면 아직 멀었다는 명확한 증거였다. 필자들이 숙소로 가기 위해 워크숍 장소를 떠나려 할 때도, 참석자들은 질문공세를 퍼부었다. 어떤 사람들은 우리가 엘리베이터를 타고 내려가는 동안 층계로 내려와 질문을 하기도 했다. 심지어 저녁장소로 가기 위해 우리가 타고 있는 택시에 올라타려는 사람들도 있었다. 이탈리아계 뉴저지 출신으로 우락부락하게 생긴 술센티가 우리와 함께 택시를 타고 있던 덕에 일종의 보디가드 역할을 해주었다. 그때 우리는 모두 서로의 얼굴을 쳐다보면서, "여전히 시장은 천정이야!"라고 외쳤다.

2001~2002년, 최악의 약세장

2001년 9월까지 시장은 지속적으로 하락했다. 직전 시장에 끼었던 거품만큼
이나 2000년부터 2002년 약세장의 두 번째 하락구간은 골이 깊었다. 2000년 4분
기와 2001년 1분기 내내 전체 시장과 함께 주도주들은 지속적인 하락세를 나타
냈다. 그리고 2001년 3월 27일, 다우존스 산업지수 일간차트(그림 9.27)에는 팔로
우스루가 출현했다.

시장이 바닥을 벗어난 지 4일째 되는 날이었는데, '4일째 나타나는 팔로우스

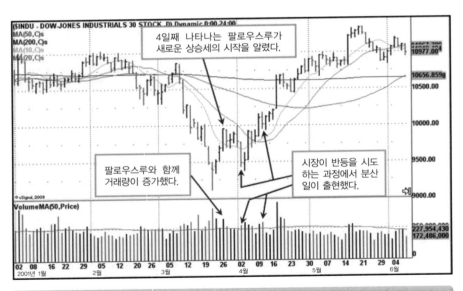

그림 9.27 | 2001년 다우존스 산업지수 일간차트. 4일째 되는 날 팔로우스루데이가 출현한 뒤에도
주가가 한동안 상승과 하락을 거듭한 뒤에야 본격적인 상승이 시작되었다(자료제공: 이시그널, 2010년).

루'는 매우 강력한 상승세를 나타내는 신호다. 하지만 그 이후 며칠간 시장은 다시 하락했고 거래량이 늘어나면서 첫 번째 분산일을 기록했다. 분산일의 출현은 물론 반등이 끝난 신호로 판단되곤 한다. 하지만 팔로우스루를 판단하는 기준은 꽤나 미묘해서, 오닐은 강세장과 약세장에서 전반적인 시장의 맥락을 보고 팔로우스루 및 주가와 거래량의 변화를 파악해야 한다고 설명했다. 2001년 4월 분명 주가가 약세를 나타냈던 구간이 있었다. 하지만 오닐은 "시장이 바닥을 벗어나고 강력한 팔로우스루를 출현시키면서 반등할 때, 분산일이 나타나면 이후 주가가 상승하는지 여부를 살펴야 한다. 이후 주가가 며칠간 상승한다면, 시장이 약세를 띠고 있기 때문이 아니라, 투자자들의 심리가 위축되어 있기 때문에 분산일이 나타난 것이다. 이때, 며칠에 걸쳐 투자자들의 위축된 심리가 진정되면, 시장은 다시 하루나 이틀 상승한다"라고 지적했다. 그림 9.27에서는 시장의 상승세에서 분산일이 두 번 출현한 것을 확인할 수 있다. 하지만 당시에는 주가하락과 함께 거래량이 평균보다 늘어났고, 부정적으로 보였다.

: 걸어다니는 차트 패턴 백과사전

시장이 반등으로 전환되면서 바닥을 따라 팔로우스루가 출현하고 그 직후 분산일이 나타나면, 갑작스러운 흔들기가 발생하기도 한다. 오닐의 말처럼 "이럴 때면, 일부 종목에서 대량의 매도세가 발생하기도 한다." 2001년 시장을 보면서 오닐은 1970년 맥도날드McDonald's(MCD)를 매매했던 경험을 떠올렸다. 오닐은 마치 걸어다니는 차트 패턴 백과사전과 같아서 과거 주식시장의 차트 패턴을 쉽게 기억해내고 그 특징을 줄줄 읊어대곤 한다. 2001년에는 MCD의 차트를 예로 들면서 "손잡이가 달린 컵 모양 패턴의 바닥을 형성하고 천천히 컵의 아랫부분을 그리면서 반등하고 있었다네. 그런데 바닥의 중간 부분쯤에서 갑자기 약 한 주

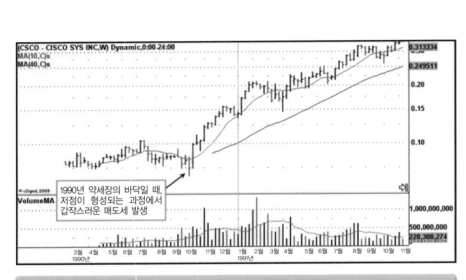

(CSCO - CISCO SYS INC,W) Dynamic,0:00-24:00
MA(10,C)s
MA(40,C)s

1990년 약세장의 바닥일 때,
저점이 형성되는 과정에서
갑작스러운 매도세 발생

© eSignal, 2003
VolumeMA

0.313334
0.249511
0.20
0.15
0.10

1,000,000,000
500,000,000
228,308,274

3월 4월 5월 6월 7월 8월 9월 10월 11월 12월 1월 2월 3월 4월 5월 6월 7월 8월 9월 10월 11월
1990년   1991년

그림 9.28 | 1990~1991년 시스코 시스템즈(CSCO) 주간차트 (자료제공: 이시그널, 2010년).

동안 거래량이 크게 늘고 주가도 급락했었지. 그러더니 다시 반등하더니 3배나 상승했다네"라고 설명했다. 윌리엄오닐컴퍼니 사무실에 있던 1970년대 MCD 차트를 찾아본 결과, 오닐이 설명한 내용을 확인할 수 있었다. 그는 계속해서 "시장이 전환될 때 나타나는 끔찍한 매도세는 속임수일 가능성이 크다는 걸 명심해야 하네. 약세장에서 취약해진 심리가 부정적인 뉴스에 과도하게 반응해 생기는 결과니까 말이야"라고 말을 이어나갔다. 잠재적인 주도주들이 저점의 바닥에서 주가가 잠깐 동안 급락하곤 하는 이유가 바로 이 때문이다. 1991년 시스코 시스템즈Cisco Systems(CSCO)도 마찬가지였다. 이라크의 쿠웨이트 침공 소식에 1990년 10월 시장은 약세장의 바닥으로 곤두박질쳤다. 그 이후 약세장으로 인한 투자자들의 취약한 심리는 CSCO의 차트에 확실히 반영되었다(그림 9.28 참조).

:도넛과 우유에 투자하다

2001년 팔로우스루 후에도 시장은 미적지근하기만 했다. 오닐은 부족한 상승여력을 아쉬워하면서 "아무것도 효과가 없다. 펀드는 대부분 IT주식에 투자하고 있는 상황이어서 여력이 없다"고 개탄했다. 선마이크로시스템즈를 비롯해 대부분의 종목들이 별 것 아닌 기사거리 하나하나에 상승과 하락을 반복하고 있었다(그림 9.29 참조).

2001년에는 오닐의 시각으로 매수할 만한 종목이 거의 없었다. 하지만 3월 말 팔로우스루가 출현하면서 시장이 방향을 전환한 지 약 한 달 만에 저점을 돌파한 크리스피크림 도넛^{Krispy Kreme Doughnuts(KKD)}은 신선한 바람을 불러일으켰다(그림 9.30 참조). 약 1년 전쯤이었던 2000년 3월에 시장은 천정을 형성했고, 4월에 KKD는 상장했다. IPO 이후 KKD는 짧은 저점을 형성하면서 시장의 매도세를 버텨냈다. 우리는 KKD가 2000년 여름 내내 주가를 유지하다가 천정을 빠져나와 26주간 저점을 형성하고, 드디어 2001년 5월 저점을 돌파하는 것을 보고 완전히 매료되었다. 크리스피크림 도넛은 필자들이 살찌는 음식을 파는 기업에 투자한 유일한 예였고, 다른 때와 달리 도넛을 들고 다녀도 되는 변명거리였다. 건강한 식단을 중요시하는 윌리엄오닐컴퍼니의 평상시 분위기와 정반대로, 당시에는 직원들이 음식을 보관하는 탕비실에 신선한 크리스피크림 도넛이 담긴 박스가 즐비했다.

크리스피크림 도넛의 달콤한 맛을 잊으려 애쓰면서, 우리는 26주간의 저점을 돌파한 KKD의 차트를 객관적으로 평가해나갔다. 투자에 적합한 이유가 상당했고, 또 덕분에 오닐이 소매업종 주식과 관련해 어떤 특성을 고려하는지도 알게 되었다. 당시 오닐은 KKD를 두고 "브랜드도 좋고, 시장에 소개된 적이 없는 강력한 상품을 가진 진짜 기업이야. TCBY아이스크림이나 스내플^{Snapple}같은 음료

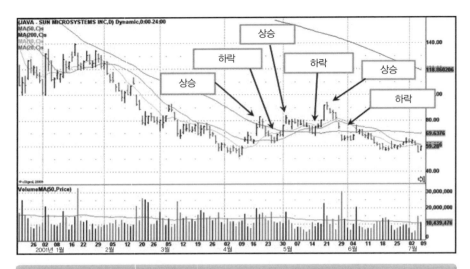

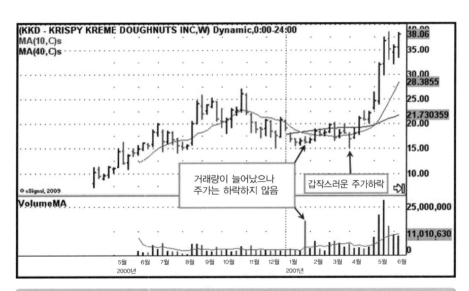

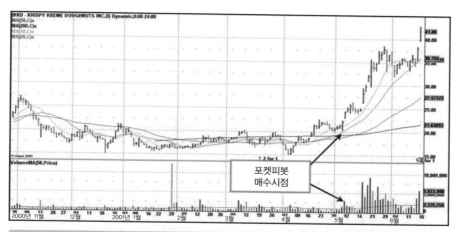

포켓피봇
매수시점

그림 9.31 | 2001년 크리스피크림 도넛(KKD) 일간차트. 포켓피봇은 초반 매수시점을 알려주었다(자료제공: 이시그널, 2010년).

를 보게. 유행이 되기 전부터 인기가 많았지. 크리스피크림 도넛도 마찬가지네. 게다가 시장에 뛰어들기 전, '희소성'을 만들어내곤 하지. 먼저 매장을 한두 개만 오픈하더군. 도넛을 사러 길게 사람들이 늘어서고 입소문이 퍼져서 수요가 높아지면, 그때 다음 매장을 여는 식이지. 그러니 KKD에 투자 포지션을 될 수 있으면 유지하도록 하게. 최고의 주식일 테니 크게 줄이거나 해서는 안 되네. 가전제품 판매업체인 라디오색Radio Shack 창립자 찰스 탠디Charles Tandy는 한 도시에 몇 개의 매장을 열어야 시장이 포화상태가 되는지를 확인하면서 전략을 짠다고 말했지. 라디오색 매장은 주요 도시 한 곳에 25개였고, 결국 전체 매장 수는 5천 개로 늘어났다네. 크리스피크림 도넛의 매장은 174개이니까 앞으로 엄청나게 늘어날 가능성이 있어. 향후 5년간 20~25% 성장한다면, 그만큼 빠르게 PER도 늘어나겠지"라고 설명했다.

KKD 역시 투자자들이 시장에서 얼마나 자주 골탕을 먹는지에 대해 교훈을 얻을 수 있는 사례였다. 2001년 3월 말, 투자자 중 상당수가 KKD를 공매도하기 시작했다. 크리스피크림 도넛이 한때 지나가는 유행일 뿐이며, IPO 보호예수가 해제되어 기업 내부인사들의 매도가 허용되면 매물이 엄청나게 쏟아질 거라는 예측 때문이었다. 하지만 IPO 보호예수가 끝난 뒤에도 내부인사들은 매도에 나서지 않았고, 매출 증가세와 인지도 상승으로 오히려 매수세가 늘어났다. 공매도를 하던 투자자들은 급하게 숏커버링을 시작했다. 주가는 급상승했고, KKD는 포켓피봇에서 주가가 두 배나 늘었다(그림 9.31 참조). 크리스피크림 도넛의 주가는 2001년 5월 초 브레이크아웃에서 두 배가 상승해 40달러 선을 뚫었지만, 그 이후에는 크게 상승하지 못했다. 하지만 제조업종에 대한 오닐의 시각을 알게 된 계기였고, 강세장에서 투자기회를 만드는 추세추종 투자자들에게는 우울하기 그지없는 약세장에서 한 줄기 빛과 같았다. 다만 KKD의 주가상승을 더욱 잘 활용하지 못했던 데 아쉬움이 남을 뿐이다.

: 팔로우스루 기준값 조절

2001년 6월 오닐은 팔로우스루 신호의 주요변수 중 하나인 기준값을 높여야 한다고 생각했다. 팔로우스루 신호는 시장이 바닥을 찍은 후 4일부터 7일 사이에 시장지수가 전날보다 1% 이상 상승하고, 거래량이 늘면 이상적이다. 이보다는 덜 이상적이지만, 바닥을 찍은 지 7일 이후에 출현해도 팔로우스루다. 시장에 팔로우스루가 나타나면 기술적인 반등의 신호다. 오닐은 팔로우스루가 반드시 강세장으로 이어지지는 않았지만, 팔로우스루 없이 강세장이 시작되는 경우는 없다고 설명했다.

2000년 3월 천정을 형성한 후 시장의 변동성이 매우 커졌고, 그래서 오닐은 기준값을 1%에서 2%로 올려야 한다고 생각했다. 하지만 2%라는 조정치는 오로지 관찰에만 의존해서 나온 결과였다. 필자들은 연구를 통해 통계적으로 팔로우

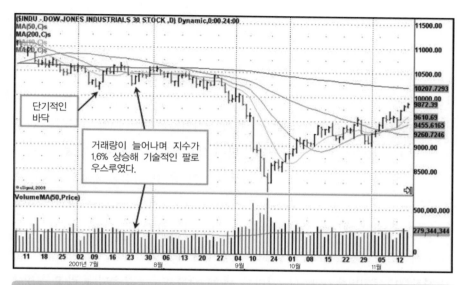

단기적인
바닥

거래량이 늘어나며 지수가
1.6% 상승해 기술적인 팔로
우스루였다.

그림 9.32 | 2001년 다우존스 산업지수 일간차트. 7월의 팔로우스루는 상승 여력이 부족했고 곧
하락했다. 시장은 여름이 끝날 때까지 하락세를 이어나갔다(자료제공: 이시그널, 2010년).

스루 기준값을 1.7%로 올려야 당시 상황에 최적이라는 결론을 얻었다. 우리가
오닐에게 연구의 결과를 언급하지 않았음에도 불구하고, 본능적으로 기준값을
조정해야 할 필요성과 시장을 관찰만 하고 2%의 수정치를 짚어냈다.

오닐이 기준값을 1%에서 2%로 올려야 할 필요성으로 느낀 이유 중 하나는
2001년 7월 25일 팔로우스루였다(그림 9.32 참조). 당시 다우존스 산업지수와 나스
닥 종합지수는 11일째 S&P500지수는 10일째 팔로우스루를 맞고 있었다. 각각
1.6%, 1.28%, 1.61% 상승했다. 하지만 오닐은 매우 회의적이었다. "팔로우스루
는 압도적인 주가상승 여력을 의미한다. 어제 신고가를 경신한 200개 종목을 조
사했는데 이 중 EPS가 72 이상, 상대 강도가 80 이상인 종목은 단 16개에 불과했
다. 즉 랠리로 볼 수 없었다. 강력한 상승세로 볼 수 없다!"는 평가였다. 며칠 후
시장은 다시 하락하기 시작했고 바닥으로 떨어졌다. 약세장은 여전히 진행중이

었다.

: 9.11의 평정심

2001년 9월 11일 아침, 윌리엄오닐컴퍼니 직원들은 여느 때와 다름없는 하루를 시작하고 있었다. 우리는 새벽 5시 반에 사무실로 출근했다. 8시 반, 뉴욕증권거래소는 개장 준비로 한창이었다. 당시 필자 중 한 사람은 200% 공매도 포지션을 유지하고 있었고 또 다른 한 사람은 100% 투자자산을 현금화한 상태였다. 또 앞으로 공매도 포지션을 어떻게 유지해 나갈지 고심하고 있었다. 그때 갑자기 비행기 한 대가 세계무역센터의 북쪽 건물에 충돌했다는 뉴스가 흘러나오기 시작했다. "경비행기입니다. 아마도 세스나Cessna인 것 같습니다"라고 설명했지만, 세계무역센터 건물의 크기를 알고 있는 우리는 세스나 172나 그보다 더 큰 372 모델로도 그만큼 큰 구멍은 절대 만들 수 없다고 생각했다. 선물 지수는 급락하기 시작했다. 공매도 포지션을 200%나 가지고 있었기 때문에 개장과 동시에 엄청난 수익이 예상됐지만, 북쪽 건물의 상층부에서 깨진 유리창으로 뛰어내리는 사람들을 모습을 보는 기분은 착잡하기 그지없었다.

첫 번째 비행기가 93층에 충돌했다는 사실이 알려지자, 오닐은 로스엔젤레스에 본사를 둔 캔터 피츠제럴드Cantor-Fitzgerald 파트너에게 전화를 걸었다. 캔터 피츠제럴드의 뉴욕 지사가 세계무역센터 북쪽 건물의 101층과 105층에 위치하고 있었기 때문이었다.

우리도 거래소 중개인인 포르포라와 술센티, 부스 직원 등 뉴욕증권거래소 파트너들 소재를 파악하러 나섰다. 포르포라는 현금인출기에서 딸에게 줄 현금을 찾고 있다가 테러 현장을 목격했고 그 즉시 월스트리트에 있는 피신처로 안전하게 대피했다. 그 외 3명의 소재도 파악되었다. 하지만 술센티의 소재는 파악

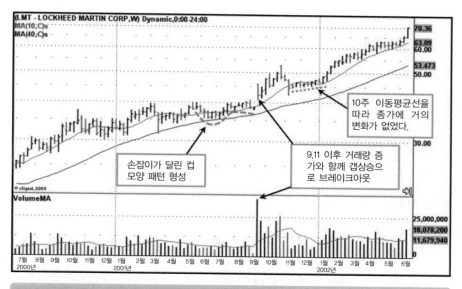

(LMT - LOCKHEED MARTIN CORP,W) Dynamic,0:00-24:00
MA(10;C)s
MA(40;C)s

10주 이동평균선을
따라 종가에 거의
변화가 없었다.

손잡이가 달린 컵
모양 패턴 형성

9.11 이후 거래량 증
가와 함께 갭상승으
로 브레이크아웃

VolumeMA

그림 9.33 | 2001~2002년 록히드마틴(LMT) 주간차트 (자료제공: 이시그널, 2010년).

할 수 없었다. 그는 두 번째 비행기가 건물에 충돌할 때쯤 지하철을 타고 막 세계무역센터 건물에 도착하고 있던 중이었다. 술센티는 비처럼 쏟아지는 남쪽 건물의 잔해 속을 헤치고 나와 맨해튼 동남쪽 끝에서 배를 타고 허드슨 강을 따라 뉴저지로 대피했다고 한다. 우리는 뉴욕 시간으로 오전 11시 반이 되어서야 술센티의 안부를 확인할 수 있었다.

9.11 테러에 대한 오닐의 반응은 침착했고 오히려 낙관적이기까지 했다. 그는 전부터 테러에 대해 좀 더 강화된 조치를 취해야 한다고 믿고 있었고, 9.11 테러가 클린턴 행정부의 실패한 대테러 정책의 결과라고 생각했다. 그래서 9.11이 점점 커지는 테러 위협에 단호한 조치를 촉발하는 촉매가 될 것이라고 판단했다. 불행한 사건이지만 국가와 시장에 긍정적으로 작용할 것이라는 결론을 내렸다. 또 시장이 개장하면 처음에는 매도세가 나타나겠지만 곧 바닥을 치고 다시 상승

세로 돌아설 거라고 예측했다. 오닐이 침착한 태도를 보인 덕분에 직원들 또한 평정심을 찾고 합리적으로 시장을 예측할 수 있었다. 9월 17일 주식시장이 다시 개장했을 때 필자들은 공매도를 커버링하고, 록히드마틴Lockheed Martin(LMT) 등 방위산업주를 매수하기 시작했다(그림 9.33 참조). 이제 미국은 전쟁태세에 돌입했고, 그렇게 되면 방위산업주들이 최고의 주식으로 부상할 것이라는 판단이었다.

처음 방위산업체 업종은 CAN SLIM에서 요구하는 순이익 기준에 부합하지 못했다. 하지만 특정 시장 사이클에서 기관이 반드시 매수할 만한 종목을 선별해야 한다는 오닐의 모델북 연구에 따라 우리는 매수를 시작했다. 게다가 대부분의 성장주들은 2000년 3월 닷컴버블의 경제 및 주가상승의 여파로 여전히 고전을 면치 못하고 있었고, 9.11은 소비자들의 사기를 북돋우기는커녕 몸을 사리게 만들 가능성이 컸다. 문제는 투자를 최적화하기 위해서는 기관투자가들이 어느 방위산업체 주식을 매수할지 예측하는 것뿐이었다.

9월 17일 개장과 함께 방위산업주들은 상승하기 시작했고, 록히드마틴은 14주간 형성했던 손잡이가 달린 컵 모양 저점을 갭상승으로 돌파했다. 거래량도 크게 늘어있었다. 흥미로운 점은 9.11 테러가 발생하기 전부터 록히드마틴이 조용하게 손잡이가 달린 컵 모양 패턴을 형성하고 있었다는 점이다. 마치 무슨 일이 생길지를 알고 있기라도 했던 것처럼, 주가는 스프링처럼 감긴 패턴을 그려내면서 엄청난 브레이크아웃을 준비하고 있었다. 록히드마틴의 주가는 6주간 상승한 뒤, 브레이크아웃 지점 바로 위까지 하락했다. 그 후에는 10주(50일) 이동평균선을 따라 아주 천천히 주가가 상승했다. 주간종가에 거의 변화가 없을 정도로 조금씩 상승세를 지속해 나갔다. 이렇게 빡빡하고 건설적인 패턴을 보이다가 2002년 초 다시 한번 저점을 돌파했다. 당시 전체 시장이 다시 한번 흔들리면서 신저가를 기록한 것과는 정반대였다.

9.11 이후처럼 불확실한 시기에는 우울증에 빠지기 쉬웠다. 게다가 온 나라

가 탄저균 공포로 또다시 들썩이기 시작했다. 윌리엄오닐컴퍼니의 기관고객부서 행정직원은 우편물을 처리할 때면 고무장갑과 수술용 마스크를 쓰고 모든 편지 봉투와 소포를 뜯어보면서 의심스러운 물건은 없는지 확인하곤 했다. 우울한 시기, 오닐의 말 한마디 한마디는 직원들에게 상당한 의지가 되었다. 오닐의 끝없는 낙관주의는 그의 성공에도 긍정적인 영향을 미쳤다. 흔히 "성공하는 비관주의자는 없다"고들 하는데, 오닐도 마찬가지였다. 언젠가 그는 필자들에게 전화를 걸어 사망의 원인에 관한 신문 기사를 언급하면서 "첫 번째 사망 원인은 흡연이고, 두 번째 사망 원인은 매일 매일의 스트레스에 대한 대응과 그 이후 느끼는 감정이라네. 이게 관건이야!"라고 말하기도 했다. 그는 투자로 인한 스트레스에 적절히 대응하지 못하면 치명적이라고 믿었고, "항상 다리를 뻗고 잠을 잘 만큼 매도하라"고 조언했다. 주식투자에서나, 삶에서 무슨 일이 생기는지가 아니라 어떻게 대응하는지가 중요하다는 것이 오닐의 철학이었다. '항상 올바른 정신을 유지해야 한다'는 오닐의 조언은 9.11 테러 같은 끔찍한 비극을 이겨내고 투자와 삶을 지속해나가는 데 절대적으로 도움이 되었다.

: 시장은 청소부

2002년이 되자 방위산업주들의 상승세가 한풀 꺾였고, 시장은 이라크와의 전쟁 여부를 놓고 시끄러웠다. 약세장으로 신저가 기록이 계속 경신되었고, 금융, 그 중에서도 특히 투자산업이 빠르게 축소되기 시작했다. 윌리엄오닐컴퍼니의 헤지펀드 고객들도 하나둘 떠나버렸고, 살아남은 헤지펀드들도 뮤추얼펀드 스캔들로 시달리거나 더 큰 금융기관에 인수되었다. 약세장 동안 모든 것들이 제자리를 찾고, 구석구석 남아 있던 거품은 정리되었다. 오닐은 재미있다는 듯이 "시장은 정말 공평하지. 부인이나 가족, 동료, 세무서와 논쟁을 벌일 수는 있지만 시장과는 논쟁을 벌일 수도 없다네. 시장은 무조건 깨끗이 청소부터 하거든. 누구든지 예외는 없지!"라고 말했다.

2002년 10월 말에는 실제 대부분이 깨끗하게 정리되었고, 나스닥은 2000년 초 기록했던 최고점에서 78.4%나 하락한 후에야 바닥을 확인했다.

: 바닥에서 시스코를 공매도하다

오닐의 낙천주의는 그가 비관적일 때 가장 빛난다. 2002년 10월 약세장의 바닥에서 오닐은 반등에 대한 희망을 버리고 시스코 시스템즈[CSCO]를 공매도하기로 결정했다(그림 9.34 참조). 오닐은 우리에게 전화를 걸어 CSCO를 공매도하겠다고 말했다. 오닐 같은 낙관주의자마저 약세장에 항복해 최고점에서 90%나 하락

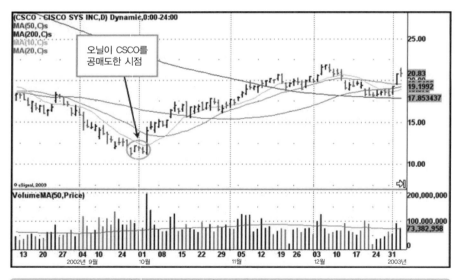

그림 9.34 | 2002년 9~10월 시스코 시스템즈(CSCO) 일간차트. 오닐은 바닥에서 CSCO를 공매도했다(자료제공: 이시그널, 2010년).

한 CSCO를 10달러에 공매도하기 시작했다는 사실이 어쩌면 바닥이라는 신호였는지도 모른다! 윌리엄오닐컴퍼니의 오랜 동료가 필자들에게 알려주기도 했지만, 실제 오닐의 입으로 공매도 이야기를 들으니 정말 흥미로웠다. 하지만 CSCO는 갑자기 바닥을 빠져나왔고, 거래량도 크게 늘어났다. 공매도를 결정한 투자자라면 공매도 포지션을 늘리거나, 고집할 만한 상황이었다. 하지만 오닐은 공매도를 시작한 지 단 이틀 만에 CSCO를 숏커버링하고, EBAY에 대한 매수 포지션을 구축했다. 3장에서도 언급했었던 일화다.

이라크전 직전 주식시장의 조정은 계속되었고, 나스닥 지수는 2002년 12월 최고점에서 17.6%나 하락했다. 게다가 대다수가 상황이 더 나빠질 거라고 예측했다. 이라크전은 장기화될 것이고, 사담후세인 전 이라크 대통령이 생화학무기로 저항할 것이라고 생각했다. 이라크를 공격하면 극단주의 이슬람 테러리스트들이 미국에서 또 다른 테러를 일으킬지 모른다는 우려도 있었다. 이라크전의 준비단계였던 2003년 3월 거대한 공포의 장막 속에서 오닐은 1991년 1월 이라크의 쿠웨이트 침공 후 연합군의 공격으로 시작된 걸프전 때를 떠올리며 시장의 빠른 반등을 예측했다.

2003~2005년, 강세장

막상 이라크전이 시작되자 미군은 빠른 속도로 전투를 수행하고 바그다드를 장악해 모든 사람을 놀라게 했다. 그 결과 2003년 3월 17일 시장에는 팔로우스루가 출현했고, 강세장이 시작되었다. 강세장의 문을 가장 먼저 연 종목은 아마존AMZN으로, 필자들 역시 상당한 투자 포지션을 유지했다(그림 9.35 참조). AMZN은 3월 17일 브레이크아웃으로 신고가를 경신했지만, 처음부터 강한 상승세를

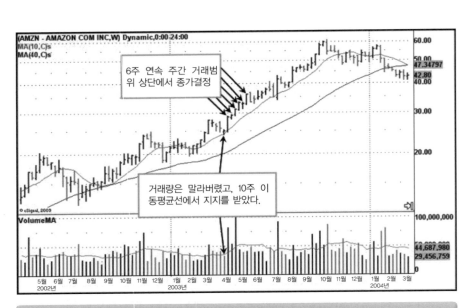

6주 연속 주간 거래범
위 상단에서 종가결정

거래량은 말라버렸고, 10주 이
동평균선에서 지지를 받았다.

그림 9.35 | 2003~2004년 아마존(AMZN) 주간차트 (자료제공: 이시그널, 2010년).

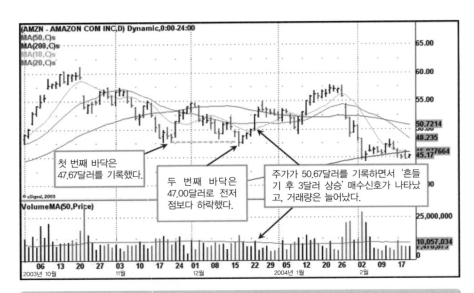

첫 번째 바닥은
47.67달러를 기록했다.

두 번째 바닥은
47.00달러로 전저
점보다 하락했다.

주가가 50.67달러를 기록하면서 '흔들
기 후 3달러 상승' 매수신호가 나타났
고, 거래량은 늘어났다.

그림 9.36 | 2003년 아마존(AMZN) 일간차트 (자료제공: 이시그널, 2010년).

보여주지는 않았다. 이후 4주간 주가는 하락하다가 10주(50일) 이동평균선에서 지지를 받았다. 주가하락과 함께 거래량은 말라버렸고, 이때 필자들은 매수를 시작했다.

향후 6주간 AMZN은 주간 거래범위의 상단에서 종가가 정해졌다. 또 6주 중 5주 동안 종가가 신고가를 경신했다. 오닐은 AMZN의 패턴을 매우 건설적으로 평가하면서 주가목표를 60달러로 계산했다. 역시 AMZN에 투자중이던 필자들은 P&F차트Point & Figure Chart를 활용해 6주간 주간 거래범위의 상단에서 종가가 결정될 정도의 강한 상승세를 기반으로 주가목표를 세웠는데, 오닐의 예측과 비슷한 61달러였다. 실제 AMZN은 2003년 10월 61.15달러에서 최고의 정점을 찍은 후, 크고 못생긴 저점을 형성하기 시작했다(그림 9.36 참조).

AMZN은 저점을 형성하다가 2003년 11월 19일 첫 번째 바닥인 47.67달러를 기록했다. 그 후 주가는 며칠간 반짝 반등하더니 곧 다시 하락하기 시작했다. 하락세는 2~3주 정도 유지되었고 12월 17일에는 전저점보다 더 낮은 47.00달러에서 두 번째 바닥을 기록했다. 이때 우리는 처음이자 마지막으로 오닐이 '흔들기 후 3달러 상승' 매수신호를 활용하는 모습을 보았다. 12월 23일 오닐은 필자들에게 전화로 AMZN에 '흔들기 후 3달러 상승'을 적용해야 하며, 매수시점은 47.67달러에서 3달러 상승한 50.67달러라고 설명했다. 같은 날, AMZN은 50.67달러를 돌파했고 거래량은 크게 늘었다. 하지만 얼마 후 AMZN의 주가는 하락하기 시작했고, 2004년 1월 말에는 갭하락으로 크게 하락했다.

당시 AMZN 매매를 통해 우리는 '흔들기 후 3달러 상승' 매수신호를 활용할 때는 '흔들기'에 주의해야 한다는 교훈을 얻었다. 이때는 잠깐 주가가 하락했다가 즉시 상승으로 전환되어야 했다. AMZN의 경우처럼 전저점인 47.67달러가 무너지거나 이후 며칠간이나 거의 변화가 없는 횡보세가 나타나서는 안 되었다. 또 전저점이 무너진 다음에는 주가가 빠르게 반등해야 했다. 그 즉시 저점의 고가까지 상승해 빠른 회복력을 증명했어야 했다.

: 과거는 반복되지 않는다. 다만 일정 운율을 갖는다

오닐이 과거의 매매 경험을 이야기하고, 이를 바탕으로 주가의 변화를 예측할 때는 언제나 흥미롭다. 2002년 5월 넷플릭스Netflix, Inc.(NFLX)가 주당 7.50달러에 상장되었을 때 주식시장은 여전히 약세를 면치 못하고 있었다. 덕분에 NFLX의 주가는 크게 하락했고, 2002년 12월에는 2.42달러에서 바닥을 기록했다. 그 후 주가는 상승하기 시작했다. AMZN, EBAY 등 전자상거래 물결에서 살아남은 생존 기업들과 NFLX는 제2의 인터넷주식 물결을 타고 상승세를 지속해나갔다. 인터넷으로 비즈니스를 성장시키는 방법을 터득한 덕분이었다. 2002년 말부터 2003년 초까지 인터넷주식의 강세는 계속되었다. 이메일로 비디오를 빌려주는 NFLX의 서비스는 9.11 테러 이후 집에서 시간을 보내고 싶어 하는 소비자들의 심리에 잘 맞았다.

NFLX는 고공행진을 이어가다가 2004년 4월에 드디어 불완전한 말기 저점형 패턴을 만들기 시작했다. 그보다 2주 전, 주가는 바닥에서 반등에 성공했지만 거래량이 눈에 띄게 줄어서 NFLX에 대한 투자자들의 수요가 줄어들고 있다는 사실을 보여주었다(그림 9.37 참조). 한편 2004년 초에는 비디오 대여 산업의 대부 격이라고 할 수 있는 블록버스터Blockbuster 역시 메일을 이용한 비디오 대여 서비스를 개시해, NFLX의 주가하락에 어느 정도 힘을 보탰다. 하지만 정확하게는 NFLX의 주가는 이미 꽤나 상승한 뒤였고, 이미 전성기를 보낸 후였다. 오닐은 넷플릭스와 블록버스터를 1960년대와 70년대 위네바고Winnebago와 GMGeneral Motors의 예에 비교했다. "위네바고가 캠핑카를 만들어 불티나게 팔기 시작했을 때, 주식이 크게 올랐었지. GM도 곧 캠핑카를 만들겠다고 발표했다네. 하지만 GM은

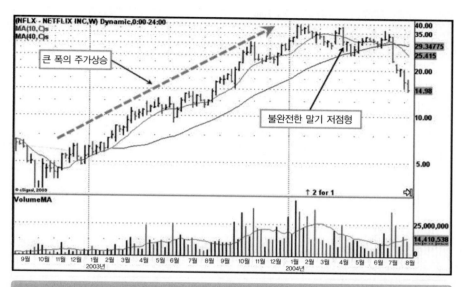

큰 폭의 주가상승

불완전한 말기 저점형

그림 9.37 | 2003~2004년 넷플릭스(NFLX) 주간차트 (자료제공: 이시그널, 2010년).

캠핑카로 전혀 재미를 못 봤지. 블록버스터와 넷플릭스도 마찬가지일 걸세."

실제 블록버스터의 서비스는 전혀 인기를 끌지 못했고, 넷플릭스의 경쟁상대가 되지도 못했다. 2010년 초, 넷플릭스는 여전히 건재한 반면 블록버스터는 파산을 선언했다. 마찬가지로 2010년 여전히 캠핑카를 생산하는 위네바고와 달리 GM은 정부지원을 받아 겨우 회생했고, '미국 정부의 자동차기업'이라는 불명예를 얻었다. 비즈니스를 제대로 할 줄 아는 기업이 있고, 모르는 기업이 있다. 그리고 결국에는 혁신적인 기업이 승리한다.

오닐은 2003년을 경제 사이클의 첫 번째 해라고 생각했고 2004년 2월은 사이클의 어디쯤에 해당하는지를 가늠하려 노력했다. "강세장에는 시기가 있다. 처음에는 따끈따끈하고 새로운 이름이 쏟아진다. 8개월에서 12개월쯤 지나면 거대 기업들이 새로운 경제 사이클에 편승하기 시작한다. 그러면 경제 사이클의 영

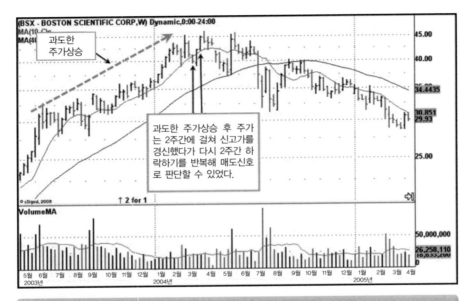

그림 9.38 | 2003~2005년 보스턴 사이언티픽(BSX) 주간차트 (자료제공: 이시그널, 2010년).

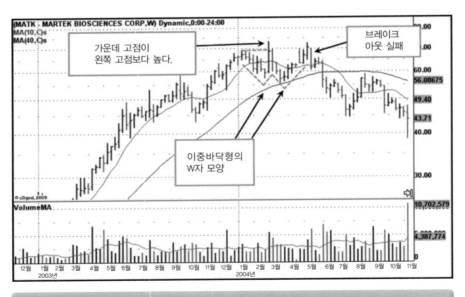

그림 9.39 | 2003~2004년 마텍 바이오사이언스(MATK) 주간차트 (자료제공: 이시그널, 2010년).

향을 받는 성장주들이 나타난다. 그 다음에는 자본적 지출에 의존하는 기업들의 주식들이 성장하기 시작한다. 이들 기업이 현금이 풍부해진 덕분에 자본에 대한 지출을 늘렸기 때문이다. 과거에는 시설이나 기계와 관련된 종목들이었지만 요즘에는 기술주들이 여기에 속한다"는 이유 때문이었다. 2003년에서 2004년으로 접어들 무렵은 강세장이었지만 엄청난 포물선곡선을 그렸던 1990년대부터 2000년 3월까지의 시기와는 사뭇 달랐다. 이 점을 이미 눈치채고 있던 오닐은 이렇게 충고했다. "신텍스Syntex 투자로 큰돈을 벌고 난 뒤 몇 년간 나는 투자에 어려움을 겪었다. 무엇보다 너무 빨리 매도하곤 했다. 하루에 6포인트 이상 주가가 오르지 않으면, 뭔가 잘못되었다는 생각이 들었기 때문이다. 신텍스의 빠른 성장속도에 길들여져서, 느리지만 주가가 크게 상승하는 주식들을 놓치고 말았다." 마찬가지로 2004년 우리는 직전 10년과는 달리 느리고 포물선도 약한 환경에 적응해야만 했다.

2004년 초에는 시장이 천정을 형성하고 있다는 사실을 짐작할 수 있는 사례가 몇 번이나 확인되었고, 오닐은 전화로 필자들의 주의를 환기시키곤 했다. 전화가 울려 수화기를 들어보면, 으레 오닐이 개별적인 종목에 대해 의논하고 싶어했고 이들의 특성을 실시간으로 알려주고자 했다. 3월이 되자 오닐은 당시 주도주였던 보스턴 사이언티픽Boston Scientific(BSX)이 2주 하락한 뒤 다시 2주 상승하는 식으로 움직이고 있다면서 매도신호라고 판단했다(그림 9.38 참조). 이는 일반적으로 주가가 너무 올랐기 때문에 신고가를 경신한 뒤에 바로 하락하기를 반복하면서 나타나는 현상이다. 주간차트를 보면 2주간 상승과 다시 2주간 하락을 반복하는 패턴을 분명하게 확인할 수 있다. 오해의 소지가 있기도 하지만, 오닐은 2주씩 상승과 하락을 반복하는 패턴을 매도기준으로 삼곤 했다. BSX의 예는 전형적인 매도신호였고, 실제 주가는 크게 하락했다.

2003년은 길리어드 사이언스Gilead Sciences(GILD)와 셀진Celgene(CELG)을 비롯해

다양한 바이오주가 크게 상승했다. 그 중 하나였던 마텍 바이오사이언스^Martek Biosciences(MATK)는 미세조류를 뇌와 눈에 좋은 필수지방산 DHA 및 ARA로 바꾸는 방법을 발견해냈다. 이렇게 만들어진 필수지방산들은 아기용 분유에 첨가되어 '슈퍼 분유' 상품들이 시장에 쏟아져 나오게 되었다. 2004년 1분기 MATK는 이중바닥형의 불완전한 말기 저점 패턴을 그려내기 시작했다. 가장 두드러진 문제점은 패턴 중 W모양의 가운데 고점이었다. 완전한 이중바닥형 패턴은 가운데 고점이 왼쪽 고점보다 낮은데, MATK에서는 확연히 가운데 고점이 높았다. 그후 오른쪽 고점에서 브레이크아웃이 시도되었을 때, 오닐은 패턴의 문제점을 지적했다. 실제 브레이크아웃은 실패했고, 이후 몇 달간 주가는 크게 하락했다.

: IPO U턴형 저점

윌리엄오닐컴퍼니의 기관고객부서에서는 시장과 주도주에 대한 농담과 토론이 그칠 날이 없었다. 언제나 누군가가 새로운 아이디어를 만들어냈고, 여기에 동료들은 적절한 이름을 붙이곤 했다. 1999년에는 기묘하게 짧은 저점을 형성한 뒤 주가가 미친 듯이 상승하면서 그려내는 패턴에 '공중곡예를 하는 독수리' 혹은 'IPO U턴 모양'이라는 이름을 붙여주었다. 그 중 기관고객들을 상대한 마이클 로리^Michael Lowrey가 만든 'IPO U턴'이라는 용어가 지금도 사용되고 있다. 대표적인 IPO U턴 패턴은 1998년 10월 EBAY 차트와 같은 해 12월 유비드^Ubid, Inc. (UBID) 차트다. 닷컴붐 기간 동안 흔히 목격할 수 있었던 IPO U턴 모양 패턴은 초기 저점형과 말기 저점형의 특징을 모두 가지고 있어서 꽤나 고약했다. 상장 직후의 따끈따끈한 인터넷주식들은 급상승하다가 급격한 조정을 겪은 후 다시 U턴하듯 상승해 최고가를 경신하곤 했다. 2004년 8월에 상장된 구글^GOOG 역시 초기 저점형 IPO U턴 패턴을 만들었다(그림 9.40 참조)

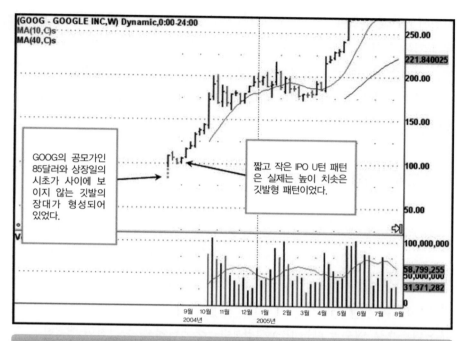

(GOOG - GOOGLE INC,W) Dynamic,0:00-24:00
MA(10,C)s
MA(40,C)s

GOOG의 공모가인 85달러와 상장일의 시초가 사이에 보이지 않는 깃발의 장대가 형성되어 있었다.

짧고 작은 IPO U턴 패턴은 실제는 높이 치솟은 깃발형 패턴이었다.

9월 10월 11월 12월 1월 2월 3월 4월 5월 6월 7월 8월
2004년   2005년

그림 9.40 | 2004~2005년 구글(GOOG) 주간차트 (자료제공: 이시그널, 2010년).

　　오닐은 GOOG의 IPO U턴 패턴에 대해 처음 듣고는 매수 포지션을 구축하지 않으려 했다. 하지만 필자들의 합리적인 설명을 듣고 다시 꼼꼼히 살펴보기 시작했다. 상장 직후 형성된 IPO U턴 패턴에서 U자 옆에 실은 '보이지 않는 장대 invisible flag pole'가 있다고 봐야 했다. 시초가가 IPO 가격보다 크게 높았기 때문이었다. GOOG는 기관투자가들뿐만 아니라 개인들도 주식을 살 수 있는 '더치옥션Dutch Auction' 방식을 통해 공모가를 85달러로 결정했는데, 2004년 8월 19일 개장과 함께 시초가는 100달러까지 상승했다. 장중 주가는 몇 달러 하락했다가 100.33달러로 장을 마감했다. 이후 이틀간 주가는 계속 올랐고, 장중 113.48달러를 기록하기도 했다. 이후 하락해 100달러까지 떨어졌지만 다시 급격하게 상승

하면서 U턴을 그렸다. IPO 공모가였던 85달러와, 그보다 15달러 높은 100달러에서 기록된 시초가 사이에 보이지 않는 장대가 있다고 가정하면, GOOG의 차트는 실제 높이 치솟은 깃발형 패턴으로 판단할 수 있었다. 이처럼 IPO U턴 패턴이 형성되기 위한 중요한 조건은 공모가에 비해 시초가가 크게 상승해야 한다는 것이다.

: 기관투자가의 지원이 열쇠

필자들이 GOOG를 111~112달러에 전격 매수하기로 결정했던 또 다른 이유는 브리핑닷컴Briefing.com을 통해 13–D 파일13-D filing이 공개되었기 때문이었다. 피델리티 매니지먼트 앤 리서치가 GOOG의 주식 중 13%의 지분을 가지고 있다는 내용이었다. 뛰어난 리서치 능력이 있는 뮤추얼펀드가 GOOG와 같은 기업의 주식을 다량으로 매수할 때는 IPO 시기보다는 3~5년에 걸쳐 천천히 매집하는 것이 일반적이다. 기관투자가의 이례적인 행동은 GOOG가 처음부터 최고의 주식으로 부상할 것이라는 증거였다. 실제 IPO U턴 패턴 이후 GOOG의 주가는 크게 상승했다.

: 쇼트 스트로크

가끔 새로운 형태의 저점이 출현하기도 한다. 그 중 하나가 쇼트 스트로크short-stroke인데, 물론 처음 봤을 때는 깨닫지 못했다. 2003년 크리스마스를 3일 앞둔 12월 22일, 오닐이 전화로 리서치인모션RIMM에 대한 의견을 물었다. 당시 차트 패턴은 매우 **빡빡하게** 형성되고 있었고, 장 종료 후에는 실적발표가 예정되어 있었다. 우리는 RIMM을 기관투자가들을 위한 추천리스트에 포함시켜야 할지 고

민했다. 일단 리스트에 포함되면 기관고객들이 판단을 내리는 동안 기다려야 하기 때문에 48시간 동안 매수할 수 없었다. 우리는 오후로 예정되어 있던 실적발표를 기다리기로 했다. RIMM의 실적은 예측을 훨씬 웃돌았고, 주가는 그림 9.41에서 보는 것처럼 6주간 형성되어왔던 빡빡한 저점을 갭상승으로 돌파했다. 매우 강력한 상승세였지만, 적절한 매수수준에서 20%나 초과해버렸기 때문에 매수에는 상당한 리스크가 있었다.

이제는 빠르게 상승하고 있는 RIMM에 언제 편승할지가 문제였다. 다음 주 거래범위에는 거의 변화가 없었고, 주가는 주간 거래범위의 꼭대기 부분에서 결정되었다. 또 거래량도 급격하게 말라버렸다. 펀더멘털이 상당히 좋을 뿐 아니라 기관투자가들이 보유하고 있는 주식을 전혀 매도할 생각이 없다는 증거였다. 주

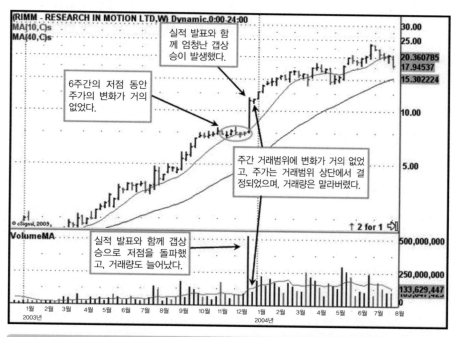

그림 9.41 | 2003~2004년 리서치인모션(RIMM) 주간차트 (자료제공: 이시그널, 2010년).

간 거래범위가 빡빡하고, 주간 종가가 거래범위의 상단에서 결정되며, 거래량이 줄어버린 것은 주식을 팔겠다는 사람이 없기 때문이었다. 이후 열린 오닐의 워크숍에서 GOOG의 패턴은 쇼트 스트로크라고 언급되었다. 악기의 줄을 짧게 한 번 튕기라는 의미의 연주표기법에서 착안해 붙인 이름으로, 젊은 시절 오닐이 트럼펫 및 오케스트라에서 현악기 연주자였던 때문이었다. 통계적으로 쇼트 스트로크의 타당성은 분명하지 않다. 다만 GOOG의 경우는 높이 치솟은 깃발형 패턴의 일종이었다. 깃발 부분이 단 1주일에 걸쳐 빡빡하게 형성되었을 뿐이다.

: 패턴의 모양에 집착하기보다는 맥락에 주목하라

모든 저점에 이름을 붙이려고 하다보면 저점과 차트의 모양에 집착하게 된다. 이 과정에서 오닐이 차트를 측정하고, 이름을 만들고, 분류하려 했던 의도는 오해로 바뀌곤 한다. 예를 들어 2004년 10월 필자들은 아이팟의 인기를 타고 있던 애플AAPL에 상당한 투자 포지션을 유지하고 있었다. 그림 9.42에서도 확인할 수 있는 것처럼, 10월 15일 애플의 실적발표와 함께 주가는 20달러 선을 뚫고 갭상승했다. 거래량과 주가의 엄청난 상승세를 보고 애플이 '최후의 정점'을 찍었다고 판단한 투자자들은 한 가지를 간과하고 있었다. 특정 종목이 최후의 정점을 찍었는지 여부는 반드시 전체 시장 동향과 사이클을 보고 판단해야 한다는 점이다. 2004년 8월 팔로우스루가 출현했고, 이후 시장은 새로운 랠리를 이어가고 있는 상황이었다. 8월 마지막 주에 애플은 첫 번째 저점을 돌파했을 뿐이었다. 시장의 상승세를 타고, 주식은 첫 번째 브레이크아웃에 성공하고 이후에도 서너 번의 저점을 형성하면서 상승한다. 첫 번째 브레이크아웃은 시장의 회복 혹은 팔로우스루와 함께 나타나며, 역시 처음 나타나는 저점이다. 최후의 정점은 세 번째, 네 번째 혹은 그 이후에 나타난다.

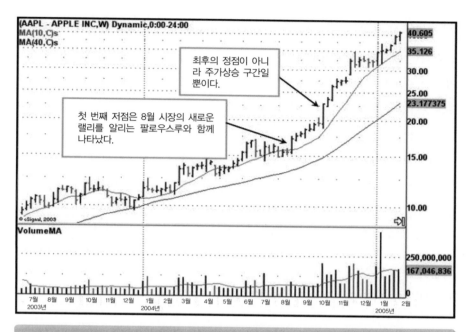

그림 9.42 | 2004~2005년 애플(AAPL) 주간차트 (자료제공: 이시그널, 2010년).

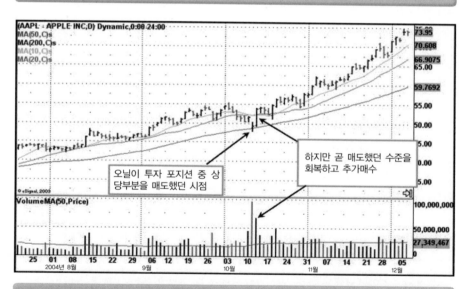

그림 9.43 | 2004년 애플(AAPL) 일간차트. 10월은 확실한 매수기회였다 (자료제공: 이시그널, 2010년).

상당수의 투자자들이 애플이 최후의 정점을 지났다고 생각했지만, 필자들은 공격적인 매수에 나섰다. 실제 우리의 투자 포지션 중 대부분은 2004년 10월 16일 갭상승 때 매수한 것이었다. '최소저항선'이 뚫렸다고 생각했기 때문이었다 (그림 9.43 참조). 4장에서 설명했던 갭상승 매수기회로 특히 그림 9.43에서 나타난 것처럼 갭상승 당일 애플의 엄청난 거래량 증가를 보고 확신할 수 있었다.

애플은 필자들이 윌리엄오닐컴퍼니의 포트폴리오 매니저 시절 투자했던 마지막 최고의 주식이었고, 오닐 역시 상당부분을 투자하고 있었다. 애플이 2005년 10월 실적을 발표했을 때, 우리는 오닐의 전형적인 투자감각을 마지막으로 목격할 수 있었다. 애플의 주가는 이미 상당히 상승한 이후였고, 덕분에 10월 실적 발표 직전에는 매도세가 발생했다. 그래서 갭하락으로 장을 시작하더니 50일 이동평균선이 무너졌다. 오닐은 이때 투자 포지션의 상당부분을 매도했는데, 당일

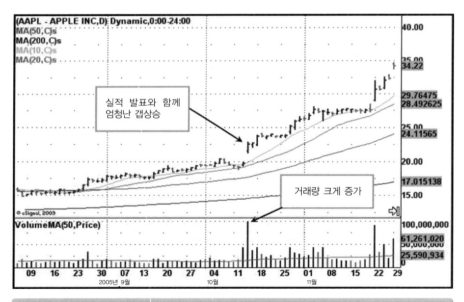

그림 9.44 | 2005년 애플(AAPL) 일간차트 (자료제공: 이시그널, 2010년).

50일 이동평균선 바로 위에서 종가가 결정되었다(그림 9.44 참조). 실적발표 다음날 주가는 50일 이동평균선 상에서 반등했고, 거래량도 크게 늘어난 포켓피봇이었다. 오닐은 전날 매도가격은 신경 쓰지 않고 바로 매수를 시작했고, 평상시의 성향대로 매도했던 것보다 더 많이 매수했다. 최고의 주식이 하락해 매도했는데 이후 강력한 회복세가 나타난다면 단순히 투자 포지션을 회복하는 데 그치지 말고 더 늘려야 한다는 것이 오닐의 생각이었기 때문이다. 이처럼 단호하고 유연한 태도는 보통 투자자들에게서는 찾기 힘들다. 이럴 때면 오닐은 매수단가에 집착하지 않아서, 매도했을 때보다 약간 비싼 수준에서 매수하게 되더라도 개의치 않았다. 관건은 엄청난 주가상승에 편승하는 것이지, 몇 달러 싸게 매수하거나 매도했던 단가보다 싸게 매수해야 하는 것이 아니었다. 최소저항선이 무너졌다는 신호가 발생되었는지, 주가상승이 앞으로 시작될지 여부가 더 중요했다.

오닐의 애플 투자는 빠르고 단호하게 실수를 만회하는 공격적인 투자스타일을 그대로 보여준다. 그림 9.44에서 확인할 수 있듯이, 만약 그때 오닐이 매도했던 단가에 연연했다면, 이후 애플의 포물선 같은 주가상승을 놓치고 말았을 것이다. 또, 두 번의 포켓피봇이 나타났던 점에도 유의해야 한다.

결론

실시간으로 오닐과 함께 시장에서 경험하고 매매를 하다보면, 역사상 가장 뛰어난 투자자라도 매번 옳지는 않다는 사실을 알게 된다. 틀리는 적도 많았지만 그는 자존심을 세우지 않았다. 우리에게 오닐은 "시도도 해보지 않았다면 100% 실패한 거야"라고 말하곤 했다. 그래서 그는 언제나 시도했고, 시장을 거대한 피드백으로 활용했다. 이 과정에서 과거 혹은 미래가 아니라 현재의 증거에 의존했다. 덕분에 잘못이 있으면 그 즉시 깨닫고 수정할 수 있었다. 오닐은 빠르게 대응하지 않는 투자자는 죽은 투자자나 마찬가지라고 표현하곤 했다. 실제 그는 자신의 잘못을 재빨리 파악하고 피해가 커지기 전에 투자의 방향을 변경했다. 또 돈 냄새를 귀신같이 맡아내고 최고의 주식으로부터 마지막 한 푼까지 쥐어짜내곤 했다. 여기에 오닐보다 뛰어난 사람은 없었다.

잭 슈웨거의 『타이밍의 승부사』나 오닐이 직접 쓴 책을 읽어보면, 그가 어떤 사람인지 짐작할 수는 있다. 하지만 실제 오닐이 투자하는 모습을 보기 전까지는 그만의 천재적인 투자감각을 십분 이해하기는 어려울 것이다. 또, 오닐의 투자방식이 마법은 아니라는 사실도 이해하게 될 것이다. 그의 성공은 오랜 훈련과 노력, 세심한 관찰, 지속적인 연구, 단호한 행동이 함께 만들어낸 결과다. 모든 트레이더들이 본받아야 할 점이다. 독자들이 9장을 통해 방대한 경험을 가진 최고의 투자자가 시장에서 유연하면서도 단호한 방식을 어떻게 활용하는지에 대해 알게 되었기를 바란다.

"2000년부터 2002년까지의 하락장에서 일반투자자뿐만 아니라
전문투자자문들까지 큰 손실을 본 이유는 시간을 들여 투자의 규칙과
원칙을 공부하지 않았기 때문이다. 1990년대, 사람들은 노력하지 않고
돈을 버는 방법을 찾았다고 생각했다. 그리고는 단순히 돈을 내고 투자정보나
펀드매니저, 이야깃거리를 샀다."

―윌리엄 오닐, 『The Successful INVESTOR』

CHAPTER 10

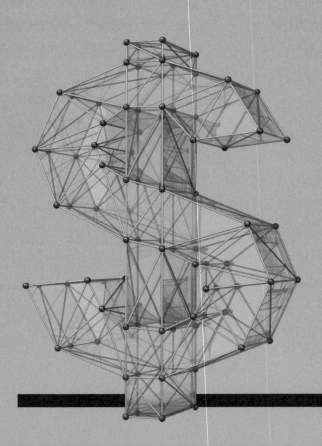

투자는 인생,
인생은 투자

지금까지 살펴본 투자기법을 통해 독자 여러분이 주식투자를 최적화할 수 있기를 바란다. 하지만 그 외에도 필요한 것이 있다. 시합을 앞둔 운동선수처럼, 트레이더들도 자신의 심리상태를 최적화해야 한다. 오닐이 필자들에게 늘 이야기한 것처럼, 투자자는 공포나 무조건적인 긍정적인 생각에 사로잡혀서는 안 된다. 확신을 가지고 투자해야 한다. 투자자의 심리상태는 매우 중요하며, 성공적인 투자를 위해서는 반드시 평정심을 유지해야 한다.

흔히들 주식투자는 거울에 비친 자신의 모습을 들여다보는 것이라고 한다. 필자들은 그 정도가 아니라 자신을 구덩이에 넣어놓고 배율이 천 배나 되는 현미경으로 들여다보는 것이라고 덧붙이고 싶다. 그만큼 투자자의 장점과 단점이 고스란히 드러나기 때문이다. 앞에서도 여러 번 강조했지만, 자존심은 투자를 망치곤 한다. 특히 절대로 틀려서는 안 된다는 자존심 때문에 시장이 들려주는 소리에 귀를 막거나, 과거에 옳았으니 늘 옳아야 한다고 생각하는 것은 아주 치명적인 잘못이다.

에드 세이코타: 세상의 모든 트레이더들을 위한 기술

잭 슈웨거의 『타이밍의 승부사』에서 인터뷰 내용이 소개되기도 했던 전설적인 선물 트레이더 에드 세이코타 Ed Seykota는 투자자들의 마음속에 문제가 있다면, 즉 투자자들의 심리상태가 최적화되어 있지 않다면, 잠재력을 십분 발휘할 수 없거나 최악의 경우 크게 실패할 수도 있다고 경고했다.

세이코타는 인간의 심리가 투자에 미치는 영향에 대해 평생 연구해왔다. 『타이밍의 승부사』에 소개된 세이코타의 인터뷰는 지금까지 트레이더를 인터뷰한 것 중 최고로 손꼽힌다. 그는 투자가 인간의 모든 면을 증폭시킨다고 설명했다. 투자조언을 구하는 사람에게 세이코타는 매번 "소중한 사람을 속인 적이 있나요?"라고 반문한다고 한다. 일상적인 삶에서 도덕적으로 문제가 있다면, 투자도 역시 영향을 받기 때문에 하는 질문이라고 한다. 이 두 가지는 매우 긴밀하게 연결된 불가분의 관계에 있다. 삶에서와 마찬가지로, 매매에서도 속임수는 없어야 한다. 자유주의 시장경제 옹호자인 밀턴 프리드먼 Milton Friedman의 "공짜 점심은 없다"는 말과 비슷한 의미라고 할 수 있다. 남을 속이는 사람은 결국 자신을 속이는 것이다. 투자에서도 속임수는 언젠가 드러나게 되어 있고, 결국 투자실적에도 영향을 미친다.

세이코타는 한 번에 한 명의 제자만을 훈련시키기로 유명하다. 그는 신청자들을 분석해 성공하기에 좋은 성격을 갖추고 있는 사람을 제자로 받아들인다. 투자자에 걸맞은 성격을 가지고 있지 않은 사람들을 위해서는 '세이코타식 투자자가 되기 위한 훈련Trading Tribe Process(TTP)' 프로그램을 통해 투자자로서의 약점을 극복하도록 돕고 있다. TTPwww.tradingtribe.com는 세계적으로 크게 유행했고, 세이코타식 철학을 훈련하는 투자자들끼리 정기적으로 만나는 일도 늘어났다. 그의 철학을 두 단어로 요약하면 '올바른 생계수단'이라고 표현할 수 있다. 월레스 워틀스Wallace D. Wattles가 집필한 『당신도 부자가 될 권리가 있다The Science of Getting Rich』와도 일맥상통한다. 이 책에는 풍요로운 삶에 걸맞는 마음가짐을 위한 로드맵이 제시되어 있다. 물론 여기에서 '부자'란 단순히 경제적인 풍요뿐 아니라 우정, 인간관계, 가족들 간의 유대감, 가치 있는 성과 등이 포함된다.

TTP는 다음 세 단계로 구분된다(여기에 대해서는 www.seykota.com/tribe/TT_Process/index.htm에 자세하게 설명되어 있다).

- •1단계 화가 나고, 이유도 알고 있다. 이유를 알고 있다고 하더라도 의식적으로 거부할 수 있다. 변명을 해대기도 하고, 남에게 잘못을 뒤집어 씌우기도 한다. 자존심을 보호하기 위해서 무슨 일이건 한다. 하지만 그 결과 마음이 불편하다. 시간이 지날수록 문제는 해결되지 않고 불편한 감정은 커져간다. 자존심이 계속해서 문제를 숨기기 때문이다.
- •2단계 무의식(세이코타는 무의식을 프레드Fred라는 이름으로 부른다)과 의식(CM, 즉 conscious mind라고 부른다)이 서로 교류한다. 무의식인 프레드는 CM에게 계속 신호를 보낸다. 이때는 지혜가 답이다. 프레드가 보내는 신호를 계속 무시하는 사람은 결국 같은 패턴을 반복하고, 같은 실수를 저지른다. 이때 마음

속에는 한 편의 드라마가 펼쳐진다. 이런 부류는 어디에나 존재하고, 어디에서나 드라마를 끌어들인다.

문제는 자신의 감정을 억압하고, 감추고, 가리기 때문에 생겨난다. 언젠가 부모나 동료, 선생님에게서 솔직한 감정을 드러내면 안 된다고 배웠는지도 모르겠다. 어쩌면 의식적으로 감정을 드러내면 위험하다고 생각하는지도 모른다. 어쨌거나 그 결과로 무의식은 생각 속에 매듭을 묶게 된다. 그러면 프레드는 CM에 더 강한 메시지를 보내기 시작한다. 이와 함께 마음 속 드라마의 강도도 세진다. 프레드가 메시지를 전달하려 노력하면 할수록 특정한 이미지와 악몽이 재현된다.

게다가 프레드는 경험을 재현하면서 메시지를 보내려 노력하기도 한다. 덕분에 같은 드라마가 계속 반복된다. 행동이 반복될 때마다 머릿속은 더욱 무덤덤해지고, 그래서 행동은 더욱 강화된다. 결국 행동이 반복되어도 머리는 개의치 않게 된다. 하지만 일단 CM이 프레드의 메시지를 이해하면, 우리는 "아하!"하고 깨달음을 얻게 된다. 이때 모든 일이 이해가 되면서 우리는 놀라운 기분을 느끼게 된다. 모든 일이 제자리를 찾아갈 때 느끼는 기분과 비슷하다. 동시에 긴장과 지금까지 억압되었던 감정이 함께 풀려버린다.

세이코타의 TTP는 프레드와 CM이 경험을 더욱 원활하게 교류하도록 돕는다. 기본적으로 TTP는 개인 활동보다는 그룹 활동이 효과적이다. 많은 사람들, 특히 트레이더들은 자신에게 과도하게 의존하는 성향이 있다. DIY^{do-it-yourself}식 문화 때문에 그룹 활동에 참여하지 않아 잠재력을 십분 발휘할 수 없게 된다. 하지만 그룹에 참여한다고 해도 여전히 과도하게 자신에게 의존하는 경우도 있다. TTP의 효율을 극대화하기 위해서는 그룹 참여로 인한 최고의 경험을 끌어내도록 해야 한다. 세상에 혼자서 만들어낸 기업은 없다.

TTP의 철학은 이 책의 각 장에 담겨 있는 내용과 비슷하다. 즉 우리는 모두 연결되어 있으며, 하나라는 것이다. 경계는 없다. 서로간의 아름답고 깊은 연결고리를 찾는 것이 깨달음을 얻기 위한 첫 단계다. 세이코타는 깨달음의 경지를 '영점에 도달하기Getting to the Zero Point'라고 부른다. 영점Zero Point은 『지금 이 순간을 살아라The Power of Now』와 『A New Earth』의 작가이자 철학가인 톨레가 말한 '현재에 집중한다'는 의미이고, '시장에 몸을 맡긴다'는 의미와도 같다. 세이코타는 이를 가리켜 "모든 것을 내려놓고 기쁘게 춤추는 것이다. 진흙탕에서 손으로 장난치면서 마음껏 즐기는 것이다. 투자를 하면서 시장, 자신, 가격, 수익과 손실, 모니터에 나타나는 아름다운 색깔들까지 모든 것에 매료되는 것이다"라고 설명했다.

• **3단계** 마음속에 묶여 있는 매듭을 풀면, 오랫동안 재현되던 파괴적인 드라마가 사라진다. 과도하게 방어적인 걱정은 줄어들고, 미래에 대한 건전한 예측이 늘어난다. 감정과 논리 사이에 균형이 맞추어지고 현재에 충실하게 되며, 창의성이 늘고 건강해진다. 우정과 대인관계가 개선되고, 결국 투자에도 성공한다.

에크하르트 톨레: 지금 이 순간을 살아라

에크하르트 톨레Eckhart Tolle는 현대인들을 위한 최고의 영적 스승이다. 그의 책 『지금 이 순간을 살아라』는 전 세계인들에게 많은 영향을 미쳤고, 15개국 언어로 번역되었다. 톨레의 가르침은 단순하다. 현재는 우리가 가지고 있는 전부이기 때문에 현재에 집중하라는 것이다. 하지만 대다수가 과거의 잘못이나 실수에 집착하면서, 현재를 등한시하곤 한다.

특히 트레이더들이 많이 시달리고 있는 정신적인 문제를 예로 들어보자.

- "내가 샀을 때보다 낮은 가격에 주식을 팔다니 믿을 수 없어. 다시 매수기회가 있다고 해도 다시는 거들떠보지 않을 거야. 한 번은 그렇다 처도 두 번 당할 수야 없지."

   이성적인 생각보다 감정이 앞서는 사람이다. 한 번 실패한 종목에 대해 부정적인 편견을 갖게 되었다. 좋은 매수기회이고, 좋은 종목이라고 해도 상관없다는 식이다.

- "이렇게나 주식이 많이 떨어졌다니 화가 나서 참을 수 없어. 내가 샀던 가격까지 오르기만 해보라고. 당장 팔아버릴 거야. 적어도 손해는 보지 말아야지."

   매수할 만한 새로운 종목을 찾는데 집중하지 못한다. 좋은 투자기회가 찾아와도 놓쳐버릴 가능성이 크다.

사람들은 과거에 집착할 뿐만 아니라 미래에도 얽매인다. 예를 들어보자.

- "지금은 내가 매수했을 때보다 주가가 많이 떨어졌지만, 언젠가는 더 오를 거야."

   헛된 희망보다는 주가가 더욱 하락할 가능성을 감지하고 매도해야 한다.

- "주가가 너무 많이 올랐어. 지금 팔아서 이익을 챙겨야겠어. 지금 수익을 실현하면 절대 손해를 보지 않으니까."

   주식에 전혀 문제가 없고 적절한 행보를 보인다면, 팔아서는 안 된다. 주가가 크게 상승한 것은 매도의 이유가 되지 못한다. 대신 주가가 계속 적절한 행보를 보이면서 상승하길 바라야 한다. 그리고 계속 주식을 보유하고 있어야 한다.

- "주가가 손익분기점까지 상승하지 않으면 뭘 먹고 살지?"

오닐이 충고했듯이 걱정하면서 매매해서는 안 된다. 겁을 먹고 투자를 한다면 절대 돈을 벌 수 없다.

이처럼 과거에 집착하거나 미래를 너무 걱정하다가 현실에서 멀어져서는 안 된다. 그렇다고 미래를 위해 전략과 계획을 세우지 말아야 한다는 건 아니다. 톨레의 표현을 빌렸을 때 '시계를 맞추어야 할 시간clock time'은 물론 있다. 다만 과거에 빠져서 오도가도 못하거나, 미래에 대해 끊임없이 걱정하는 '심리적인 시계 psychological time'를 경계하라는 것이다. 사람들이 현재에 집중하지 못하게 만들기 때문이다. 현재의 노력을 통해 계속 개선해 나가지 않고 상황을 생각하는 데 너무 오랜 시간을 낭비하면 실패할 가능성이 커진다. 미식축구에서 흔히 많은 '작은 구멍'을 다 막으면 골을 넣을 수 있다고 표현하곤 한다. 오닐도 열심히 일하면 조금씩 나아진다고 말하곤 했다. 그는 "빛을 좇아 계속 전진하라"고 다독이곤 했다.

인생은 늘 변한다. 하지만 그 와중에 마음의 평화와 조화를 추구할 수 있다. 현재에 집중하면서 눈앞의 도전과제를 해결해 나가면 된다. 필자들이 또 즐겨 쓰는 표현 중에 '인간은 바다와 같다'는 말이 있다. 삶은 바다의 해수면과 같다. 가끔 요동치고 변덕스럽지만 겉모습만 그럴 뿐이다. 인간은 깊숙한 바다처럼 고요하고 서로 연결되어 있다. 도전과제와 고난이 닥쳐왔을 때, 자신의 깊은 내면을 알고 여기에 집중하면 중심을 잡을 수 있다. 그러면 어떤 도전과제가 주어진다고 하더라도 항상 준비된 자세로 헤쳐 나갈 수 있게 된다. 수천 년을 지나온 삼나무 숲처럼 삶도 자연스럽게 걱정 없이 펼쳐질 수 있다.

걱정과 집착은 자존심 때문에 생긴다. 자존심은 종종 투자자의 집중력을 흐트러뜨리고, 투자자들을 현재로부터 멀어지게 하는 집착에 불을 지핀다. 자신의 자존심을 버리는 것이 현재에 집중할 수 있는 최선의 방법이다. 톨레는 나쁜 일

이 생겼을 때 잊으려 노력하지 말고 자신을 관찰해보라고 조언하기도 했다. 마치 전혀 상관없는 외부인인 것처럼 자신을 차근차근 들여다보자. 그러면 자신의 머릿속에 있는 모든 생각이 만들어내는 노이즈가 실은 자신이 아니라는 사실을 깨닫게 될 것이다. 또 힘든 시간도 잠깐 자신을 스치고 지나가는 사소한 일에 불과하다는 것을 알게 될 것이다. 자신과 지금 벌어지고 있는 사건 사이에 충분한 공간, 즉 '내재적인 고요함'을 유지하도록 하자. 필자들과 개인적인 친분이 있는 한 유명 투자자는 시장이 예측과 반대로 움직이고, 그 결과 막대한 투자손실이 발생할 때면 스스로에게 "흥미롭군"이라고 말한다고 한다. 그리고는 상황이 어떻게 흘러가는지 찬찬히 관찰한 후 현재에 필요한 행동을 취해 해결해나간다고 한다. 내재적인 고요함은 투자자들이 현재에 집중하도록 해준다. 덕분에 집중력을 가지고 최선의 방법을 찾아낼 수 있게 된다. 이것이 바로 자신감이다. 자존심 때문에 자신감을 버려서는 안 된다. 자존심을 버리면, 비판에 좌우되거나 상처받지도 않게 된다.

내재적인 고요함과 바다의 심연은 같은 의미다. 여기에 따라 말하고 행동하면, 우주의 힘으로부터 도움을 받게 된다. 자신의 내면에서 일어나는 변화에 따라 끌어들이고, 발산해내기 때문이다. 대기권으로 퍼져나가는 파동처럼, 인간은 자신의 느낌에 따라 다양한 수준의 에너지를 내보내게 된다. 이때 자신의 느낌을 '진동하는 단계'라고 설명할 수 있다. 진동의 단계가 높아지면 기쁨, 행복, 열정과 소통한다. 진동의 단계가 낮으면 지루함, 우울, 분노, 자괴감 등과 소통하게 된다. 여기에 대해서는 이후 에스더 힉스의 철학을 설명하면서 더욱 상세하게 다루어질 것이다. 힉스는 진동하는 단계의 주파수를 높이고, 더욱 긍정적인 상황을 끌어들이는 방법을 설명했다. 따라서 자신에게 일어나는 일을 받아들이는 것이 중요하다. 그러면 가장 강력한 상태가 되고, 모든 상황에 대비할 수 있게 된다. 비극적인 일이 일어난 다음에는 실제 일어난 일을 그대로 수용하면서부터 치료가 시작된다. 세이코타의 TTP와 비슷하다. 트레이더들은 프레드가 CM에게 하는 말을 적극 수용해야 한다. 단순히 CM은 프레드가 보내는 메시지를 인식하기만 하면 된다. 그러면 "아하!"하고 모든 의문이 풀리는 순간이 찾아온다. TTP는 기본적으로 지름길이다. 또 그와 동시에 비극이 일어났을 때 부정, 분노, 협상, 우울함 등을 피할 수 있는 방법이기도 하다. 『지금 이 순간을 즐겨라』에서 톨레가 한 말처럼 "고통스러운 마음 때문에 자신을 희생양으로 삼아서는 안 된다. 자신에게 연민을 느끼고 자신의 이야기를 계속 하다보면 고통에서 빠져나올 수 없게 된다. 자신의 기분을 아예 없애버릴 수는 없으므로, 수용하는 수밖에는 없다. 그렇지 않으면 변화는 일어나지 않는다." 톨레는 고통스러운 감정을 받아들이고, 수용하고, 여기에 굴복해야 한다고 역설했다. 그렇지 않으면 무의식중에 반복하면서 같은 상황을 계속 재창조할 가능성이 높아진다고 설명했다. 세이코타의 TTP와 일맥상통한다. 실제 일어난 일을 그대로 받아들이라는 말은 CM이 프레디의 메시지를 인식해야 한다는 것과 같은 의미다.

부정적인 소식이나 비극을 받아들이는 것과 부정적인 마음과 행동을 갖는 것은 다르다. 이 두 가지는 치명적인 독이다. 오닐은 계속해서 부정적인 태도를 보이는 직원은 해고했다. 부정적인 생각을 하는 이유는 자존심이 생각을 지배하도록 놔둔 결과다. 그러면 부정적인 생각과 걱정, 집착으로 이어진다. 톨레는 『지금 이 순간을 살아라』에서 부정적인 생각을 버리는 방법에 대해 설명했다. "그냥 버리면 된다. 손에 쥐고 있는 뜨거운 석탄을 어떻게 버리느냐고 묻는 거나 마찬가지다. 지금 짊어지고 있는 엄청나고 쓸모없는 짐을 어떻게 버리느냐고 묻는 거나 마찬가지다. 더 이상 고통 받고 싶지 않다거나, 무거운 짐을 더 이상 들고 싶지 않다고 인식하자. 그리고 버리면 된다."

『지금 이 순간을 즐겨라』에는 유용한 실천방법이 소개되어 있다.

- **다양한 상황에 대한 자신의 생각과 감정, 반응을 관찰하라** 자신의 관심이 과거나 미래에 있는지 살펴보자. 빛이 생기면 암흑은 사라지듯이, 의식에 불을 밝히면 과거나 미래에 대한 관심은 사라진다. 부정적인 기분이 생길 때마다, 자신의 마음속에서 벗어나 현재에 집중하라. 매일 주식시장에서 발생하는 다양한 사건들에 대해 반응하면서 자신의 생각과 느낌을 투자 다이어리에 적도록 하자.

- **자신이 하는 일에 집중하라** 언제 수익을 올릴 수 있을지 혹은 수익을 올릴 수는 있을지 여부를 걱정하느라 집중력이 흐트러져서는 안 된다. 자신의 거래계좌에 들어 있는 돈을 확인해보거나 아직 갖지도 않은 사치품을 살 생각에 빠져서는 안 된다. 시장의 방향을 점치거나 희망이나 공포를 느끼는 것보다는 실시간으로 결정을 내리고 대응하는 데 집중해야 한다.

- **자신을 지속적으로 관찰해 정신 및 감정적 상태를 모니터하라** 밖에서 일어나는 일보다는 자신의 내면에서 일어나는 일에 좀 더 관심을 두어야 한다. 자신의 내면을 제대로 다스린다면 외부의 일은 알아서 제자리를 찾아간다. 자책감이나 자부심, 억울함, 분노, 후회, 자괴감 등을 느끼는가? 만약 그렇다면 자신의 마음속에 과거를 저장해 놓아서 스스로 명을 단축시키고 있기 때문이다. 이렇게 부정적인 감정들은 지금 당면한 문제에 대해 집중하지 못하도록 방해를 한다. 투자는 완전히 현재에 집중해야 하는 일이다.

- **기다리는 것을 포기하라** 항상 현재에 집중하고 현재를 즐겨라. 그래야만 기다릴 필요가 없어진다. "언젠가 주식으로 돈을 많이 벌어서 큰 집을 사고 말테야" 라는 식의 자세는 필요 없다. 인생은 지금이다.

- **투자를 하면서 자신의 호흡을 느껴라** 그러면 집중력을 회복하는데 도움을 줄 것이다. 명상을 하는 사람들에게는 특히 효과적인 기술이다. 마음을 비우면 오히려 해답을 찾게 된다. 이를 통해 내재적인 고요함을 얻을 수 있

기 때문이다. 자신의 신체에 집중하다 보면 마음의 과도한 집착을 버릴 수 있게 된다. "내 몸이 살아있는가? 나의 손, 팔, 다리, 발에서 삶과 에너지를 느낄 수 있는가?"라고 자문해보자. 심호흡을 하면서 배 아래쪽이 천천히 팽창되었다가 수축하는 것을 느껴보자. 몸 안에 있는 에너지를 느낄 때 눈앞의 이미지는 지워버리자. 그리고 감정에만 집중하자. 이때 몸과 자신 사이에 있는 경계를 허물어뜨리고 하나가 되어보자. 자신의 내면과 외부 사이의 경계를 무너뜨리고 또 자신과 모든 다른 것과의 경계를 무너뜨리자. 모든 것과 하나가 되어보자. 자신의 내면에 더 많은 의식을 불어넣을수록 진동의 주파수는 커지게 된다. 그러면 불을 켠 것처럼 밝아질 것이다. 이런 상태라면 긍정을 계속해서 끌어들이게 된다. 이 과정에서 주파수는 더욱 증폭된다. 현재에 깊숙하게 뿌리내리면 외부 세계와 자신의 자존심에 정복당하지 않게 된다.

- **문제에 대한 해답을 찾을 때나 창조적인 해결책을 모색할 때 생각을 중단하라** 자신의 내면에 단 몇 분만이라도 집중해보자. 이 과정에서 해답은 떠오르기 마련이다. 그렇지 않다면 생각을 정리하고 창조적으로 다시 시작해보자. 필자들은 이 방법을 통해 가장 창조적인 투자 아이디어와 투자 및 연구 아이디어를 얻어내곤 했다. 때로는 꿈을 꾸기도 했다.

- **삶에 저항하지 마라** 이는 편하고 가벼운 상태를 유지하라는 뜻이다. 시장이 자신의 투자 포지션과 반대로 움직일 때에는 긴장을 늦추고 최적의 길을 모색하도록 한다. 항상 분명해야 한다. 사물에 대한 욕심을 버려야 한다. 외부적인 형태form에 대한 의존도 없애버려야 한다. 역설적으로 이런 상태에 도달했을 때 삶의 전반적인 조건, 즉 외부적인 형태는 크게 개선된다. 물론 언제나 좋을 수는 없다. 하지만 외부적인 것에 대한 집착을 버리면 공포는 사라지고 삶은 물 흐르듯이 흘러가게 된다.

- 누군가가 무례하거나 상처가 되는 말 혹은 행동을 할 때면 무의식적으로 공격하거나 방어 자세를 취하거나 회피하지 말고, 받아들여라 저항하지 않아도 된다. 물론 상대방에게 용납할 수 없는 행동이라는 점을 분명히 밝히는 것은 좋다. 다만, 자신의 내면을 통제해야 한다. 이를 통해 다른 사람이 아니라 스스로가 통제권을 장악하게 된다. 또 자신의 자존심에 통제권을 빼앗기는 일도 없게 된다. 모든 종류의 방어막을 경계하라. 자존심 때문에 방어적인 자세를 취하게 되는가? 자신의 방어태세를 깨달으면 그 즉시 방어태세를 버리도록 하라. 의식적으로 알고 있으면 방어적인 태도는 사라지게 된다. 대인관계를 망가뜨리는 논쟁과 파워 게임도 사라지게 된다. 물론 다른 사람에 대한 태도와 관련된 문제지만 투자에도 영향을 미치게 된다. 마음속에서 곪아 터져버린 갈등 때문에 투자에 집중할 수 없는 경우가 생길 수도 있기 때문이다.

- 역설적이지만, 평화를 추구하지 마라 자신이 평화를 느끼지 못하고 있다고 해도 용서하라. 예를 들어 과거에 집착하거나 미래를 걱정하고 있는 자신을 발견한다고 해도 크게 괘념치 말라. 자신이 평화롭지 않다는 사실을 수용하고 여기에 굴복하면 있는 그대로를 받아들이게 된다. 즉 현재에 집중하게 된다. 또 매 순간이 즐거워진다. 이것이 바로 깨달음이다. 굴복하면 의미 있는 변화가 생겨난다. 톨레가 말한 굴복의 뜻은 삶의 도전과제를 포기하라는 의미가 아니다. 해야 할 일을 파악하고 한 번에 한 가지씩 집중하면서 처리해 나가는 것을 뜻한다. 『지금 이 순간을 즐겨라』에서 톨레는 "굴복은 간단하면서도 심오한 지혜다. 삶의 흐름을 거스르기보다는 삶과 함께 흘러가는 방법이다. 그리고 삶의 흐름을 경험할 수 있는 유일한 장소는 지금이다. 따라서 굴복은 조건과 망설임 없이 현재의 순간을 받아들이는 것이다. 내면의 저항을 없애는 것이기도 하다"라고 설명했다.

시장에서 자신의 투자가 급락하고 있을 때, 언젠가는 나아질 것이라며 자신을 속여서는 안 된다. 현재 상황을 부정하거나 거부해서도 안 된다. 자신의 매매를 묻어두어서는 안 된다. 현재 상황을 정확하게 수용하고 해결을 위한 모든 방법을 동원해야 한다. 물론 다수의 투자 포지션에서 손실을 기록하게 될 수도 있다. 하지만 지금의 손실은 앞으로 더욱 커질 가능성이 있다. 따라서 지금 해결해야 한다.

마지막으로 톨레의 베스트셀러 『A New Earth』에 담긴 강력한 메시지를 소개하고 싶다.

살면서 비극적인 손실의 결과로 새로운 의식의 측면을 경험한 사람들이 많다. 사람들은 물질적인 손실을 겪기도 하고, 아이, 배우자, 사회적 지위, 명성, 신체적 능력 등을 잃어버리곤 한다. 과거에 어떤 것을 인식했건 어떤 느낌을 받았건 사라져버리게 된 것이다. 처음에는 갑작스럽고 설명할 수 없는 고통 혹은 강력한 공포를 느낀다. 하지만 곧 현재의 감각과 고요한 평화, 공포로부터의 자유로 바뀌게 된다. 과거에 당신이 인식하고 당신이 느끼던 형태가 무너지고 사라져버리면 자존심도 사라지게 된다. 자존심은 형태의 인식이었기 때문이다. 더 이상 인식할 것이 없으면, 그렇다면 당신은 누구일까? 당신을 둘러싼 형태가 사라지거나, 사라져버리려고 하면 자신이 누구인가에 대한 깨달음을 통해 형태에 대한 집착에서 벗어나게 된다. 지금까지 억압받았던 영혼이 풀려나게 되는 것이다.

당신은 자신의 아이덴티티에 형태가 없다고 깨닫게 된다. 어디에나 존재하는 모든 형태 이전의, 모든 인식 이전의 상태로 깨닫게 된다. 자신의 진실한 아이덴티티를 의식이 인식하는 대로가 아니라 의식 자체로 깨닫게 된다. 당신이 누구인지의 궁극적인 진실은 '내가 이것이다 저것이다'가 아니라 '나는 나 자신이다' 라는 답이 되어야 한다.

내면적으로 성과를 얻을 때, 굴복할 때, 의식의 새로운 측면이 열리게 된다. 행동이 가능하거나 필요하다면, 행동이 창조적인 지식과 하나가 되거나 혹은 지원을 받게 된다. 내면이 개방된 상태의 조건 없는 의식과 당신은 하나가 된다. 그러면 상황과 사람들이 도움을 주고 협력적이 된다. 우연한 일도 생겨난다. 행동이 가능하지 않다면 굴복한 평화와 내재적인 고요함 속에 휴식을 취하면 된다.

에스더 힉스: 끌어당김의 법칙

에스더 힉스Esther Hicks는 진실한 성공을 '살면서 느끼는 기쁨의 양'으로 정의했다. 우주의 법칙, 예를 들어 중력의 법칙에 대해 설명했는데 더 큰 기쁨을 느낄수록 진동의 주파수가 커진다고 주장했다. 진동의 주파수가 커지면 자신의 열망도 더욱 빠르게 드러난다. 우리는 기분이 좋으면 우주를 통해 우리의 열망을 전달할 수 있게 된다. 기분이 나쁘면 우주와의 소통을 끊어버리게 된다. 이렇게 하다보면 사람은 누구나 더 큰 진동의 주파수로 이어진다. 우리 모두는 긍정적인 생각의 힘에 대해 들어왔다. 힉스는 그보다 긍정적인 감정과 긍정적인 행동의 힘을 더욱 강조한다. 사람들의 진동의 주파수를 훨씬 증폭시킬 수 있는 강력한 방법이라고 생각하기 때문이다.

힉스는 자신의 책 『끌어당김의 힘Law of Attraction』과 『마법의 열쇠Ask, and It is Given』에서 독자들이 진동의 주파수를 더욱 증폭시킬 수 있는 정신적인 훈련을 제시하고 있다. 사랑하는 사람의 죽음이나 실직 등 힘든 상황에서 긍정적인 기분을 느끼기란 거의 불가능해 보인다. 하지만 긍정적인 행동의 힘은 사람들의 마음을 바꾸어 놓고 덕분에 치료가 시작되며 상황에 적응할 수 있게 된다. 하지만 행동을 취하기 전에 톨레가 설명한 것처럼 손실이나 비극을 받아들이고 수용해야만 한다. 즉 슬픔, 우울, 상실감을 수용하고 받아들여야 한다. 그렇지 않으면 깊은 우울증에 빠지게 되며 부정적인 생각을 하고 느끼는 것 외에는 아무 것도 하지 못하게 된다. 발생한 일에 대해 어떻게 대응하는지가 중요하다는 것을 잊어서는 안 된다.

비극이 언제든지 닥칠 수 있는 실생활의 예를 들어보자. 유명한 모터레이스 선수인 마리오 안드레티Mario Andretti는 자신이 사고를 잘 당하지 않는 이유가 공포를 느끼거나 벽에 부딪치지 않으려고 노력하는 다른 선수들과 달리 운전할 때마다 도로에 집중하기 때문이라고 설명했다. 끔찍한 어려움이나 잠재적인 재난에 직면해서도 자신의 목표를 달성하는 상황을 제대로 비유한 설명이다.

톨레와 힉스의 가르침을 한데 묶으면 나쁜 소식을 접하거나 손실을 경험하거나 끔찍한 재난이 닥쳤을 때 다음 전략을 추구할 수 있게 된다.

- **1단계** 손실이나 비극을 받아들인다.
- **2단계** 긍정적으로 행동한다.
- **3단계** 긍정적으로 감정을 느낀다.
- **4단계** 긍정적으로 생각한다.

이 모든 단계는 즉시 사람들의 내면에 높은 진동 수준을 만들어준다. 그러면 사람들은 삶에서 원하는 것을 끌어들일 수 있게 된다. 하지만 중요한 것은 내면의 진동 수준을 올리는 데 있다. 1, 2, 4단계는 3단계로 이어질 수 있고 3단계는 사람들의 진동의 주파수를 직접적으로 올릴 수 있게 된다. 그러면 투자에도 긍정적인 영향을 미치게 된다.

잭 캔필드: 개인을 최적화하기 위한 노력

NASA의 연구 결과에 따르면, 머릿속을 바꾸기 위해서는 30일이 걸린다고 한다. 우주비행사들은 모든 것을 거꾸로 보이게 하는 안경을 써야만 한다. 며칠이 지나면 이 새로운 환경을 배우고 행동할 수 있게 되고 30일이 지나면 머릿속에서 새롭게 바뀐 세상이 아예 자리를 잡게 된다. 그제야 우주비행사들은 안경을 벗을 수 있다. 하지만 원하는 때 안경을 쓰면 행동하는데 불편함이 없다고 한다. 15일간 모든 것을 거꾸로 보이게 하는 안경을 쓴 우주비행사들은 다시 안경을 썼을 때 새로운 적응기간이 필요하다. 30일 동안 훈련을 받은 우주비행사들처럼 처음부터 편하게 행동할 수는 없다고 한다. 이러한 실험 결과는 더욱 폭넓게 적용해볼 수 있다. 선택한 어느 분야에서나 엄청난 변화를 가져올 수는 있지만 30일 동안 끊이지 않고 노력해야 변화를 완전하게 만들 수 있다는 것이다.

대부분의 사람들은 자신이 원하는 변화를 지속적으로 30일 이상 훈련하지 않는다. 하지만 30일 동안의 훈련은 반드시 필요하다. 스스로에게 긍정적인 변화가 일어나길 원하는 사람은 30일 동안 노력해야 원하는 결과를 얻을 수 있다.

『영혼을 위한 닭고기 수프Chicken Soup for the Soul』를 비롯해 수많은 책을 쓴 잭 캔필드Jack Canfield는 30일 동안 자신의 목표에 집중하는 방법을 제안한다. 먼저 자신의 목표를 노트에 적고, 목표를 시각화하며, 조금씩 목표를 향해 나아가고, 목표를 달성했을 때 기분이 어떨지 생각해보라. 그러면 감정적으로 동기를 유발하게 된다. 그리고 지금까지 달성해온 결과를 돌아보라. 뇌 능력의 85%를 차지하는 무의식을 프로그램 하는 효과적인 방법이다. 인간의 뇌는 마치 라디오 주파수처럼 뇌파를 보낸다. 따라서 당신이 생각을 할 때는 다른 사람들도 무의식적으로 당신의 생각을 감지할 수 있다. 이렇게 긍정적인 생각을 발산하여 사람들을 끌어들일 수 있다. 『시크릿The Secret』의 메시지가 매우 강력한 것도 같은 이유에서다. 목표를 시각화하고 목표를 달성했을 때의 기분이 어떨지 짐작하면 세상에 강력한 메시지를 보낼 수 있게 된다. 목표를 이루기까지 활용할 수 있는 방법은 다양하다. 예를 들어 다른 사람들이 당신의 긍정적인 생각을 무의식적으로 짚어낼 수도 있고 또 당신의 바디랭귀지나 제스처, 에너지, 태도의 변화를 보고 도움을 줄 수도 있다. 따라서 가장 중요한 것은 당신의 머릿속에 들어있는 생각을 최적화하는 것이다. 부정적인 생각을 긍정적인 생각으로 바꾸어야 한다. 부정적인 뉴스에 집착하는 것을 멈추고 부정적인 부류에서 빠져나오도록 하라. 주위에 부정적이고 계속해서 불평을 늘어놓는 사람들이 있다면 거리를 유지하는 것이 좋다. 긍정적인 책이나 자서전, 리더십에 관한 책을 읽도록 하라. 공포 때문에 목표를 달성하지 못해서는 안 된다. 공포를 수용하고 행동하라.

유명한 과학자 딘 라딘Dean Radin은 다큐멘터리 「왓 더 블립?What the Bleep?」에서 무작위로 숫자를 골라내는 컴퓨터에도 사람들의 생각이 통계적으로 상당한 수준까지 영향을 미칠 수 있다고 설명했다. 방안에 있는 한 무리의 사람들이 동시에 0과 1 중 하나의 숫자에 집중하면, 무작위로 숫자를 골라내는 컴퓨터가 해당 숫자를 골라낼 가능성이 높다는 것이다. 예를 들어 사람들이 0이라는 숫자에 집중하면 컴퓨터가 0을 짚어내는 횟수도 늘어났다고 한다. 이처럼 사람들의 생각은 외부에도 영향을 미친다. 우리가 눈으로 볼 수는 없지만 라디오 주파수가 대기권을 퍼져나가는 것과 마찬가지다. 게다가 컴퓨터가 숫자를 짚어내는 빈도에까지 영향을 미친다면 항상 자신의 생각을 긍정적으로 유지해야 하는 확실한 증거를 얻은 것이다. 부정적인 생각을 가진 사람과 이들의 에너지에 조심하라!

심리적 체크리스트: 스스로에게 하는 질문

개선과정을 확실히 하기 위해 심리적 체크리스트를 만들면 도움이 된다. 특정 질문을 하고 매일 혹은 매주 해야 할 일을 리스트로 만들면 좋다. 지금부터 최적화된 상태를 선택하고 유지하는데 도움이 되는 질문과 매일의 훈련을 소개하도록 하겠다.

: 풍요로움과 부족함

다른 사람의 불행에 대해 속으로 미소 짓는 사람은 정신적으로 수양이 부족한 사람이다. 부족하기 때문에 부러워하고 질투하는 것이다. 유명한 철학자 아인 랜드Ayn Rand는 자신의 수필 『질투의 시대Age of Envy』에서 미국의 문화는 부러움의 문화라고 주장했다. 그래서 사람들이 부자와의 결혼을 꿈꾸고 스캔들을 쫓는다는 것이었다. 다른 사람의 불행에 대해서 편안함과 만족을 느끼기도 한다.

자신의 마음이 부족한지 혹은 풍요로운 상태인지에 대해 솔직하게 자문해봐야 한다. 질문에 대한 해답을 얻기 위해서는 다른 사람이 실패했을 때보다 성공했다거나 부유해졌다고 할 때 조금이라도 만족감을 느끼는지를 알아봐야 한다. 경쟁자에 대한 건전한 경쟁심과 혼동해서는 안 된다. 자신의 마음이 풍요롭다면 다른 사람의 성공이나 부에 대해서도 솔직하게 기뻐할 수 있어야 한다. 자신의 목표를 세울 때 상대방의 성과를 염두에 두고 목표를 조절해 나간다면 자신의 마음이 풍요롭다는 표시다. 세상이 수많은 기회로 가득 차 있다고 생각한다면 세상은 당신의 것이다. 모험을 꿈꾸든 성과나 부, 상호적인 대인관계를 추구하든 마찬가지다.

: 자신감과 불안함

똑똑하고 올바르며 부를 축적하면 다른 사람들의 존경을 받고 영향력을 행사할 수 있게 된다는 것이 일반적인 믿음이다. 사람들은 최고의 옷을 입고 자신의 몸에 집착하고 심지어는 성형수술을 받아서라도 가능하면 훌륭하게 보이려고 한다. 물론 외모를 꾸미고 자신의 성과를 자랑스럽게 생각하고 여기에 대해 다른 사람들과 정보를 나누는 것이 잘못된 행동은 아니다. 하지만 너무 지나치게 자랑하고 있는 것은 아닌지 점검해봐야 한다. 그렇다면 불건전하고 과장된 자존심 혹은 우월하고 싶은 콤플렉스에 빠져 있는 것이다. 자동차, 집, 은행계좌, 보유하고 있는 주식 수, 계급, 옷, 외모 등을 자랑하는 이유는 자신감이 없거나 불안하기 때문이다. 열등감 콤플렉스는 그 반대이거나 역시 자신감이 결여된 결과일 수도 있다.

정말 현명한 사람은 다른 사람의 존중이나 사랑을 필요로 하지 않는다. 그래서 자랑할 필요도 없다. 자세히 보면 모든 인간은 하나이며 서로 연결되어 있고 무한한 잠재력과 고요, 깊이에 연결되어 있다는 것을 알고 있기 때문이다.

: 인생의 목표

매일매일 자신의 목표와 재능을 확인하고 삶의 모든 것에 감사하며 명상으로 마음을 비우고 자신과 다른 사람을 개선할 수 있는 방법에 집중해야 한다. 자신이 할 수 있는 선한 일에 집중하고 모든 일에서 즐거움을 찾아야 한다. 지루하고 재미없는 일이더라도 새로운 시각으로 바라보고 스스로에게 "어떻게 나에게 도움이 될까? 다른 사람에게 어떻게 긍정적인 영향을 줄 수 있을까? 시장에서 번 돈으로 다른 사람을 돕고 자선단체에 도움을 줄 수 있을까?"하는 자문을 해보아야 한다. 감사의 말 한마디나 고마움의 눈길 한번으로 행복해질 수 있다. 이것이 진정한 힘이다. 그리고 그 어느 것으로도 빼앗길 수 없는 힘이다. 부와 지위, 외모는 금방 사라진다. 하지만 영혼의 아름다움은 영원하다. 이 모든 것들은 진동의 주파수를 증폭시켜줄 뿐만 아니라 자신의 내면에 매우 긍정적이고 강력한 중립적 연결고리를 만들어준다. 또 자신의 목표를 달성하고 자신의 주위에 있는 사람들을 고양시키게 된다.

　부정적인 사건에 직면했을 때 특히 엄청난 손실이나 비극을 겪게 되면 톨레가 말했던 것처럼 여기에 굴복해야 한다. 그래야만 내면의 평화를 얻게 된다. 내면의 평화란 자신의 주위를 둘러싸고 있는 조용하고도 편안한 공간이며 내면의 고요함을 뜻한다. 일시적인 행복보다 훨씬 더 방대하고 깊은 개념이다. 자신의 깊숙한 에너지와 긴밀하게 연결될 때 내면의 평화가 드러나며, 이를 통해 최고의 효율을 이끌어낼 수 있다. 그러면 전 세계의 에너지도 자신의 편으로 끌어들여 최고의 결과를 도출할 수 있게 된다.

공통점

I

　에드 세이코타와 투자전문가들은 아니지만 톨레, 힉스, 캔필드, 프록터Bob Proctor, 워틀스 등의 유명한 작가들의 가르침 및 이들의 책과 노력 사이에는 공통점이 존재한다. 『시크릿』, 「왓 더 블립?」, 『모세 코드Moses Code』 등도 훌륭한 자원이다. 이들의 가르침은 단순히 시각과 행동양식을 바꿔주는 데 그치지 않는다. 정확하게 말하면 신념을 바꾸거나 무엇을 믿어야 한다고 역설하는 것과는 거리가 멀다. 이들의 가르침은 사람들이 최고의 잠재력을 끌어내고 자신의 믿음을 더욱 강화시키도록 도움을 주는 과정이다. 이들의 가르침 자체가 하나의 신넘이다. 바꾸려고 한다면 원래의 목적을 잃어버리게 된다.

우리는 부자로 만들어준다거나, 투자실적을 개선시켜준다는 다양한 광고의 홍수 속에 살고 있다. 최고의 투자기술은 정직하고 유용한 조언이다. 여기에서 소개한 책이나 웹사이트들을 한 번도 접해본 적이 없다면, 꼭 한 번은 읽어보라고 권하고 싶다. 그리고 가장 중요한 것은 배운 내용을 실천하는 것이다. 단순히 책이나 세미나에 집착하는 덫에 빠져서는 안 된다. 자기 만족감에 책을 사고 읽거나, 자극을 받기 위해 세미나에 가는 사람들이 있다. 하지만 이들은 경제적, 감정적, 정신적으로 별로 나아지지 않는다.

2001년 뉴욕에서 오닐과 함께 진행했던 윌리엄오닐컴퍼니의 워크숍이 아직도 기억에 남아있다. 약 800명 정도 되는 사람들이 참석했지만 그 중에서 워크숍에서 얻은 정보를 지속적으로 사용한 사람들은 소수에 불과할 것이다. 배운 정보를 적절하게 활용하기 위해서는 단지 몇 달이 아니라 오랫 동안 연습하고 부지런히 노력해야 한다. 하지만 대다수가 그렇지 못하다. 중요한 것은 계속해서 노력하는 것이다. 단기간 혹은 장기간이 아니라, 계속 지식을 활용하도록 노력해야 한다. 열기가 뜨거운 세미나에서 다짐을 하는 것은 쉬운 일이지만, 정말 중요한 것은 이후 몇 달 혹은 몇 년간 지속적으로 실천하는 것이다.

결론

트레이더로서 뿐만 아니라 우리는 인간으로서 계속 노력해야 한다. 물론 우리 중 대부분은 100% 현명하지도 않고, 무결점의 매매를 실현할 수도 없다. 하지만 인생은 스스로를 개선하고 또 다른 사람이 개선할 수 있도록 도움을 주면서 배우고 자라는 과정이다. 다른 사람을 도우면서 자기 자신도 역시 목표에 더욱 가까워질 수 있다.

　필자들은 오닐과 같은 뛰어난 투자자에게서 직접 주식매매를 배울 때보다 다른 사람을 도와주면서 더 큰 가르침을 얻곤 한다. 누군가를 돕는다는 즐거움 외에도 자기 자신의 투자 아이디어를 더욱 견고하게 만드는 방법이기 때문이다. 인생에서 열정을 찾는 것이 중요하듯이 인생에서 자신의 내면에 깊은 울림을 남기는 명분을 찾아 실천하고 변화를 이끌어내는 것도 역시 삶을 풍요롭게 만드는 길이다.

　투자는 인생이고, 인생은 곧 투자다. 삶처럼 시장도 투자자들을 다양한 상황에 떨어뜨려 놓곤 한다. 삶처럼 시장도 투자자들을 골탕먹이곤 한다. 채울지 혹은 비울지, 성공할지 실패할지, 기뻐할지 좌절할지는 각자의 손에 달려 있다. 현재에 집중하면서, 상황을 평가하고, 자존심을 버리고, 현재 펼쳐진 상황에 순응하며 대응해야 한다. 이를 통해 스스로를 발전시킬 수 있다. 자기 자신에게 도움이 될 뿐만 아니라, 다른 사람들에게까지 긍정적인 영향을 주고 또 훌륭한 사례를 제공하기 위해서다.

부록

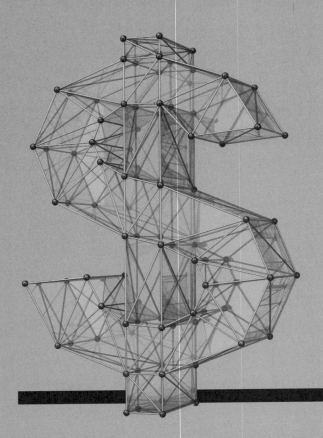

Dr.K 추천 투자서
50선

여기에서는 반드시 짚고 넘어갈 필요가 있다고 생각되는 투자서적 50권을 소개하려고 한다. 필자가 주식시장의 작용원리에 대한 이해를 넓히고, 트레이더로서의 투자심리를 갖추고, 필자만의 투자기법을 개발하는 데 도움이 되었던 책들이다. 책 제목 앞에는 나름대로의 평점(10점 만점)도 매겨 놓았다. 마지막 부분에 소개된 비투자부문 관련 서적들은 투자서적은 아니지만 투자 성공을 위한 심리상태를 유지하는 데 도움을 주었다.

1960년 이전에 쓰인 책들은 출판연도를 괄호 안에 표시했다. 이 책들을 읽어보면, 지금과 전혀 다른 시대에 쓰였지만 사람들의 투자심리에는 변화가 없다는 것을 확인할 수 있어 흥미롭다. 뛰어난 투자방식이 몇백 년 동안은 아니더라도 몇십 년간 유효한 것도 같은 이유 때문이다.

Dr. K 추천 투자서 50선

[국내 번역출간 도서는 번역서 제목을 볼드하게 표기했으며,
미출간 도서는 원어대로 표기했음]

: 추천 투자서 50선

9.9 『**최고의 주식 최적의 타이밍** *How to Make Money in Stocks*』, 윌리엄 오닐

9.9 『**윌리엄 오닐의 공매도 투자 기법** *How to Make Money Selling Stocks Short*』,
윌리엄 오닐 & 길 모랄레스

9.9 『**추세추종전략** *Trend Following*』, 마이클 코벨

9.8 『**목숨을 걸고 투자하라** *The Battle for Investment Survival*』, 제럴드 로브
(1935)

9.8 『**어느 주식투자자의 회상** *Reminiscences of a Stock Operator*』, 에드윈 르페
브르(1923)

9.7 『*Lessons from the Greatest Stock Traders of All Time*』 by John Boik

9.7 『*The Best: Tradingmarkets.com Conversations with Top Traders*』 by Kevin Marder

9.7 『**타이밍의 승부사**: 트레이딩 세계의 마이다스 18인에게 배우는 타이밍 투자 기법 *The New Market Wizards*』, 잭 슈웨거

9.7 『**시장의 마법사들**: 최고의 트레이더들과 나눈 대화 *Market Wizards*』, 잭 슈웨거

9.7 『*Bulls, Bears & Millionaires*』 by Robert Koppel

9.7 『*The Mind of a Trader*』 by Alpesh B. Patel

9.7 『**주식 매매하는 법** *How to Trade in Stocks*』, 제시 리버모어(1940)

9.7 『*The Winning Edge*』 by Jake Bernstein and Nancy Toghraie

9.6 『*Zen in the Markets*』 by Edward Allen Toppel

9.6 『*Stock Market Logic*』 by Norman Fosback

9.5 『*The Art of Contrary Thinking*』 by Humphrey B. Neill(1954)

9.5 『*Wall Street Ventures and Adventures*』 by Richard Wyckoff(1930)

9.5 『**90개 차트로 주식시장을 이기다** *The Wall Street Waltz*』, 켄 피셔

9.5 『*The Momentum-Gap Method*』 by Robert Cable

9.5 『*How I Made $2 Million in the Stock Market*』 by Nicolas Darvas(1960)

9.5 『*Money Talks*』 by Robert Koppel

9.5 『**부의 패턴** *The Roaring 2000s*』, 해리 덴트

9.0 『*Tape Reading and Market Timing*』 by Humphrey B. Neill(1931)

9.0 『**원더풀 아메리카**: 미 역사상 가장 특별했던 시대에 대한 비공식 기록 *Only Yesterday: An Informal History of the 1920s*』, F.L. 알렌(1931)

9.0 『**라이어스 포커**: 월가 최고 두뇌들의 숨막히는 머니게임 *Liar's Poker*』, 마이클 루이스

9.0 『*The Amazing Life of Jesse Livermore*』 by Richard Smitten

9.0 『*Jesse Livermore Speculator King*』 by Paul Sarnoff

9.0 『*How to Be a Billionaire*』 by Martin Fridson

9.0 『*One-Way Pockets: The Book of Books on Wall Street Speculation*』 by Don Guyon(1917)

9.0 『*Twenty-Eight Years in Wall Street*』 by Henry Clews(1888)

9.0 『*Secrets of the Investment All-Stars*』 by Kenneth Stern

8.8 『*Causes of the 1929 Stock Market Crash*』 by Harold Biermann, Jr.

8.0 『**전설의 프로 트레이더 빅 1**: 월스트리트 거장의 기법 *Trader Vic: Methods of a Wall Street Master*』, 빅터 스페란데오 & 설리번 브라운

8.0 『**전설의 프로 트레이더 빅 2**: 전문 투기매매의 원칙 *Trader Vic II: Principles of Professional Speculation*, 빅터 스페란데오 & 설리번 브라운

8.0 『*Winning on Wall Street*』 by Martin Zweig

8.0 『**심리 투자 법칙**: 주식시장에서 살아남는 *Trading for a Living*』, 알렉산더 엘더

8.0 『*The Ups and Downs of a Wall St. Trader during the Depths of the Great Depression of the 1930s*』 by David Feldman

8.0 『*Statistical Reasoning*』 by Gary Smith

8.0 『*Wall Street: A Pictorial History*』 by Leonard Levinson

8.0 『*Oh Yeah?*』 by Edward Angly(1931)

8.0 『*Market Timing for the Nineties*』 by Stephen Leeb

8.0 『*Intermarket Technical Analysis*』 by John Murphy

8.0 『**대중의 미망과 광기** *Extraordinary Popular Delusions & the Madness of Crowds*』, 찰스 맥케이(1841)

8.0 『*Encyclopedia of Technical Market Indicators*』 by Robert Colby & Tom Meyers

8.0 『*The New Money Masters*』 by John Train

7.0 『*The Technical Analysis Course*』 by Thomas Meyers

7.0 『*The Tao Jones Averages*』 by Bennett Goodspeed

7.0 『*The Money Culture*』 by Michael Lewis

7.0 『*The Hulbert Guide to Financial Newsletters*』 by Mark Hulbert

:그 외 추천 투자서

7.0 『*The Education of a Speculator*』 by Victor Niederhoffer (imploded October 1997)

7.0 『*Secrets of Profiting in Bull and Bear Markets*』 by Stan Weinstein

7.0 **『전설로 떠나는 월가의 영웅** *One Up on Wall Street*』, 피터 린치 & 존 로스차일드

7.0 『*Investments*』 (Text used in MBA Investments 233 course at UC Berkeley)

7.0 『*Inside Wall Street*』 by S. Marshall Kemper(1920~1942)

7.0 『*Dun & Bradstreet's Guide To Your Investments 1991*』 by Nancy Dunnan

7.0 『*Confusion de Confusiones*』 by Joseph de La Vega(1800s)

7.0 『*Confessions of a Stock Broker*』 by Andrew Lanyi

7.0 『*Classics II*』 by Charles D. Ellis

7.0 『*Bernard Baruch: My Own Story*』 by Bernard Baruch

7.0 『*What Works on Wall Street*』 by James O' Shaunessy

7.0 『*The Super Traders*』 by Alan Rubenfeld

7.0 『*The Nature of Risk*』 by Justin Mamis

6.0 『*The Mathematics of Money Management*』 by Ralph Vince

6.0 『*Men and Mysteries of Wall Street*』 by James Medbery(1878)

6.0 『*Market Movers*』 by Nancy Dunnan and Jay Pack

6.0 『**새뮤얼슨의 경제학** *Economics*』, 폴 A. 새뮤얼슨 & 윌리엄 D. 노드하우스

5.0 『*The New Technical Trader*』 by Tushar Chande and Stanley Kroll

5.0 『*The Merchant Bankers*』 by Joseph Wechsberg

5.0 『*The Five-Day Momentum Method*』 by Jeff Cooper

5.0 『*The New Stock Market*』 by Diana Harrington, Frank Fabozzi, and H. Russell Fogler

5.0 『*How to Buy Stocks*』 7th edition, by Louis Engel and Brendan Boyd

5.0 『*Handbook of Financial Markets*』 by Frank Fabozzi

5.0 『*The Corporate Alchemists*』 by Lee Davis

5.0 『*Portfolio Management Formulas*』 by Ralph Vince

5.0 『*Hit and Run Trading*』 by Jeff Cooper

: 비투자부문 관련서적

『**지금 이 순간을 살아라** *The Power of Now*』, 에크하르트 톨레

『**NOW: 행성의 미래를 상상하는 사람들에게** *A New Earth*』, 에크하르트 톨레

『**당신도 부자가 될 권리가 있다** *The Science of Getting Rich*』, 월레스 워틀스

『**마법의 열쇠** *Ask, and It Is Given*』, 에스더 힉스

『**끌어당김의 힘** *The Law of Attraction*』, 에스더 힉스

『**영혼을 위한 닭고기 수프** *Chicken Soup for the Soul*』, 잭 캔필드 & 마크 빅터 한센

『*Sacred Hoops*』 by Phil Jackson

『**미국 노예, 프레더릭 더글러스의 삶에 관한 이야기** *Narrative of the Life of Frederick Douglas*』, 프레더릭 더글러스

『**아인슈타인이 직접 쓴 내가 바라본 세상 그리고 사람들** *The World As I See It*』, 알버트 아인슈타인

『*Wooden*』 by John Wooden

『**프랭클린 자서전** *Autobiography*』, 벤자민 프랭클린

『*Right Reason*』 by William F. Buckley, Jr.

『**거래의 기술:** 도널드 트럼프 자서전 *The Art of the Deal*』, 도널드 트럼프

『*Leaders*』 by Richard Nixon

『*Malcolm Forbes: The Man Who Had Everything*』 by Christopher Winans

『*The Elements Beyond Uranium*』 by Glenn Seaborg

감사의 글

보통 책을 출판하면서 도움을 주신 분들께 감사의 말씀을 드려야 하지만, 이 책의 경우에는 특별히 오닐과 윌리엄오닐컴퍼니의 도움, 승인, 협력 없이 집필, 출판되었다는 사실을 명확히 밝히는 것이 중요하다고 생각한다. 이 책은 필자들의 독립적인 성과물이다. 물론 출판에 도움을 주신 분들도 많았다. 책에 삽입된 차트를 만드는 과정에서 기술적인 지원을 해준 마이크 스콧Mike Scott, 뛰어난 차트와 자료를 제공해준 이시그널eSignal, 집필에 다양한 도움을 준 레이첼 하인Rachel Hain, 그리고 케빈 마더Kevin Marder에게 감사의 말을 전한다.

월리엄 오닐

월가 최고의 투자전략가로 손꼽히는 윌리엄 오닐은 1933년 오클라호마에서 태어나 텍사스의 중하층 가정에서 자랐다. 남부 감리교 대학을 졸업한 뒤 1958년 당시 전통있는 증권회사였던 하이든 스톤 앤 컴퍼니에 들어가면서 주식시장과 첫 인연을 맺었다. 하이든 스톤에서의 3년 동안 최고의 투자수익률을 올린 뮤추얼펀드의 비결을 연구한 끝에, CAN SLIM 원칙을 찾아냈다. 그는 이 원칙을 직접 활용해 1962년 5,000달러로 시작한 투자금을 1963년에는 20만 달러로 불려 증권가의 화제를 몰고 다녔다. 26개월간 집중적으로 투자해 그가 얻은 수익률만 2,000%에 달한다.

베스트셀러가 된 『최고의 주식 최적의 타이밍』과 『The Successful INVESTOR』를 비롯해 그의 투자서들은 CAN SLIM 투자전략을 상세히 설명해주고 있다. CAN SLIM 시스템 덕분에 오닐은 서른 살의 나이에 뉴욕증권거래소NYSE의 최연소 회원이 됐다. 이후 증권사를 그만두고 리서치 겸 투자자문사인 윌리엄오닐컴퍼니를 설립했으며, 윌리엄오닐컴퍼니는 오늘날 500개 이상의 투자기관에 서비스를 제공하고 있다.

윌리엄 오닐은 투자자들에게 일별로 상세한 주식시장의 데이터들을 제공하는 《인베스터즈 비즈니스 데일리Investors Business Daily》와 투자전문 주간지 《데일리 그래프Daily Graphs》를 창간했으며, 그가 발간하는 신문들은 '서부의 월스트리트 저널'이라고 불릴 정도로 독자들의 지지를 얻고 있다. 또한 오닐은 investors.com 을 운영하면서 개인투자자들에게 건전한 투자의 기본원칙들을 알려주고 있다.

길 모랄레스 Gil Morales

　모랄레스는 1991년 메릴린치 베버리힐스 지사에서 주식중개인으로 일하면서 투자세계에 발을 들여놓았다. 1994년에는 페인웨버PainWebber, Inc.로 자리를 옮겼는데, 곧 최고 수익을 올려 체어맨스 클럽Chairman's Club의 지위를 얻게 되었다. 1997년에는 윌리엄 오닐에게 직접 스카우트 제안을 받았다. 모랄레스는 8년간 윌리엄오닐컴퍼니 부사장직을 지냈고, 기업 내 최고 포트폴리오 매니저로서 상당부분의 자산을 운용했다. 또 뮤추얼펀드, 연금펀드, 헤지펀드 고객 등 세계 500대 기관 투자고객에게 제공되는 서비스를 담당했다. 2004년에는 오닐과 『윌리엄 오닐의 공매도 투자 기법How Money Selling Stocks Short』을 함께 출판했고, 윌리엄오닐컴퍼니의 수석전략가 지위를 얻었다.

　현재는 Gilmo Report와 《Virtue of Selfish Investing》의 공동 저자 및 편집자이며, 케쳐 박사와 함께 모카 인베스터즈 투자회사를 운영하고 있다. 모랄레스는 스탠퍼드 대학교에서 경제학 학사학위를 받았다.

크리스 케쳐 박사 _{Dr. Chris Kacher}

케쳐 박사는 1995년 최초로 인터넷 주식투자 서비스를 제공한 사람 중 한 사람으로, 1995년부터 2000년까지 세 자릿수 수익을 기록했으며, 역사상 최악으로 손꼽히는 2000~2002년 베어마켓이 시작되기 전 대부분의 투자를 현금화했다. 1996년부터 2001년까지 윌리엄오닐컴퍼니, 뉴욕증권거래소 회원사, 기관 투자고객들을 위해 리서치 애널리스트로 일했으며,《인베스터즈 비즈니스 데일리 Investors Business Daily》편집을 담당하기도 했다. 동 기간 동안 윌리엄 오닐은 직접 케쳐 박사에게 자산운용을 맡겼고, 케쳐 박사는 윌리엄오닐컴퍼니 내에서 최고 수준의 수익을 올렸다. 현재는 Gilmo Report에 주기적으로 기고를 하고 있으며,《Virtue of Selfish Investing》의 공동 저자 및 편집자다. 또 모랄레스와 함께 모카 인베스터즈 투자회사를 운영하고 있다.

음악적 재능도 뛰어나 3세 때 피아노를 배우기 시작했고, 5세에는 처음 곡을 쓰고 '밤의 안개' 라는 제목을 붙였다. 5세에서 12세까지 미국과 일본의 주요도시에서 열린 각종 콘서트에서 피아노 연주자로 활약하기도 했다. 버클리 대학교에서 화학 석사학위와 원자핵물리학 박사학위를 받았고, 뛰어난 연구 실적을 입증받아 Graduate Fellowship과 미국화학협회 American Chemical Society 상을 수여했다. 주기율표의 110번 원소를 공동 발견했으며, 106번 원소의 존재를 확인했다. 플루토늄을 포함해 9개 원소를 발견한 글렌 시보그 박사 Dr. Glenn Seaborg가 케쳐 박사의 지도교수였다.

Trade like an O'Neil Disciple

위대한 투자자 윌리엄 오닐의
제자들처럼 투자하라

**우리는 어떻게 주식으로
18,000% 수익을 얻었나**

초판 1쇄 발행　2012년 7월 15일
개정판 1쇄 발행 2020년 9월 3일
개정판 3쇄 발행 2024년 6월 28일

지은이 길 모랄레스, 크리스 케쳐
옮긴이 박준형

펴낸곳 (주)이레미디어
전화 031-908-8516(편집부), 031-919-8511(주문 및 관리) | **팩스** 0303-0515-8907
주소 경기도 파주시 문예로 21, 2층
홈페이지 www.iremedia.co.kr | **이메일** mango@mangou.co.kr
등록 제396-2004-35호

편집 송현옥, 정은아 | **디자인** 이유진(표지), 에코북 | **마케팅** 김하경
재무총괄 이종미 | **경영지원** 김지선

ISBN 979-11-88279-84-5　03320

·가격은 뒤표지에 있습니다.
·잘못된 책은 구입하신 서점에서 교환해드립니다.
———————

이 도서의 국립중앙도서관 출판예정도서목록(CIP)은 서지정보유통지원시스템 홈페이지(http://seoji.nl.go.
kr)와 국가자료종합목록 구축시스템(http://kolis-net.nl.go.kr)에서 이용하실 수 있습니다.
(CIP제어번호 : CIP2020025254)